suhrkamp taschenbuch
wissenschaft 144

Hans-Georg Gadamer, Professor emeritus der Universität Heidelberg, geb. 1900 in Marburg, studierte Germanistik, Kunstgeschichte und Philosophie in Breslau, Marburg und München. Er promovierte 1922 bei Paul Natorp, studierte danach Klassische Philologie und habilitierte sich 1929 bei Martin Heidegger in Marburg. Seit 1939 o. Prof. der Philosophie in Leipzig, war er 1946/47 Rektor der Universität, 1947–1949 Professor in Frankfurt, seit 1949 in Heidelberg, als Nachfolger von Karl Jaspers. Gadamer ist u. a. Mitglied der Heidelberger Akademie der Wissenschaften, der Darmstädter Akademie für Sprache und Dichtung, der Accademia dei Lyncei in Rom, Ritter des Ordens Pour le Mérite. Publikationen: *Platons dialektische Ethik*, 2. A. Hamburg 1968, *Wahrheit und Methode. Grundzüge einer philosophischen Hermeneutik*, Tübingen 1960 u. ö., *Kleine Schriften*, 4 Bände, Tübingen 1967–1972, *Hegels Dialektik. Fünf hermeneutische Studien*, Tübingen 1971, *Wer bin Ich und wer bist du? Ein Kommentar zu Paul Celans ›Atemkristall‹*, Frankfurt 1973, *Vernunft im Zeitalter der Wissenschaft*, Frankfurt 1976, u. a.

Gottfried Boehm, seit 1979 Professor für Kunstgeschichte an der Universität Gießen, geb. 1942 in Braunau/Böhmen, studierte Germanistik, Kunstgeschichte und Philosophie in Köln, Wien und Heidelberg. Er promovierte 1968 bei Hans-Georg Gadamer und habilitierte sich dort 1974 in Kunstgeschichte; vor seinem Ruf nach Gießen war er Dozent an der Universität Bochum. Publikationen: *Studien zur Perspektivität. Philosophie und Kunst in der frühen Neuzeit*, Heidelberg 1969, Neuedition der Schriften zur Kunst von Konrad Fiedler, 2 Bände, München 1971, *Zur Dialektik der ästhetischen Grenze (Neue Hefte für Philosophie 5)*, *Bildsinn und Sinnesenergie, (Neue Hefte für Philosophie 18)*, u. a.

Seminar:
Philosophische Hermeneutik

Herausgegeben von
Hans-Georg Gadamer und
Gottfried Boehm

Suhrkamp

CIP-Kurztitelaufnahme der Deutschen Bibliothek
Seminar philosophische Hermeneutik / hrsg. von
Hans-Georg Gadamer u. Gottfried Boehm. –
2. Aufl., 7.–9. Tsd. – Frankfurt am Main:
Suhrkamp, 1979.
(Suhrkamp-Taschenbücher Wissenschaft; 144)
ISBN 3-518-27744-8
NE: Gadamer, Hans-Georg [Hrsg.]

suhrkamp taschenbuch wissenschaft 144
Erste Auflage 1976
© Suhrkamp Verlag Frankfurt am Main 1976
Suhrkamp Taschenbuch Verlag
Satz: LibroSatz, Kriftel
Druck: Nomos Verlagsgesellschaft, Baden-Baden
Printed in Germany
Umschlag nach Entwürfen von
Willy Fleckhaus und Rolf Staudt

4 5 6 7 8 – 89 88 87 86 85

Inhalt

Hans-Georg Gadamer
Einführung

I. Die Vorgeschichte der romantischen Hermeneutik

Das Interesse an der Hermeneutik, das in unserer Zeit eingesetzt hat, bedarf selber einer hermeneutischen Erklärung, und dazu gehört zweifellos eine geschichtliche Orientierung. Sie ist jedoch nur mühsam zu gewinnen. Denn die Hermeneutik ist zwar eine alte Teildisziplin der philosophischen und theologischen Methodenlehre und Methodik, hat aber erst spät ihre selbständige Ausbildung und theoretische Durchbildung erfahren. Nicht etwa, weil sie etwas Sekundäres ist, dem man sich erst zuwendet, wenn Wichtigeres geklärt ist, sondern aus dem umgekehrten Grund: weil die hermeneutische Dimension, das Feld, in dem Verstehen und Verständigung ihr Spiel treiben, das gesellschaftliche Leben der Menschen vom ersten Schritte an durchherrscht. Es ist die Verborgenheit des Selbstverständlichen, die der methodischen Rechtfertigung und der Gewahrung der universalen Bedeutung der Hermeneutik im Wege stand.

So sind denn auch die ersten Schritte zu einem Methodenbewußtsein der seit je gepflegten hermeneutischen Praxis noch keineswegs der zentralen Stellung von Verstehen und Verständigung inne geworden, ja nicht einmal im engeren Bereich des gelehrten Umgangs mit Texten zu einem klaren theoretischen Selbstbewußtsein gelangt. Was man eine »Hermeneutik« nannte, waren mehr Ansammlungen praktischer Regeln und nützlicher Hilfskenntnisse als Früchte echten Methodendenkens. So lag denn auch die historische Erforschung der Hermeneutik lange Zeit sehr im argen, zumal selbst die Bibliotheken solche als reine Hilfsbücher angesehenen Titel nicht sammelten, da sie sie trotz ihrer praktisch weiten Verbreitung nicht als wissenschaftlich vollwertig ansahen. Wenn wir überhaupt der Hermeneutik ein tieferes Interesse zuwenden, verdanken wir das zwei Männern: Friedrich Schleiermacher und seinem Biographen Wilhelm Dilthey – einerseits einem der Bahnbrecher der deutschen Romantik und ihrer »historischen« Weltansicht, andererseits einem Spätling der »historischen Schule«, der im Zeitalter der Erkenntnistheorie und der Wissenschaftstheorie das romantische Erbe logisch und philosophisch neu zu legitimieren unternahm. Dilthey ist es auch gewesen, der als erster der Geschichte der Hermeneutik seine Studien zuwandte und dessen Forschung die Sammlung der hier vorgelegten Texte weitgehend folgt.

Indessen gehört es zur Eigenart dieser Vorgeschichte der modernen Hermeneutikdiskussion, daß ihre Texte die grundsätzliche Bedeutung des eigenen Tuns gar nicht zum Bewußtsein erheben. Ihrer Aussage Kraft zu verleihen, verlangt daher einige Vorrichtung.

Als erstes muß man sich klar werden, warum es protestantische Theologen waren, die zuerst zu einem gewissen Bewußtsein des hermeneutischen Problems vorstießen. Verstehen und Verständigung, Mißverständnisse, ihre Vermeidung und ihre Aufklärung durchziehen doch das gesamte Zusammenleben von Menschen, und eine gewisse Kunst des Verstehens und der Verständigung vermittelt einem jeden die Lebenserfahrung. Es ist aber der besondere Fall des Verstehens der *Schrift* – und nicht zufällig der Heiligen Schrift und vorbildlicher klassischer Texte –, was ein Bewußtsein des hermeneutischen Problems geweckt hat. Denn Schrift ist entfremdeter Geist, und dessen Erweckung und Belebung aufgrund der überlieferten erstarrten Zeichen ist eine besondere erlernbare Kunst, eine Schwesterkunst der Grammatik, die schreiben und lesen lehrt: die Kunst der Auslegung, die zum Verständnis der Texte führt.

Daß ein Bewußtsein der Größe und Schwierigkeit dieser Aufgabe erwachte, konnte nur unter ungewöhnlichen Umständen stattfinden. Die bloße Fortübung theologisch-exegetischer und theologisch-dogmatischer Studien im Schulzusammenhange der gelehrten Welt und der gelehrten Kirche teilte mit der Verständigungspraxis des täglichen Lebens die unreflektierte Selbstverständlichkeit. Wie dort herrschende Ansichten, die sich miteinander konfrontiert sehen, zum Ausgleich gelangen, d. h. zur Bildung einer gemeinsamen Ansicht führen, so ist auch die Auslegung der Heiligen Schrift von einer Überlieferung getragen, die in den Lehren der Kirche ihre differenzierte Ausbildung und schließlich Autorität gewann. Erst die Störung dieser Tradition, wie sie die durch Luther eröffnete Glaubensspaltung brachte, und die Ausspielung des Schriftprinzips (sola scriptura) gegen die Lehrautorität der römischen Kirche machte das hermeneutische Problem bewußt. Zwar hieß es bei Luther: sacra scriptura sui ipsius interpres, d. h. es bedarf keiner von außen, von der kirchlichen Dogmatik gelieferten Hilfe zum Verständnis der Schrift – sie interpretiert sich selbst. Aber das ist mehr eine polemische Aussage als eine Beschreibung dessen, was in der Auslegung in Wahrheit geschieht.

Das ist von katholischer Seite sehr bald eingewandt worden. So trat schon früh auch im protestantischen Lager das Bedürfnis nach einer gewissen dogmatischen Fixierung hervor. Die Entstehung der sogenannten Bekenntnisschriften, die Heraushebung von loci praecipui durch Melanchton und die theologisch-hermeneutische Diskussion, die zwischen den Konfessionen einsetzte, wieweit das »Schriftprinzip« eine angemessene hermeneutische Haltung beschreibe, führten zur Bewußtmachung der hermeneutischen Frage im Zusammenhang der Bibelauslegung.

Bevor wir zeitgenössische Texte bieten, geben wir jedoch jeweils Wilhelm Dilthey das Wort, soweit dessen gelehrte Studien zur Vorgeschichte der romantischen Hermeneutik uns helfen können, die inzwischen von M. Redeker im 2. Band von Diltheys Schleiermacher-Biographie herausgegeben worden sind. Der Text stammt jeweils aus der preisgekrönten Arbeit des jungen Gelehrten Dilthey, die von ihm selbst nie veröffentlicht worden ist und auf die er in seiner berühmten Kurz-Darstellung in der Akademieabhandlung von 1900 zurückgriff. Wir geben aus diesem Text jeweils die Partien, die zu den durch Originaltexte repräsentierten Autoren gehören: sie sind noch heute die kompetenteste historische Darstellung und Würdigung dieser alten Autoren. Freilich muß man sich bewußt machen, daß die Texte der vorromantischen Ära von dem didaktischen Rationalismus des Zeitalters geprägt sind und die in die Zukunft weisenden Motive in schulmeisterlichem Gewande verstecken, und daß Dilthey selbst diese Texte nur unter dem Gesichtspunkt würdigt, wie weit sie die historisch-kritische Denkweise der modernen Geisteswissenschaften vorbereiten.

Dilthey schreibt:*

[1]Nicht exegetische Kunst oder Versuche der Reflexion über dieselbe, aber wohl die hermeneutische Wissenschaft beginnt erst mit dem Protestantismus. Denn die hermeneutischen Stellen des Origenes und der Antiochener,

---

* *Die Hermeneutik vor Schleiermacher,* in: *Leben Schleiermachers,* 2. Band: *Schleiermachers System als Philosophie und Theologie.* Hrsg. v. Martin Redeker. Berlin 1966 (Walter de Gruyter), S. 597–606

1 *Das Folgende (S. 597–618) ist der Teil der Preisschrift über die Hermeneutik Schleiermachers, den Dilthey selbst im Archiv für Geschichte der Philosophie (AGP, Bd.*

die sieben Regeln des Ticonius, selbst was Augustin im dritten Buche seiner
christlichen Lehre *(de doctrina christiana)* und Junilius im zweiten Buch
seiner bekannten Schrift *(Instituta regularia divinae legis)*[2] vollständiger
entwickelt haben, so wichtig alle diese Schriften für die Geschichte des Kanons und der Dogmen sind: eine wissenschaftliche Bearbeitung kann man
doch diese zumeist vereinzelt aufgezählten, immer aber ohne bindendes
Prinzip zusammengehäuften Sätze nicht nennen. In ihrer Form spiegelt
sich die innere Unselbständigkeit der katholischen Exegese. Von der Zeit
ab, in welcher der Kampf mit der Gnosis dahin geführt hatte, die Denkmale
aus der apostolischen Epoche der schützenden Autorität der Tradition zu
unterwerfen, bis in die Zeit, in welcher der Protestantismus die Auslegung
schlechterdings auf sich selber stellte, gab es keine Wissenschaft der Hermeneutik. Auch damals bestand diese Wissenschaft noch nicht, als das neue
Schriftprinzip einen entschiedenen und zusammenhängenden Angriff von
Seiten der katholischen Kirche erfuhr, der auch weniger streitbare Männer,
als die waren, welche in den reformatorischen Kämpfen aufwuchsen, zur
Verteidigung gezwungen hätte. In diesen Kämpfen entstand sie nun aber.

Verhältnisse, unter denen sie entstand[3]

Der Angriff ging von den Vätern von Trient aus. In Trient erst wurde die
katholische Lehrfassung des Verhältnisses von Schrift und Tradition, über
welche noch die mittelalterliche Kirche sehr unbefangen und sehr verschieden sich ausgesprochen hatte, endgültig entschieden. Noch in den Sessio-
nen des Konzils selbst kam die Verschiedenheit der Ansichten zu leiden-
schaftlichem Ausdrucke. Die Session vom 8. April 1546 entschied dann für
die strenge antiprotestantische Partei. Die Dekrete über Schrift und Tradition, über Interpretation und Vulgata wandten sich aufs schärfste gegen das
protestantische Schriftprinzip.[4] Schrift und Tradition sollten »pari pietatis
affectu«[5] umfaßt werden: aus demselben Geist seien sie hervorgegangen;
wie sollte es möglich sein, daß sie an irgendeinem Lehrpunkte in Widerspruch gerieten?[6] Der katholische Kirchentheologe dieser Periode, *Bel-*

    *VI, Berlin 1893 S. 69-95) als Teil der Abhandlung: Das natürliche System der Gei-
    steswissenschaften im 17. Jahrhundert (2. Art. S. 60-127) veröffentlichte. Vgl. auch
    W. Dilthey Ges. Schr. II S. 115 ff.*

2 Gallandi Bibl. XII, 79 ff. *MPL 68, S. 25 ff. (Vgl. dazu: O. Bardenhewer, Patrolo-
   gie, Freiburg 1901[2], S. 566)* Flac. Clavis II, S. 158 ff. ed. Bas. 1580; *Clavis II, S.
   205 ff. ed. Bas. 1628/29*

3 *Aus Diltheys »Preisschrift«*

4 Si quis autem libros ipsos integros cum omnibus suis partibus, prout in ecclesia ca-
   tholica legi consueverunt et in vetere vulgata latina editione habentur, pro sacris et
   canonicis non susceperit et traditiones praedictas sciens et prudens contemserit,
   anathema sit! *(Denzinger: Enchiridion Symbolorum 784)*

5 Denzinger: *Enchiridion Symbolorum 783*

6 Omnis doctrinae ratio, quae fidelibus tradenda sit, verbo dei continetur, quod in
   scripturam traditionesque distributum est. Vorbereitet war die schroffe Fassung

larmin, eröffnet seine umfassende Streitschrift gegen die Häretiker seiner Zeit[7] mit der Abhandlung über das Wort Gottes: hier findet er den Mittelpunkt des Kreises der protestantischen Dogmen. Mit der vornehmen Miene wissenschaftlicher Unbefangenheit stellt er dar, wie die hebräischen Zeichen erst später zum Text hinzugesetzt worden seien und so die Lesung vielfach höchst zweifelhaft bleibe; alsdann, wie wichtige neutestamentliche Stellen (1. Joh. 5, 7, 8 u. a.) in älteren Handschriften fehlten usw.

Eine Flut katholischer Streitschriften[8] bewies die Unverständlichkeit und kritische Unsicherheit der Schrift. Diese Streitschriften führten aus, wie die Sprachenkenntnis des Origenes und Hieronymus verloren gegangen sei. Sie begründeten durch eine breite Masse kritischer und hermeneutischer Argumente die *Lehre von der hermeneutischen Unzulänglichkeit der Schrift und der ergänzenden Autorität der Tradition.*

Die Aufgabe der Wissenschaft, wie sie Flacius unter diesen Einflüssen gefaßt hat[9]

Zwei Momente enthielt also dieser katholische Angriff. Mit dem ersten Momente, der wissenschaftlichen Autorität der Kirchenväter war nicht schwer fertig zu werden. Desto ernsthafter mußte der Nachweis *der Suffizienz und Verständlichkeit der Heiligen Schrift* genommen werden. Die hermeneutische Methode und die Hilfsmittel, durch welche man vermittels ihrer eine fest gegründete kirchliche Dogmatik aufzubauen imstande sei, mußten aufgezeigt werden. So entstand als ein Organon der Exegese der »*goldene Schlüssel*« des *Flacius,* wie ihn die dankbare lutherische Kirche nannte (1567). Ursprünglich von philologischen Studien in Deutschland und Italien ausgegangen, der erste umfassende protestantische Kirchenhistoriker, dem die ganze patristische Literatur mit ihrer hermeneutischen Methode und Regelaufstellung vertraut war, ein eminenter Kenner der Bibel, wie ihm dies selbst Richard Simon zugestand, übertrifft Flacius, nach dem Maß seiner Zeit gemessen, in bezug auf selbständige Forschung und aus ihr erwachsene Vollständigkeit der hermeneutischen Regelbildung die Mehrzahl seiner Nachfolger und hat so auf lange hinaus die hermeneutische Wissenschaft bestimmt.

des Traditionsdogmas von Albert Pigghe: »Si huius doctrinae memores fuissemus haereticos scilicet non esse infirmandos vel convincendos ex scripturis, meliore sane loco essent res nostrae; sed dum ostentandi ingenii et eruditionis gratia cum Luthero in certamen descenditur scripturarum, excitatum est hoc, quod – pro dolor – nunc videmus, incendium«. Hierarchie ecclesiasticae assertio I 4, 1538

7 »Disputationes de controversiis christianae fidei adversus huius temporis haereticos« I-III 1586-1593

8 Von Verfassern sind besonders zu nennen: Tiletanus, Felician Ninguarda, Canisius, Melchior Canus, Martin Peresius

9 *Aus Diltheys »Preisschrift«*

Die Hermeneutik selbst ist in der Clavis in mehrere Abschnitte des zweiten Teils derselben zerstreut.[10] Ich finde den besonderen *Zweck* dieses biblischen Schlüssels am schärfsten und klarsten in den beiden *Vorreden* desselben ausgesprochen.

In der zweiten Vorrede erklärt Flacius sich über die historische Stellung seiner Schrift. Er berichtet von den barbarischen Verdrehungen der Heiligen Schrift, welche durch die Unkenntnis der Sprachen und durch den Einfluß der aristotelischen Philosopheme verschuldet worden seien; dann stellt er dar, wie fromme Lehrer der Heiligen Schrift, Luther zumal, das reine Wort des Lebens aufgestellt hätten. Diesem schließt auch er sich bescheiden an in demselben Streben. Hat Flacius in dieser zweiten Vorrede mehr die negative Seite seiner Aufgabe erörtert, so erfaßt die erste Vorrede den entscheidenden Mittelpunkt der protestantischen Hermeneutik.

Sie beginnt mit heftigen Invektiven gegen die katholischen Gegner. Nachdem Gott die Schrift den Menschen zur Erlösung gegeben: pro hac ... immensa Dei φιλανθρωπία ... plerique nunc contra etiam in hoc ipso Dei populo, qui Christianus appellatur, horrendum in modum blasphemant, vociferantes Scripturam esse obscuram, ambiguam, non etiam sufficientem ad plenam institutionem hominis Christiani ad salutem: denique esse litteram mortuam et librum haereticorum, unde omnes haereses ac errores exoriantur!«[11]

Nun habe er bereits früher gegen die Blasphemien der Väter von Trient bewiesen, daß die Schrift Norm des Glaubens sei.[12] Jene Väter entgegne-

---

10 Der erste Abschnitt ist eine treffliche lateinische Konkordanz. Der zweite umfaßt Antiquitäten, Kritik, Einleitung, was man biblische Rhetorik nannte, und Grammatik miteinander verschmolzen. Man kennt ja das bunte Durcheinander solcher Werke in der damaligen Zeit, wie z. B. in der clavis Homerica. Das erste Buch enthält die Zusammenfassung der Hauptregeln; diese werden dann im zweiten durch eine Regelsammlung aus den Vätern bestätigt. Von den folgenden Büchern, welche die einzelnen Teile der Rede, grammatische Redeteile, Tropen und Figuren, Zusammenhang der Sätze, neutestamentlichen Stil im allgemeinen und Andeutungen über den des Paulus und Johannes umfassen, gehören nur einzelne Bestandteile in unsere Wissenschaft. Das letzte Kapitel, welches mit der wissenschaftlichen Formlosigkeit jener Zeit angefügt ist, enthält eine Reihe von einzelnen Traktaten, wir würden sagen zur biblischen Theologie. Unter ihnen jenes berühmte Traktat de peccato originali, in welchem er seine Theorie von der Erbsünde als dem Wesen der Menschen trotz aller Warnungen der Freunde zuerst zusammengefaßt hat. Nur der letzte unter diesen Traktaten gehört hierher. Er behandelt, um diesen zweiten Teil abzuschließen, die Schrift als »Norm und Regel der himmlischen Wahrheit«. Dieser Abschluß ist bezeichnend genug für den letzten Zweck dieser Schrift.

11 Flacius Clavis Praefatio S. 3

12 Bezieht sich auf die beiden Schriften: Protestatio contra conciliabulum und: Norma simul et praxis Synodi etc., welche mir nicht zugänglich waren. *Dilthey entnimmt diesen Hinweis aus der Clavis I praef. I p. 3. Dilthey zitiert die Clavis nach der Ausgabe Basel 1580; der Herausgeber hat die Flacius-Zitate Diltheys nur*

ten: es handle sich nicht um die Autorität der Schrift, sondern um ihre Verständlichkeit; in dieser Beziehung bedürfe die Schrift der Tradition zu ihrer Ergänzung. Hierauf erwidert jetzt Flacius: Habe man die Schrift nicht verstanden, so sei das nicht die Schuld ihrer Unverständlichkeit, sondern der mangelhaften Sprachstudien, welche die Lehrer zu ihrer Erklärung hinzugebracht, und der falschen Methode, deren sie sich bedient hätten. An dieser Stelle spricht er sich nun herrlich über das Prinzip der reformatorischen Hermeneutik, wie es in seinem Werke den theoretischen Ausdruck fand, aus.[13] In der Tat, hier in der Mitte zwischen dem Schriftprinzip und dem materialen Prinzip der Reformation, in dem Begreifen und Durchleben des *inneren Zusammenhangs,* welcher unter und zwischen allen einzelnen Teilen lebendig besteht, lag das reformatorische Erlebnis. Dieser Zusammenhang mußte den Grundgedanken der protestantischen Hermeneutik bilden. So können wir die Absicht dieses Werkes dahin bestimmen: *es will von dem reformatorischen Gedanken des einheitlichen Zusammenhangs der Schrift aus durch ein Organon der Exegese die normative Selbständigkeit der Schrift erweisen.*

Die wissenschaftlichen Hilfsmittel zur Lösung dieser Aufgabe[14]

Durch welche *wissenschaftlichen Mittel* gelang es nun Flacius, diese umfassende Aufgabe zu lösen? Zu der Konkordanz, welche er als ersten Teil voranstellte und deren Behandlung für sein Streben, den inneren Zusammenhang der biblischen Begriffe zu erfassen, höchst charakteristisch ist, gab es Vorarbeiten genug. Dagegen, wie er selber klagt, mußte der zweite Teil größtenteils erst geformt werden. Insbesondere gilt dies von der in diesem Teil erhaltenen Hermeneutik. Nun konnte aber natürlich seine eigene hermeneutische Reflexion durchaus nicht das Ganze schaffen. *Aus zwei Quellen* ist ihm in dieser Lage für seine Auslegungstheorie Hilfe von außen zugekommen.

nach der Ausgabe Basel 1628/29 überprüfen und angeben können, hat aber die von Dilthey angegebenen Seitenzahlen der Ausgabe von 1580 in Klammern hinzugefügt.

13 Praef. I p. 3: Non parum etiam obfuit perspicuitati Scripturae simul et veritati ac puritati doctrinae Christianae, quod omnes ferme scriptores et patres ita Sacras litteras considerarunt, tractarunt et explicarunt, ac si illa quaedam miscellanea potius sententiarum essent, quam pulchre cohaerentia et recte conformata scripta, ut revera pleraque sunt optima methodo composita. Inde igitur consecutum est, ut nunquam vera sententia, ita instar dissolutarum scoparum dissipatae Scripturae, haberi potuerit. Vera enim sententia in Sacris litteris, sicut etiam in omnibus aliis scriptis, non minima ex parte ex contextu, scopo ac quasi proportione et congruentia inter se partium, ac ceu membrorum, plerumque accipitur: sicut etiam alias singulae partes totius alicuius optime ex consideratione harmoniaque integri ac reliquarum partium intelliguntur.

14 *Aus Diltheys »Preisschrift«*

Einmal kam ihm diese Hilfe aus der *Rhetorik.* Für diese hatte Aristoteles, den auch Flacius zu zitieren liebt, einen festen Kanon geschaffen. Dann aber hatte gerade in dem letzten Jahrhundert vor Flacius die Rhetorik wesentliche Umbildungen erfahren. Besonders waren diejenigen Veränderungen, welche ihr durch *Melanchthon* zuteil wurden, in zwei Punkten für die Hermeneutik bedeutend. Einmal hob Melanchthon schärfer als einer der Vorhergehenden hervor, daß der *nächste Zweck der Rhetorik Anleitung zum Lesen der alten Schriftsteller sei.* [15] Wohl sollte im Sinne der humanistischen Periode, welche überall auf Reproduktion der antiken Form ausging, diese Lektüre dann wieder zur Nachbildung der Muster führen. [16] Aber der nächste, direkte Zweck der Rhetorik war für Melanchthon doch eben das *Verstehen der Autoren,* und diese Rhetorik war so gewissermaßen auf dem Wege zur Hermeneutik. Zweitens hatte Melanchthon, dem theologischen Zuge der Zeit folgend, zu den generibus causarum, die bis dahin das Objekt der Rhetorik ausmachten, dem demonstrativum, deliberativum und judiciale das didaskalikon hinzugefügt. [17] Wie er ausdrücklich bemerkt, wollte er so auch dem Verständnis theologischer Objekte in dieser Wissenschaft Raum machen. Unter seinen Beispielen finden sich mehrfach rhetorische Auslegungen von Psalmen. So war bereits in diesem Buch eine *Verbindung der biblisch-hermeneutischen Theorie mit der rhetorischen präformiert.*

Die Exegese und die Anfänge einer hermeneutischen Theorie [18]

Aber mehr als aus dieser Wissenschaft hat Flacius *aus der Exegese und den Anfängen der exegetischen Theorie,* wie sie die Geschichte dieser Disziplin von Origenes bis auf die zeitgenössischen protestantischen Ausleger darbot, geschöpft. Besonders die Väter hat er so reichlich benutzt, daß ihm *Rich. Simon* nicht mit Unrecht den Widerspruch vorwirft, daß er von den Vätern in den Vorreden so übel rede und in dem Buch sich ihrer so geschickt bediene. Fast das ganze 4. Buch des Augustin de doctr. ist in einzelnen Massen aufgenommen, ebenso die ganze Theorie des Junilius. So ist in der Tat dieses Buch aus dem Ertrag der ganzen vorangegangenen Exegese entstanden.

15 Melanchthon R. p. 12. Quare et nos ad hunc usum trademus rhetoricen, ut adolescentes adjuvet in *bonis autoribus legendis,* qui quidem sine hac via nullo modo intelligi possunt; vgl. auch p. 11 hinc exstitit ars sq. (Ich zitiere nach der Ausgabe von 1606 Wittenberg.) *CR XIII,* S. 418, 417
16 p. 66. cum imitatio magis efficiat eloquentes quam ars, praecepta traduntur adolescentibus ad hoc, ut adjuvent eos in legendis orationibus dissertorum, . . . *CR XIII* S. 451
17 Vgl. *CR XIII* S. 421 f.
18 *Aus Diltheys »Preisschrift«*

Die synthetische Behandlung des Schriftganzen
(Glaubensanalogie, Parallelstellen) [19]

Wie bildet Flacius nun die *Hermeneutik aus diesem Stoff?* [20] Sein Zweck bestimmt den Punkt, bei dem seine Kunstlehre ansetzt. Indem er die Schwierigkeiten der Schriftauslegung (Causas difficultatis S. 1 ff.) zuerst entwickelt, nimmt er denselben Ausgangspunkt wie seine Gegner. Ja, wie das Rich. Simon anerkannt hat, er verschärft das Bewußtsein dieser Schwierigkeiten. Er spricht trefflich über dieselben im einzelnen: über den geringen Umfang der Literatur, deren Sprachgebrauch doch festgestellt werden soll, über die konzise und in der Anwendung der Modi und Konjunktionen sparsame Form derselben, über die Fremdartigkeit der Sitten, den Widerspruch zwischen Altem und Neuem Testament. Er setzt diesen difficultatibus dann remedia [21] entgegen, welche ihre abschließende Darstellung in den *regulae cognoscendi* sacras literas erhalten.

Hier bedient er sich einer unwissenschaftlichen Unterscheidung. Zu dieser scheint ihn die Unsitte Augustins verführt zu haben, mit passenden und unpassenden Bibelstellen seine hermeneutischen Regeln zu belegen. Flacius scheidet nämlich zwischen regulis ex ipsis sacris litteris desumptis [22] und nostro arbitrio collectis aut excogitatis. [23] Und seine Methode, für die erste Abteilung recht viel Stellen zusammenzubringen, muß erhebliche Bedenken erregen. Doch nähert sich dann die faktische Gruppierung seiner Regeln der Beobachtung eines wichtigen Unterschiedes.

Die erste Abteilung betrachtet nämlich die *Heilige Schrift schlechthin als ein Ganzes.* Aus dieser Betrachtungsart ergeben sich folgende Hauptregeln: auf den Zusammenhang der Schrift, welchen er echt scholastisch in zwei Syllogismen darstellt, [24] jede einzelne Stelle zu beziehen, von diesem Zusammenhang aus eine Summe des Glaubens aus der Schrift zu entwickeln, die Einheit in dieser Summe durch die logischen Hilfsmittel überall herzustellen und in Parallelen diesen Zusammenhang der ganzen Schrift an jede einzelne Stelle zu halten. Auf den Gebrauch der Parallelen legt er einen

---

19 *Aus Diltheys »Preisschrift«*
20 Die Ordnung des zweiten Bandes deutet schon die Teilung des Organons in Hermeneutik (tract. I. II. 1-93-174), Grammatik (trakt. III 174-210) und Rhetorik (tract. IV. V. 210-340-396) der Heiligen Schrift an, wie sie nach ihm Glassius ausgebildet hat. So haben wir es hier wesentlich mit dem 1. Teile dieses Bandes zu tun, dessen 1. Traktat: de ratione cognoscendi sacras litteras durch den 2. Traktat: sententiae ac regulae patrum historisch ergänzt wird. Dieser 1. Teil gibt nun die Kunstlehre selber (quasi praxim totius operis p. 1 Praefatio).
   Vgl. ed. Basel 1628/29 clavis II, Tractatus I und II S. 2-228, Grammatik; Tractatus III S. 228-278, Rhetorik; Tractatus IV und V S. 278-532
21 *Flacius Clavis II S. 6 ff. (p. 6 ff.)*
22 *Flacius Clavis II S. 7 (p. 6)*
23 *Flacius Clavis II S. 21 ff. (p. 16)*
24 *Flacius Clavis II S. 9 (p. 7 f.)*

besonderen Wert. Auch daß der ganze erste Teil der Clavis ihnen gewidmet ist und daß er sie unter den Remedien ausdrücklich hervorhebt,[25] deutet uns an, daß diese Regel in einem besonderen Zusammenhang mit seinen Grundgedanken stehen muß.

In der Tat ist *die Regel,* jede Stelle aus dem *Zusammenhang des Ganzen der Heiligen Schrift* und aus den in ihr enthaltenen *Parallelen* zu erklären, *in Regelform der Ausdruck seines Prinzips, die Schrift als ein Ganzes aus ihrer Totalität zu erfassen.* Und wir werden bei Franz in der ausdrücklichen Hervorhebung dieser *sachlichen Beziehung auf das Ganze,* gegenüber der *grammatischen* Beziehung auf den näheren Zusammenhang, diesen Zug noch verschärft wiederfinden. *Hier tritt der Mangel dieser Exegese, welcher in der unhistorischen und abstrakt logischen Fassung* des Prinzips des Schriftganzen oder Kanons liegt, offen zutage. Das Extrem der protestantischen und das der katholischen Exegese begegnen sich hier in dem Herausreißen der Schriftstellen aus ihrem *engeren* Zusammenhang und der überwiegenden Beziehung auf einen abstrakt logisch gefaßten *weiteren* Zusammenhang mit dem Schriftganzen. Wie sich denn dies in der obigen Formel ausspricht, nach welcher die Widersprüche aller Einzelstellen logisch zu lösen sind, und klarer noch in einem späteren, ausführlichen Abschnitt hierüber.

Die synthetisch verfahrende Interpretation der Einzelschrift (Zweck, Konzeption, Disposition, Haupt- und Nebengedanken)[26]

Die hier gewählte synthetische Methode kommt nun auch bei der *zweiten Abteilung* zur Anwendung, *welche die sich aus der Vernunft ergebenden allgemeinen Auslegungsregeln umfaßt.* Das eben Dargestellte war das Resultat der exegetisch-dogmatischen Bewegung der Reformationszeit mit Benutzung der älteren hermeneutischen Reflexion. Jetzt stoßen wir hier auf die zweite Masse, *die sich an die Rhetorik anlehnt. Von dem Zweck, der Tendenz* der einzelnen Schrift wird ausgegangen;[27] von da schreitet der Interpret zur Erfassung der noch ungegliederten Grundsubstanz der Schrift fort;[28] aus dieser erhebt sich dann die innere Ordnung des Gedankens, die *Disposition;* es wird sichtbar, wie die *»einzelnen Glieder«* – das ist seine

---

25 Ingens remedium nennt er sie p. 5 rem. 7; p. 11: In expositione . . Scripturae . . maximam vim efficaciamque habet post spiritum Dei *collatio locorum* Scripturae. *Siehe Tractatus I S. 15*

26 *Aus Diltheys »Preisschrift«*

27 *Tractatus I S. 22:* Cum igitur aggrederis lectionem alicuius libri . . . age, ut primum *scopum, finem* aut *intentionem* totius eius scripti . . . notum habeas. (p. 17)

28 *Tractatus I S. 22:* Secundo elabora, ut totum argumentum, summam, epitomen aut compendium eius comprehensum habeas. Voco . . *argumentum* illam pleniorem conceptionem tum scopi tum et totius corporis delineationem. (p. 17)

Lieblingsbezeichnung der Sache – zusammenwirken zur Bildung der Gestalt des ganzen Werkes.[29] Die Art, wie er dies ausführt, ist trefflich. Und er hat ein sehr entschiedenes Bewußtsein davon, daß die Einführung dieses Elementes in die hermeneutische Operation ihm eigentümlich ist. Die Stelle, die dies ausspricht, faßt die Hauptpunkte dieses Teils seiner Methode sehr gut zusammen.[30] Wie schleiermacherisch klingt schon die Darlegung dieser Operationen des Auslegers. Der weitere Zusammenhang enttäuscht doch den heutigen Leser. Denn nun wird der Prüfstein der Rhetorik an das so Bestimmte gehalten; die genera der Rede erscheinen, das iudiciale, demonstrativum usw.; dann die formalen Kategorien der Logik; die ganze, man möchte sagen, schülermäßige Äußerlichkeit, mit der die Rhetorik die Begriffe faßte, die sich auf die innere Form einer Schrift beziehen, kommt zutage. Eine tabellaris synopsis wird angeraten; Flacius bringt hier seine Neigung für Distinktionen und Schemata in die Auslegungskunst hinein. Doch darf die treffliche Unterscheidung der Haupt- und Nebengedanken nicht darum übergangen werden, weil sie mitten in diesem wüsten Regelkram versteckt ist.[31] Überhaupt aber muß hervorgehoben werden, daß in dieser zweiten Abteilung der Hermeneutik des Flacius der Keim einer modernen Theorie über den Vorgang der Auslegung enthalten ist. Diese Theorie ist dann für die feste Begründung des philologisch-geschichtlichen Wissens von der größten Bedeutung geworden.

So enthielt diese Hermeneutik des Flacius *zwei Elemente* von ganz verschiedener Herkunft und ebenso verschiedener geschichtlicher Bedeutung. Das erste Element stammte aus der Tiefe des religiösen Erlebnisses in der protestantischen Welt. Es enthielt daher in starrer, harter Schale einen Kern, den die künftige Theologie herauszuschälen und zur Geltung zu bringen hatte. Das zweite Element dieser Hermeneutik stammte aus der großen Tendenz der ganzen humanistischen Epoche, zu klarem, reinli-

---

29 *Tractatus I S. 22:* Tertio ut totius eius libri . . . distributionem aut *dispositionem* ante oculos delineatam habeas . . . accurate expendas, quale illud corpus sit, quomodo omnia ea *membra* complectatur, quave ratione illa tot membra aut partes ad efficiendum hoc unum corpus conveniant. (p. 17)

30 *Tractatus I S. 23:* Nam (ut ingenue, quod sentio, confitear) cum multi interpretes in explicatione Sacrorum librorum erudite hactenus de singulis eorum partibus ac etiam sententiis disputaverint, nemo tamen, aut certe perpauci, accurate textum examinare solitus est, multoque etiam minus diligentissime *argumentum ac dispositionem simul* monstrare et totum corpus, *caput ac membra,* subinde inter exponendum diligentissime *inter se conferre* ac conferruminare: et *singularum partium* inspectione, consideratione, illustrationeque semper eas diligentissime ad *reliquas* et praesertim ad *caput totumque adeo corpus* conferre et applicare consuevit. (p. 18)

31 *Flacius Clavis II S. 24:* Prima enim et summa cura esse debet lectoris, ut illas quasi *primarias* et substantiales *sententias,* in quibus potissimum tota propositae quaestionis determinatio residet, expendat; *secundaria* vero, ut illas quasi externas, accersitas aut accidentarias etc. (p. 19)

chem und sicherem Verständnis von Schriftwerken zu gelangen. In ihm bereitete sich die Grundlegung des philologisch-geschichtlichen Wissens vor.

Die Frage ist, ob es nun Flacius gelungen, die *beiden dargestellten Elemente zu verschmelzen.* Dies konnte nur geschehen, wenn die Operationen der Interpretation, welche Zweck und Komposition des einzelnen Werkes erfassen, in eine haltbare Beziehung zu den anderen Operationen gebracht wurden, die vom Prinzip des Schriftganzen ausgehen. Flacius hätte damit, wenn auch in noch so unvollkommener Form, das fundamentale Problem der biblischen Hermeneutik angefaßt. Aber die Art, wie er den Begriff des Schriftganzen faßte, mußte ihm dies unmöglich machen. Der Zusammenhang dieses Schriftganzen, wie er als Glaubensanalogie bestimmt ist und in der Zusammenstellung der Sachparallelen sich hermeneutisch äußert, geht mitten durch die einzelnen Bücher der Schrift, wenig bekümmert um ihren Zweck und ihre innere Form. Und so nähert sich durch jene dogmatische Voraussetzung die Methode, welche davon ausging, jede Stelle aus dem Schriftganzen zu erklären, doch in ihrer Hauptoperation wieder der Zerstückelung und Zerstörung des Schriftganzen, die sie bei den Katholiken bekämpfte. Sie zerstreut die vereinzelten Glieder der einzelnen Schriften über alle loci der Dogmatik, ja, sie ist bestrebt, diese Glieder logisch dafür zurechtzustutzen. Und hätte nicht das lebendige innere Erfahren der Schrift, wie es in den Arbeiten aus der Reformationszeit vorlag und sich, wenn auch eingeschränkt und gefesselt, forterhielt, die richtige Erfassung des Lehrmittelpunktes geschützt, diese Methode hätte es nicht vermocht. Wie denn die dogmatischen Irrfahrten dieses ihres grundlegenden Theoretikers es beweisen. Es sollte noch lange dauern und gewaltiger exegetischer Arbeit bedürfen, ehe das richtige Zwischenglied zwischen der hermeneutischen Operation und der dogmatischen, nämlich die biblische Theologie, auch nur geahnt wurde. Und länger sollte es noch dauern, bevor beide Operationen von geschichtlichem Geist belebt und durch das geschichtliche Bewußtsein, durch die Fortbildung der biblischen Theologie zur inneren Geschichte des Christentums der definitiv gültige, innere Zusammenhang zwischen ihnen hergestellt wurde. Hierin aber lag erst die Möglichkeit, die beiden von Flacius gesonderten Massen der hermeneutischen Operation wissenschaftlich zu verknüpfen. Flacius selbst, wie denn die äußerste Zusammenhangslosigkeit sich in jener Periode mit einer wahren Sucht logischer Gliederung verbindet, stellt diese beiden Massen völlig äußerlich nebeneinander, nachdem er sie durch die oben angegebene protestantisch-scholastische Distinktion eingeführt hat.

Als ersten alten Text geben wir einige Seiten aus Flacius Illyricus, dem Verfasser der grundlegenden protestantischen Hermeneutik, dem *Schlüssel zur Heiligen Schrift (Clavis Scripturae sacrae)* aus dem Jahre 1567 und benutzen dafür die von Lutz Geldsetzer in seinem kleinen Teildruck vorgelegte Übersetzung.

Der Abschnitt ist »Anweisungen« (praecepta de ratione legendi) überschrieben, eine Art praktischer Schlußfolgerung aus der vorangegangenen Erörterung über die Ursachen der Schwierigkeit der Heiligen Schrift. Man sieht sofort, daß es dem Autor um ganz praktische Dinge geht, aber auch, daß er durch solche praktische Anleitung gegenüber der dogmatischen Tradition der katholischen Kirche der Bibel ein neues Gewicht zu verleihen sucht. Im Grunde macht er die einfachen Gesetze philologischer Interpretation, die uns selbstverständlich sind, gegen den willkürlichen dogmatischen Gebrauch isolierter Textstellen, womöglich noch in allegorischer Ausdeutung, geltend und bedient sich dafür einiger Begriffe, die größere Einheiten von Sinn und Text charakterisieren, wie scopus, argumentum, dispositio usw. – es sind im Grunde die von der antiken Rhetorik gebrauchten ›organischen‹ Metaphern wie Haupt und Glieder und ihr Verhältnis zueinander. Aber es ist eindrucksvoll, wie er am Beispiel solcher größerer Zusammenhänge exegetisch-dogmatische Streitfragen zwischen den Konfessionen im Sinne Luthers zu lösen versteht. Das Regelsystem des Clavis führt freilich in der Anwendung immer wieder selber zu den dogmatisch motivierten Gewaltsamkeiten, die der Kritiker des dogmatischen Bibelgebrauchs gerade vermeiden wollte.

Waren es mehr die Grundsätze humanistischer *Philologen*kunst, die in Flacius theologische Relevanz gewannen, so bedeutet Spinozas Beitrag zur Hermeneutik eine Vorbereitung des *historischen* Denkens. Es handelt sich um die einzige von Spinoza selbst herausgegebene, aber anonyme Schrift, den *Theologisch-politischen Traktat,* eine politische Kampfschrift. In ihr findet sich im 7. Kapitel eine Erörterung der Auslegung der Schrift, deren wichtigstes Stück wir abdrucken.

Das meiste, was darin ausgeführt wird, klingt modernen Ohren geradezu selbstverständlich: eine Geschichte der hebräischen Sprache ist nötig. Man muß sich hüten, den wahren Sinn einer Stelle mit der Wahrheit ihres Inhalts zu verwechseln. Eine genaue Kenntnis des Lebens, der Sitten und Bestrebungen der Verfasser der einzelnen Bücher ist nötig: das sind die von Spinoza aufgeführten Momente, die eine ›Geschichte‹ der heiligen Schrift darstellen. Das ist nun der Hauptgedanke, daß diese ›Geschichte‹ der Schrift für das Verständnis derselben eine sichere methodische Grundlage abgibt, die ganz den Grundlagen und der Methode einer gesicherten Naturerkenntnis entspricht. Die geschichtliche Wirklichkeit der Verfasser und ihrer Ansichten und Meinungen ist ein ebenso natürlicher Ausgangspunkt wie Naturtatsachen und führt zu zuverlässiger Erkenntnis. So rücken hier, in der Morgenfrühe des historischen Denkens, Naturwissenschaft und geschichtliche Erkenntnis eng zusammen. Gegenüber aller Berufung auf »übernatürliche« Inspiration befolgen sie den Weg der Vernunft und der Methode.

Der nächste Text aus der Geschichte der theologischen Hermeneutik, den wir bringen, ist einem der einflußreichsten pietistischen Autoren entnommen, Johann Jacob Rambach, der im Geiste August Hermann Franckes ein gelehrtes Werk: *Institutiones hermeneuticae sacrae* verfaßt hat. Dilthey schreibt über die pietistische Hermeneutik:

Fast ohne Berührung mit jener außerdeutschen Bewegung, aus den tiefsten Impulsen der deutschen lutherischen Kirche entsprang die *pietistische Richtung* der Exegese als eine Reaktion des reformatorischen Elementes der schlichten Vertiefung in den Inhalt des Schriftganzen um der Seligkeit willen gegenüber der wiedererstandenen protestantischen Scholastik und der stoffsammelnden Gelehrsamkeit. War es nicht ein Dogma, sondern ein Seelenzustand, was man aus der Schrift gewinnen wollte: *so mußte der Interpret vor allem sich dem Seelenzustand, der sich in den Heiligen Schriften ausspricht, hingeben.* Das ist der wahre Sinn der Lehre von den »Affekten« in der Schrift, welche August Hermann Francke mit so besonderer Vorliebe ausbildet. Zuerst tritt sie in einem Anhang der manuductio ad lectionem s. scripturae 1693 auf. Sie ist dann in die Hermeneutica 1717 S. 193 ff. verarbeitet. Wie unwissenschaftlich auch die Form war, hier zum ersten Male wurde es unternommen, aus dem inneren Zustande der heiligen Schriftsteller diese Schriften zu erklären; und hiermit beginnt die Richtung auf *psychologische Interpretation,* welche, durch die philosophische Bewegung gefördert, sich bald von der ursprünglich religiösen Tendenz befreite. Jede Rede – so lehrt Francke – hat von ihrem Ursprung im Innern her einen Affekt in sich.[1] Dieser Affekt aber ist der Nerv, die Seele der Rede selbst.[2] Die Hermeneutik bedarf somit einer Theorie dieser Affekte, einer *Patholo-*

---

1 August Hermann Francke, *Praelectiones Hermeneuticae, ad viam dextre indagandi et exponendi sensum scripturae S. Theologiae Studiosis ostendendam. Halae Magdeburgicae MDCCXXIII (1723) S. 196:* »Omni, quem homines proferunt sermoni, ex ipsa animi destinatione unde is procedit, *affectus* inest.«
2 August Hermann Francke, *Praelectiones Hermeneuticae S. 197:* »horum nempe cum sermone externo tam arcta sunt vincula, tam indissolubilis harmonia, ut nervos, immo ipsam animam [quasi] e corpore tollat, qui sustulerit ex oratione affectus.«

gie der Heiligen Schrift. [3] Der Ausgangspunkt derselben ist der Gegensatz des natürlichen Seelenzustandes und des gläubigen Gemüts, welcher nicht scharf genug gefaßt werden kann.[4] Es erscheint dieser Unterschied im Prinzip, Zweck, Objekt, Subjekt usw. Der Grundaffekt der Wiedergeborenen ist die Liebe. Dieser also macht den wesentlichen Teil des Schriftinhaltes, der sich in allen Zielen und Richtungen der Rede kundgibt, aus. Er beherrscht die ganzen Schriften und durchdringt jedes einzelne Wort. Liebe aber, die auf Christus ruht; die Erziehung auf diesen durchwaltet somit die ganze Schrift.

Aus dieser Grundregel der H[ermeneutik], Christus als den Kern der Schrift überall zu erfassen, alle Affekte der Schrift auf die Liebe zu beziehen, ergibt sich die *h[ermeneutische] Technik* dieser Schule. Die Beziehung auf Christus wird durch Anwendung der *Typologie* und des *mystischen Sinns* erreicht. Diese Theorie enthält z. B. das Schriftchen: »Christus der Kern der Heiligen Schrift oder einfältige Anweisung usw.«; die Affekte werden für die ganze Einzelschrift durch Auffindung des Zweckes derselben gefunden, wie das in der Anleitung zur Lesung der Heiligen Schrift durchgeführt ist,[5] im einzelnen Worte durch Auffindung des Nachdrucks in demselben, der *Emphase.* Es ist bekannt, mit welcher Übertreibung diese Technik, möglichst viele Emphasen nachzuweisen, betrieben worden ist; es kam dabei die Unfähigkeit, das Verhältnis der verschiedenen Wortbedeutungen zu erkennen, dem Bestreben, die Zahl der Emphasen zu vergrößern, zustatten.

Einen bemerkenswerten Versuch, mit der Orthodoxie und Gelehrsamkeit der alten Hermeneutik diese pietistische Theorie zu verknüpfen, machte *Rambach,* [6] dessen System bereits durch geschlossene Ordnung das des Jacob Baumgarten vorbereitete.

Das Lieblingsstück der pietistischen Hermeneutik war die Lehre von den Affekten. Die pietistische Bewegung entsprang ja der Reaktion auf die Dürre der wiedererstandenen protestantischen Scholastik: So trat das Affektive in den Vordergrund. Wie Christus der Kern der Heiligen Schrift ist, so ist die Liebe der Kern aller Affekte. Um die Heilige Schrift zu verstehen, bedarf es vor allem des Verständnisses der Affekte. Denn das ist die allgemeine hermeneu-

---

3 August Hermann Francke, *Praelectiones Hermeneuticae, Regula I Specialis, S. 229:* Pathologia sacra quatenus medium est hermeneuticum etc.
4 August Hermann Francke, *Praelectiones Hermeneuticae, Regula II Specialis, S. 231:* Quantum homo naturalis distat a regenito, tantum etiam inter se differunt duo haec affectuum genera . . .
5 August Hermann Francke, 5. Auflage 1710 cfr. commentatio de scopo librorum vet. et novi Test.
6 Johann Jacob Rambach (1693-1735), *Institutiones hermeneuticae sacrae (1723)*

tische Wahrheit, daß Rede Affekten Ausdruck gibt und von ihnen
ihre letzte Bestimmung erfährt. Was damit hier zuerst bewußt
wurde, hat im Grunde bis heute keine genügende Beachtung gefunden: daß das Verstehen von Schriftlichem ein Extrem der Sinnentfremdung zu überwinden hat. Es läßt die Kenntnis des Affekts
vermissen, aus dem die Worte eines Autors geflossen sind und die
lebendige Rede leicht verständlich macht. Man sieht: es ist ein
Schritt auf die »psychologische Interpretation« hin, die später
durch Schleiermacher und die Romantik ins Zentrum treten sollte.
Das Interessante dabei ist, daß das Lesen und Verstehen der Schrift
und von Schrift überhaupt als eine *besondere* Aufgabe erscheint.
»Es ist allerdings eine wichtige und schwere Sache, aus der Rede eines Schriftstellers dessen wahren Affekt und dessen wahren Sinn
mit völliger Gewißheit zu eruieren«: propter defectum vivae vocis.
Doch hilft dazu z. B. fleißiges Lesen, damit man mit dem Autor
vertraut wird wie mit einem Menschen, den man intim kennt. Und
jedenfalls ist gegenüber aller Inspirationstheorie eine klare hermeneutische Position gewonnen: es sind ja inspirierte *Menschen*,
denn »Gott hat durch Menschen mit Menschen also geredet, daß er
sich in humanas circumstantias herabgelassen« (Zu I, 430). Dilthey
charakterisiert die in unserer Textauswahl repräsentierten Autoren
in seiner *Preisschrift* folgendermaßen:

Wieviel reicher und eingehender ist bereits die allgemeine Hermeneutik
Chladenius'.[1] Man merkt ihm zwar überall Wolffs Schule an, obgleich der
Name seines Lehrers in dem ganzen Buche nicht einmal genannt ist. Es erinnert recht an Wolffs Erfindungskunst, wenn Chladenius seinen Auslegungsregeln die Kraft zuschreibt, daß sie jedermann lehren, gute Kommentare zu verfertigen, und, wenn er Auslegen als ein Hinzubringen der Begriffe, die zur Deutlichkeit notwendig[2] seien, bestimmt, so ist auch das
ganz im logischen Geiste Wolffs. Seine Auslegungsregeln für historische
Schriften, in denen Wolff so unbeschreiblich dürftig war, sind trefflich;[3] er

---

1 Johann Martin Chladenius, *Einleitung zur richtigen Auslegung vernünftiger Reden und Schriften,* Leipzig 1742
2 Chladenius, *Vorrede:* »*Besteht aber die Auslegung in Beibringung der Begriffe,
welche zum Verstande einer Stelle nötig sind.«*
Vorrede: »*sie (sc. die philosophische Auslegekunst) zeigt die Regeln, woraus von allen vernunftmäßig abgefaßten Anmerkungen, Scholien und Kommentarien Rechenschaft gegeben werden kann.«*
3 Vgl. Chladenius: »Was der Sehepunkt sei« § 309, § 311, § 517 ff. (ein Ausdruck,
den Leibniz und die Wolffsche Schule zuerst aus der Physik entlehnten); über die
daraus entstehende Verschiedenheit der Relationen; über verjüngte Bilder: »*Was*

ist wirklich von dem sich damals regenden psychologischen Zuge getrieben, welcher die innersten Absichten, Gesichtspunkte, Gemütsbewegungen durchdringen möchte. Nicht bloß, daß er Anleitung gibt, die Nebengedanken seines Autors zu ergreifen; wie Ludovici[4] unter Wolffs Schriften auch die aufführt, die er schreiben wollte, aber nicht geschrieben, so untersucht er, wieweit man die Nebengedanken eines Autors erreichen könne, welche derselbe unterdrückt.

Einfluß der empirischen Psychologie auf die Umgestaltung der Hermeneutik

Diese psychologische Manier überhaupt, wie sie in der Wolffschen Philosophie Pflege fand, noch weit ausgedehnter aber nach dem Verfliegen des ersten logischen Enthusiasmus für dies System sich entwickelte, war für die Auslegung von entscheidendem Einfluß. Es reichen diese Bestrebungen bis in unser Jahrhundert herein. *Garve* verfaßt Tagebücher und Selbstbeobachtungen. »Ich grüble« – sagt er – »vielleicht gar zu gern über meine eignen Empfindungen, und oft verliert sich mir der Gegenstand aus dem Gesichte, indem ich seine Wirkungen aufsuchen will«.[5] *Christoph Meiners* erklärte Vernunftlehre und Psychologie für identisch.[6] Es regnete psychologische Versuche. *Karl Ph. Moritz,* selbst einer der merkwürdigsten Gegenstände für empirische Psychologie, sammelte in einem Magazin für »Erfahrungsseelenkunde«[7] ein ungeheures Material für jene sogenannte empirische Psychologie, welche merkwürdige Tatsachen des Seelenlebens zu beobachten, zu rubrizieren und mit pragmatischen Reflexionen zu versehen liebte.

Der zusammenfassende Charakter des Baumgartenschen hermeneutischen Systems

So vielfach und weitverzweigt waren die Einflüsse, welche auf die alte h[ermeneutische] Methode eindrangen. Vereinzelt und sich verbindend

ein verjüngtes Bild sei. Wenn wir aus einer oder mehreren Geschichten, die wir deutlich erkannt haben, mit Fleiß eine undeutliche Vorstellung machen, so heißet diese ein verjüngtes Bild . . . « § 337 *Über »Spuren« usw. »Was Spuren sind. Ein Gedanke, insofern er ein Zeichen und Beweis ist, daß man einen anderen Gedanken gehabt habe, wird eine Spur derselben genannt . . . «* (§ 347)

4 Carl Günther Ludovici *(1707-1778), Entwurf einer vollständigen Historie der Wolffschen Philosophie,* Leipzig 1737/38
5 Christian Garve, [*Vertraute*] *Briefe an eine Freundin,* Leipzig 1801, 24. Brief (den 11. November)
6 Christoph Meiners, *Revision der Philosophie 1772*
7 K. Ph. Moritz *(1756-1793), Magazin zur Erfahrungsseelenkunde 1783-1795,* 10 Bde.

wirkten sie hier und dort. Eine merkwürdige Stellung aber in der Geschichte der Hermeneutik nimmt *Jacob Baumgarten* dadurch ein, daß er für jeden dieser Einflüsse Herz und Stelle in seinem hermeneutischen System hatte, ohne doch mit der hergebrachten Orthodoxie zu brechen, so daß sein System und seine Methode *zugleich das Vorhandene* erhielten und den Umsturz vorbereiteten – wie man es ansehen will. Nur selten wird es geschehen, daß unersättliche gelehrte Polyhistorie und zähe logische Methode sich so in einem Manne durchdringen wie in ihm.

Semler hat von dem hermeneutischen Lehrbuch Baumgartens gesagt, daß diese kleine Schrift der »erste deutsche wissenschaftliche Entwurf der Hermeneutik« sei.[8] Er hatte wohl einen übertriebenen Respekt vor der von Wolff bedingten, wohl regulierten szientifischen Methode, gerade darum, weil sein stürmischer und gärender Geist ihrer nicht fähig war. Aber in zwei Punkten verdient dieses hermeneutische System, zumal wie es in der trefflichen Herausgabe der Vorlesungen vorliegt, dies Lob. Einmal in bezug auf die Vollständigkeit, mit der alles verarbeitete Material der H[ermeneutik] hier verwandt ist, dann in bezug auf die klare Gliederung und bewunderungswürdige logische Durchsichtigkeit des Stoffes. Aber hinter diesen Eigenschaften tritt *die Gabe und Übung hermeneutischer Beobachtung sehr zurück.*

Uns nun ist es hier nur um Prinzip, Anordnung und Bestimmung der Hauptmassen zu tun. Dies Buch eignet sich so sehr dazu, ein klares Resümee der älteren Ansicht über die hermeneutischen Hauptpunkte zu geben, daß wir uns desselben zu diesem Zwecke gern an den wichtigsten Punkten der Vergleichung bedient haben. Auf diese also muß auch hier wie bei Ernesti und Keil besonders verwiesen werden.

Es tritt aber das Prinzip der älteren H[ermeneutik] klarer als in irgendeinem älteren System in dem vorliegenden hervor trotz aller neuen hereingezogenen Massen. Denn indem dasselbe mit allgemein herm[eneutischen] Grundsätzen beginnt, dann dogmatische *Lehnsätze*[9] folgen läßt und so durch das Ganze hindurch der Spezialbehandlung des Neuen Testaments allgemeine Regeln vorausgehen läßt, werden die letzten Voraussetzungen durchaus anschaulich. Es sind aber diese keine anderen als die der rein *mechanischen Teleologie.* Anstatt der kausalen Betrachtung herrscht hier von den obersten Grundsätzen bis in die einzelnen Ausführungen schlechterdings nur die eine Kategorie des Zwecks. Hierdurch ist bereits die Grundlage der Hermeneutik, die Sprachansicht bestimmt: das Wort ist ein zum Zwecke der Mitteilung erfundenes Zeichen. Eine Rede ist somit verstanden, wenn im Hörer die Gedanken erregt werden, die der Urheber der-

8 Joh. S. Semlers Lebensbeschreibung von ihm selbst abgefaßt. 1. Teil, S. 208, Halle 1781

9 *Geändert aus:* Lehrsätze, *nach Baumgarten, Biblische Hermeneutik, hrsg. von J. Christoph Bertram, Halle 1769,* § 2, S. 6

selben hervorzubringen die Absicht hatte.[10] Auslegungskunst ist also die Methode, die Folge von Gedanken zu erregen, die hervorzubringen des Redenden Zweck war. Natürlich hat die göttliche Teleologie, wie sie in den dogmatischen Lehnsätzen auftritt, in diesem System der Absichten und Zwecke mit der ganzen alten Äußerlichkeit aufgenommen werden können, mit der sie als Vollkommenheitslehre des Kanons bei Glassius auftrat.

In diese verknüpfende Form sind nun aber die Massen, die der *Pietismus und die grammatisch-historische Auslegung* bot, aufgenommen. Ein trefflicher Abschnitt ist der dritte: »von den historischen Umständen auszulegender Schriftstellen«.[11] Die Lehre von den circumstantiis erscheint hier durch den Einfluß der reformierten Hermeneutik völlig umgebildet. *»Überdies hat sich die göttliche Eingebung in der Wahl der Vorstellungen und Ausdrücke nach der Männer Gottes gewöhnlichen Art zu denken und zu reden aufs möglichste gerichtet.«*[12] Diese muß erforscht werden, ebenso die Gemütsbewegungen des Redenden. Es werden treffliche Regeln gegeben, diese zu erkennen, die auf die psychologischen Neigungen der Pietisten und Wolffianer zurückgehen. Dann seien für die Parallelstellen die Zeiten wohl zu berücksichtigen, damit man nicht die Schriften von Verfassern, die lange nachher gelebt, zur Erklärung älterer Schriften gebrauche.

Das Ganze der Schrift wird aber mit Endzwecken gleichsam übersponnen (Abschnitt V). Die Endzwecke der ganzen Schriften ergeben sich aus dem Verhältnis der Teile, doch unter der Verwahrung, daß sie nicht dem höheren Endzweck der ganzen Schrift widersprechen. Dies Verhältnis wiederholt sich dann abwärts bis in die Endzwecke der einzelnen Worte. Denn mit Endzwecken ist Baumgarten so verschwenderisch wie August Hermann Francke. Auch die Emphasen – er nennt sie Nachdruck – (Abschnitt VII) treten hier noch mit allem Gewicht auf.

Unterscheidung von Auslegung und Erklärung

Wichtig ist nun aber ferner, daß er die (im VI. Abschnitt abgehandelte) Erklärung der Schrift von der Auslegung, welche Gegenstand der vorhergehenden hermeneutischen Operationen sei, abgesondert behandelte. »Den Inhalt [der auszulegenden Reden] zu erklären; das ist, die einzelnen Begriffe derselben und ihre Verhältnisse gegeneinander zu untersuchen, also keinen bloßen Übersetzer abzugeben. Einen Text exponieren lernen und ihn erklären lernen, sind sehr verschiedene Dinge. Also muß der ganze Inhalt der ausgelegten Reden den Hauptbegriffen nach erklärt oder faßlich

10 *Sigmund J. Baumgarten, Biblische Hermeneutik § 6 S. 22*
11 *Sigmund J. Baumgarten, a.a.O. § 36-55 S. 134 ff.*
12 *Sigmund J. Baumgarten, a.a.O. § 40 S. 144.*
    Manuskript: Der Heilige Geist hat sich der gewöhnlichen Art der Männer Gottes zu denken und zu reden anbequemt. *(Ersetzt durch Originalzitat)*

gemacht und zur Deutlichkeit gebracht werden.«[13] Indem er also alle vorhergehenden Operationen zum Exponieren zieht, die folgenden zum Erklären, bildet er die Zweiteilung der grammatischen und dogmatischen Erklärung scharf durch. Denn die zweite Klasse der Operationen hat es mit der Zubereitung des von den ersten überlieferten Stoffs für die Dogmatik zu tun. Ihre Technik ist eine doppelte. Die logische, dann die der Parallelen. So daß hier der Zirkel, in dem sich schon die Hermeneutik des Flacius bewegte, geradezu hingestellt ist. Die Hermeneutik ruht auf Lehnsätzen der Dogmatik und begründet diese wiederum.

Baumgartens Stellung in der Geschichte der Hermeneutik am Wendepunkt ihrer beiden ersten Perioden

Wir werden sehen, welche neuen Wege Baumgarten in einzelnen Punkten eröffnete. Dennoch ist dies sein Hauptverdienst, *daß er von der allgemeinen Hermeneutik aus das logische Gewebe der hermeneutischen Regelgebung ins feinste und einzelnste durchgesponnen hat,* freilich mit dem Einschlag einer bis aufs Wort sich erstreckenden Inspirationstheorie.[14] Mit seiner Gabe, die bisherige Entwicklung in logischer Form zusammenzufassen, nimmt er eine ähnliche Stelle in der Hermeneutik ein wie auf einem unvergleichlich wichtigeren Gebiete Wolff. Wie dessen Metaphysik tief in die Arbeiten der Scholastik hineinreicht, so seine Hermeneutik in die altprotestantische Grundlegung dieser Wissenschaft. Man möchte weitergehen und mit der kritischen Stellung, die Kant, ursprünglich Wolffianer, durch die Engländer und die Fortschritte der physikalischen Wissenschaften zu Zweifeln angeregt, in der Philosophie einnahm, die *Rolle* vergleichen, welche ein paar Jahrzehnte früher Baumgartens Schüler Michaelis und Semler genau unter denselben Einflüssen in Exegese und Hermeneutik einnahmen. *Derselbe Baumgarten, der die kirchliche Hermeneutik vollendete, ward der Vater der historischen Schule.*

Baumgartens Verdienste um die Anfänge der historischen Schule

Das wäre nun freilich nicht möglich gewesen, hätte nicht in Baumgarten ein anderes Element noch gelegen neben der logischen Kraft der Wolffschen

13 *Sigmund J. Baumgarten, a.a.O. § 86 S. 286*
14 In derselben Richtung lag auch Töllners »Grundriß einer erwiesenen Hermeneutik der Hl. Schrift« Züllichau 1765. Schon die Vorrede erklärt die Verwandlung der Hermeneutik in ein System, im Geiste Wolffs verstanden, für die Aufgabe des Buches. Indem, nach der Art der Hermeneutik Wolffs, die historischen Bestandteile von denen, die religiöse Erkenntnis enthalten, geschieden werden, wird die Unfehlbarkeit der ersteren aufgegeben, um die der letzteren zu schützen.

Schule. Lange hatte dasselbe schon seit der Zeit der Scholastik zumal in Deutschland dem der logischen Konstruktion sich unterordnen müssen. Es hatte sich lange dazu gebrauchen lassen, die großen und langweiligen Schubfächer der Systeme mit einer unendlichen Menge von Kleinigkeiten auszufüllen. Jetzt nun stand *die Gelehrsamkeit auch in Deutschland auf dem Punkte, sich gegen die Systematik, ihre bisherige Herrin selber zu wenden.* Es geschah dies vornehmlich durch die Einwirkung der systemfreien Engländer; und Baumgarten hat die geschichtliche Mission gehabt, diesen Einfluß zu vermitteln. Zwei Unternehmungen, die er leitete, waren für diese neuen Bestrebungen die ersten Keimpunkte: zuerst die Herausgabe der *Nachrichten von einer Hallischen Bibliothek,* die in fünf Bänden erschien.[15] Es war seine eigene ungeheure Bibliothek, die eine Fülle von Originalausgaben und seltenen Schriften enthielt. Da stößt man auf Anzeigen altdeutscher Schriften, seltener italienischer Literatur; am meisten wirkte, daß sie ein ziemlich vollständiges Verzeichnis des englischen Schriftwechsels zwischen Freidenkern und Verteidigern des Christentums enthielt. Seine Gegner warfen es ihm vor, daß er es gewesen, der die englischen Freidenker in Deutschland erst recht bekannt gemacht habe. Er hatte offenbar eine Vorliebe für die englische Literatur, wie sie damals zumal unter den Gelehrten noch selten war, dann aber bald in der deutschen Literatur so entscheidende Bedeutung gewann. Die andere Unternehmung betraf die kritische *Geschichtsforschung.*[16] Man weiß, daß nach den plötzlichen Anregungen, die Leibniz und Pierre Bayle, auch Thomasius, diesem Studium gegeben, nur einzelne Ansätze zu deren Fortbildung durch Gundling,[17] Mascov,[18] Köhler[19] gemacht worden sind. Hier wirkte nun das Unternehmen Baumgartens, *die englische Welthistorie mit kritischen Anmerkungen zu übersetzen,* neu anregend. Lange Jahre sind die Fortsetzungen dieses Werkes, die Zusätze zu ihm und damit zusammenhängende Unternehmungen eine Nahrung dieser Studien gewesen.[20] Die Unzuverlässigkeit des Buches machte neue Untersuchungen nötig, andere wurden durch strittige Fragen angeregt. Semler, Michaelis, Heilmann,[21] eine ganze Reihe von Gelehrten erhielt so Anregung. Aber am meisten wurden seine vertrauten Schüler, die er zur Arbeit hinzuzog, gefördert. Damals schon

---

15 Diese Form war nichts Ungewöhnliches, da eine überall herumtastende Neigung für Literaturhistorie die Gelehrten damals beherrschte.
16 *Geändert aus:* Geschichte.
17 Nicolaus Hieronymus Gundling (1671-1729), *Vollständige Historie der Gelehrtheit*
18 Johann Jakob Mascov (1689-1761)
19 Johann Bernhard Köhler (1742-1802). Außerordentl. Professor für orientalische Sprachen in Kiel, ordentl. Professor in Göttingen. Im Arabischen Reiskes Schüler.
20 Noch auf Heynes Bildung wirkte bekanntlich diese Übersetzerbeschäftigung mit der alten Geschichte entscheidend.
21 Johann David Heilmann (1727-1764), Professor der Theologie in Göttingen

zeigte sich der umfassende Nutzen solcher gemeinsamen Unternehmungen für die jüngere Generation. Am wichtigsten war nun die Wirkung desselben auf *Semler,* in welchem der dadurch geweckte historische Spürsinn sich auf die biblischen Studien wandte.

Der eigenen Hermeneutik Baumgartens kamen diese Bestrebungen noch wenig zugute. Er hatte zu wenig exegetische Übung, als daß die Forschungslust, die auf jenem Gebiete erwuchs, seine Hermeneutik hätte umgestalten können. Dennoch zeigte sie, zumal im *dritten Hauptstück,* wie wir es dargestellt haben, Einflüsse hiervon, die sie bereits von ihren deutschen Vorgängern wesentlich auszeichnen.

Mit Recht hat schon bei Joachim Wach, dem Nachfolger Diltheys in der Erforschung der Geschichte der Hermeneutik, Chladenius eine besondere Rolle gespielt. Er ist nicht Theologe, sondern Historiker und hat das Verdienst, den metaphysischen Perspektivismus der Leibnizschen Monadologie auf die Theorie des geschichtlichen Erkennens angewandt zu haben. Mit großem didaktischem Geschick entwickelt er das erkenntnistheoretische Fundament geschichtlicher Erkenntnis. Das »Anschauungsurteil« zeigt die Bedeutung des »Sehepunktes« für den Aspekt, den die Dinge bieten, und bestimmt von da die kritische Aufgabe des Historikers, nach Maßgabe des Möglichen zu »gewissen«, d. h. zuverlässigen Erkenntnissen über das wirkliche Geschehen vorzudringen. Chladenius besitzt bereits eine sehr klare Vorstellung von der hermeneutischen Logik der Beschreibung. Im ganzen darf man seine bewundernswert scharfsichtigen Darlegungen in die Linie einreihen, die mit Spinozas politisch-theologischem Traktat anhebt: was Menschen, Augenzeugen und solche, die ihnen Glauben schenken, für wahr hielten, in sich als Erfahrungsdaten gelten zu lassen und die Einrede der eigenen Meinungen und Vernunftargumente zurückzuhalten, erscheint als die Seele der historischen Erkenntnis.

Als eine anziehende Glosse zu der Perspektivik des Sehens fügen wir eine Notiz von Karl Philipp Moritz bei, dem Freunde Goethes und Verfassers der *Götterlehre.* – Ein erster Vorklang romantischen Allgefühls tönt uns aus diesen Zeilen entgegen: die Perspektivik ist nicht das Letzte. »Denn die Wölbung ist über allem«.

Einen gewissen Ausgleich zwischen den pietistischen und rationalistischen Zügen, die im 18. Jahrhundert nebeneinander herlaufen und erst in ihrer Durchdringung einer wahrhaft historischen Hermeneutik die Bahn öffnen, stellt *Jacob Baumgarten* dar. Über ihn, den Lehrer von Michaelis und Semler, den Bahnbrechern grammatisch-historischer Bibelforschung, hat sich Dilthey mit besonderer Anerkennung geäußert. Wir geben ein Stück über den »geheimen Verstand«, den sensus mysticus in der Schriftauslegung, der die lutherische Grundlinie der Schriftauslegung wahrt und zugleich mit methodischer Konsequenz beschreibt, wo die Schrift selbst den Rückgang hinter den unmittelbaren Sinn des Textes verlangt.

Ob man Georg Friedrich Meier mit seinem *Versuch einer allgemeinen Auslegungskunst* (1757) – ein verdienstlicher Neudruck, den Lutz Geldsetzer veranstaltet hat – in dieser Sammlung überhaupt Raum geben soll, muß man sich fragen: es ist ein Leitfaden akademischer Vorlesungen, dem der Text fehlen würde, so interessant auch der systematische Trieb dieser Klassifikation ist, die von der Zeichenwissenschaft (characteristica universalis) ausgeht.

Ein ganz neuer Klang wird in Herders *Kritischen Wäldern* angeschlagen, sofern nicht religiöse oder historische Texte, sondern die poetische Rede zum Thema wird. Es ist entsprechend nicht, wie in den bisherigen Beiträgen, der Traditionszusammenhang der Hermeneutik, an den sich Herders Beitrag anfügt, sondern der der Poetik, wie er vor allem durch Lessings *Laokoon* zum Thema geworden war. Hier sagt Herder ein neues Wort, in dem das Erbe von Leibniz ungeahnte Fruchtbarkeit gewinnt. Er fügt zum Raum, der Grundkategorie der bildenden Künste, und zur Zeit, der Grundkategorie der Musik, als dritte Kategorie die Kraft, die der »schönen Wissenschaft«, der Poesie zugrunde liegt, und bestimmt die der Poesie spezifische »Handlung« als ein ›Sukzessives durch Kraft‹. Mit der Exponierung des Kraft-Begriffs deutet der junge Herder weit in die Sphäre des idealistischen Denkens voraus und in den Zusammenhang von Produktion und Reproduktion, in dem die Hermeneutik im Zeitalter des deutschen Idealismus und der Romantik ihren Grund finden sollte.

Die Frühgeschichte der Hermeneutik wäre unvollständig, wenn man nicht die juristische Hermeneutik mitbedächte. Sie ist nicht nur eine wichtige Seite des juristischen Geschäfts, sofern sie dazu anleitet, in rechtsschöpferischer Weise die Gesetze auszulegen und anzuwenden – sie wirft auch ein Licht auf das allgemeine Phänomen der Auslegung und wurde im vorromantischen Zeitalter mit der theologischen und philologischen Hermeneutik noch in einer einheitlichen wissenschaftstheoretischen Konzeption zusammengesehen. Das hat freilich erst im 20. Jahrhundert, im Zeitalter der

Krisis des Historismus, neue Bedeutung erlangt. Für die romantische und historistische Hermeneutik, von Schleiermacher und Dilthey bis zu der zeitgenössischen Synthese, die der Rechtshistoriker Emilio Betti vorgelegt hat, war dieser Zusammenhang verdeckt: es war ja eine praktisch-normative und keine reine Erkenntnisfunktion, die von der juristischen Auslegung ausgeübt wurde. Wo es um die Ausbildung der Hermeneutik zur Methodenlehre der historisch-philologischen Wissenschaften ging, vermochte man nicht zu erkennen, daß in aller Bemühung um Objektivität und Methodik des Verstehens die alte Problematik der Anwendung und der Konkretisierung fortlebt. Vollends der Sieg der »psychologischen« Interpretation, den Schleiermacher heraufführte, bedeutete, daß die Gesetzesauslegung aus dem Rahmen der wissenschaftlichen Hermeneutik ganz herausfiel. Denn keine juristische Hermeneutik kann sich auf eine solche Psychologisierung, d. h. auf ein Verstehen der »Absicht« des Gesetzgebers – und gar im Sinne seiner tatsächlich gedachten Gedanken – einschränken lassen. Immer wird hier eine rechtsschöpferische Aufgabe vorliegen, weil man die ratio legis auszulegen und dadurch rechtliche Wirklichkeiten zu schaffen hat, die über das, was der Gesetzgeber tatsächlich im Sinne hatte, hinausgehen. Es schien uns daher geboten, wenigstens an einem Beispiel die eigene Problematik der juristischen Hermeneutik vorzustellen, und wir drucken in dieser Absicht zwei Stücke aus Thibauts *Theorie der logischen Auslegung des römischen Rechts* ab. Insbesondere das zweite dieser Stücke macht völlig klar, warum die psychologische Betrachtung bei der Auslegung von Gesetzen die juristische Thematik verfehlt. Schließlich ist die richterliche Entscheidung, die auf der Auslegung und Anwendung der Gesetze beruht, keine blinde Festsetzung, sondern beansprucht, dem Recht Genüge zu tun, hat also den Wert einer Erkenntnis. Thibaut nennt die Auslegung von Gesetzen mit Recht »logisch«. – Der Herausgeber und Übersetzer der Thibautschen Schrift, aus der wir zitieren, Lutz Geldsetzer, hat eine kundige Einleitung beigesteuert *Zur Geschichte der juristischen Hermeneutik bis auf Thibaut,* auf die hier für das allgemeine Thema der juristischen Hermeneutik ausdrücklich verwiesen sei.

II. Die romantische Hermeneutik

An der Spitze der romantischen Epoche der Hermeneutik steht Fichte. Er war der wahre Held und anerkannte Vorkämpfer der idealistischen Philosophie in den Jahren der Formation der romantischen Bewegung, die schließlich in Schleiermachers theoretischer Arbeit, aber auch in seiner epochemachenden hermeneutischen Praxis, seiner Platon-Übersetzung, ihre Krönung fand. Auf die Grundlage der *Gesamten Wissenschaftslehre von 1794* bezogen sich wie selbstverständlich Schiller und Schlegel, Novalis, Jean Paul, Hölderlin und Kleist, Schelling und Schleiermacher. Dies wurde das Grundbuch des Idealismus. Zwar erkannte jeder die epochemachende Bedeutung von Kants *Kritik der reinen Vernunft* an, aber in Fichtes systematischem Hauptwerk sah man allgemein die Vollendung und konsequente Durchführung des kritischen Gedankens der Transzendentalphilosophie.

Der eigentliche Begründer der romantischen Hermeneutik ist Friedrich Schleiermacher. Sein Ziel war, die Wissenschaftlichkeit der Theologie und insbesondere der Bibelexegese dadurch zu erweisen, daß er die theologische Hermeneutik als eine spezielle Anwendung der allgemeinen Theorie des Verstehens erwies. So vereinigte er in seiner hermeneutischen Theorie die ganze Summe der theologischen und philologischen Arbeiten seiner Vorgänger, indem er mit Entschiedenheit auf das menschliche Grundphänomen des Verstehens und insbesondere der Vermeidung des Mißverstehens zurückging. Jede Rede hat »eine zwiefache Beziehung«: »auf die Gesamtheit der Sprache und auf das gesamte Denken ihres Urhebers«. So muß auch das Verstehen sowohl auf die Sprache – als grammatische Interpretation – als auch auf die »Tatsache im Denken«, mithin als psychologische Interpretation, gehen. Seinem eigentümlichen, zwischen Extremen vermittelnden Denkstile folgend, ortet Schleiermacher auf diese Weise die Aufgabe einer allgemeinen Hermeneutik und sichert die Bibelauslegung gegen die Ansprüche der Inspirationstheologie.

Doch hat Schleiermacher eine solche allgemeine Hermeneutik nur in Vorlesungen entwickelt, die wir, nach der Ausgabe in den *Gesammelten Werken*, die Lücke in den 40er Jahren veranstaltet hatte, inzwischen in einer kritischen, auf die erhaltenen Manuskripte zurückgehenden Ausgabe von Heinz Kimmerle besitzen. Dies ist freilich kein Buch. Eher sind das die beiden Akademiereden aus dem Jahre 1829. Schleiermacher schrieb sie nieder in der Erkenntnis, daß von seinen Vorlesungen zur Hermeneutik »wegen des mir anklebenden teils Ungeschicks teils Mißgeschicks nicht genug weder vorher noch nachher (d. h. nach den Vorlesungen) aufs Papier kommt«. Diese Reden sind aber selber keine systematische Behandlung der Sache. Sie nehmen auf die Vorlesungen des berühmten Homer-Philologen Friedrich August Wolf Bezug, sowie auf das Lehrbuch von Friedrich Ast. Letzterer, bekannt als der Verfasser des *Lexicon Platonicum,* war ein Schüler Schellings und gab dem hermeneutischen Problem einen geschichtsphilosophisch konstruierten Hintergrund: die Aufgabe der Hermeneutik sei, griechisches Altertum und Christentum zu vereinen, die ursprüngliche Einheit und »Eintracht des poetischen (plastischen oder griechischen) und religiösen (musikalischen oder christlichen) Lebens« wiederherzustellen. Es ist eine Hermeneutik spiritualistischer Radikalität, beruhend auf der pneumatischen Gemeinsamkeit des »Geistes«. »Alles, was ist und sein kann, ist im Geiste begriffen«.

Wir geben ein Stück aus seinem Lehrbuch, das Schleiermacher mit scharfer Polemik überzieht. Denn Schleiermacher würde zwar am Ende, insbesondere in dem, was er die divinatorische Seite der Interpretation nennt, nicht zögern, den »Geist« und die Kongenialität als letzte Grundlage alles Verstehens anzuerkennen. Aber das trifft nicht die eigentliche Aufgabe der Hermeneutik, die vielmehr darin besteht, das *Fremde* erst einmal anzueignen, das Mißverstehen zu vermeiden, zur Reproduktion der ursprünglichen Produktion, die ein jeder Gedanke und Text ist, zu gelangen. So erkennt Schleiermacher gewiß an, daß sich die Aufgabe des Verstehens von der kleineren Einheit eines Satzes über die größere Einheit eines Textes bis hin in die Totalität der Sprache und die Unendlichkeit des Gedankens ausdehnen müsse, aber die bloße spekulative Ableitung aller Partikularitäten aus der Allgegenwart des Geistes, wie sie Ast vornimmt, ist ihm kein Ersatz für das methodische Bemühen des Verstehens und Auslegens. Insbesondere in seinen Akademiereden reiht er sich ganz in diese Tradition der Philologie ein. Doch war der eigentliche Boden seiner hermeneutischen Theorie die Praxis: die ihm eigene Genialität des Verstehens, die er nicht nur als Philologe und Exeget bewies, sondern vor allem im lebendigen Umgang mit den Menschen. Ein Genie der Freundschaft, war er ein wahrer Kenner des menschlichen Herzens.

Ein echter Fortsetzer der Schleiermacherschen Ideen, der zugleich den zunehmenden Einfluß der Naturwissenschaften auf die allgemeine Denkweise spiegelt, ist Heymann Steinthal. Seine interessante Rede über *Die Arten und Formen der Interpretation* knüpft an Schleiermacher und an August Boeckh an, dessen berühmte Vorlesungen über *Encyklopädie und Methodologie der philologischen Wissenschaften* damals gerade herauskamen. Wir stehen im Zeitalter der großen Philologie des 19. Jahrhunderts, die sich ihrer kritischen Meisterschaft bewußt geworden ist und ihre wissenschaftliche Ebenbürtigkeit mit den Naturwissenschaften behauptet. Steinthal beschränkt die Aufgabe der Interpretation bewußt auf das einzelne Werk, obwohl die ›Kritik‹ wie die konstruktive Leistung der ›Grammatik‹ und Literaturgeschichte natürlich dabei mitwirken. Die Pointe des Ganzen ist die Auszeichnung des philologischen Verstehens gegenüber dem »gemeinen« Verstehen: es ist ein vermitteltes Verstehen und hat seine höchste Vollendung in der psychologischen Interpretation. Sie vereinigt alle im Verstehen wirksamen Momente. Denn »sie soll in die Mechanik des schriftstellerischen Geistes eindringen«. »Beim durchgebildeten Philologen ist sie allgegenwärtig«.

In einer Sammlung hermeneutischer Texte darf J. G. Droysens *Historik* nicht fehlen. Der glänzende Historiker, dem wir die erste angemessene Würdigung des Hellenismus als des Bindeglieds zwischen der griechischen Klassik und dem Aufkommen des Christentums verdanken, war zugleich der schärfste Methodologe der »historischen Schule«. Anders als Ranke, der in der »Selbstauslöschung« und in der vollen Hingabe an das geschichtliche Schauspiel sein Ideal sah, war Droysen sich stets der sittlichen Gemeinsamkeiten bewußt, die den Interpreten mit seinem Text verbinden. Er bekennt sich im Vorwort seiner *Historik* zu seiner idealistischen Herkunft und insbesondere zu dem Vorbild, das Wilhelm von Humboldts Werk für ihn darstellte. Droysen ist ein echter Schüler der idealistischen Philosophie. Er fragt nach den Kategorien, unter denen sich die Wirklichkeit, in der wir leben, artikuliert, und entdeckt »die Geschichte« als die eine, »die Natur« als die andere Auffassungsform dieser Wirklichkeit. Sein Ziel ist, das Wesen der historischen Methode zu rechtfertigen, ihr den Naturwissenschaften gegenüber so andersartiges Interesse an den wechselnden Gestaltungen der sittlichen Welt. Von hermeneutischem Interesse sind für den Historiker nicht primär und ausschließlich Texte, wie sie der theologische »Schriftgelehrte« und der Philologe auszulegen hat. Gewiß gilt das Interesse dieser Interpreten auch nicht den Texten als solchen, sondern dem in ihnen Überlieferten und Mitgeteilten, aber dieser Interpreten Aufgabe beschränkt sich darauf – oder weitet sich dazu aus –, das im Text Gesagte als so Gesagtes anzueignen und zu vermitteln. Es geht um eine Totalität von »Sinn«, die zwar alles diesen Sinn Mitbestimmende, also auch die historischen Bedingungen, miteinbezieht. Aber das Gesagte, so wie es gesagt ist, bleibt der hermeneutische Skopus, in den alles mündet.

Wenn Droysen dagegen in seiner *Historik* »die Interpretation« behandelt, auch er wie der Philologe in einem zweiten, der »Kritik« folgenden Teil, so meint er nicht Texte allein, die kritisch rezensiert und dann interpretiert werden. Es gibt auch Überreste vergangenen Lebens, die es in ihrer Aussagekraft zu verstehen gilt, und die Texte selbst, wo solche vorliegen, sind »Quellen« – nicht selbst der eigentliche Gegenstand der Erkenntnis. Sie sind vielmehr gleichsam ein Vorrat möglicher Auskunft für alle sich stellenden »historischen Fragen«. Wenn der Historiker mithin auf der Basis der Quellen die geschichtlichen Vorgänge zu verstehen und zu interpretieren sucht, so ist das Verständnis und die Interpretation der Quellentexte nur ein Mittel zum Zweck. Die Arbeit des Philologen ist mithin vorausgesetzt und wird für den eigenen Erkenntniszweck des Historikers in Anspruch genommen. Das muß man im Auge behalten, wenn man Droysens Lehre von der »Interpretation« liest. Natürlich lehnt sie sich an die ältere philologische Hermeneutik an, und wenn sie sich auf die historische Wirklichkeit statt auf Texte bezieht, so stellt sie sich diese selber wieder wie einen Text vor, als das Buch der Weltgeschichte, das zu verstehen für den überzeugten Protestanten die nie vollendbare Aufgabe des historischen Forschens ist, wie das Entziffern des Buches der Natur für die Naturforschung. Beide Bücher hat Gott »mit seinem Finger geschrieben«. Das Eindringen in den »Sinn« dieser Bücher bleibt dem endlichen Wesen Mensch eine hohe, aber unendliche Aufgabe. – Es ist deutlich, wie die Wissenschaftstheorie des Neukantianismus in den Bahnen dieses philosophisch höchst begabten Historikers weitergedacht hat (Dilthey, Rickert).

Wilhelm Diltheys Anliegen war, neben die *Kritik der reinen Vernunft* Kants, die die erkenntnistheoretische Begründung der Naturwissenschaften gegeben hatte, eine Kritik der historischen Vernunft zu stellen. Selber eine eminente philologisch-historische Begabung, hat Dilthey ein reiches Werk philosophiegeschichtlicher Forschung geschaffen. Seine Einfühlungskraft und seine reiche Gelehrsamkeit machten ihn zu einem würdigen Nachklang der historischen Schule. Aber seine eigentliche Aufgabe war in seinen Augen die theoretisch-philosophische Begründung der »Geisteswissenschaften«. Selbst die Einführung und Durchsetzung dieses Begriffs ist bereits eine Art dokumentatorischen Resultats seiner Arbeit. Auf der anderen Seite war Dilthey zu sehr der nuancenkundige Historiker, als daß ihm systematische, begriffsanalytische Arbeit leicht gefallen wäre. So blieb seine Kritik der historischen Vernunft, die er als seine eigenste Lebensaufgabe angesehen hat, bei aller Fruchtbarkeit seiner Feder ein fragmentarisches Unternehmen. Seine Einleitung in die Geisteswissenschaften blieb stekken, und der veröffentlichte erste Band stellte zum größeren Teil selber nur eine *historische* Einleitung dar.

Die theoretische Begründung suchte Dilthey zunächst in einer beschreibenden und zergliedernden Psychologie, die im Unterschied zu der herrschenden Assoziationspsychologie Herbartscher Prägung vom erlebten Strukturzusammenhang des Seelenlebens ihren Ausgang nahm und nicht von psychischen »Elementen« und der Mechanik ihres Zusammenwirkens. Später gewann – teils, paradoxerweise, durch die Vermittlung des erfolgreichen Anti-Psychologismus von Husserls *Logischen Untersuchungen,* das alte, idealistisch-hegelsche Erbe des »objektiven« Geistes mehr und mehr Bedeutung für Dilthey. Zwischen diesen Polen einer deskriptiven Psychologie des Erlebniszusammenhangs und einer »hermeneutischen« Grundlegung der Geisteswissenschaften in dem Zusammenhang von Kraft und Bedeutung, den Hegel »objektiver Geist« nannte, bewegen sich die fragmentarischen Entwürfe und Analysen, die unter dem Titel: *Der Aufbau der geschichtlichen Welt in den Geisteswissenschaften* von Dilthey im letzten Jahrzehnt seines Lebens niedergeschrieben worden sind. Sie sind erst in den zwanziger Jahren, nach dem Ersten Weltkriege, vollständig zugänglich geworden. Trotz allem bleibt in ihnen das Übergewicht des »Subjektiven« unverkennbar. Dilthey sucht den geschichtlichen Bedeutungszusammenhang von dem Modell des erlebten Zusammenhangs eines Lebensverlaufs aus zu beschreiben: die Autobiographie gibt ihm den Zugang zum Verständnis geschichtlicher Zusammenhänge. Aber das wirkliche Geschehen und seine Zusammenhänge sind doch so, daß sie ohne Zweifel gerade nicht und von niemand in ihrer Bedeutung adäquat erlebt werden. Insofern behält die Psychologie bei Dilthey einen nicht ganz einlösbaren Vorrang vor der ›Hermeneutik‹. Welche Bedeutung Diltheys Theorie des Strukturzusammenhangs gleichwohl besitzt und welche allgemeinere Bedeutung er für die Methodenlehre der Geisteswissenschaften hat, bekundet sich in seiner weitreichenden Wirkung. Wir geben als Beispiel ein Stück aus der Arbeit von Erich Rothakker *Die dogmatische Denkform in den Geisteswissenschaften*. Rothacker zeigt in dieser Abhandlung das unverzichtbare Recht einer »dogmatischen« Denkweise im geisteswissenschaftlichen Verfahren, die kohärente Theoriezusammenhänge verfolgt, wie sie sich in der geschichtlichen Entwicklung durchhalten. Diltheys Wiedererneuerung der romantischen Hermeneutik wurde auch im theologischen Feld aufgenommen, und zwar durch Rudolf Bultmann. Sein kleiner Aufsatz über das Problem der Hermeneutik zeigt freilich bei aller Diltheynachfolge, daß die inzwischen durch Heidegger, aber auch indirekt durch die Kritik der dialektischen Theologie am deutschen Idealismus und am Neukantianismus veränderte Problemlage auch innerhalb des Diltheyschen Ansatzes neue Akzente setzte. Der Aufsatz war auch nur ein erster Anfang. Inzwischen hat sich die protestantische Theologie mit neuem, eigenem, systematischem Interesse der Geschichte der altprotestantischen Hermeneutik zugewandt, und insbesondere der Hermeneutik Luthers. Gerhard Ebeling in der Nachfolge von Karl Holl und Ernst Fuchs gaben der hermeneutischen Reflexion auch für die theologische Exegese eine neue Relevanz. Ähnliches ereignete sich auch im katholischen Raum, wie das kundige Buch von Eugen Biser zeigt. Im Grunde ist schon die Kritik der dialektischen Theologie am neukantianischen Idealismus hermeneutisch begründet. Machte sie doch die Einsicht geltend, daß man über Gott nicht so reden kann, wie man über sonst einen Gegenstand redet, sondern daß hier ein Verhältnis der Anrede und des Angeredetwerdens besteht. Nach dieser Richtung haben auch die Analysen von *Wahrheit und Methode* für die Ursprünglichkeit der Lebenssituation des

Dialogs neue Gesichtspunkte beigesteuert.

Als in den zwanziger Jahren das philosophische Werk Wilhelm Diltheys durch die Ausgabe seiner *Gesammelten Schriften* zu geschlossener Wirkung kam, trat zugleich eine bisher gänzlich unbekannte Figur ins Licht: der philosophische Freund Diltheys, Graf Yorck von Wartenburg, ein schlesischer Majoratsherr, der den größten Teil seiner Kraft der landwirtschaftlichen Verwaltung seines Gutes Klein-Oels widmete und in seinen Abendstunden seinen philosophischen Studien nachging. Im Jahre 1923 erschien sein Briefwechsel mit Dilthey, und zur allgemeinen Überraschung war in diesem Briefwechsel der berühmte Professor keineswegs der Überlegene und Gebende. Die geistige Energie des Grafen Yorck, in dem ein bodenständiges Luthertum lebte, übertraf den gelehrten Freund und nötigte ihn durch das eigene Beispiel souveräner Haltung zur größeren Entschiedenheit und zur kritischen Unabhängigkeit gegenüber den anerkannten Größen der Zeit. Da heißt es bei Yorck: Die sogenannte »historische Schule« »war gar keine historische« – sie dachte ästhetisch. Ranke ist ein großes Okular, dem nichts, was entschwand, zu Wirklichkeiten werden kann. Auf »die generische Differenz des Ontischen und des Historischen« komme es an. Diese und ähnliche Formulierungen aus den Briefen des Grafen Yorck klangen damals wie Fanfarenstöße. Denn in den zwanziger Jahren hatte von philosophischer Seite eine Radikalisierung der von Dilthey erreichten Fragestellung eingesetzt, die noch über die vom Grafen Yorck seinerzeit angedeuteten Desiderate hinausging: Es war das »ontologische« Engagement Martin Heideggers, das hier ganz neue Horizonte öffnete.

IV. Philosophische Hermeneutik

Heidegger war als Schüler Rickerts und später Husserls erzogen worden, aber darüber hinaus von früh an vom Denken des Aristoteles geprägt. Nicht durch den thomistisch überformten Aristotelismus der Neuscholastik, sondern ganz aus der eigenen Begegnung mit dem aristotelischen Denken erwuchs ihm seine Frage nach dem Sein. Die vielfältige Problematik der aristotelischen Metaphysik konnte dem »christlichen Theologen«, als der er sich damals fühlte, keine Antwort auf die Fragen geben, die ihn bewegten. Der junge Luther vor allem öffnete ihm die Augen für die Grenzen des griechischen Seinsdenkens. So wurde ihm das Eindringen in die Probleme der Geschichtlichkeit, die damals von W. Dilthey, Georg Simmel und E. Troeltsch an ihn herangetragen wurden, zum Anstoß eines radikalen Neu-Einsatzes.

Dabei kam ihm zugute, daß er als Schüler Husserls nicht nur die Kunst phänomenologischer Analyse erlernt hatte, sondern von ihm auch in die – bis heute feinste, genaueste und begrifflich durchgearbeitetste – Analyse des Bewußtseins und insbesondere des Zeitbewußtseins eingeführt worden war. Die Verlegenheit, in die sich die Husserlsche Konstitutionstheorie des Zeitbewußtseins verstrickte, demonstrierte ihm das ontologische Vorurteil, das in dem festgehaltenen cartesianischen Bewußtseinsbegriff steckte. Er erkannte dahinter das zuletzt griechische Vorurteil von »Sein« und stellte der Ontologie der ›Vorhandenheit‹, die unerkannt die Begriffe von Subjekt und Objekt beherrscht, einen eigenen Entwurf einer ontologischen Analytik des ›Daseins‹ entgegen, dessen Zeitstruktur nicht Gegenwart, sondern Zukünftigkeit, Möglichkeit ist. Die »Differenz des Ontischen und des Historischen« erhielt dadurch ein neues Fundament: Geschichtlichkeit ist nicht eine Minderung des Seinsranges eines Seienden, dem substantielle Beharrlichkeit und Immersein abgeht, sondern geradezu die ontologische Auszeichnung des menschlichen Daseins. Es »ist« in der Weise des Sich-Entwerfens auf seine eigensten Möglichkeiten hin und ist in dies sein Dasein »geworfen«.

Den Grundzug dieser Entwurfsstruktur nun charakterisierte Heidegger durch die »hermeneutischen« Begriffe von Verstehen und Auslegung. Sich auf etwas Verstehen und etwas *als* etwas Verstehen und Auslegen wurzeln in dem Entwurfscharakter des Daseins. Damit rücken die traditionellen Begriffe der Geisteswissenschaften in ein ganz neues Licht, insbesondere dadurch, daß diese Grundbewegung des Daseins, sich auf etwas und als etwas zu verstehen, ganz und gar durch die Endlichkeit, die »Geworfenheit« des Daseins bestimmt ist. Es ist keine »Selbstverwirklichung des Geistes« im Sinne des Hegelschen Idealismus. Damit ist auch Hermeneutik keine Hermeneutik des Sinnverstehens, sondern es ist die Selbstauslebung und Selbstauslegung des Daseins. Sie heißt daher ›Hermeneutik der Faktizität‹ und liegt allem Verstehen und Auslegen, das in den Geisteswissenschaften betrieben wird, voraus. Die Paragraphen, die wir aus *Sein und Zeit* abdrucken, wirken daher auf den ersten Blick ganz fremdartig, überhaupt nicht hergehörig. In Wahrheit verändern sie den Aspekt des hermeneutischen Problems von Grund aus. Denn wenn das Verstehen ein »Existenzial« ist, dann hat auch das wissenschaftliche Verstehen eine existentielle Seite. Sein objektivierbarer Gehalt ist nicht alles. Es ist ein Geschehen und hat die geschichtliche Bedingtheit eines solchen Geschehens, die es selber niemals voll zu objektivieren vermag. Wer das realisiert, erkennt eine neue philosophische Aufgabe, die die Fragestellung der traditionellen Methodenlehre der Geisteswissenschaften überschreitet. Es geht nicht um eine neue Methodenlehre, sondern um eine Einfügung der wissenschaftlichen Verfahren in den fortgehenden Prozeß der Verständigung der Menschheit mit sich selbst. Das ist die Aufgabe, die in »Wahrheit und Methode« in Angriff genommen worden ist. Der Bereich des hermeneutischen Sinnverstehens ruht eben auf dem Grunde einer realen Geschichtlichkeit. Nicht umsonst folgt der Einsatz der existenzphilosophischen Problematik – bei Jaspers wie bei Heidegger – der Hegelkritik, die von Kierkegaard geübt worden ist und die mit den Junghegelianern in der Kritik am ›absoluten Wissen‹ und am ›absoluten Geist‹ übereinstimmt.

Unter denjenigen, die von dem Anstoß Heideggers zu neuen Einsichten geführt worden sind, ist einer der produktivsten der alte Göttinger Husserl-Schüler Hans Lipps gewesen. Auf eigenen Wegen pragmatistische Einflüsse verarbeitend, war er für die radikale Kritik, die Heidegger an der Beschränkung auf den Urteilsbegriff geübt hat, wohl vorbereitet und hat in einer Reihe von Arbeiten die Grundzüge einer hermeneutischen Logik entwickelt, die das reale Wesen des Menschen und seiner Verhaltensweisen aus der Beugung unter die Tradition der logischen Urteilslehre befreit. Wie sehr die reale Situation einer Aussage ihren Sinn und ihre Implikationen mitbestimmt, wird an seinen Arbeiten handgreiflich. Er hat in gewisser Weise von Wittgenstein ausgehende Entwicklungen im englischen Schrifttum antizipiert (Austin). Auch hier ist der Weg zu der hermeneutischen Methodenlehre der Geisteswissenschaften weit geworden. Doch zeigen kleinere Arbeiten von Lipps, wie fruchtbar sie auch dafür zu werden vermögen.

Es wurde oben bereits berührt, daß die Untersuchungen von *Wahrheit und Methode* an die tiefere Begründung anknüpfen, die Heidegger dem Phänomen des Verstehens gegeben hat. Sie suchen aber zugleich den Weg zu den Wissenschaften neu zu bahnen. Dabei kommt ihnen zu Hilfe, daß die existentialanalytische Grundlegung von *Sein und Zeit* nicht Heideggers letztes Wort geblieben ist. Bekanntlich hat er in späteren Arbeiten nach der sogenannten »Kehre« Phänomene thematisiert, in denen zwar menschliches Dasein seine Spur hinterlassen hat, die aber in gewissem Sinne »objektiv« geworden sind, das heißt nicht im Selbstverständnis menschlicher Existenz aufgehen, sondern aus ihm herausgetreten sind. Solche Phänomene sind: das Kunstwerk, das im Lebenszusammenhang stehende Ding und am Ende der ganze große Bereich der Sprache, die das Denken des einzelnen vorherbestimmt und artikuliert. In *Wahrheit und Methode* wird der Versuch gemacht, gleichsam den Reflex dieser Objektivitäten zu studieren. Die interpretierenden Wissenschaften gehören ja selbst in diesen Zusammenhang. In ihnen reflektiert sich so gut wie in den Schöpfungen der Kunst und in der sprachlichen Ausgelegtheit unseres Weltverständnisses die wahrhafte Geschichtlichkeit unseres Seins. So steht in der philosophischen Hermeneutik die Tradition der hermeneutischen Wissenschaften in der Umrahmung durch die Erfahrung der Kunst und die Universalität der sprachlichen Welterfahrung. Die hermeneutischen Wissenschaften sind nicht länger Selbstzweck und gewinnen damit einen Wirklichkeitscharakter sich tradierender Geschichte, der ihnen natürlich immer schon zukam, der aber sein Methodenbewußtsein erst jetzt erreicht.

Der beifolgende Text ist aus einem Vortrag genommen und dient dazu, die geistesgeschichtlichen Hintergründe aufzuhellen, die die philosophische Wendung der Hermeneutik herbeigeführt haben. Insbesondere wird der die Epoche bestimmende Einfluß Nietzsches und die immer sich erneuernde Ausstrahlung Hegels in dieser Wendung sichtbar.

Als zweites drucken wir aus *Wahrheit und Methode* das Kapitel über das hermeneutische Problem der Anwendung ab. Es ist wohl das am meisten mißverstandene und am stärksten provozierende Kapitel des Buches. Es muß aber in der Dimension der philosophischen Reflexion gesehen werden, die darin eingeleitet wird, und nicht in der ›Gerade-hin-Einstellung‹ einer Methodenlehre. Mit bewußter ›Anwendung‹ hat dies in allem Verstehen wirksame Moment nicht das geringste zu tun. Es entspricht eher dem juristischen Problem der ›Konkretisierung‹ und überhaupt der Verfahrensweise der ›Urteilskraft‹. Das Kapitel über Aristoteles, das dem abgedruckten Text folgt, sollte das dem Leser klarmachen.

I.
Die Vorgeschichte der romantischen Hermeneutik

1. Matthias Flacius Illyricus
Anweisungen, wie man die Heilige Schrift lesen soll, die wir nach unserem Urteil gesammelt oder ausgedacht haben*

1. Bei allem Nachdenken, bei Unternehmungen und Handlungen, zumal schweren, vor allem aber bei heiligen Dingen, ist es sehr nützlich, die göttliche Hilfe zu erflehen, damit diese unser ganzes Unternehmen von vornherein beseele, im Verfolg dabei helfe und schließlich am Ende segne oder einen glücklichen Ausgang und Wachstum und Frucht unserer Arbeit schenke.

2. Da man nun zu allen Unternehmungen einen frommen und gutwilligen Sinn mitbringen muß, so ist es besonders hier notwendig, das eine zu bedenken und zu wünschen, daß du den wahren und eigentlichen Sinn der Heiligen Schrift erlangen möchtest, den du mit bestem Glauben zum Ruhme Gottes und zu deinem und anderer besonders geistlichem und ewigem Nutzen gebrauchen willst. Nicht zum Prahlen oder um des Gewinnes willen, viel weniger zur Bekämpfung der Wahrheit, wie die Anhänger des Papstes die Heiligen Schriften lesen.

3. Der fromme Mensch muß in der Tat die Heilige Schrift so verehren und mit einer solchen Hingabe kennenlernen, daß er annimmt, er lese sozusagen kein totes Buch noch dringe er in die Schriften eines noch so heiligen, ehrwürdigen oder weisen Menschen ein, sondern er erforsche die Worte des lebendigen Gottes selbst, der jetzt dort mit ihm handelt. Jener nämlich ist der Autor derselben, und er hat sie dem Menschengeschlecht dargelegt wie einer, der immer direkt mit den Menschen durch dieses Buch sprechen und sie über sich und über ihr eigenes ewiges Heil belehren möchte.

4. In allen besonders schwierigen Dingen und Aufgaben geht es einem durch allerhand Sorgen und Bedenklichkeiten abgelenkten Gemüt schlecht. Darum soll der Sinn bei diesem Studium von allen Sorgen und ihn gleichsam erdrückenden Belastungen frei und ganz

---

* Matthias Flacius Illyricus, *Über den Erkenntnisgrund der Heiligen Schrift (De Ratione Cognoscendi Sacras Literas,* 1567). Lat.-deut. Parallelausgabe, übers., eingeleitet und mit Anmerkungen versehen von Lutz Geldsetzer, Düsseldorf 1968

auf dieses Werk gerichtet sein; vor allem sollen alle verkehrten Gedanken und perversen Leidenschaften ferne sein.

5. Der Leser sei zufrieden, wenn er den einfachen und eigentlichen Sinn der Heiligen Schrift, zumal derjenigen Stelle, die er gerade liest, erfaßt. Und er soll nicht Schemen nachjagen oder Träumen von Allegorien oder Himmelsgleichnissen anhangen, wenn es sich nicht offensichtlich um eine Allegorie handelt und der buchstäbliche Sinn anderswie untauglich oder absurd ist.

6. Sobald er etwas verstanden und dem Gedächtnis eingeprägt hat, soll er ferner ein gewisses Nachdenken darauf verwenden, damit er die Sache und diesen Satz um so vollständiger begreife und sie auch in einen frommen praktischen Glaubensgebrauch für das Gebet, den Trost oder andere Unterweisung sowie für die Sitten verwandele.

7. Wenn etwas vorkommt, was wir nicht sofort erfassen können, so soll uns das nicht verdrießen, sorgfältiger zu forschen, indem wir sowohl den Text selbst und die Sachen betrachten, als auch die Bücher der Ausleger zu Rate ziehen und auch die gottesfürchtigen Gelehrten befragen.

8. Wenn wir auch etwas gegenwärtig nicht ganz einsehen können, so mögen wir nur die Stelle und die Worte derselben dem Gedächtnis einprägen und hoffen und erwarten, daß der Herr sie uns bei einer Gelegenheit gütig eröffnen wird. Nichts ist nämlich in der Heiligen Schrift umsonst geschrieben, und man darf auch nichts verachten.

Nun sind diese 8 Regeln gewissermaßen äußerlich und allgemein. Jetzt wollen wir von denen etwas sagen, die mehr den Text selbst angehen.

9. Wenn du an die Lektüre eines Buches herangehst, so richte es gleich am Anfang, soweit es geschehen kann, ein, daß du zuerst den Gesichtspunkt, den Zweck oder die Absicht dieser ganzen Schrift, was wie das Haupt oder das Gesicht derselben ist, unverwandt und gehörig im Auge behältst. Das kann man sich meistens mit wenigen Worten merken, und nicht selten wird es in der Überschrift sogleich angegeben. Dieser ist entweder einer, wenn die ganze Schrift ein einheitliches Ganzes bildet, oder es sind mehrere, wenn sie mehrere Teile besitzt, die untereinander nicht zusammenhängen.

10. Zweitens arbeite darauf hin, daß du das gesamte Argument, die Summe, den Auszug oder die Kurzfassung desselben im Griff

hast. Ich nenne aber das Argument jenen reichhaltigeren Begriff sowohl des Gesichtspunktes wie auch die Umschreibung des ganzen Korpus, in welchem oft zugleich auch der Anlaß der Niederschrift notwendig bezeichnet wird, falls das nicht in der Schrift selbst enthalten ist.

11. Drittens mußt du die Anlage und Gliederung des ganzen Buches oder Werkes vor Augen haben. Und du mußt sehr aufmerksam beobachten, wo sozusagen das Haupt, die Brust, die Hände, die Füße usw. sind. Dabei also magst du genau erwägen, wie jener Körper beschaffen ist, wie er alle diese Glieder umfaßt und in welcher Weise so viele Glieder oder Teile diesen einen Körper gemeinsam erstellen, welches die Übereinstimmung, Harmonie oder das Verhältnis der einzelnen Glieder untereinander oder auch zu dem ganzen Körper und besonders zu dem Haupte sei.

12. Schließlich wird es nützlich sein, auch jene ganze Anatomie oder Zergliederung des einen Körpers in so verschiedene Glieder in eine Tabelle einzutragen, damit du jenes Werk um so leichter geistig erfassen und verstehen und dem Gedächtnis einprägen kannst, da du so alles in eine Gesamtübersicht oder gleichsam unter einen Aspekt gebracht haben wirst.

13. Diese vier Dinge: der Gesichtspunkt, das Argument, die Gliederung und die tabellarische Übersicht müssen ordentlich, richtig und entsprechend sein. Wenn sie richtig sind, werden sie sehr viel Hilfe bringen, wie sie umgekehrt, wenn sie falsch sind, den Leser himmelweit irren lassen. Man muß also dabei höchste Aufmerksamkeit und vorsichtige Prüfung walten lassen.

14. Diese vier Dinge bringen noch folgende Vorteile mit sich: Erstens wirft der Gesichtspunkt und die Gesamtsumme auf die einzelnen Teile und dadurch auch auf die Aussagen, Sätze und Wörter großes Licht, so daß du um so klarer durchschauen kannst, was ihr eigentlicher Sinn und was er nicht sei. Was nämlich diesem Gesichtspunkt und Argument oder der Summe gänzlich zu widerstreiten scheint, das ist zweifellos unpassend und falsch.

15. Auch hilft die Gliederung dabei, daß du die einzelnen Teile mit jenem Gesichtspunkt besser in Übereinstimmung bringen kannst und noch einen zweifachen Nutzen davon hast: Einmal nämlich erhältst du eine nützliche Einführung in die einzelnen Sätze, zum anderen wirst du durchschauen, wie der jeweilige Teil den Hauptgesichtspunkt bestätigt und unterstützt.

16. Drittens wird sie dabei helfen, daß du nicht wie ein Irrender

im Walde oder wie ein Seefahrer oder Wanderer in dunkler Nacht nicht weißt, wo oder in welchem Teil du dich aufhältst und wo du hinwillst, sondern immer weißt, wo du bist und wohin du strebst, wo für dich Osten, Westen, Norden oder Süden ist, wie fern oder nahe du einem bestimmten Fluß, Gebirge oder Abgrund bist.

17. Viertens wirst du bei dieser Gelegenheit immer mit großem Nutzen das Vorausgehende mit dem Nachfolgenden sowie mit der Stelle selbst, bei der du dich gerade aufhältst, vergleichen können. Daraus entsteht dir ein außerordentliches Hilfsmittel zur Erkenntnis und Erfassung des richtigen Sinnes einer Stelle und der ganzen Frucht, die man daraus holen kann oder muß.

18. Wenn du schließlich sowohl die ganze Schrift schneller und sicherer kennenlernen als auch treuer im Gedächtnis bewahren wirst, wirst du immer auch, wenn es der Gebrauch erfordert, entweder die ganze Schrift oder einen Teil derselben zu deinem Vorteil anwenden können.

19. Da nun in der Tat der Nutzen dieser Prüfung der Schriften zugleich ungeheuer groß und vielfältig ist, werden wir nun noch einige weitere Vorschriften dieser Art, besonders auf einzelne und insofern schwierigere Teile oder Textstellen bezügliche, herzuschreiben. So können wir das ganze Werk und seine einzelnen Teile um so genauer und sicherer auflösen und durchforschen und schließlich mit Gottes Segen gänzlich durchschauen. Um offen meine Meinung zu sagen: Viele Interpreten haben bei der Auslegung der heiligen Bücher nach allen Regeln der Gelehrsamkeit über ihre einzelnen Teile und auch Sätze disputiert; aber keiner, oder gewiß nur sehr wenige, haben sich gewöhnt, den Text genau zu prüfen, noch viel weniger das Argument und die Gliederung sorgfältigst darzulegen und das ganze Korpus, Haupt und Glieder, sodann während des Auslegens genauestens miteinander zu vergleichen und zu verbinden. Keiner hat sich daran gewöhnt, bei der Untersuchung, Erwägung und Beleuchtung der einzelnen Teile diese immer sehr sorgfältig auf die übrigen und besonders das Haupt und insofern auf das ganze Korpus zu beziehen und anzuwenden. Das jedoch mußte gerade am dringlichsten geschehen, wenn ihre Kraft, ihr Wesen und ihr Nutzen richtig und vollständig durchschaut und aufgezeigt werden sollte. Aber hier wollen wir die übrigen versprochenen Regeln dieser Art anfügen.

20. Wenn also überhaupt der ganze Text für uns dunkel ist, sei es wegen des Gegenstandes, sei es wegen der Sprache, so wird es sehr

nützlich sein, ihn, wie wir schon sagten, genau zu prüfen und sowohl den Gesichtspunkt wie die Gattung des ganzen Korpus zu erwägen: ob es sich um eine Erzählung oder Geschichte, um eine Unterweisung oder irgendeine Lehre, um eine Trostschrift oder eine Schelte, um die Beschreibung irgendeiner Sache, um eine Rede oder etwas Ähnliches handelt. Über die verschiedenen Gattungen der heiligen Schriften oder Bücher wird an anderer Stelle in diesen Regeln gesprochen.

21. Wenn wir die Schriftgattung festgestellt haben, müssen wir ihre Teile oder Glieder, bzw. ihre Unterabteilungen untersuchen. Haben wir diese ausfindig gemacht und aufgeteilt, so müssen wir ihr gegenseitiges Verhältnis und das Verhältnis zu ihrem Gesamt betrachten. Es ist nämlich unmöglich, daß irgend etwas vernünftig geschrieben ist, was nicht einen sicheren Gesichtspunkt und eine gewisse Körperlichkeit (um es so auszudrücken) aufweist und bestimmte Teile oder Glieder in sich umfaßt, die nach gewisser Ordnungsweise und gleichsam Proportion sowohl untereinander als auch mit dem ganzen Körper, und zumal mit ihrem Gesichtspunkt, verbunden sind. Wenn wir nämlich so die Schrift geprüft haben, wird sie uns notwendigerweise vertrauter und durchsichtiger. Und es wird auch der Geist und der Segen des Herrn, der alles gewährt und uns in alle Wahrheit führt, nicht fehlen, wenn wir uns nur ernsthaft um sein Wort bemüht haben.

22. Es wird auch bei der Prüfung einer dunkleren Stelle oder auch einer gesamten Schrift sehr viel nützen, wenn man darauf den Lydischen Stein der logischen Regeln, ob Grammatik, Rhetorik oder schließlich Dialektik, anwendet. Da nämlich diese Künste aus Gottes Wohltat offenbart, aus dem natürlichen Licht, welches immerfort über uns ist, entzündet worden sind und da sie sich außerdem der Natur der Dinge und ihrer Ordnung, die ihnen von Gott her mitgegeben worden ist, angeglichen haben, so werden sie uns notwendigerweise auch bei der Beleuchtung der Heiligen Schrift, wenn sie fromm und vorsichtig angewandt werden, Nutzen leisten können.

23. Man muß also fragen, wie ich schon gesagt habe, auf welche Gattung und gleichsam welchen Körper diese bestimmte Heilige Schrift und ihre Stelle in allen den Schriftengattungen zurückgeführt werden können, von denen diese Künste handeln, oder welche einen Einfluß auf das Leben der Menschen und die Behandlung der Dinge und das Handeln mit Menschen zu haben pflegen. Viel-

leicht kann die Stelle auch auf eine Redegattung zurückgeführt werden, sei es auf die beurteilende, die erwägende, die darlegende oder schließlich die belehrende[21] oder eine andere Schriftenform.

24. Sobald das ermittelt ist, möge nach den Regeln dieser Gattung weiter geprüft werden. Status[22], die Redeteile und die Argumente müssen erfragt und festgestellt werden. Es mögen auch die Örter nachgesehen werden, von denen die Argumente hergeleitet worden sind. Nach den Vorschriften der Dialektik müssen sowohl die Ordnung der ganzen Schrift als auch ihre Definitionen und Einteilungen, wenn welche vorhanden sind, untersucht und erwogen werden, schließlich auch die Argumentationsweisen, die man zuweilen mit Nutzen in kurze Syllogismen oder andere dialektische Formen einschließen kann. Man muß danach fragen, welcher Einfall, welche Gliederung und welche Redeweise vorliegt. Man sehe zu, was den Dingen und was den Menschen eingeräumt oder um ihretwillen gesagt ist, was auch mit menschlicher Art und Gewohnheit übereinstimmt, und wodurch sich schließlich die Sprache der göttlichen Majestät von der menschlichen Eitelkeit unterscheidet.

25. Keinen geringen Nutzen bringt es mit sich, wenn du das Geschriebene mit deinen Worten anders wiedergibst, so als ob du nach vollbrachter Anatomie und nachdem du gleichsam alles Fleisch, den Schmuck der Weiterungen und Verzierungen, der Abschweifungen und ähnliches beiseite gelegt hast, nur das Skelett mit deiner Sprache abzeichnetest, damit du nur diejenigen Sätze aufnimmst, die gleichsam die Grundlage des Ganzen sind, die alles andere gleichsam als weiteren Zusatz tragen und die auch zugleich notwendigerweise, gerade so wie die Knochen durch die Sehnen verbunden sind, untereinander zusammenhängen.

26. Es muß nämlich die erste und höchste Sorge des Lesers sein, daß er jene grundsätzlichen und wesenhaften Sätze, in denen die ganze Entscheidung der vorgelegten Frage am ehesten liegt, erwägt. Es ist erst eine zweitrangige Frage, daß er auch jene gleichsam äußerlichen, von außen herbeigeholten oder zusätzlichen Sätze überdenkt. Es geschieht in der Tat nicht selten, daß ein Leser mit offenen Augen oder ein Hörer jene Hauptsätze vor lauter Nebendingen und ihrem zu großen Glanz nicht sehen kann. Wenn nunmehr diese Anatomie durchgeführt ist, wird man sogleich ausmachen, welches jene Hauptsache sei und wie ihre einzelnen Teile untereinander zusammenhängen; sodann auch, was jenes

Äußerliche und Beiläufige ist und nach welcher Maßregel man beide Satzarten behandeln muß. In dieser Weise werden sie überdacht und geprüft und durch eine solche schriftliche Niederlegung tiefer eingeprägt.

27. Dieser gleichsam anatomischen Niederschrift könntest du mit Nutzen sowohl eine kurze Gesamtdarstellung oder kompendiarische bzw. zusammenfassende Niederschrift als auch eine reichhaltigere Umschreibung beifügen. So wirst du nämlich am Ende am vollständigsten und gewinnreichsten alles bedenken und kennen, während du darüber nachdenkst, mit welchen Worten und Sätzen du selbst diese Dinge und Sinngehalte in geeigneter Weise fassen wolltest oder könntest, und während du dich aufs gewissenhafteste davor hütest, etwas von jenen Bedeutungen zu verdrehen, etwas Fremdes hinzuzutun oder etwas wegzunehmen, was dabei zu sagen war, oder schließlich etwas zu spärlich auszudrücken bzw. zu unklar zu sagen, oder im Gegensatz dazu es auch zu sehr zu betonen oder zu übertreiben. Das ist in der Tat der erste und hauptsächlichste Nutzen jener vorigen, wenn ich so sagen darf, anatomischen Nachbildung oder Niederschrift.

Ich habe schon früher darauf hingewiesen, daß der Gesichtspunkt sowohl der ganzen Schrift wie auch ihrer einzelnen Teile oder Stellen sehr sorgfältig zu beachten ist; denn von daher fließt uns ein wunderbares Licht zur Einsicht in die einzelnen Aussagen und Sätze zu. Was ich dazu sagen will, möchte ich durch ein Beispiel erläutern. Bezüglich der Stelle Lukas 7, 47 *»darum hat sie mir viel Liebe erzeigt«* wird darüber gestritten, ob die Vergebung der Sünden dort die Ursache oder die Wirkung der Liebe genannt wird. Die Päpstlichen wollen sie die Wirkung, wir die Ursache sein lassen. Der Streit kann sehr leicht daraus entschieden werden, wenn man darauf sieht, ob Christus dort dem Pharisäer irgendwelche Sachen und ihre Ursachen oder Wirkungen darlegt wie ein Lehrer seinem wißbegierigen Schüler; oder ob er nicht vielmehr etwas Gewisses behauptet, um die falsche Meinung des Pharisäers zu widerlegen, der jene Frauensperson für die allerverworfenste hält. Er wunderte sich nämlich in seiner geschwollenen Selbstgerechtigkeit, daß Christus mit einer so verworfenen Person Umgang hatte. Wenn er einfach einen gelehrigen Schüler belehrt, besagt zweifelsohne jenes: *Weil sie viel geliebt hat,* daß die Liebe die Ursache der Sündenvergebung ist. Wenn es eine Widerlegung der falschen Meinung oder der Denkweise des Pharisäers und eine einfache Behauptung ist, so enthält jene Partikel den Grund oder die Zusage der schon geschehenen Vergebung oder Rechtfertigung. Es liegt in der Tat auf der Hand, daß es eine Behauptung bzw. eine Widerlegung des Pharisäers ist. Denn es sind zwei verschiedene Dinge: etwas gegen einen Gegner zu behaupten und zu beweisen oder einen gehorsamen und gelehrigen Schüler zu lehren und ihm die Ursachen und Wirkungen einer Sache zu erklären. So kann die Stelle im Johannesevangelium (im 6. Kapitel Vers 52): *Wie kann dieser uns sein Fleisch zu essen geben?* und das noch Beigefügte leicht aus dem Zielgesichtspunkte verstanden werden. Es geht nämlich den Juden nicht darum, gleichsam wie gelehrige Schüler von Christus zu erfragen, wie sie seinen Körper als Wohltat und Lehre benutzen sollten, sondern einfach darum, daß sie ihn, als Ungläubige, einer offensichtlichen Lüge überführten, als ob er die allerfalscheste Sache sage: daß er ihnen nämlich seinen Körper zur Speise geben wolle und daß er das vom Himmel kommende und heilbringende Brot sei: wahrer Gott und Heiland. Wenn Christus dort (Johannes 6, 63) unter anderem auch sagt: *Der Geist ist's, der da lebendig macht, das Fleisch ist nichts nütze* (Johannes 6, 63) und: *Es kann niemand zu mir kommen, es sei denn, daß ihn ziehe der Vater* (Johannes 6, 64), so geht es ihm nicht darum, sie zu lehren, wie sie seine Wohltaten, Verdienste, Lehre oder seinen Körper benutzen sollen, sondern darum, ihren eingeborenen Unglauben oder vielmehr ihren feindseligen Widerstand Lügen zu strafen, den sie von Mutterleib an an sich haben. Dieser ist so hartnäckig und mächtig, daß sie nicht nur geführt, sondern von Gottes Seite aus gleichsam heftig angezogen und herübergerissen werden müssen. Es sind zwei verschiedene Dinge: etwas von einem für wahrhaftig gehaltenen Lehrer voller Lerneifer zu erfragen und umgekehrt einem gelehrigen Schüler etwas beizubringen und zu erklären, oder einen hartnäckigen Gegner zu widerlegen oder Lügen zu strafen.

So muß man bei dem Abendmahl den Zielgesichtspunkt in Erwägung ziehen; dann wird der Sinn durchsichtig sein. Dort werden keine Träume dargelegt, nicht mit bloßen Andeutungen oder Schattenbildern zukünftige Dinge eingehüllt und vorgeahnt, wie einst bei dem jüdischen Volk. Sondern der Sohn Gottes errichtet sein Testament und spricht zu seinen liebsten Schülern, mit denen er alles entweder klar zu besprechen gewohnt war oder, wenn etwas Gesagtes dunkel war, es bald erklärte. Welcher Mensch von gesundem Verstand sieht nicht darauf, daß er, wenn er sein Testament macht, möglichst klar und rein spricht, damit er keinen Zweifel und Streitpunkt unter seinen Erben zurückläßt? Darum geht es Christus dort, daß er mit seinem Blute den Bund zwischen Gott und dem menschlichen Geschlecht zustande bringe. Darum stärkt er uns mit seinem Opferblute und verpflichtet uns, indem er es uns austeilt, Gott aber, indem er es ihm alsbald am Kreuz darbietet. Aus dem Gesichtspunkt also, der nicht darin besteht, bloße Andeutungen und Schattenbilder zu geben oder Träume vorzutragen, sondern mit durchsichtigen und eigenen Worten ein Testament zu errichten und den Bund zu bestätigen, kann leicht die richtige und eigentliche Bedeutung entnommen werden. Wie nun tatsächlich die Beobachtung des Gesichtspunktes das meiste zur Beleuchtung des wahren Sinnes beiträgt, so auch die sorgfältige Zusammenstellung und gleichsam die Harmonie des Kontextes. Darüber habe ich weiter oben gesprochen. Ich werde sogleich noch weiter davon reden und die Sache mit Beispielen erklären.

Gott hat in der Tat unserer Torheit in bewundernswerter Weise vorgesorgt, so daß die Heilige Schrift mit wunderbarer Kunstfertigkeit mit allseitiger Übereinstimmung und Harmonie geschrieben ist, so daß nicht nur die einzelnen Bücher oder Schriften und die verschiedenen Stellen, sondern auch eine und dieselbe Stelle und der ganze Kontext über die Maßen sich erhellt und erklärt, so daß auch alle Zweifel nicht anderswoher glücklicher aufgehoben und ausgelegt werden, als wenn man die jeweilige Stelle selbst aufmerksam und in der Furcht Gottes überdenkt. Nirgends sonst findet man einen Autoren oder ein Schriftwerk von solcher Kunstfertigkeit und einzigartigem Nutzen.

Überhaupt beleuchtet die richtige Aufteilung des Textes den wahren Sinn wunderbar. So ist es auch in der ganzen Natur besonders ersprießlich, zu verbinden, was verbunden werden muß, und zu trennen, was zu unterscheiden ist. Als Beispiel sollen uns die folgenden Stellen dienen. Bei Lukas 7, 47 kommt in die Aussage: *»Darum hat sie mir viel Liebe erzeigt«* am meisten von daher Dunkelheit, weil man nicht den ganzen damit zu verbindenden Sinn beigefügt hat. Man hat nur jene schlecht übersetzten Worte zitiert und betrachtet: *»Ihr sind viele Sünden vergeben, darum hat sie mir viel Liebe erzeigt«,* weil diese alle miteinander zusammenhängen. *Derhalben sage ich dir: Ihr sind viele Sünden vergeben, denn sie hat viel geliebt.* Nach diesem Prinzip, nämlich wenn die Hauptsache mit dem übrigen verbunden wird, wäre leicht klargeworden, es handele sich nicht um eine Darlegung; es werde dort nicht der Pharisäer belehrt, was die Wirkursache der Vergebung der Sünden sei, sondern es wird gegen seine Denkweise behauptet, daß ihr in der Tat die Sünden vergeben sind. Es ist also eine Behauptung zusammen mit ihrem Beweis, nicht nur eine Erklärung, welche lehrt, was Ursache und was Wirkung sei. So wirst du auch beim Abendmahl, wenn du die Worte des Testaments des Herrn in Wesen und Frucht des Testamentes unterscheidest (wie auch Calvin im ersten Korintherbrief 11 unterschieden hat), viele Gelegenheiten zum sophistischen Argumentieren abschneiden. Dann wirst du nicht zugeben, daß im ersten Teil, wo nur von dem Wesen des Sakraments die Rede ist, von den geistlichen Früchten desselben gehandelt werde, worüber ich anderswo ausführlicher gelehrt habe. Von dieser Art könnte man unzählige Beispiele vorbringen.

Gegen diese Vorschrift ist von den Päpstlichen und Sophisten sehr schwer und verderblich gesündigt worden. Diese haben die Heilige Schrift nämlich sehr selten gelesen, und auch wenn sie sie gelesen haben, so haben sie nur Sinngehalte nach ihrem Gutdünken herausgepflückt und diese außerdem nach ihrem Belieben miteinander in Verbindung gebracht. Nicht anders pflücken auch spielende Mädchen nach ihrem Gefallen Blumen auf den Wiesen, und dann flechten sie daraus Kränze oder irgend etwas anderes nach ihrem Geschmack. So haben auch jene es also nach ihrem Belieben dahin gebracht, indem sie mit der Heiligen Schrift ihr Spiel trieben, daß sie, wenn auch mit den puren Worten der Schrift, doch ihre eigenen, nicht die Sinngehalte der Schrift, zu einem Flickwerk machten. Diesen traurigsten und verderblichsten Schaden muß man unter dem unzähligen anderen Unheil, was dort noch gewütet hat, sehr sorgfältig beobachten. Um so mehr ist jene gewissenhafte Sorgfalt anzuwenden, damit der Sinn der Stellen sowohl aus dem Gesichtspunkt der Schrift oder des Textes als auch aus dem ganzen Kontext aufgesucht werde.

2. Baruch de Spinoza
Von der Auslegung der Schrift*

Um es kurz zusammenzufassen, sage ich, daß die Methode der Schrifterklärung sich in nichts von der Methode der Naturerklärung unterscheidet, sondern vollkommen mit ihr übereinstimmt. Denn ebenso, wie die Methode der Naturerklärung in der Hauptsache darin besteht, eine Naturgeschichte zusammenzustellen, aus der man dann als aus sicheren Daten die Definitionen der Naturdinge ableitet, ebenso ist es zur Schrifterklärung nötig, eine getreue *Geschichte der Schrift* auszuarbeiten, um daraus als aus den sicheren Daten und Prinzipien den Sinn der Verfasser der Schrift in richtiger Folgerung abzuleiten. Auf diese Weise wird jeder (wenn er eben keine anderen Prinzipien und Daten zur Erklärung der Schrift und zur Darlegung ihres Inhalts zuläßt als nur solche, die aus der Schrift selbst und aus ihrer Geschichte entnommen sind) ohne die Gefahr eines Irrtums immer fortschreiten und das, was unsere Fassungskraft übersteigt, gerade so sicher besprechen können als das, was wir durch natürliche Erleuchtung erkennen.

Damit aber klar wird, daß dieser Weg nicht nur gewiß, sondern auch der einzige ist und daß er mit der Methode der Naturerklärung übereinstimmt, ist zu bemerken, daß die Schrift häufig Dinge berührt, die aus den Prinzipien der natürlichen Erleuchtung nicht herzuleiten sind. Denn Geschichten und Offenbarungen bilden den größten Teil der Schrift. Die Geschichten aber enthalten hauptsächlich Wunder, d. h. (wie ich im vorigen Kapitel gezeigt habe) Erzählungen von außergewöhnlichen Naturereignissen, den Anschauungen und Urteilen der Geschichtschreiber angepaßt, die sie beschrieben haben. Aber auch die Offenbarungen sind den Anschauungen der Propheten angepaßt, wie ich im 2. Kap. gezeigt habe, und sie übersteigen in der Tat die menschliche Fassungskraft. Darum muß die Erkenntnis von allen diesen Dingen, d. h. fast von allem, was in der Schrift enthalten ist, aus der Schrift selbst geschöpft werden, gerade so wie die Erkenntnis der Natur allein aus der Natur.

---

* Baruch de Spinoza, *Tractatus Theologico-Politicus, De Interpretatione Scripturae,* Cap. VII. Zitiert nach: *Theologisch-politischer Traktat.* Hrsg. v. C. Gebhardt, Leipzig 1908, S. 135-145

Was die Sittenlehren angeht, die gleichfalls in der Bibel enthalten sind, so können sie zwar aus Gemeinbegriffen bewiesen werden; daß die Schrift sie aber lehrt, kann nicht aus ihnen bewiesen, sondern eben nur aus der Schrift selbst entnommen werden. Ja, wenn wir ohne Vorurteil die Göttlichkeit der Schrift bezeugen wollen, so können wir es nur aus ihr allein entnehmen, daß sie die wahre Sittenlehre enthält; denn nur daraus läßt sich ihre Göttlichkeit beweisen. Ich habe ja oben gezeigt, daß die Gewißheit der Prophezeiungen in der Hauptsache darauf beruhte, daß die Propheten einen dem Guten und Rechten zugewandten Sinn besaßen. Auch wir müssen dessen gewiß sein, um ihnen Glauben schenken zu können. Daß aber die Göttlichkeit Gottes nicht durch Wunder überzeugend gemacht werden kann, habe ich schon bewiesen, ganz abgesehen davon, daß ja auch falsche Propheten Wunder vollbringen konnten. Darum muß die Göttlichkeit der Schrift bloß darauf begründet werden, daß sie die wahre Tugend lehrt. Das aber kann nur aus der Schrift selbst bewiesen werden. Wäre es nicht möglich, dann wäre es ein großes Vorurteil, sie anzunehmen und ihre Göttlichkeit zu bekennen. Unsere ganze Erkenntnis der Schrift muß also aus ihr allein geschöpft werden. Endlich gibt die Schrift von den Dingen, von denen sie redet, keine Definitionen, so wenig wie die Natur. So wie man daher aus den verschiedenen Vorgängen in der Natur die Definitionen der Naturdinge erschließen muß, ebenso müssen sie auch hier aus den verschiedenen Berichten entnommen werden, die sich in der Schrift über die einzelnen Dinge finden.

Die Hauptregel der Schriftinterpretation besteht also darin, daß man der Schrift keine Lehre zuschreiben soll, die nicht mit völliger Deutlichkeit aus ihrer Geschichte sich ergibt. Wie aber ihre Geschichte beschaffen sein und was sie enthalten muß, davon soll jetzt die Rede sein.

1. muß sie die Natur und die Eigentümlichkeiten der *Sprache*, in welcher die Bücher der Schrift geschrieben sind und deren sich ihre Verfasser zu bedienen pflegten, zu ihrem Gegenstande haben. Auf diese Weise werden wir imstande sein, den verschiedenen Sinn, den eine jede Rede nach dem gewöhnlichen Sprachgebrauch haben kann, ausfindig zu machen. Weil nun alle Schriftsteller des Alten wie des Neuen Testamentes Hebräer waren, so ist natürlich eine Geschichte der hebräischen Sprache vor allem nötig, nicht nur zum Verständnis der Bücher des Alten Testaments, die in dieser Sprache

geschrieben sind, sondern auch der des Neuen Testaments, die zwar in anderen Sprachen verbreitet sind, aber doch hebräischen Charakter tragen.

2. muß die Geschichte die *Aussprüche* eines jeden Buches *zusammenstellen* und sie nach Hauptgesichtspunkten *ordnen,* damit man alles, was sich über einen und denselben Gegenstand findet, gleich zur Hand hat. Dann muß sie alle Aussprüche anmerken, die zweideutig oder dunkel sind oder die sich zu widersprechen scheinen. Dunkel oder klar nenne ich Aussprüche, je nachdem ihr Sinn aus dem Zusammenhang schwer oder leicht mit der Vernunft zu verstehen ist; denn bloß um den Sinn der Rede, nicht um ihre Wahrheit handelt es sich. Ja, man muß sich vor allem hüten, solange der Sinn der Schrift in Frage ist, daß man sich nicht durch die eigenen Erwägungen, soweit sie auf den Prinzipien natürlicher Erkenntnis beruhen (ganz zu schweigen von den Vorurteilen), dazu verleiten läßt, den wahren Sinn einer Stelle mit der Wahrheit ihres Inhalts zu verwechseln. Der Sinn ist bloß aus dem Sprachgebrauch zu ermitteln, oder aus solchen Erwägungen, die nur die Schrift als Grundlage kennen.

Damit das klarer verständlich wird, will ich es durch ein Beispiel erläutern. Die Aussprüche Mose, *Gott sei ein Feuer* oder *Gott sei eifervoll,* sind völlig klar, sobald wir nur die Wortbedeutung im Auge haben, und darum rechne ich sie zu den klaren, mögen sie auch hinsichtlich der Wahrheit und der Vernunft sehr dunkel sein. Ja, mag selbst ihr buchstäblicher Sinn der natürlichen Erleuchtung widerstreiten, so wird man doch an diesem buchstäblichen Sinn festhalten müssen, vorausgesetzt, daß er nicht mit den aus der Heiligen Schrift entnommenen Prinzipien und Grundlagen im Widerspruch steht. Umgekehrt müssen auch solche Aussprüche, deren buchstäbliche Auslegung sich mit den der Schrift entnommenen Prinzipien im Widerstreit findet, anders (nämlich bildlich) ausgelegt werden, selbst wenn sie mit der Vernunft völlig übereinstimmen. Um also zu erfahren, ob Moses wirklich geglaubt hat, Gott sei ein Feuer, oder nicht, darf man durchaus keinen Schluß *daraus* ziehen, ob eine solche Anschauung mit der Vernunft in Übereinstimmung oder im Widerstreit steht, sondern bloß aus anderen Aussprüchen von Moses selbst. Da nämlich Moses auch an sehr vielen Stellen ganz klar lehrt, Gott habe keinerlei Ähnlichkeit mit den sichtbaren Dingen im Himmel, auf der Erde oder im Wasser, so darf man schließen, daß entweder dieser Ausspruch oder alle jene bildlich zu erklären sind. Da man nun aber vom buchstäblichen Sinn so wenig wie möglich abgehen darf, so muß man zuvörderst untersuchen, ob dieser alleinstehende Ausspruch »*Gott ist ein Feuer*« nicht auch noch einen anderen Sinn neben dem buchstäblichen zuläßt, d. h. ob das Wort *Feuer* nicht noch etwas anderes als das natürliche Feuer bedeutet. Ergäbe sich aus dem Sprachgebrauch keine andere Bedeutung, so dürfte dieser Ausspruch auch durchaus nicht anders ausgelegt werden, selbst wenn er mit der Vernunft noch so sehr im Widerstreit wäre, und umgekehrt müßten alle übrigen zwar mit der Vernunft einstimmigen doch mit diesem Ausspruch in Einklang gebracht werden. Sollte der Sprachgebrauch das nicht zulassen, so wären eben diese Aussprüche unvereinbar, und wir müßten uns des Urteils über sie enthalten. Da aber das Wort *Feuer* auch für Zorn und Eifer gebraucht wird (s. Hiob, Kap. 31, V. 12), so lassen sich danach die Aussprüche des Moses sehr wohl vereinigen, und wir haben das Recht zu schließen, daß die beiden Aussprüche »*Gott ist ein Feuer*« und »*Gott ist eifervoll*« ein und dasselbe besagen. Da weiterhin Moses ganz klar lehrt, Gott sei eifervoll, aber an keiner Stelle, Gott sei frei von Leidenschaften oder Gemütsbewegungen, so dürfen wir daraus offenbar schließen, daß Moses das selbst geglaubt hat oder wenigstens hat lehren wollen, so sehr dieser Ausspruch auch nach unserer Ansicht der Vernunft widerstreitet. Denn wie ich bereits gezeigt, haben wir kein Recht, den Sinn der Schrift nach den Eingebungen unserer Vernunft und nach unseren vorgefaßten Anschauungen zu verdrehen. Das ganze Verständnis der Bibel ist nur aus ihr allein zu schöpfen.

3. endlich muß diese Geschichte über die *Schicksale sämtlicher prophetischer Bücher* Auskunft geben, soweit wir noch davon wissen können, also über das Leben, die Sitten und die Bestrebungen des Verfassers der einzelnen Bücher, wer er gewesen ist, bei welcher Gelegenheit, zu welcher Zeit, für wen und schließlich in welcher Sprache er schrieb; dann über das Geschick jedes einzelnen Buches, nämlich wie man es zuerst erhalten hat und in wessen Hände es gekommen ist, ferner, wieviel Lesarten es davon gibt und auf wessen Rat es unter die Heiligen Schriften aufgenommen wurde, und schließlich, auf welche Weise all die Bücher, die wir heute die heiligen nennen, zu einem Ganzen vereinigt worden sind. Das alles, meine ich, muß die Geschichte der Schrift enthalten. Denn um zu wissen, welche Aussprüche als Gesetze aufgestellt werden

und welche als Lehren der Moral, dazu ist es nötig, das Leben, die Sitten und die Bestrebungen des Verfassers zu kennen, abgesehen davon, daß man die Worte eines Mannes um so leichter deuten kann, je besser man seinen Geist und seine Sinnesart kennt. Um ferner nicht die ewigen Lehren mit solchen, die nur für eine bestimmte Zeit oder bloß für wenige von Nutzen sein konnten, zu verwechseln, muß man gleichfalls wissen, bei welcher Gelegenheit, zu welcher Zeit und für welches Volk oder welches Jahrhundert alle die Lehren geschrieben worden sind. Endlich muß man auch noch die übrigen angegebenen Umstände kennen, um außer der Autorschaft eines jeden Buches noch zu wissen, ob es von unreinen Händen hat beschmutzt werden können oder nicht, ob sich Irrtümer eingeschlichen haben und ob sie von genügend erfahrenen und vertrauenswürdigen Männern verbessert worden sind. All das zu wissen ist sehr notwendig, damit wir nicht blindlings hinnehmen, was uns dargeboten wird, sondern nur, was durchaus gewiß und unbezweifelbar ist.

Erst wenn wir diese Geschichte der Schrift besitzen und uns fest vorsetzen, nur das als zweifellose Lehre der Propheten anzunehmen, was aus dieser Geschichte selbst folgt oder mit voller Klarheit aus ihr entnommen werden kann, erst dann wird es an der Zeit sein, daß wir uns anschicken, den Sinn der Propheten und des Heiligen Geistes zu erforschen. Auch dazu ist eine Methode und eine Ordnung erforderlich ähnlich derjenigen, die wir bei der Erklärung der Natur aus ihrer Geschichte in Anwendung bringen. Bei der Untersuchung der Naturdinge suchen wir vor allem die allgemeinsten und der ganzen Natur gemeinsamen Dinge zu erforschen, nämlich Bewegung und Ruhe, sowie deren Gesetze und Regeln, welche die Natur immer beobachtet und nach denen sie beständig handelt, und von diesen schreiten wir Stufe für Stufe zu anderen minder allgemeinen fort. Gerade so muß auch aus der Geschichte der Schrift zuerst erforscht werden, was das Allgemeinste, was Basis und Grundlage der ganzen Schrift ist und endlich, was in ihr als ewige und allen Sterblichen höchst heilsame Lehre von den Propheten empfohlen wird. Dazu gehört beispielsweise, daß es *einen* allmächtigen Gott gibt, der allein anzubeten ist, der für alle sorgt und diejenigen vor allen liebt, die ihn anbeten und ihren Nächsten lieben wie sich selbst usw. Dies und ähnliches, meine ich, lehrt die Schrift überall so klar und so ausdrücklich, daß noch niemand in dieser Beziehung über ihren Sinn hat im Zweifel sein können. Was aber Gott ist und auf welche Weise er alles sieht und für alles sorgt, dieses und ähnliches lehrt die Schrift nicht ausdrücklich und als ewige Wahrheit; vielmehr waren die Propheten darüber, wie ich oben gezeigt habe, keineswegs einer Meinung. Darum läßt sich in derartigen Fragen nichts als Lehre des Heiligen Geistes aufstellen, auch wenn man sie nach der natürlichen Erleuchtung sehr wohl entscheiden kann.

Hat man diese allgemeine Lehre der Schrift richtig erkannt, so muß man zu den anderen minder allgemeinen Dingen fortschreiten, die aber den gewöhnlichen Lebenswandel betreffen und aus dieser allgemeinen Lehre wie Bäche hervorgehen. Dazu gehören alle besonderen äußerlichen Handlungen der wahren Tugend, die nur bei gegebener Gelegenheit geübt werden können. Was dabei sich Dunkles und Zweideutiges in der Schrift findet, ist nach der allgemeinen Lehre der Schrift zu erklären und zu bestimmen. Sollten sich Widersprüche ergeben, so ist darauf zu achten, bei welcher Veranlassung, zu welcher Zeit oder für wen die Stelle geschrieben wurde. Wenn z. B. Christus sagt: *»Selig sind, die da Leid tragen, denn sie sollen getröstet werden«*, so wissen wir aus dieser Stelle noch nicht, welche Leidtragenden er meint. Da er nun aber später lehrt, wir sollten um kein Ding Sorge tragen außer um das Reich Gottes und seine Gerechtigkeit, was er als höchstes Gut empfiehlt (s. Matthäus, Kap. 6, V. 33), so folgt daraus, daß er unter Leidtragenden nur die versteht, die darum Leid tragen, daß das Reich Gottes und seine Gerechtigkeit von den Menschen vernachlässigt wird; denn nur diejenigen können Leid darum tragen, die nichts lieben als das Reich Gottes und seine Gerechtigkeit und die alles andere, was das Geschick verleiht, gänzlich mißachten. Ebenso ist es auch, wenn er sagt: *»So dir jemand einen Streich gibt auf deinen rechten Backen, dem biete den anderen auch dar usf.«* Hätte Christus das als Gesetzgeber den Richtern befohlen, so hätte er mit dieser Vorschrift das mosaische Gesetz umgestoßen, wogegen er sich aber ganz offen erklärt (s. Matthäus, Kap. 5, V. 17). Wir müssen deshalb darauf achten, wer es gesagt hat und zu wem und zu welcher Zeit es gesagt wurde. Gesagt hat es Christus, der nicht als Gesetzgeber Gesetze verordnete, sondern als Lehrer Lehren gab; denn (wie ich oben gezeigt habe) er hat nicht so sehr die äußerlichen Handlungen als den Sinn verbessern wollen. Er hat ferner dieses Wort zu unterdrückten Menschen gesagt, die in einem verdorbenen Staate lebten, in dem die Gerechtigkeit ganz und gar vernachlässigt wurde und dessen Untergang er nahe bevor sah. Nun hat ganz dasselbe, was hier Christus beim bevorstehenden Untergang der Stadt lehrt, wie wir sehen, auch Jeremias bei der ersten Zerstörung der Stadt, also in ähnlicher Zeitlage, gelehrt (s. Klagelieder, Kap. 3, Buchst. Tet und Jod). Da die Propheten dies also nur in Zeiten der Unterdrückung gelehrt haben, es aber niemals als Gesetz angeordnet wurde, da vielmehr Moses (der nicht in Zeiten der Unterdrückung schrieb, sondern wohlgemerkt darauf bedacht war, einen guten Staat zu begründen), obschon auch er Rache und Haß gegen den Nächsten verdammte, dennoch geboten hat, Auge um Auge zu sühnen, so ergibt sich aus diesen Grundlagen der Schrift mit aller Klarheit, daß die Lehre von Christus und Jeremias, daß man Unrecht ertragen und den Gottlosen in allen Dingen nachgeben solle, nur an Orten statthat, wo die Gerechtigkeit vernachlässigt wird, und in Zeiten der Unterdrückung, aber nicht in einem guten Staate. In einem guten Staate, in dem die Gerechtigkeit hochgehalten wird, ist jeder, wenn er sich gerecht erweisen will, verpflichtet, ein ihm widerfahrenes Unrecht vor den Richter zu bringen (s. 3. Buch Mose, Kap. 5, V. 1), nicht um der Rache willen (s. 3. Buch Mose, Kap. 19, V. 17 und 18), sondern in der Absicht, die Gerechtigkeit und die Gesetze des Vaterlandes zu schützen und den Schlechten in ihrer Schlechtigkeit keinen Vorschub zu leisten. Das stimmt auch alles mit der natürlichen Vernunft vollkommen überein. Derartige Beispiele könnte ich noch viele anführen, doch genügen diese wohl, um meine Meinung und die Nützlichkeit dieser Methode zu zeigen, und darauf kommt es mir eben allein an.

Bisher habe ich jedoch nur gezeigt, wie solche Schriftstellen klarzulegen sind, die sich auf die Lebensführung beziehen und über die man darum leichter zur Klarheit kommen kann. Denn in diesen Dingen hat es tatsächlich niemals einen Gegensatz zwischen den biblischen Schriftstellern gegeben. Die anderen in der Schrift vorkommenden Stellen aber, die bloß die Spekulation betreffen, lassen sich nicht so leicht ergründen. Der Weg zu ihnen ist enger. Denn da die Propheten (wie ich schon zeigte) in spekulativen Dingen verschiedene Ansichten hatten und da die Darstellung den Vorurteilen jedes Zeitalters stark angepaßt ist, so können wir keineswegs den Sinn des einen Propheten aus klareren Stellen bei einem anderen erschließen und dadurch erklären, wenn es nicht ganz augenscheinlich ist, daß sie beide ein und dieselbe Ansicht hatten. Daher will ich nun kurz auseinandersetzen, wie man in derartigen Fällen den Sinn der Propheten aus der Geschichte der Schrift ermitteln kann.

Auch hier muß man vom Allgemeinsten den Ausgang nehmen und vor allem aus den klarsten Aussprüchen der Schrift ermitteln, was Prophetie oder Offenbarung ist und worin sie in der Hauptsache besteht, sodann was ein Wunder ist und so fort zu den gewöhnlichsten Dingen. Von da geht man weiter herab zu den Anschauungen des einzelnen Propheten und von diesen endlich weiter zum Sinn der einzelnen Offenbarung oder Prophezeiung, der Geschichte oder des Wunders. Mit welcher Vorsicht man verfahren muß, um nicht den Sinn der Propheten und Geschichtschreiber mit dem Sinn des Heiligen Geistes und mit der Wahrheit des Inhalts zu verwechseln, habe ich oben an der gehörigen Stelle mit vielen Beispielen gezeigt, und ich habe darum nicht nötig, ausführlicher darauf einzugehen. Nur das eine habe ich noch über den Sinn der Offenbarungen zu bemerken, daß man mit Hilfe dieser Methode nur ermitteln kann, was die Propheten wirklich gesehen und gehört haben, aber nicht, was sie mit ihren Rätselbildern zum Ausdruck oder zur Vorstellung bringen wollten. Darüber können wir nur aufs Geradewohl Vermutungen anstellen, aber nichts mit Gewißheit aus den Grundlagen der Schrift entnehmen.

Ich habe also die Art und Weise der Schriftauslegung dargelegt und zugleich den Beweis erbracht, daß dies der einzig sichere Weg ist, ihren wahren Sinn zu ermitteln. Ich gebe freilich zu, daß diejenigen eine noch größere Gewißheit besitzen, wenn es überhaupt solche gibt, die im Besitze einer von den Propheten selbst herrührenden sicheren Tradition oder wahren Auslegung sind, wie es die *Pharisäer* behaupten, oder die einen Papst haben, der in der Auslegung der Heiligen Schrift nicht irren kann, wie sich die *Römisch-Katholischen* rühmen. Da man jedoch weder über diese Tradition noch über die Autorität des Papstes Gewißheit erlangen kann, so läßt sich darauf auch nicht Sicheres gründen; diese Autorität haben ja schon die ältesten Christen, jene Tradition die ältesten jüdischen Sekten geleugnet. Zieht man ferner die Reihe der Jahre in Betracht (um von anderem zu schweigen), durch welche diese Tradition, wie es die Pharisäer von ihren Rabbinen überliefert haben, bis auf Moses zurückgeführt wird, so wird man sie darum schon falsch finden, wie ich an anderer Stelle beweise. Darum muß uns eine derartige Tradition sehr verdächtig erscheinen. Allerdings müssen wir auch bei unserer Methode eine gewisse Tradition bei den Juden als unverfälscht voraussetzen, nämlich die Bedeutung der Wörter im Hebräischen, wie wir sie von ihnen übernommen haben. An dieser Überlieferung dürfen wir durchaus nicht zweifeln, an jener aber wohl. Denn es konnte ja nie jemandem von Nutzen sein, die Bedeutung eines Wortes zu verändern, wohl aber nicht selten den Sinn einer Rede. Es wäre ja auch sehr schwer auszuführen; denn wer es versuchen wollte, die Bedeutung eines Wortes zu ändern, der müßte zugleich auch alle Autoren, die in dieser Sprache geschrieben haben und bei denen sich das Wort in seiner überkommenen Bedeutung findet, entsprechend dem Geist oder dem Sinn eines jeden von ihnen erklären oder sie mit äußerster Vorsicht verfälschen. Sodann aber wird die Sprache nicht nur von den Gelehrten, sondern auch vom Volke erhalten, der Sinn der Reden und die Bücher aber nur von den Gelehrten. Darum ist es leicht denkbar, daß die Gelehrten den Sinn der Rede in einem Buche, das so selten ist, daß sie es in ihrer Gewalt haben, verändern oder fälschen können, aber nicht die Bedeutung der Worte. Hierzu kommt noch, daß jemand, der die Bedeutung eines Wortes, an die er gewöhnt ist, verändern wollte, es nur sehr schwer fertig brächte, auch späterhin beim Sprechen und Schreiben diese Veränderung immer beizubehalten. Aus diesen und anderen Gründen dürfen wir also überzeugt sein, daß es nie jemandem in den Sinn kommen konnte, eine Sprache zu verfälschen, wohl aber oft den Sinn eines Schriftstellers, entweder durch eine Änderung seiner Worte oder durch eine verkehrte Auslegung.

3. Johann Jacob Rambach
Erläuterung über seine eigenen Institutiones Hermeneuticae Sacrae (1723)*

Es sind, ehe wir zur Sache selbst schreiten, drei Punkte praeliminariter zu erwägen:
1. necessitas.
2. difficultas.
3. utilitas huius considerationis affectuum.

§ I. p. 122

I. Necessitas HVIVS NEGOTII. Da wir behaupten, daß diese indagatio oder cognitio affectuum sei ein necessarium sanae interpretationis adminiculum. Dieses erweisen wir

(1) weil fast kein einziger Affekt ist, dessen nicht hin und wieder in der Heiligen Schrift Meldung geschieht. Wie will man alle dieselben Orte, darin von Zorn, Freude, Traurigkeit, Hoffnung, Furcht, Haß, Verlangen etc. geredet wird, erklären, wenn man keine Erkenntnis von den Affekten hat? Man versuche es nur an den Worten Pauli 2. Cor. 7, 11, da die Affekte der geistlichen Traurigkeit erzählt werden, wenn es heißt: siehe, dasselbe, daß ihr göttlich seid betrübt worden, welchen Fleiß hat es bei euch bewirkt, dazu Verantwortung, Zorn, Furcht, Verlangen, Eifer, Rache: da unterschiedliche Affekte erzählt werden, welche unmöglich sine cognitione pathologiae verstanden werden können. Wir erweisen diesen Satz

(2) daher, weil man die Worte eines auctoris nicht vollkommen verstehen und interpretieren kann, wenn man nicht weiß, aus welchem Affekt sie geflossen sind. Dieses ist leicht zu demonstrieren. Nämlich unsere Rede ist ein Ausdruck unserer Gedanken. Unsere Gedanken aber sind fast allezeit mit gewissen geheimen Affekten verknüpft, wie bereits ad p. 55 erinnert, daher geben wir durch die Rede nicht nur unsere Gedanken, sondern auch unsere damit verknüpften Affekte andern zu verstehen. Daraus folgt nun dieses

* Zitiert nach der Ausgabe hrsg. v. Ernst Friedrich Neubauer, Gießen 1738, Caput III, De Indagatione Affectuum, S. 374-378

consectarium, daß man unmöglich die Worte eines scriptoris gründlich einsehen und erklären kann, wenn man nicht weiß, was für Affekte in seinem Gemüt damit verbunden gewesen, da er diese Worte gesprochen, ob er traurig oder fröhlich, voller Furcht oder voller Hoffnung gewesen, da er die Worte geschrieben. Denn nachdem der Affekt ist, nachdem ist auch der sensus verborum. Z. B. Ruth 2, 4. wird erzählt, daß Boas aufs Feld zu den Schnittern gekommen und zu ihnen gesprochen: . . . .* das war ein herzlicher Segenswunsch, welcher herfloß aus einem Verlangen, daß Gott seinen Segen zur Arbeit dieser Schnitter geben wolle. Aber eben diese Worte haben diversissimum sensum, wenn sie der König Pharao zu den Kindern Israel ausspricht. Denn da Moses und Aaron anhielten, daß Pharao die Kinder Israel mit Weib und Kindern, Hab und Gut sollte ziehen lassen, so antwortete er: Exod. 10, 10, ... affectus ironicus, ja, ja, Glück auf den Weg, der Herr sei mit euch, ihr sollt lange warten, bis ich mit diesen conditionibus in euren discessum willigen und euch dimittieren werde. Da flossen die Worte aus einem affectu ironico, und haben also einen ganz anderen sensum. Ein illustre exemplum finden wir in verbis Elihu, eines der Freunde Hiobs, Iob 32. seqq. welches Mannes Worte Luther in seiner Version alle in pessimam partem interpretiert hat. Warum? Weil er sich einen unrichtigen Begriff von dem affectu loquentis gemacht hat und denselben als einen schwülstigen, hochmütigen Mann consideriert, dem der Bauch vor großer Weisheit platzen und bersten wollen; da man doch gewiß sich eine ganz andere Idee von diesem Mann machen muß, wenn man dieses bedenkt, daß ihn Gott selbst sine ulla censura dimittiert hat, da er hingegen einen großen Zorn gegen die drei übrigen Freunde bezeugt. Wenn dieser Elihu z. B. zu dem Hiob spricht Iob 32. 10: Höre mir zu, Hiob, ich will meine Kunst auch sehen lassen. Wie odiös klingt das? Welches nur herkommt aus der unrichtigen consideration derer Affekte, da ihn Luther sich vorgestellt als einen Prahler. Im Hebräischen hingegen heißt es: . . . . . . indicabo sententiam meam, ich will meine Meinung auch anzeigen, wie ich die Sache ansehe. Desgleichen v. 18: Ich bin der Rede so voll, daß mich der Atem in meinem Bauch ängstigt, wie es nach Luthers Version heißt. Hingegen im Hebräischen heißt es . . . . impletus sum verbis,

---

* Die Auslassungszeichen stehen für entfallene hebräische Ausdrücke. Anm. d. Hg.

nämlich a Spiritu S., das ist eine periphrasis inspirationis, da res &
verba a Spiritu S. den instrumentis inspiriert wurden. Weiter
. . . . angustia me afficit Spiritus pectoris mei, sive in
pectore meo habitans, q. d. sentio eiusmodi stimulum Spiritus S.
ad. loquendum, ut nec debeam nec possim resistere, ich fühle einen
solchen starken Trieb meines Herzens, dem ich nicht widerstehen
kann, wie es von Paulus heißt, Apg. 18, 5: . . συνείχετο τῷ πνεύ-
ματι ὁ Παῦλος, der Geist drang ihn, und wie Jer. 20,9 steht: da
dachte ich: wohlan, ich will nicht mehr in seinem Namen predigen;
aber es ward in meinem Herzen wie ein brennend Feuer, in meinen
Gebeinen verschlossen, daß ichs nicht leiden konnte, und wäre
schier vergangen.

Aus diesen Exempeln sieht man deutlich, wie notwendig es sei
zum rechten Verstand einer Rede, daß man den Affekt erkenne,
aus welchem die Rede geflossen und der die Worte belebt; und wie
demnach ein interpres nicht nur die verba, sondern auch intimum
animum auctoris müsse suchen zu erforschen.

§ 2, p. 124

II. DIFFICVLTAS HVIVS NEGOTII, kommt meistenteils
her ex defectu vivae vocis. Nämlich die Menschen pflegen ihren
Affekt durch die Stimme und durch convenable gestus an den Tag
zu legen. Wenn wir also die scriptores S. selbst reden hörten und
die motus corporis an ihnen sähen, so würden wir manches von ihren Worten besser verstehen; ihr Affekt würde durch die äußerliche signa in unsere sensus fallen, und daher würden auch ihre Gedanken und Worte uns deutlicher werden. Weil wir aber dieses
herrlichen Vorteils entbehren müssen, so hälts uns so schwer, mit
einer rechten Gewißheit den Affekt zu erforschen. Es fragt sich,
mit was für einem Affekt Gott die Worte ausgesprochen, Gen.
3,22: . . . . Siehe, Adam ist worden als
unser einer. Hier ists schwer, ob defectum vivae vocis, den rechten
sensum dieser Worte zu determinieren. Sie könnten

(1) ironice ausgesprochen werden: siehe doch, Adam ist worden
wie unsereiner, scilicet, ja dem Teufel ist er ähnlich worden eher als
unsereinem. Aber es ist nicht glaublich, daß der Vater der Barm-
herzigkeit den elenden gefallenen Menschen noch also insultiert
haben solle. Pater misericors non insultat misero filio.

(2) cum affectu commiserationis, ach leider, Adam . . . ist gewesen als unsereiner, ist uns ähnlich gewesen und hat unser Ebenbild getragen; aber nicht mehr. Wo ist nun dasselbe? Wie es bei dem VIRGIL heißt: fuimus Troes, fuit Ilium, es ist gewesen, aber nun nicht mehr.

(3) cum affectu gaudii & delectationis: nämlich Gott hatte den Menschen bereits wieder zu Gnaden um Christi willen angenommen[2] und ihm Röcke von Fellen der Opfertiere gemacht, welche ein Symbolum waren der Kleider des Heils und der Unschuld Christi. In diesen typischen Kleidern gefielen Adam und Eva Gott wieder so wohl, daß er ausrief: Siehe, Adam ist wieder worden, wie unser einer,[3] nämlich wie mein eingeborener Sohn, in dessen Unschuld, Gerechtigkeit und Heiligkeit er eingekleidet worden ist. Hätten wir aber nur vivam vocem gehört, mit welchem Affekt der liebe Gott diese Worte geredet, so könnten wir sie leicht verstehen. Sic Gen. 4,43: verba Caini . . . ., an pronuntiata sint adfectu desperabundo, an proteruo (cum interrogatione) an querulo über die Größe der Strafe, an poenitenti, maior est quam ut tollere audeam vultum, wie der bußfertige Zöllner seine Augen nicht aufheben wollte, wie es ORTLOB in diss. Cainus non desperans erklärt, das werden wir nicht ausmachen. Hätten wir aber gehört, mit welchem Ton er die Worte ausgesprochen, und gesehen, was er für gestus dazu gemacht, so wäre es leichter zu sagen, aus was für einem Affekt sie geflossen. Doch es ist nicht impossibile. Hic defectus alio modo suppleri potest. Es ist noch

III. VTILITAS huius negotii (kurz) zu merken. Man hat diesen Nutzen davon: Man lernt

(1) den sensum verborum profundius einsehen; wenn man mit dem Auge des Verstandes in intimum pectus & adfectum loquentis eindringt und den Affekt, als die Quelle der Gedanken und Worte, beschaut.[4]

(2) die Rede wird dadurch schmackhafter und lebhafter gemacht. Affectus enim est anima sermonis, er ist gleichsam die Seele der Rede. Wenn man z. B. die Worte Jesaja, ein Kind ist uns geboren, u. Jes. 9.6 als indicia gaudii ansieht, die er empfunden, da er im Geist sich unter den spectatoribus des neugeborenen Jesuleins befunden, welche dieses Heils teilhaftig worden, so werden diese Worte viel angenehmer und einen viel lebhafteren sensum haben als sonst.

(3) Diese Betrachtung der geheiligten Affekte der scriptorum S.

ist zugleich ein Kanal, durch welchen auch auf unsere Affekte eine indoles spiritualis geleitet werden kann. Denn wir müssen nicht nur von den Worten, sondern auch von den Affekten der heiligen Männer zu profitieren suchen, und müssen daher die Schrift auch um deswillen lesen, damit unsere unordentlichen und bösen Affekte emendiert und unser Herz mit guten und heiligen Affekten erfüllt werde. Dazu denn die consideratio der Affekte der scriptorum sacrorum vieles mit beiträgt. Dagegen möge nun eine dreifache obiectio gemacht werden, welche gleich im Anfange zu remouiren, damit sie der Sache keinen Eintrag tue. Obiectio I. Ja, man sagt wohl von dem Nutzen, den dieses studium hat, aber man bedenkt nicht, was es für einen Schaden nach sich zieht. Es ist haec doctrina nachteilig der inspirationi scripturae S., sie streitet contra θεοπνευσίαν. Die heiligen Männer Gottes haben geredet, getrieben von dem heiligen Geist, wenn man ihnen nun humanos affectus zuschreibt, von welchen der Verstand ihrer Worte dependieren soll, so ist das ja der θεοπνευσίᾳ sehr nachteilig.

Wir antworten: irritus & vanus est ille metus. Das kommt

a) aus einem unrichtigen Begriff von der θεοπνευσίᾳ her, daß man dieses besorgt. Wenn die scriptores S. in actu θεοπνευσίας begriffen waren, so waren sie ganz obsessi & impleti a Spiritu S., wie es von Zacharias heißt, als er seinen Lobgesang ausgesprochen: ἐπλήσθη πνεύματος ἁγί, er ward voll des heiligen Geistes, Luk. 1,67: daher wirkte der Geist Gottes nicht nur

(1) in ihrer Phantasie, ideas rerum scribendarum darinnen zu exzitieren, nicht nur

(2) in ihrem Verstande, denselben zu erleuchten und mit geistlichem Licht zu erfüllen, durch welches sie diese ideas objectas ohne Irrtum beurteilen und miteinander kombinieren oder disjungieren konnten; sondern er wirkte auch

(3) in ihrem Willen, und erweckte darinnen solche heilige motus und Affekte, die den Sachen, davon sie schrieben, convenable waren. Daher sie nicht als die Klötzer und als homines extra se rapti dasaßen, die ohne alle Empfindung geredet und ihre Bücher geschrieben (diese Vorstellung der θεοπνευσίας ist falsissima); sondern sie waren selbst intime affiziert von den Wahrheiten, die sie schrieben. Wenn man sich also einen rechten Begriff de θεοπνευσίᾳ macht, so fällt die obiection hinweg.

(b) Der heilige Geist hat sich in negotio . . . . akkommodiert nach der natürlichen Beschaffenheit seiner Werkzeuge, und auch sogar nach ihrem natürlichen Temperament. Daher hat er ihre Affekte in der Inspiration nicht eingeschläfert und aller Aktivität beraubt; sondern vielmehr dieselben exzitiert und geheiligt. Z. B. Paulus hatte von Natur ein temperamentum cholerico-melancholicum, folglich war er in allen seinen affectibus & actionibus hitzig und vehement. Diese seine natürliche Gemütsbeschaffenheit wurde in seiner Bekehrung nicht destruiert, sondern emendiert. Und da er hernach der Inspiration gewürdigt wurde, so akkommodierte sich der Geist Gottes nach dieser seiner Beschaffenheit. Daher waren inter scribendum seine Affekte in voller Bewegung. Daher ist auch sein stilus oft konzis und abrupt und mit solchen Figuren angefüllt, welche in adfectu vehementissimo herrschen.

(c) Ist hierauf zu antworten. Die heiligen Scribenten gedenken ja oft selber ihrer Affekte, die sie inter scribendum empfunden. So sagt z. B. Paulus, Röm. 9,2, daß er über der Verstockung des jüdischen Volks eine große Traurigkeit und Schmerzen ohne Unterlaß in seinem Herzen habe, folglich auch damals, als er dieses geschrieben. Ferner Phil. 1,8 spricht er: Gott ist mein Zeuge, wie mich nach euch allen verlangt (in praesenti) von Herzensgrunde in Christo Jesu. Also sagt er ferner Phil. 2,19, ich hoffe aber in dem Herrn, daß ich Timotheum bald werde zu euch senden. So sagt er Col. 1,24, nun freue ich mich in meinem Leiden, daraus ist ja offenbar, daß der Apostel diese adfectus tristitiae, desiderii, spei, gaudii etc. inter scribendum wahrhaftig in seinem Herzen empfunden haben müsse. Daraus denn weiter folgt, daß es der θεοπνευσίᾳ keinen Eintrag tue, wenn man den scriptoribus sacris menschliche, jedoch geheiligte Affekte tribuiert.

Obiect. 2. Der sensus scripturae werde dadurch ambiguus und ungewiß gemacht, wenn er von den Affekten der scriptorum dependieren solle; dieweil ein jeder pro lubitu, dem scriptori S. einen adfectum andichten und daraus einen andern sensum verborum herleiten könne?

Resp. I. Es ist allerdings eine wichtige und schwere Sache, ex sermone alieni scriptoris verum eius adfectum und den wahren sensum mit völliger Gewißheit zu eruieren, und zwar ist es schwer propter defectum vivae vocis. Denn die Menschen pflegen ihren Affekt durch die Stimme an den Tag zu legen und durch gestus. Wenn wir also die scriptores sacros die Worte hätten aussprechen hören, die wir in ihren Schriften lesen, so würden wir die dunkelsten Orte weit besser verstanden haben; weil ihr Affekt per modulationem vocis & per gestus corporis uns deutlicher würde sein in die äußerlichen Sinne gefallen. Weil wir aber dieses Vorteils entbehren müssen, so hält's schwer, allezeit mit einer völligen Gewißheit zu sagen: quo adfectu sie haec vel illa verba ausgesprochen, folglich auch quo sensu, weil erinnert ist, daß der sensus ab adfectu dependiere.

Anmerkungen

1 Darüber der selb. Autor eine Bußrede gehalten in den neun Bußreden, p. 207 sqq.
2 Auch das erste Evangelium schon ausgesprochen v. 15, welches Adam und Eva ohne Zweifel im wahren Glauben angenommen und sich dadurch aufgerichtet hatten.
3 So werden diese Worte auch erklärt in der Kirchen-Hist. des A.T. 1. Teil, p. 90, und ich habe sie gleichfalls angenommen in meiner inaug. disp. p. 23, 24, oder in den primit. sacr. Giss. p. 83, 84.
4 Hierbei ist im MSt. geschrieben: Dienet ad maculam tautologiarum a scriptura S. abstergendam, vid. Röm. 16, 20, 24, und scheint also, daß der selb. Mann noch einen Nutzen der pathologiae sacrae habe angeben wollen. Man kann dabei nachsehen, was er in der Erklärung der Epist. an die Römer II. cc. gesagt.

4. Johann Martin Chladenius
Von Auslegung Historischer Nachrichten und Bücher*

§ 306. Inhalt der Historien

In historischen Büchern werden vergangene und geschehene Dinge der Nachwelt zur Nachricht aufgeschrieben (§ 46). Die Dinge, welche in der Welt geschehen, sind teils physikalisch, teils moralisch. Jene sind Veränderungen der Körper und werden größtenteils durch die Sinne erkannt; diese aber geschehen durch den Verstand und Willen der Menschen. Die ersteren und ihre Natur sind bekannt genug, die moralischen Dinge aber brauchen eine Erläuterung. Es gehören hierher die Ämter, Würden, Gerechtigkeiten, Beschwerungen, Privilegien, welches alles solche Dinge sind, die durch den Willen der Menschen zustande kommen und wieder abgeschafft werden. Diese moralischen Dinge nun müssen mit ihren Veränderungen und den daraus entstehenden Historien durch die Vernunft erkannt werden. Jedoch gehört dazu meistens nur die gemeine Vernunft, daß sie jeder Mensch, der auch in der künstlichen Vernunftlehre sich keine Fertigkeit angeschafft hat, einsehen kann. Es gehört hierzu nur eine Aufmerksamkeit, daß man auf das Tun der Menschen Achtung gibt, so erlangt man schon die Begriffe von diesen moralischen Dingen und den Geschichten, die sich in denselben zutragen. Z. B. man sieht, daß an einem öffentlichen Ort, an gewissen Tagen allerhand Sachen zum Verkauf ausgesetzt werden, welches an andern Orten nicht geschieht, so erlange ich sogleich einen Begriff von einem Marktplatz. Wenn ich nachher höre oder selbst sehe, daß dieselben Verkäufer nicht mehr an diesem Ort, sondern an einem andern zusammenkommen und daß solches auf ergangenen Befehl geschehe, so weiß ich, daß der Marktplatz verlegt worden, welches eine Art der Geschichte ist. Die bloße Aufmerksamkeit, welche in diesem Fall auch nicht stärker, als sie gemeiniglich bei allen Menschen anzutreffen ist, sein

* Johann Martin Chladenius, *Einleitung zur richtigen Auslegung vernünftiger Reden und Schriften* (Leipzig 1742) mit einer Einleitung von Lutz Geldsetzer, Düsseldorf 1969, S. 181-205

darf, ist hinlänglich, mich von der Sache und ihren Geschichten zu unterrichten.

§ 307. Woraus eine Erzählung besteht

Historien sind Erzählungen desjenigen, was in der Welt geschehen ist (§ 306). Es ist klar, daß man eine geschehene Sache, wenn man die Wahrheit reden will, wie wir solches voraussetzen, nicht anders erzählen kann, als wie man sich dieselbe vorgestellt hat; daher wir auch durch eine Erzählung unmittelbar nur auf den Begriff kommen, den der Verfasser von der Geschichte hat, mittelbar aber, und durch eine kurze Folge, auch dadurch zur Erkenntnis der Geschichte selbst gelangen. Wenn wir die Veränderungen einer Sache genau bemerken, so formieren wir lauter Urteile; daher besteht eine Historie aus lauter Urteilen, oder, welches beinahe einerlei ist, aus lauter Sätzen. Urteile sind zweierlei, Anschauungs-Urteile und Schluß-Urteile (Iudicia intuitiva & discursiva). Weil es mit den Folgerungen und Schlüssen bei einer Historie viele Bedenklichkeit hat, so besteht eine Historie, wo man nichts als die unumstößlichsten Wahrheiten vortragen und alle erschlichenen Sätze und übereilten Urteile, ja, auch den Schein und allen Vorwurf derselben vermeiden will, aus lauter Anschauungs-Urteilen; so daß wir nur dasjenige anführen, was wir durch die bloße Aufmerksamkeit wahrgenommen haben. Und obgleich die Einsicht in die Geschichte dadurch vielerlei Ansehen bekommt, daß man solche bald aus eigener Erfahrung, bald aus anderer Leute Zeugnis, bald durch Mutmaßungen herausbringen muß, so bleibt doch allemal gewiß, daß uns derselbe historische Satz, den wir durch solche Umwege erst erlernen müssen, wenn wir zur rechten Zeit gegenwärtig gewesen wären, durch die bloße Aufmerksamkeit würde vorgestellt sein worden, und daß er folglich, seinem ersten Ursprung nach, ein Anschauungs-Urteil ist. Z. B. der Satz: Karl der Große ist in Deutschland geboren, ist ein Anschauungs-Urteil (wenn er anders seine Richtigkeit hat), ungeachtet er durch Zeugnisse, Mutmaßungen, Spuren usw. muß erkannt werden. Es ist nämlich eine solche Wahrheit, die von denjenigen, die dazumal gelebt haben und bei Hofe gewesen sind, durch ein ganz gemeines, und wie wir es nennen, Anschauungs-Urteil eingesehen worden.

§ 308. Von einer Geschichte hat man mehr als eine richtige Vorstellung.

Das, was in der Welt geschieht, wird von verschiedenen Leuten auch auf verschiedene Art angesehen: daß, wenn viele eine Beschreibung von einer Geschichte machen sollten, in jeder etwas Besonderes würde angetroffen werden, wenn sie sich gleich insgesamt die Sache, soviel an ihnen gelegen, richtig vorgestellt hätten. Die Ursache dieser Verschiedenheit ist teils in dem Ort und der Stellung unseres Leibes, die bei jedem verschieden ist, teils in der verschiedenen Verbindung, die wir mit den Sachen haben, teils in unserer vorhergehenden Art zu gedenken, zu suchen, vermöge welcher dieser auf das, der andere auf jenes Achtung zu geben sich angewöhnt hat. Man glaubt zwar gemeiniglich, daß jede Sache nur eine richtige Vorstellung machen könnte, und wenn daher in den Erzählungen sich einiger Unterschied befinde, so müsse die eine ganz recht und die andere ganz unrecht haben. Allein diese Regel ist weder andern gemeinen Wahrheiten noch einer genaueren Erkenntnis unserer Seele gemäß. Wir wollen nur jetzo mit einem gemeinen Exempel erweisen, wie verschieden eine einzige Sache sich auf mancherlei Art vorstellen können. Gesetzt, es befinden sich bei einer vorfallenden Schlacht drei Zuschauer, davon der eine auf einem Berge zur Seite des rechten Flügels der einen Armee, der andere auf einer Höhe zur Seiten des linken Flügels, der dritte hinter derselben Armee der Schlacht zusieht. Wenn diese drei ein genaues Verzeichnis von dem, was sich bei der Schlacht zugetragen, machen sollten, so wird allen Fleißes ungeachtet keines Erzählung mit den übrigen ganz genau übereinkommen. Der erste, der auf der Seite des rechten Flügels gestanden, wird vielleicht aussagen, daß derselbe viel gelitten habe, auch einmal etwas zurückgewichen sei, und andere besondere Umstände angeben, davon in der Relation desjenigen, der zur Seite des linken Flügels gestanden, nichts gedacht wird. Dahingegen dieser andere Gefährlichkeiten melden wird, davon der erste nichts weiß. Jeder von diesen beiden wird auch einige Bewegungen angemerkt haben wollen, die ihm der andere gar nicht einräumen, sondern für etwas Erdichtetes halten wird. Denn die kleinen Veränderungen und Wendungen einer Menge Soldaten sehen von ferne ganz anders aus, als wenn man sie in der Nähe ansieht. Diese Streitigkeiten werden vielleicht durch den dritten Zuschauer, der recht hinter der Armee gestanden, teils entschieden, teils durch neue Umstände vermehrt werden, davon die beiden andern nichts werden wissen wollen. Ebenso ist es mit allen Geschichten beschaffen; eine Rebellion wird anders von einem treuen Untertanen, anders von einem Rebellen, anders von einem Ausländer, anders von einem Hofmann, anders von einem Bürger oder Bauern angesehen, wenn auch gleich jeder nichts, als was der Wahrheit gemäß ist, davon wissen sollte. Es ist zwar gewiß, daß alle wahren Erzählungen von einer Geschichte in gewissen Stücken derselben übereinkommen müssen, weil, wenn wir uns gleich gewissermaßen in verschiedenen Umständen befinden, und also auch gewisse Stücke der Geschichte nicht auf einerlei Art ansehen, wir dennoch überhaupt in den Regeln der menschlichen Erkenntnis miteinander übereinkommen. Allein wir wollen nur dieses behaupten, daß, wenn verschiedene Personen, auch nach ihrer richtigen Erkenntnis, eine Geschichte erzählen, in ihren wahren Erzählungen sich dennoch ein Unterschied befinden könne.

§ 309. Was der Sehe-Punkt sei

Diejenigen Umstände unserer Seele, unseres Leibes und unserer ganzen Person, welche machen oder Ursache sind, daß wir uns eine Sache so und nicht anders vorstellen, wollen wir den Sehe-Punkt nennen. Wie nämlich der Ort unseres Auges, und insbesondere die Entfernung von einem Vorwurf, die Ursache ist, daß wir ein solches Bild und kein anderes von der Sache bekommen, also gibt es bei allen unsern Vorstellungen einen Grund, warum wir die Sache so und nicht anders erkennen: und dieses ist der Sehe-Punkt von derselben Sache. Z. B.: Ein König hat von denjenigen Dingen, die in den entfernten Provinzen vorgehen, gemeiniglich keine andere Nachricht, als was ihm von dem darüber gesetzten Gouverneur berichtet wird. Indem nun diese Berichte den Grund in sich enthalten, warum der König von dem Zustand derselben Provinzen richtig oder fälschlich, umständlich, ausführlich oder wenig unterrichtet ist, so sind diese Berichte der Sehe-Punkt, wonach sich ein großer Herr das, was in entfernten Provinzen vorgeht, vorzustellen pflegt. Das Wort Sehe-Punkt ist vermutlich von Leibniz zuerst in einem allgemeinern Verstande genommen worden, da es sonst nur in der Optik vorkam. Was er damit anzeigen sollte, kann man am besten aus unserer Definition ersehen, welche denselben Begriff deutlich erklärt. Wir bedienen uns hier desselben Begriffs, weil er unentbehrlich ist, wenn man von den vielen und unzähligen Abwechslungen der Begriffe, die die Menschen von einer Sache haben, Rechenschaft geben soll.

§ 310. Es gibt vielerlei Sehe-Punkte bei einer Geschichte

Aus dem Begriff des Sehe-Punktes folgt, daß Personen, die eine Sache aus verschiedenen Sehe-Punkten ansehen, auch verschiedene Vorstellungen von der Sache haben müssen; und daß diejenigen, welche eine Sache aus einerlei Sehe-Punkt ansehen, auch einerlei Vorstellung von der Sache haben müssen. Wiewohl zu merken ist, daß, wenn man das Wort einerlei für vollkommen einerlei nehmen wollte, man nicht sagen kann, daß zwei Personen eine Sache aus einerlei Sehe-Punkt sich vorstellen, indem sich in den Umständen ihres Leibes, ihrer Seele und ihrer ganzen Person allemal unzählige Verschiedenheiten finden werden, daraus auch eine große Mannigfaltigkeit in den Vorstellungen erfolgen muß: wie man denn dieses schon längst erkannt, daß man nicht zwei Leute finden wird, die ganz einerlei Vorstellung von den Sachen hätten, nach dem bekannten Sprichwort: quot capita, tot sensus.

§ 311. Erste Eigenschaft einer Geschichte, die aus verschiedenen Sehe-Punkten betrachtet wird

Wenn Leute, die eine Sache aus verschiedenen Sehe-Punkten sich vorstellen, einander ihre Vorstellungen, nebst den daraus gezogenen Folgerungen, bekannt machen, so wird jedem des andern seine Erzählung nachfolgende Eigenschaften zu haben scheinen. Erstlich wird man in des andern Erzählung allerhand unvermutete Dinge antreffen. Weil der Beweis hiervon, ohne viele subtile metaphysische Sätze anzuführen, nicht beigebracht werden kann, so wollen wir lieber diese Lehre als eine Anmerkung durch Exempel bestätigen. Wenn man einem Amerikaner bei Ankunft der Spanier eine Flinte gewiesen und insbesondere ihre Teile, ihre Verbindung und die Art, sie zu laden, gezeigt hätte, so würde er gewiß einen richtigen Begriff davon gehabt haben. Gleichwohl, wenn man ihm ferner gesagt hätte, man müßte damit vorsichtig umgehen, um nicht in Lebensgefahr zu kommen: oder daß dadurch schon einigen Leuten Kugeln in den Leib gejagt worden wären, so würde der Indianer sich nichts davon versehen haben, und ein Schuß, der daraus geschehen wäre, würde ihn in das größte Erstaunen gesetzt haben, weil er dergleichen gar nicht vermutet hätte. Eine Privatperson kann nach ihrer Einsicht alles für ruhig und das Land von einem Anfall für weit entfernt halten, wenn man bei Hofe wegen äußerlicher oder innerlicher Unruhe schon von der größten Gefahr redet.

§ 312. *besonders bei menschlichen Zufällen*

Insbesondere bei menschlichen Handlungen, wenn sie uns aus einem andern Sehe-Punkt, als wir sie vorher betrachtet haben, erzählt werden, finden wir nachfolgende unvermutete Eigenschaften, daß einige Umstände leichter, und sozusagen natürlicher zugegangen, als wir vorher uns eingebildet: daß im Gegenteil bei andern mehr Glück, Kunst oder Intrigen, als wir gedacht, gewesen: manche Handlung wird uns löblicher als vorher, manche schändlicher als vorher vorkommen: ferner wird uns manches Stück der Geschichte vergnügen, darin wir vorher nichts Angenehmes gefunden: wir werden an der Geschichte auf einer Seite mehr teilnehmen, als wir vorher getan, auf einer andern wird sie uns als eine Sache, die uns nichts angeht, vorkommen: anderer unvermuteter Dinge zu geschweigen, welche sich nach den besondern Arten der Geschichte, als Staats-, Kirchen- und Natur-Geschichte, finden werden, wenn ihrer zwei, die sie aus verschiedenen Sehe-Punkten ansehen, einander ihre Einsicht bekannt machen.

§ 313. *Andere Eigenschaft einer Geschichte, die aus verschiedenen Sehe-Punkten betrachtet wird*

Man wird ferner in der Erzählung eines andern, der sich die Geschichte, oder überhaupt eine Sache, aus einem andern Sehe-Punkt als wir vorstellt, gemeiniglich etwas Ungereimtes, Widersprechendes oder, wie man sagt, Paradoxes anzutreffen vermeinen. Wir beurteilen nämlich die Natur der Sache nach dem Begriff, den wir davon haben. Was also mit unsern Begriffen streitet, das soll unserer Meinung nach auch zugleich mit der Natur der Sache streiten: Nun kann in der Erzählung des andern verschiedenes vorkommen, welches mit unserer Erzählung, weil wir die Natur der Vorstellungen nicht genau genug erkennen, zu streiten scheint: und daher kommt es uns vor, als wenn in der Historie selber einiger Widerspruch und einige ungereimte Dinge enthalten wären. Dergleichen Widerspruch wird man fast in allen Berichten und Relationen, die von vielen Personen eingeschickt werden, wenn man sie zusammen hält, antreffen; ungeachtet sie mit solcher Aufrichtigkeit abgefaßt sind, daß jeder die seinige mit gutem Gewissen beschwören könnte. Nun kann die Geschichte freilich nichts Widersprechendes in sich enthalten, allein sie kann den Zuschauern so verschieden vorgestellt werden, daß die Berichte davon etwas Widersprechendes in sich enthalten.

§ 314. Anmerkung von erschlichenen Sätzen

Diese Widersprüche werden in den Erzählungen dadurch nicht wenig gehäuft, daß jemand, indem er einer Geschichte zusieht oder auf eine andere Art dieselbe erkennt, gleich Folgerungen daraus zieht und diese als Stücke seiner Geschichte ansieht, da sie doch nicht dazu gehören, sondern wohl gar an sich falsch seien. Man nennt einen solchen Satz, den man erfahren zu haben glaubt, ungeachtet er aus einer Erfahrung nur geschlossen worden, einen erschlichenen Satz: z. B. man sieht des Abends öfters bei hellem Himmel ein Licht in der Luft herunter oder auf die Seite fahren: ein ganz Unverständiger wird sich gleich einbilden, er sähe einen Stern vom Himmel fallen und unterwegs verlöschen: etwas Klügere sagen, es schneitze sich ein Stern oder es führe ein Strahl aus demselben heraus: Jeder pflegt nach seiner Einsicht die Sache zu erzählen, zugleich aber seine Einbildung oder sein unrichtiges Urteil, das er über die himmlische Erscheinung fällt, für die Geschichte selbst auszugeben. Dergleichen geschwinde und übereilte Schlüsse schleichen sich fast in alle unsere Erzählungen mit ein, und es wird auch einem Philosophen, der sein Urteil von der Sache selbst zu unterscheiden sich noch so wohl angewöhnt hat, schwerfallen, gar nichts von seinen Folgerungen in die Beschreibung einer Geschichte hineinzubringen.

§ 323. *Zweite Auslegung einer unglaublichen Geschichte*

Sodann kann es auch geschehen, daß der Leser die Umstände, worauf es bei der Glaubwürdigkeit der Geschichte ankommt, zwar weiß, allein er gibt auf dieselbe, eben an demjenigen Ort, wo es geschehen sollte, nicht acht. Ein Ausleger soll also, in diesem Fall, seinen Schüler derjenigen Umstände, die ihm sonst bekannt sind, erinnern und dadurch die Geschichte so, wie im vorigen Paragraph erwiesen worden, begreiflich machen.

§ 324. *Ein Ausleger muß die Umstände der Geschichte wissen oder erst lernen*

Ein Ausleger muß also die Geschichte, die er auslegen will, aus beiden Sehe-Punkten sich vorstellen, teils wie sie derjenige sich vorstellt, dem sie unglaublich vorkommt, teils wie sie der Scribent sich vorgestellt hat. Gleichwie uns aber gemeiniglich dergleichen Ausleger fehlt, also müssen wir uns selbst helfen und als Ausleger dienen. Nun geht es allerdings an, daß wir eine Geschichte, die wir anfangs nicht vollkommen verstehen und eben deswegen für unglaublich halten, nach und nach verstehen lernen (§ 161), welches in diesem Fall darin besteht, daß wir unterdessen teils die Umstände der Geschichte erfahren, die wir vorher nicht wußten (§ 322), teils uns auf die schon bekannten Umstände besinnen lernen (§ 323). Nur können wir nicht voraussehen, was uns für Umstände fehlen, welche uns, wenn sie bekannt wären, die Geschichte begreiflich machen würden.

§ 325. *Wie man eine unglaubliche Geschichte ohne Ausleger verstehen lernt*

Weil aber jede Geschichte zu einem gewissen Ort, zu gewissen Personen und zu einer gewissen Zeit gehört, durch deren Erkenntnis sie begreiflich gemacht wird; so kann man überhaupt diese Regel angeben, nach der man sich selbst unglaubliche Geschichten auslegen muß. Man muß alle Umstände der Zeit und des Orts, wann und wo eine Geschichte vorgefallen, genau erkundigen: denn so wird man, vielleicht von ungefähr, auf diejenigen Umstände kommen, deren Erkenntnis die ganze Sache begreiflich und glaubhaft macht.

§ 326. *Dritte Auslegung einer unglaublichen Geschichte*

Wenn ein Ausleger einer, dem Ansehen nach, ungereimten und unglaublichen Geschichte dieselbe entweder nach der (§ 322, 323) vorgeschriebenen Art nicht auslegen kann oder, aus gewissen Ursachen, dem Schüler die Umstände, worauf es ankommt, nicht bekannt machen will; so kann er seinen Schüler doch dadurch zum Beifall der Geschichte bewegen, wenn er ihm gründlich zeigt, daß allerdings auch in wahren Geschichten, bei diesem oder jenem Leser, sich etwas Unglaubliches und Ungereimtes äußern könne; und daß ein Schüler in der Historie eher auf die Redlichkeit und Einsicht des Geschichtsschreibers sein Vertrauen zu setzen, als wegen anscheinender Absurdität und Widerspruchs mit andern Wahrheiten die Historie selbst in Zweifel zu ziehen habe.

§ 327. *Was Parallel-Historien sind*

Zwei oder mehrere Geschichten, die eine Ähnlichkeit untereinander haben, nennt man Parallel-Historien. Gleichwie nun vielerlei Arten der Ähnlichkeit in den Geschichten gefunden werden, also lassen sich auch viele Arten von Parallel-Historien ausfindig machen. Eine merkwürdige Art derselben ist, wenn in beiden Geschichten einerlei Ursachen einerlei Folgen gehabt haben; so wenn man anmerkt, wie die Größe derer Reiche selbst zu dem Untergange derselben Gelegenheit gegeben; oder wie die größten Veränderungen öfters von den geringsten Leuten in der Republik unternommen worden sind, usw.

§ 328. *Vierte Auslegung einer unglaublichen Geschichte*

Wenn uns eine Historie unglaublich vorkommt, sich aber Parallel-Historien finden, an deren Wahrheit nicht zu zweifeln ist, so werden wir durch die Erkenntnis dieser leicht dahin gebracht werden, daß wir die streitige Geschichte nicht weiter für unglaublich halten. Daher, wenn ein Ausleger einer Geschichte, die bei einem Schüler, weil sie ihm ungereimt scheint, keinen Glauben findet, ihm dieselbe glaubwürdig machen will, so kann er sich dieses Mittels bedienen, daß er durch Anführung einiger Parallel-Geschichten, die man nicht in Zweifel ziehen kann, erweist, daß dergleichen Geschichten allerdings möglich seien.

§ 329. Auslegung bei widersprechenden Geschichten

Wenn zwei Geschichtsschreiber einander widersprechen, ungeachtet sie sich die Sache recht, aber aus verschiedenen Sehe-Punkten vorgestellt und vorgetragen haben (§ 312), so wird der Leser gemeiniglich glauben, die Verfasser wären einander so zuwider, daß der eine notwendig recht und der andere unrecht haben müsse. Gleichwohl kann dieser Widerspruch nur scheinbar sein (§ 313) und daher rühren, daß der Leser den einen oder den anderen Geschichtsschreiber oder beide nicht vollkommen versteht. Ein Ausleger soll demnach hier das Widersprechende vereinigen: das ist, die Historie dem Schüler dergestalt vorstellen, daß er in beiden Erzählungen keinen Widerspruch fernerhin findet.

§ 330. Einsicht des Auslegers bei widersprechenden Geschichten

Wenn zwei Geschichtsschreiber sich einander widersprechen, ungeachtet sie beide recht haben, so scheint uns die eine Erzählung, wenn wir die andere für wahr annehmen, widersprechend und ungereimt zu sein. Wenn uns eine Geschichte ungereimt zu sein scheint, so fehlt es uns an der Erkenntnis gewisser Umstände. Daher, wenn ein Ausleger die widersprechende Geschichte vereinigen will (§ 329), so muß er die bei der einen Erzählung ermangelnden und dem Schüler unbekannten Umstände ihm entweder beibringen (§ 322) oder wenigstens zu Gemüte führen (§ 323), daß er sich derselben erinnere. Es wird demnach in diesem Fall eben die Einsicht von einem Ausleger erfordert, die wir von einem Ausleger unglaublicher Stellen verlangt haben (§ 324).

§ 331. Wie man widersprechende Geschichten ohne Ausleger vereinigt

Will man aber auch hier sich selbst helfen und die Auslegung erfinden, so wird man sorgfältig achtgeben müssen, wie jeder von den sich widersprechenden Geschichtsschreibern die Zeit, den Ort und die Personen, wovon die Erzählung handelt, angesehen habe (§ 324), und alle Umstände sammeln und genau bemerken, da wir dann, vielleicht von ungefähr, auf die zu wissen nötigen Umstände kommen werden (§ 325). Jedoch können wir uns auch hier keinen gewissen Erfolg unserer Bemühung versprechen; sondern, wenn vielleicht keine mehreren Umstände von der Sache anderswo aufgezeichnet sind, so wird es unmöglich bleiben, eine gewisse Auslegung zu finden.

5. Karl Philipp Moritz
Grundlinien zu einer Gedankenperspektive*

Wir sehen gerade *durch,* und die Gegenstände reihen und ordnen sich von selber.

Wir sehen das Entferntere nicht unmittelbar, sondern *durch* das Nähere.

Das Entferntere scheint uns nur *klein,* in Vergleichung mit dem Nähern – oder, insofern wir es uns, wie auf der Fläche eines Gemäldes, ebenso nahe wie das Nähere denken; oder es mit dem Nähern gleichsam *in eine Reihe* stellen.

Daher kommt es, daß die Ferne *zusammendrängt.*

Die Gegenstände nähern sich in der Entfernung immer mehr der bloßen *Idee* von den Gegenständen; das Gesicht nähert sich immer mehr der Einbildungskraft, je weiter der Gesichtskreis wird.

Daher sind wir im Stande, uns die Gegend wie ein Gemälde, und das Gemälde wie die Gegend zu denken.

Wir wandeln die Allee hinunter; das Zusammengedrängte erweitert sich, wie wir uns nach und nach ihm nähern; die Wirklichkeit tritt wieder in ihre Rechte.

Wo das Auge durch nichts gehindert wird, da sehen wir Wölbung und Fläche. –

Das Höchste, was uns erscheinen kann, ist die Wölbung – über diese kann uns nichts erscheinen; denn die Wölbung ist über allem. –

* Karl Philipp Moritz, *Schriften zur Ästhetik und Poetik.* Hrsg. von Hans Joachim Schrimpf, Tübingen 1962, S. 124 f.

6. Siegmund Jacob Baumgarten
Vom Verstande der Heiligen Schrift*

§ 16. Mittelbarer Verstand

Dieser Verstand ist dem unmittelbaren, der in §§ 13-15 abgehandelt und weiter eingeteilt wurde, entgegengesetzt, also das correlatum des sensus litteralis.

I. Erklärung. »Die Vorstellungen, welche durch die vermittelst des unmittelbaren Wortverstandes angezeigten Sachen der Absicht des Redenden gemäß erwecket werden, machen den mittelbaren oder mystischen, das ist, geheimen Verstand aus.« Es werden also zwei requisita erfordert. 1) Daß die durch den Wortverstand bezeichneten Sachen wiederum Zeichen werden, andere Sachen zu bezeichnen und die Vorstellung derselben bei dem Leser zu erwekken. 2) Daß solches aus dem Endzweck erweislich sei. Zum Exempel ist aus der Rede Christi zu Nicodemo, Joh. 3, 14, erweislich, daß die Erhöhung einer Schlange von Mose in der Wüste, 4. Mos. 2,8, durch deren Anblick die von einer Schlange gebissenen Leute leiblich gesund werden sollen, eine Vorstellung oder ein Bezeichnungsmittel Christi und seines Versöhnungstodes gewesen. So kommt auch 5. Mos. 24,4 ein Gesetz vor, das 1. Kor. 9,9 ebenso als ein neues Erkenntniszeichen anderer Bezeichnungen gebraucht wird.

Die Benennung dieses Verstandes ist hier auf eine doppelte Weise angezeigt worden. 1) Der mittelbare heißt er um deswillen, weil er nicht in den Worten und vermittelst der Worte zu finden ist, sondern in den Sachen, die durch die Worte bezeichnet werden. Somit wenn unter der Erzählung von der ehernen Schlange Wahrheiten von Christo und dessen Versöhnung angetroffen werden, so ist dieser entferntere Verstand nicht in den Worten und deren Bedeutung, sondern in den Sachen, die vermittelst der Worte vorgestellt werden, anzutreffen. Und mit dieser ersteren Benennung des mittelbaren Verstandes kommt eine andere, ebenfalls nicht ungewöhnliche Benennung genau überein, da er der entferntere genannt wird, sensus remotior, zum Unterschied von dem sensu

* Siegmund Jacob Baumgarten, *Ausführlicher Vortrag der Biblischen Hermeneutik.* Hrsg. von Joachim Christoph Bertram, Halle 1769, S. 52-60

proximo, worunter der immediatus verstanden wird. 2) Der mystische Verstand heißt dem Griechischen nach soviel wie sensus occultus, der geheime Verstand.

Anm.: Wenn einige Lehrbücher diesen Verstand auch den sensus spiritualem nennen und ihn der litterae entgegensetzen, oder wohl gar spiritum textus nennen, so ist solches nicht nur zweideutig, sondern auch eine sehr unbequeme, ja, einer beinahe unvermeidlichen Mißdeutung unterworfene Benennung, da dieser Verstand nicht an allen Orten dem buchstäblichen oder umittelbaren Wortverstand vorgezogen oder für vorzüglicher gehalten werden kann, noch viel weniger aber in allen Stellen der Heiligen Schrift zu suchen ist oder angetroffen werden mag.

II. Drei Lehrsätze und Folgerungen, die die Beschaffenheit dieses mittelbaren Verstandes noch näher untersuchen und bestimmen. I. »Er muß also aus den allgemeinen Bestimmungsgründen des richtigen Verstandes erwiesen werden, wenn er seine hermeneutische Richtigkeit haben soll (§ 8); folglich sowohl als der Wortverstand in dem Zweck des Redenden gegründet sein (§ 6).«

Das erste ist sonderlich um deswillen zu bemerken, damit man die bloß mögliche Deutung entfernterer geheimer Absichten und Bezeichnungen gewisser Schriftstellen nicht für hinlänglich halte, einen solchen mittelbaren und entfernteren Verstand auszumachen. Da überhaupt a posse ad esse nicht geschlossen werden kann, so kann in Absicht der Auslegung einer Stelle und Rede, und sonderlich dieser entfernteren Bezeichnung gewisser Wahrheiten vermittelst des unmittelbaren Wortverstandes, dergleichen Schluß nie gelten, daß man um einer bloß möglichen Deutung willen etwas für einen mittelbaren oder geheimen Verstand ansehe und ausgebe; sondern wie der erweisliche oder wahre Verstand, der seine hermeneutische Erweislichkeit hat, d. i. aus den Bestimmungsgründen des Verstandes dargetan werden kann und muß, seine richtigen und erweislichen Bestimmungen aufweisen kann, so muß dergleichen auch bei dem mittelbaren oder geheimen Verstande angetroffen werden.

Das beigefügte consectarium will soviel sagen: die bloße Ähnlichkeit der durch den Wortverstand bezeichneten Sache mit andern entfernteren Sachen reicht noch nicht hin, einen mittelbaren Wortverstand auszumachen, wenn man nicht den Endzweck des Urhebers der Rede erweisen kann. Zum Exempel, wenn man die sieben apokalyptischen Briefe, Offenb. 2.3, nach ihrem buchstäblichen Wortverstande betrachtet, so sind sie an die Gemeinden der damaligen Zeit in Kleinasien, mit welchen Johannes in näherer Gemeinschaft gestanden, gerichtet. Wenn nun angenommen und vorgegeben werden soll, daß diese Briefe zu gleicher Zeit an verschiedene Zeitläufte oder Haushaltungen und abwechselnde veränderliche Verfassungen der Kirche des N. T. gerichtet seien, also sieben periodi der Kirche darin geweissagt und derselben Schicksale und Veränderungen vorgestellt werden sollen; so ist zum Beweis dieser Meinung noch nicht hinlänglich, daß man die Possibilität oder eine und andere Ähnlichkeit und Übereinstimmung des Inhalts solcher Briefe mit den Schicksalen der Kirche des N. T. und den abwechselnden Zeitläuften derselben dartue, da dergleichen oft zufälligerweise stattfinden oder in entfernteren Ähnlichkeiten und Verhältnissen gesucht werden kann, die auch in anderen, unstreitig nicht darauf abzielenden Schriftstellen und Weissagungen angetroffen werden könnten. Sondern wenn dieser mittelbare, geheime Verstand angenommen werden soll, so muß notwendig zugleich erwiesen werden, daß besage der Überschrift oder des Eingangs dieser Offenbarung, desgleichen der in dem Folgenden befindlichen weiteren Ausführung und Bezeichnung der ganzen Absicht derselben, eine Vorstellung der Schicksale der Kirche des N. T. dadurch habe geschehen sollen. Folglich, wenn dieser Endzweck dabei nicht vorausgesetzt und aus erweislichen hinreichenden Gründen dargetan werden kann, so fällt die andere Erweislichkeit als unzulänglich weg.

2. »Er ist alsdenn ohne Vervielfältigung des einigen Verstandes (§ 11) ein wirklicher Verstand, oder ein Stück des vollständigen und gänzlichen Verstandes solcher Schriftstellen.« Da ist zweierlei zur Erläuterung zu bemerken.

1) Man ist in den älteren sowohl als neueren Zeiten in Absicht dieses mittelbaren und geheimen Verstandes in zwei extrema verfallen. Einige schon unter den Kirchenvätern haben das Allegorisieren in der Auslegung der Heiligen Schrift zum Nachteil der Gewißheit und Erweislichkeit des Wortverstandes übertrieben und mehrere, zuweilen nicht nur verschiedene, sondern sogar widersprechende Auslegungen und Deutungen mancher Schriftstellen angenommen. Welches denn andere, sonderlich nach der Reformation und bei einer schärferen Untersuchung der Erweislichkeit angenommener Deutungen der Heiligen Schrift, verleitet hat, aufs andere extremum zu verfallen und alle geheimen Deutungen oder

entfernteren Bezeichnungen solcher Sachen, die vermittelst des Wortverstandes angezeigt worden, zu verwerfen. Daher in unserer Kirche sowohl als einigen anderen protestantischen Gemeinden von manchen der sensus mysticus nur für eine Akkommodation ausgegeben oder für eine erweisliche Anwendung und richtige Folgerung des Verstandes, nicht aber für einen Verstand gehalten worden, aus Besorgnis, daß man sonst einen sensum duplicem annehmen müsse; welches aber nicht im geringsten zu besorgen ist, indem die unitas sensus nur auf den sensum homogeneum oder unius ejusdemque generis geht. Da der Verstand nur allezeit ein einiger sein kann, so muß der entferntere Sachverstand in dem unmittelbaren Wortverstande gegründet sein; und wie bei einer und ebenderselben Handlung mehrere Absichten stattfinden können, ohne Vervielfältigung der Handlung selbst, so kann bei einer und ebenderselben Rede und Abschnitt derselben unter dem unmittelbaren und zunächst vorgestellten Begriff ein entfernter Verstand enthalten und begriffen sein, ohne daß dadurch der Verstand an sich vervielfältigt werde.

2) Dieser sensus mysticus, wenn er als ein eigentlicher sensus angenommen wird, ist dem unmittelbaren Wortverstand niemals entgegenzusetzen oder auch nur davon zu trennen und abzusondern, da er in dem Wortverstand gegründet sein muß, also in der Tat nur als eine vollständige Anzeige aller erweislichen gegründeten Folgerungen, die aus der Absicht des Urhebers der Rede hergeleitet und dargetan werden können, anzusehen ist.

3) »Folglich muß er auch in der heiligen Schrift zum Beweis der geoffenbarten Wahrheiten brauchbar sein (§ 2).«

1) Es betrifft dieser Lehrsatz die Frage, ob der sensus mysticus vim probandi habe oder argumentativus sei, wie es von einigen ausgedrückt wird; das ist, ob daraus Beweisgründe göttlicher Wahrheiten hergenommen werden können. Daran haben viele um deswillen gezweifelt, weil sonderlich im Papsttum und von den älteren Kirchenvätern, die nach Origenis Beispiel im Allegorisieren exzediert und vieles für den geheimen mystischen Verstand ausgegeben, das in bloßen Mutmaßungen und entfernteren ungegründeten Deutungen von Ähnlichkeiten und Gleichnissen bestanden; in welcher unrichtigen Bedeutung allerdings die Frage mit Nein beantwortet werden muß. Wenn aber durch den geheimen mittelbaren Verstand nach der hier erteilten Erklärung nur derjenige Verstand gemeint wird, der aus den Absichten des Urhebers einer

Rede und Stelle dargetan werden kann, so ist kein Zweifel, daß die Frage mit Ja zu beantworten ist und daß ein solcher sensus allerdings zum Beweis der geoffenbarten Wahrheiten brauchbar sei.

2) Es wird hier diese Brauchbarkeit nur auf die Auslegung der heiligen Schrift eingeschränkt, weil sonst bei anderen Reden und Teilen derselben im gemeinen Leben dergleichen entferntere Absichten selten dargetan, wenigstens nie mit einer Gewißheit vorausgesetzt werden können, auch eine genaue Erkenntnis künftiger Begebenheiten voraussetzt, die nur bei der Allwissenheit Gottes, des höchsten Urhebers der Heiligen Schrift, stattfindet.

3) Der mystische Verstand ist also nach dieser Abhandlung seiner Beschaffenheit nicht in der ganzen Heiligen Schrift und allen Büchern und Abschnitten derselben anzutreffen, daß ein Ausleger sich zwingen müsse, in allen Stellen nebst dem Wortverstande und dessen Untersuchung noch einen Sachverstand oder geheimen entfernteren mittelbaren Verstand herauszubringen; sondern ehe er sich damit beschäftigt, muß immer vorläufig die Frage untersucht werden, ob in einer Stelle auf eine erweisliche Art dergleichen Verstand anzutreffen sei, d. i. ob der Inhalt einer Stelle von der Art sei, daß dadurch vermöge der Auslegung einiger Schriftstellen in anderen Schriftstellen entferntere Sachen bezeichnet und auf eine erweisliche Art dargetan werden können.

Zusatz

1. Eine Anmerkung von der einen Benennung, wodurch dieselbe von einer Zweideutigkeit befreit wird. »Dieser mittelbare Verstand heißt der mystische, nicht in Absicht des Inhalts der Schriftstellen, darin er anzutreffen ist, als würden lauter oder alle Geheimnisse auf solche Art vorgestellt: sondern in Absicht der eigentlichen Beschaffenheit und Art der Entdeckung desselben; weil er in dem mittelbaren Verstande verborgen liegt und nicht anders als nach vorhergegangener Einsicht desselben und vermittelst derselben gefunden werden kann.« Es geht diese Benennung nicht auf das argumentum und objectum, sondern hat ein fundamentum formale, indem er niemals unmittelbar in die Augen fällt bei Lesung einer Stelle, d. i. in den Worten nie angezeigt wird, sondern aus den Sachen, die die Worte anzeigen, erst aufgesucht werden muß.

Folglich dürfen die zum geheimen Verstand gehörigen Wahrheiten nicht allezeit Glaubenslehren oder Geheimnisse sein, sondern können auch Begebenheiten und deren Erzählung und Vorstellung sein. So verhält sich's bei den typis oder Vorbildern des A.T., deren Deutung nach dem Dasein der Gegenbilder von der allerleichtesten und begreiflichsten Art ist, unerachtet dieser geheime Verstand vor seiner Erfüllung oder vor der wirklichen Gegenwart der Gegenbilder sehr unbekannt sein muß und den allerwenigsten Lesern und Forschern solcher Stellen des A.T. in die Augen fallen kann.

2. Eine Subdivision dieses sensus mystici, welche zwar ihre Unbequemlichkeit hat, doch aber noch die allerbequemste und brauchbarste ist und den übrigen Einteilungen, die zuweilen auch stattfinden, vorgezogen werden muß.

»Man pflegt sonderlich drei Arten dieses mittelbaren Verstandes anzunehmen:

a. Den typischen, wenn gewisse Stücke der göttlichen Haushaltung vor Christi Zukunft Christum selbst und die durch ihn angerichtete göttliche Haushaltung bezeichnen; wobei die bezeichnenden Dinge Vorbilder, die bezeichneten aber Gegenbilder genannt werden.

Dieser Verstand, der von den übrigen Arten des mystischen Verstandes nur durch den Unterschied des objecti unterschieden ist, wird in Erzählungen oder historischen Nachrichten angetroffen, wenn die Begebenheiten, welche zunächst vorgetragen werden, entferntere künftige Begebenheiten bezeichnen und anzeigen sollen. Zum Exempel, wenn man die Stellen Röm. 5,14 und 1. Kor. 15,21,45,47 erwägt, wo Christus nicht nur der zweite Adam genannt, sondern auch eine wirkliche Vergleichung der Umstände, Verhältnisse, Schicksale und Handlungen des ersten Menschen, des Stammvaters des menschlichen Geschlechts, und Christi, des neuen Oberhaupts der Menschen, angestellt wird; so wird daraus erweislich, der erste Mensch Adam sei in den meisten Verhältnissen, darin er gestanden, als ein Vorbild auf Christum der göttlichen Verordnung und Bestimmung nach anzusehen. Desgleichen wird Joh. 19,36, ein Umstand, der von sehr großer Unerheblichkeit zu sein scheinen möchte, von Christo bei seiner Hinrichtung gemeldet, daß er um deswillen eine geraume merkliche Zeit eher gestorben als die beiden mit ihm gekreuzigten Missetäter, damit die Zerbrechung seiner Beine, die sonst zur Beschleunigung seines Todes vor Untergang der Sonne wäre nötig gewesen, unterbliebe; und wird ausdrücklich die Ursache beigefügt, welche bei der göttlichen

Vorsehung in dieser Beschleunigung des Todes Christi zugrunde gelegen, es sei solches um deswillen geschehen, damit die Stelle an ihm erfüllt würde, man solle ihm kein Bein zerbrechen. Da diese Stelle aus 2. Mos. 12,46 genommen ist, wo sie im geringsten nicht vom Messias zunächst und eigentlich handelt, sondern vom Osterlamm, welches von den Israeliten geschlachtet und genossen werden muß, bei dessen Zubereitung alle Zerbrechung der Gebeine verhütet werden soll; so erhellt aus dieser Vergleichung ganz unwidersprechlich, daß der göttlichen Absicht nach das Osterlamm und die ganze Zubereitung desselben als ein Vorbild von dem Messias oder der gewaltsamen Hinrichtung und Aufopferung desselben angesehen werden kann.

Zuweilen können die antitypi wiederum Vorbilder noch entfernterer Begebenheiten sein, wenn dazu erweisliche Bestimmungsgründe dargetan werden können. Zum Exempel werden bei manchen göttlichen Gerichten, die über das israelitische Volk geweissagt worden, eigentlich die nächsten Gerichte verstanden, die durch die babylonische, assyrische und andere Feinde vor der Zukunft des Messias an ihnen vollzogen werden sollten; die aber mit solchen Worten vorgetragen werden, daß daraus erweislich ist, es werde zugleich ein solches besonderes Gericht als ein Vorbild der gänzlichen Verwerfung dieses Volks, die nach der Verwerfung des Messias bei der letzten Zerstörung des Tempels und Aufhebung ihres gemeinen Wesens erfolgt, angesehen. Und dieses Gericht wird wiederum in vielen Weissagungen der Heiligen Schrift, wie Matth. 24.25, als ein Vorbild des allgemeinen Weltgerichts über den ganzen Erdboden vorgetragen.

b. »Den allegorischen, wenn leibliche Dinge zur Vorstellung geistlicher überhaupt gebraucht werden«; das ist, wenn allgemeine Wahrheiten unter den Bildnissen und uneigentlichen Vorstellungen leiblicher Dinge und einzelner Begebenheiten angezeigt werden. Zum Exempel wird Gal. 4,24 etc., woraus auch die Benennung hergenommen ist, ganz deutlich gemeldet, daß der Berg Sinai in der Wüste Arabiens, desgleichen Hagar, die Mutter Ismaels, und deren Verstoßung aus dem Hause Abrahams, oder die Nachricht von den beiden Söhnen Abrahams, Ismael von einer leibeigenen Magd, und Isaak von einer freien Person und seiner eigentlichen Ehegattin, ... seien, d. i. allgemeine Wahrheiten von dem geistlichen Zustande der beiden Haushaltungen des israelitischen Volks und des ganzen göttlichen Gnadenbundes mit den Menschen anzeigen sollen. Wenn also damit 1. Mos. 16 und 21 verglichen wird, so erhellt aus dieser von Paulus selbst gegebenen Auslegung, daß die ganze Nachricht dieser Stellen einen allegorischen Verstand haben könne und müsse. Eben die Bewandtnis hat's mit 2. Mos. 34,29 etc., da weitläufig erzählt wird, daß, da Moses zum erstenmal nach dem langen Aufenthalt auf dem Berg Sinai und der gehabten Unterredung mit Gott zu den Israeliten gekommen, sein Angesicht so geglänzt habe, daß dieser Glanz den Israeliten unerträglich gewesen sei und er bei der Unterredung, die er mit ihnen unmittelbar nach seiner Ankunft gehalten, sein Angesicht habe verhüllen müssen. Wenn mit dieser Nachricht die Stelle 2. Kor. 3,7,13 etc. verglichen wird, so wird da ganz deutlich angezeigt, was für eine allgemeine Wahrheit unter dieser körperlichen Begebenheit und unter der Erzählung dieser von Gott veranstalteten sinnlichen Sache verborgen liege und daß sie in der Unbegreiflichkeit Mosis und seiner Wahrheiten, der Gesetze und ihrer Absichten, bei dem jüdischen Volke bestehe. Desgleichen wenn man 2. Mos. 12,15,17 mit 1. Kor. 5.7 etc. vergleicht, so macht der Apostel Paulus in dieser letzteren Stelle eine solche Anwendung und Deutung der Nachrichten von dem Sauerteig, der bei der Genießung des Osterlamms verhütet werden müsse, daß daraus ganz deutlich erhellt, es sei in der mosaischen genauen Verordnung dieser Umstände eine allgemeine Wahrheit von der notwendigen Wegschaffung aller unordentlichen Leidenschaften und Zerrüttung der Gemütsverfassung bei der Teilnehmung und Zueignung der Versöhnung Christi enthalten.

c. »Den parabolischen, wenn die Erzählung einer nie geschehenen Begebenheit«, eine Fabel, die das Wesen der Parabel eigentlich ausmacht, »außer der nächsten vermittelst des unmittelbaren uneigentlichen Verstandes darin enthaltenen Lehre, zugleich künftige Begebenheiten vorstellt«. Zum Exempel werden Luk. 13.6,9, c. 14.26,24, dergleichen Parabeln von der Verachtung der göttlichen Einladung der Menschen zum Genuß der Heilsgüter vorgetragen, welche so abgefaßt worden, daß die Verwerflichkeit und unverantwortliche Strafbarkeit des Verhaltens der Israeliten der damaligen Zeit und die göttliche Ahndung dadurch zugleich mit angezeigt wird; in welcher Absicht diese Stellen außer dem allegorischen Verstande auch einen parabolischen haben können, der in einigen Lehrbüchern auch der prophetische genannt wird.

3. Eine anderweitige Einteilung des mittelbaren oder mystischen

Verstandes, welche für verwerflich und untauglich, wenigstens sehr unbequem und vieler Mißdeutung unterworfen ausgegeben wird. »Wenn andere die Herleitung einiger Glaubenslehren aus historischen Schriftstellen den allegorischen, der Lebenspflichten aber den tropologischen, und der Trostgründe künftiger Wohlfahrt und himmlischer Güter den anagogischen Verstand nennen, und alle drei Arten unter dem mystischen Verstande begreifen; so wird gemeiniglich die Anwendung des Verstandes mit dem Verstande selbst verwechselt.«

Diese verschiedenen Arten des sogenannten oder vermeinten mystischen Verstandes finden immer beisammen oder zu gleicher Zeit statt. Zum Exempel, wenn man aus der Erzählung Mosis von der Einsetzung des Sabbats nach den vollendeten sechs Tagewerken der Schöpfung durch den sensum allegoricum die Wahrheiten von dem göttlichen Gnadenreich unter den Menschen herleiten will oder die Glaubenslehre daraus abhandelt, daß das ganze Reich der Natur um der sittlichen Vereinigung mit Gott willen eingerichtet und hervorgebracht worden; ferner wenn man den sensum tropologicum daraus herleiten will, daß nach der geschehenen Schöpfung der Menschen und aller zufälligen Dinge die nächste Verbindlichkeit der Geschöpfe auf die Gemütsruhe und die Dämpfung und Unterdrückung aller sinnlichen Gemütsbewegungen gerichtet worden, und also der Sabbat als eine Vorstellung und sinnbildliche Anzeige der Gemütsruhe angesehen wird; und endlich, wenn durch den sensum anagogicum der Sabbat als eine Vorstellung der künftigen Herrlichkeit nach dem Tode angesehen wird, die auch eine Ruhe der Menschen und ein Sabbat heißt: so werden alle dergleichen accommodationes vermittelst dieser Benennung mit dem eigentlichen Verstande und einer Einteilung desselben verwechselt.

Es ist diese Einteilung aus Schriften der späteren Kirchenväter entstanden und bei den meisten päpstlichen Auslegern sehr häufig anzutreffen, die überhaupt eine große Vervielfältigung des sensus und sonderlich des mystischen Verstandes annehmen, dadurch denn andere zu dem entgegenstehenden extremo gebracht worden.
4. Außer diesen Einteilungen nehmen einige Lehrbücher noch diese an, daß sie den sensum mysticum in . . . . und . . . ., das ist, biblicum und non-biblicum einteilen; welches etwas zweideutig ist. In einem gesunden und richtigen Verstande kann diese Einteilung angenommen werden, wenn

durch den .... derjenige mystische Verstand gemeint ist, der nicht ausdrücklich in der Heiligen Schrift angezeigt worden; daß also diese Benennung nur anzeigt, es sei keine authentische mystische Auslegung einer solchen Stelle in der Heiligen Schrift befindlich. .... muß alsdann derjenige geheime und mittelbare Verstand sein, der durch eine authentische Auslegung anderer Schriftstellen bestimmt wird. Also machen die bei Num. 2 angeführten Stellen lauter Exempel des sensus mystici .... aus, da die Auslegung solcher Stellen und Begebenheiten vom Geiste Gottes selbst geschehen; woraus denn nach den Regeln der Analogie dergleichen auf ähnliche Fälle geschlossen werden kann, doch mit einem merklichen Unterschiede der Erweislichkeit. Wenn aber der sensus .... ein solcher mystischer Verstand sein soll, der gar nicht aus der Heiligen Schrift erweislich sei, so würde es gar kein Verstand sein.

§ 17. Einteilung des Verstandes in den gewissen, wahrscheinlichen und zweifelhaften

Nachdem §§ 13–16 die erste Haupteinteilung des Verstandes abgehandelt worden, folgen nun die übrigen, §§ 17–19. Die Ordnung derselben aber beruht auf dem verschiedenen Einfluß auf das Verhalten des Auslegers.

I. Die Einteilung an sich

1. »Wenn nur ein einiger Verstand einer Rede möglich ist, so muß derselbe notwendig der richtige, folglich auch gewiß sein.« Es wird hier der gewisse Verstand, im Gegensatz zum bloß wahrscheinlichen sowohl als zweifelhaften, so erklärt, daß durch eine genetischere Einrichtung des Begriffs die Art des Entstehens dieser Gewißheit und notwendigen Richtigkeit gezeigt werde; und dabei ist zweierlei zu bemerken.

a) Es ist die Redensart, daß nur ein einiger Verstand möglich sei, nicht mit dem Möglich-Scheinen oder Für-möglich-gehalten-Werden zu verwechseln. Es kann mancher ungeübte Ausleger sich einbilden und überreden, es sei nur ein einiger Verstand in der Stelle möglich, unerachtet er weit mehrere Arten der Auslegung oder Deutung antreffen würde, wenn er der Sprache kundig wäre und die Hilfsmittel der Auslegung besser gebrauchen könnte oder sich die Zeit und Mühe des Nachdenkens dabei nähme. Folglich ist hier nur die Rede von der wirklichen und erweislichen Möglichkeit eines einigen Verstandes.

b) Da wir hier durch einen möglichen Verstand einer Rede, reduplicative genommen, denselben Verstand verstehen, der aus seinen eigentlichen Bestimmungsgründen (§ 6) erweislich ist, so muß nur derjenige Verstand möglich genannt werden, der in den Bedeutungen der Worte und Ausdrücke sowohl als dem Endzweck des Urhebers der Rede einen hinreichenden Grund hat. Das ist um deswillen zu merken, damit man nicht denke, derselbe Verstand sei gleich für möglich zu halten, der nichts Absurdes und Ungereimtes in sich faßt und der eine anderweit erweisliche Wahrheit enthält, da hier von der hermeneutischen Möglichkeit die Rede ist. Folglich ist nur derjenige Verstand möglich zu nennen, der in den eigentlichen Bestimmungsgründen, d. i. in den significatibus vocum et phrasium und dem fine loquentis einen erweislichen Grund hat. Zuweilen kann ein Ausleger aus einer Unrichtigkeit der Vorstellungen glauben, daß mehrere Deutungen nicht nur verschiedene Gründe vor sich haben, sondern auch ihre Gründe einander gleich seien. Alsdann fällt diese Gewißheit weg, und es entsteht die Zweifelhaftigkeit und Ungewißheit solchen Verstandes [. . .]

7. Johann Gottfried Herder
Kritische Wälder, oder: Betrachtungen, die Wissenschaft und Kunst des Schönen betreffend, nach Maßgabe unserer Schriften*

Überhaupt muß man nicht denken, daß ein Philosoph, der den Unterschied zwischen Poesie und einer schönen Kunst zu entwickeln unternimmt, damit das ganze Wesen der Dichtkunst vollständig erklären wolle. Hr. L. zeigt, was die Dichtkunst, gegen Malerei gehalten, nicht sei; um aber zu sehen, was sie denn an sich in ihrem ganzen Wesen völlig sei, müßte sie mit *allen* schwesterlichen Künsten und Wissenschaften, z. E. Musik, Tanzkunst und Redekunst, verglichen und philosophisch unterschieden werden.

»Malerei wirkt im Raume, Poesie durch Zeitfolge. Jene durch Figuren und Farben, diese durch artikulierte Töne. Jene hat also Körper, diese Handlungen zu eigentlichen Gegenständen.« So weit ist Hr. Lessing in seiner Entwicklung gekommen. Nun nehme ein philosophischer Tonkünstler sein Werk auf: wiefern haben Poesie und Tonkunst gemeine Regeln, da sie beide durch die Zeitfolge wirken? Wie geht jene ab, da sie *Handlung* singet? Der Redekünstler fahre fort: jede Rede kann *Handlung* schildern, wie denn die Poesie? wie in ihren verschiednen Gattungen und Arten? – Endlich diese Theorien zusammen, so hat man das Wesen der Poesie.

Auch bei der jetzigen einen Seite der Vergleichung ist's indessen, als ob mir an dem Wesen der Poesie immer etwas zur Berechnung fehle. – – Ich nehme Lessingen da das Wort auf, wo er die Sache aus ihren ersten Gründen herzuleiten verspricht.[1]

Er schließet so: »Wenn es wahr ist, daß die Malerei zu ihren Nachahmungen ganz andre Mittel oder Zeichen gebrauchet als die Poesie, jene nämlich Figuren und Farben in dem Raume, diese aber artikulierte Töne in der Zeit; wenn unstreitig die Zeichen ein bequemes Verhältnis zu dem Bezeichneten haben müssen: so können nebeneinandergeordnete Zeichen auch nur Gegenstände, die ne-

---

* Zitiert nach: *Herders Werke.* Hrsg. von Th. Matthias, Leipzig/Wien o. J., Bd. I, S. 254 ff. (Erstes Wäldchen)

beneinander oder deren Teile nebeneinander existieren, aufeinanderfolgende Zeichen aber auch nur Gegenstände ausdrücken, die aufeinander oder deren Teile aufeinander folgen.

»Gegenstände, die nebeneinander oder deren Teile nebeneinander existieren, heißen Körper. Folglich sind Körper mit ihren sichtbaren Eigenschaften die eigentlichen Gegenstände der Malerei.«

»Gegenstände, die aufeinander oder deren Teile aufeinander folgen, heißen überhaupt Handlungen. Folglich sind Handlungen der eigentliche Gegenstand der Poesie.«

Vielleicht würde die ganze Schlußkette untrüglich sein, wenn sie von einem festen Punkte anfinge; nun aber lasset uns zu ihm hinan. »Wenn es wahr ist, daß die Malerei zu ihren Nachahmungen ganz andre Mittel oder Zeichen gebraucht als die Poesie«; allerdings wahr!

»Jene nämlich Figuren und Farben in dem Raume, diese aber artikulierte Töne in der Zeit.« Schon nicht so bestimmt! denn der Poesie sind die artikulierten Töne nicht das, was Farben und Figuren der Malerei sind!

»Wenn unstreitig die Zeichen ein bequemes Verhältnis zu dem Bezeichneten haben müssen.« Eben damit fällt alle Vergleichung weg. Die artikulierten Töne haben in der Poesie nicht ebendasselbe Verhältnis zu ihrem Bezeichneten, was in der Malerei Figuren und Farben zu dem ihrigen haben. Können also zwei so verschiedene Dinge ein drittes, einen ersten Grundsatz zum Unterschiede, zum Wesen beider Künste geben?

Die Zeichen der Malerei sind *natürlich;* die Verbindung der Zeichen mit der bezeichneten Sache ist in den Eigenschaften des Bezeichneten selbst gegründet. Die Zeichen der Poesie sind *willkürlich;* die artikulierten Töne haben mit der Sache nichts gemein, die sie ausdrücken sollen, sondern sind nur durch eine allgemeine Konvention für Zeichen *angenommen.* [2] Ihre Natur ist also sich völlig ungleich, und das tertium comparationis schwindet.

Malerei wirkt ganz im Raume, nebeneinander, durch Zeichen, die die Sache *natürlich* zeigen. Poesie aber nicht so *durch die Sukzession* wie jene durch den Raum. *Auf der Folge* ihrer artikulierten Töne beruht das nicht, was in der Malerei auf dem Nebeneinandersein der Teile beruhete. Das Sukzessive ihrer Zeichen ist nichts als conditio, sine qua non, und also bloß einige Einschränkung; das Koexistieren der Zeichen in der Malerei aber ist Natur der Kunst

und der Grund der malerischen Schönheit. Poesie, wenn sie freilich durch aufeinanderfolgende Töne, das ist Worte, wirkt, so ist
doch das Aufeinanderfolgen der Töne, die Sukzession der Worte
nicht der Mittelpunkt ihrer Wirkung.

Um diesen Unterschied deutlicher zu machen, muß eine Vergleichung zwischen zweien durch natürliche Mittel wirkenden Künsten gemacht werden, zwischen Malerei und Tonkunst. Hier kann
ich sagen: Malerei wirkt ganz *durch den Raum,* so wie Musik *durch
die Zeitfolge.* Was bei jener das Nebeneinandersein der Farben und
Figuren ist, der Grund der Schönheit, das ist bei dieser das Aufeinanderfolgen der Töne, der Grund des Wohlklanges. Wie bei jener
auf dem Anblicke des Koexistierenden das Wohlgefallen, die Wirkung der Kunst beruhet, so ist in dieser das Sukzessive, die Verknüpfung und Abwechselung der Töne das Mittel der musikalischen Wirkung. Wie also, kann ich fortfahren, jene, die Malerei,
bloß durch ein Blendwerk den Begriff der Zeitfolge in uns erwekken kann, so mache sie dies Nebenwerk nie zu ihrer Hauptsache,
nämlich als Malerei durch Farben und doch in der Zeitfolge zu
wirken: sonst gehet das Wesen und alle Wirkung der Kunst verloren. Hierbei ist das Farbenklavier Zeuge. Und also im Gegenteile
die Musik, die ganz durch Zeitfolge wirkt, mache es nie zum
Hauptzwecke, Gegenstände des Raums musikalisch zu schildern,
wie unerfahrne Stümper tun. Jene verliere sich nie aus dem Koexi-
stenten, diese nie aus der Sukzession, denn beide sind die *natürlichen* Mittel ihrer Wirkung.

Bei der Poesie aber ist der Auftritt geändert. Hier ist das Natürliche in den Zeichen, z. E. Buchstaben, Klang, Tonfolge, zur Wirkung der Poesie wenig oder nichts; der Sinn, der durch eine willkürliche Übereinstimmung in den Worten liegt, die Seele, die den
artikulierten Tönen einwohnet, ist alles. Die Sukzession der Töne
kann der Poesie nicht so wesentlich berechnet werden als der Malerei das Koexistieren der Farben; denn »die Zeichen haben gar nicht
einerlei Verhältnis zu der bezeichneten Sache«.[2]

Der Grund ist wankend, wie wird das Gebäude sein? Ehe wir dieses sehen, lasset uns jenen erst auf andre Art sichern. Malerei wirkt
im *Raume* und durch eine künstliche Vorstellung des Raums. Musik und alle energischen Künste wirken nicht bloß in, sondern auch
durch die Zeitfolge, durch einen künstlichen Zeitwechsel der
Töne. Ließe sich nicht das Wesen der Poesie auch auf einen solchen
Hauptbegriff bringen, da sie durch willkürliche Zeichen, durch

den Sinn der Worte auf die Seele wirkt? Wir wollen das Mittel dieser Wirkung *Kraft* nennen; und so wie in der Metaphysik *Raum, Zeit und Kraft* drei Grundbegriffe sind, wie die mathematischen Wissenschaften sich alle auf einen dieser Begriffe zurückführen lassen, so wollen wir auch in der Theorie der schönen Wissenschaften und Künste sagen: die Künste, die *Werke* liefern, wirken im Raume; die Künste, die durch Energie wirken, in der Zeitfolge; die schönen Wissenschaften oder vielmehr die einzige schöne Wissenschaft, die Poesie, wirkt durch *Kraft*. – Durch *Kraft*, die einmal den Worten beiwohnt, durch Kraft, die zwar durch das Ohr geht, aber unmittelbar auf die Seele wirket. Diese *Kraft* ist das Wesen der Poesie, nicht aber das Koexistente oder die Sukzession.

Nun wird die Frage: welche Gegenstände kann diese poetische Kraft besser an die Seele bringen, Gegenstände des Raums, koexistierende Gegenstände oder Gegenstände der Zeitsukzessionen? Und, um wieder sinnlich zu reden: in welchem Medium wirkt die poetische Kraft freier, im Raume oder in der Zeit?

Sie wirkt *im Raume,* dadurch, daß sie ihre ganze Rede *sinnlich* macht. Bei keinem Zeichen muß das Zeichen selbst, sondern der Sinn des Zeichens empfunden werden; die Seele muß nicht das Vehikulum der Kraft, die Worte, sondern die Kraft selbst, *den Sinn,* empfinden. Erste Art der anschauenden Erkenntnis. Sie bringt aber auch jeden Gegenstand gleichsam sichtlich vor die Seele, d. i. sie nimmt so viel Merkmale zusammen, um mit einmal den Eindruck zu machen, der Phantasie ihn vor Augen zu führen, sie mit dem Anblicke zu täuschen: zweite Art der anschauenden Kenntnis und das Wesen der Poesie. Jene Art kann jeder lebhaften Rede, die nicht Wortklauberei oder Philosophie ist, diese Art der Poesie allein zukommen und macht ihr Wesen, *das sinnlich Vollkommene in der Rede.* Man kann also sagen, daß das erste Wesentliche der Poesie wirklich eine *Art von Malerei, sinnliche Vorstellung* sei.

Sie wirkt *in der Zeit;* denn sie ist *Rede*. Nicht bloß *erstlich*, sofern die Rede *natürlicher* Ausdruck ist, z. E. der Leidenschaften, der Bewegungen, denn dies ist der Rand der Poesie; sondern vorzüglich, indem sie durch die Schnelligkeit, durch das Gehen und Kommen ihrer Vorstellungen auf die Seele wirkt und in der Abwechselung teils, teils in dem Ganzen, das sie durch die Zeitfolge erbauet, energisch wirket. Das erste hat sie auch mit einer andern Gattung der Rede gemein; das letzte aber, daß sie einer Abwechselung und gleichsam Melodie der Vorstellungen und eines Ganzen fähig sei, dessen Teile sich nach und nach äußern, dessen Vollkommenheit also energisieret – dies macht sie zu einer Musik der Seele, wie sie die Griechen nannten: und diese zweite Sukzession hat Hr. Lessing nie berührt.

Keines von beiden, allein genommen, ist ihr ganzes Wesen. Nicht die Energie, das Musikalische in ihr; denn dies kann nicht stattfinden, wenn nicht das Sinnliche ihrer Vorstellungen, das sie der Seele *vormalet*, vorausgesetzt wird. Nicht aber das Malerische in ihr; denn sie wirkt energisch, eben in dem Nacheinander bauet sie den Begriff vom sinnlich vollkommnen *Ganzen* in die Seele; nur beides zusammengenommen, kann ich sagen, das Wesen der Poesie ist Kraft, die *aus dem Raum* (Gegenstände, die sie sinnlich macht) in der Zeit (durch eine Folge vieler Teile zu einem poetischen Ganzen) wirkt: kurz also *sinnlich vollkommene Rede*.

Nach diesen Voraussetzungen wollen wir zu Hrn. Lessing zurück. Bei ihm ist der vornehmste Gegenstand der Poesie *Handlungen;* nur aber er kann aus seinem Begriffe der Sukzession diesen Begriff ausfinden; ich gestehe es gerne, ich nicht.

»Gegenstände, die aufeinander oder deren Teile aufeinander folgen, sind Handlungen.«[3] Wie? ich lasse soviel ich will aufeinander folgen, jedes soll ein Körper, ein toter Anblick sein; vermöge der Sukzession ist keines noch Handlung. Ich sehe die Zeit fliehen, jeden Augenblick den andern jagen – sehe ich damit Handlung? Verschiedene Auftritte der Natur kommen mir vor Augen, einzeln, tote, einander nachfolgend; sehe ich Handlung? Nie wird P. Kastells Farbenklavier mit seinem sukzessiven Vorspielen der Farben, und wenn es auch Wellen- und Schlangenlinien wären, Handlungen liefern; nie wird eine melodische Kette von Tönen eine Kette von Handlungen heißen. Ich leugne es also, daß Gegenstände, die aufeinander oder deren Teile aufeinander folgen, deswegen überhaupt *Handlungen* heißen; und ebenso leugne ich, daß, weil die Dichtkunst Sukzessionen liefre, sie deswegen Handlungen zum Gegenstande habe.

Der Begriff des Sukzessiven ist zu einer Handlung nur die halbe Idee; es muß ein *Sukzessives durch Kraft* sein: so wird Handlung. Ich denke mir ein in der Zeitfolge wirkendes Wesen, ich denke mir Veränderungen, die durch die Kraft einer Substanz aufeinander folgen: so wird *Handlung*. Und sind Handlungen der Gegenstand der Dichtkunst, so wette ich, wird dieser Gegenstand nie aus dem trocknen Begriff der Sukzession bestimmt werden können: *Kraft* ist der Mittelpunkt ihrer Sphäre.

Und dies ist die Kraft, die dem Innern der Worte anklebt, die Zauberkraft, die auf meine Seele durch die Phantasie und Erinnerung wirkt: sie ist das Wesen der Poesie. – Der Leser sieht, daß wir sind, wo wir waren, daß nämlich die Poesie durch willkürliche Zeichen wirke; daß in diesem Willkürlichen, in dem Sinne der Worte ganz und gar die Kraft der Poesie liege, nicht aber *in der Folge der Töne und Worte*, in den Lauten, sofern sie natürliche Laute sind.

Hr. L. indessen schließt aus dieser Folge von Tönen und Worten alles; nur sehr spät fällt es ihm ein,[4] daß die Zeichen der Poesie *willkürlich* wären; allein auch denn ponderiert er nicht, was der Einwurf, Poesie wirkt durch willkürliche Zeichen, sagen wolle.

Denn wie löset er diesen Einwurf? »Dadurch, daß mit der Schilderung körperlicher Gegenstände die Täuschung, das Hauptwerk der Poesie, verloren gehe, daß also zwar Rede an sich, aber nicht die sinnlich vollkommenste Rede, die Poesie, Körper schildern könne.« Die Sache scheint jetzt an besserm Orte. Eben weil die Poesie *nicht malerisch genug* sein kann bei Schilderung körperlicher Gegenstände, so muß sie sie nicht schildern. Nicht, damit sie *nicht Malerei* sei, nicht, weil sie in sukzessiven Tönen schildert, nicht, weil der Raum das Gebiet des Malers und bloß Zeitfolge das Gebiet des Dichters sei – ich sehe bei allem keine Ursache. Das Sukzessive in den Tönen ist, wie gesagt, dem Poeten wenig; er wirkt nicht durch sie als natürliche Zeichen. Aber wenn ihn seine *Kraft* verläßt, wenn er mit seinen Vorstellungen unabhängig von seinen Tönen die Seele nicht *täuschen* kann: ja, dann geht der Poet verloren, dann bleibt nichts als ein Wortmaler, als ein symbolischer Namenerklärer. Aber daß sie hier noch nicht am besten Orte sei, mag – sein eignes Beispiel zeugen.[5] Wenn es Hallers Endzweck ist, uns in den »Alpen« den Enzian und seinen blauen Bruder und die ihm ähnlichen oder unähnlichen Kräuter versmäßig kennen zu lehren, allerdings verliert er alsdenn den Zweck des Dichters, mich zu täuschen, und ich als Leser meinen Zweck, mich täuschen zu lassen. Dies ist alsdenn der Grund, und kein andrer. Aber wenn ich nun von Hallers Gedichte zu einem botanischen Lehrbuch gehe, wie werde ich da den Enzian und seine Brüder kennenlernen? Wie anders als wieder durch sukzessive Töne, durch Rede? Der Botanist wird mich von einem Teile zum andern führen; er wird mir die Verbindung dieser Teile klarmachen; er wird das Kraut meiner Einbildungskraft teilweise und im ganzen vorzuzählen suchen, was freilich das Auge mit einmal übersiehet; er wird alles tun, was bei Hrn. L. der Dichter nicht tun soll. Wird er mir verständlich werden? Darum ist nicht die Frage, wenn ich seine Worte verstehe: er muß mir klar werden, er muß mich auf gewisse Art täuschen. Kann er dies nicht, sehe ich die Sache bloß im einzelnen, deutlich, nicht aber im ganzen, anschauend ein, so werde ich alsdenn alle Regeln, die Hr. Lessing dem Dichter gibt, auch dem Verfasser eines botanischen Lehrbuchs geben können. Ich werde zu ihm sehr ernsthaft sagen:[6] »Wie gelangen wir zu der deutlichen Vorstellung eines Dinges im Raume, eines Krauts? Erst betrachten wir die Teile desselben einzeln, hierauf die Verbindung dieser Teile und endlich das Ganze. Unsre Sinne verrichten diese verschiedenen Operationen mit einer so erstaunlichen Schnelligkeit, daß sie uns nur eine einige zu sein bedünken, und diese Schnelligkeit ist unumgänglich notwendig. Gesetzt nun also auch, der schriftliche Kräuterlehrer führe uns in der schönsten Ordnung von einem Teile des Gegenstandes zu dem andern; gesetzt, er wisse uns die Verbindung dieser Teile auch noch so klar zu machen, wieviel Zeit gebraucht er dazu? Was das Auge mit einmal übersiehet, zählt er uns merklich langsam nach und nach zu, und oft geschieht es, daß wir bei dem letzten Zuge den ersten schon vergessen haben. Jedennoch sollen wir uns aus diesen Zügen ein Ganzes bilden; dem Auge bleiben die betrachteten Teile beständig gegenwärtig, es kann sie abermals und abermals überlaufen; für das Ohr hingegen sind die vernommenen Teile verloren, wenn sie nicht in dem Gedächtnisse zurückbleiben. Und bleiben sie schon da zurück, welche Mühe, welche Anstrengung kostet es, ihre Eindrücke alle in eben der Ordnung so lebhaft zu erneuern, sie nur mit einer mäßigen Geschwindigkeit auf einmal zu überdenken, um zu einem etwaigen Begriffe des Ganzen zu gelangen! Solche Beschreibungen mögen sich, wenn man die Blume selbst in der Hand hat, sehr schön dagegen rezitieren lassen; nur für sich allein sagen sie wenig oder nichts.«

So spricht Hr. L. zum Dichter, und warum soll ich nicht ebenso zum Kräuterlehrer sprechen, der mich bloß durch Worte lehren will? Ich sehe keine Veränderung des Falles, eben denselben Gegenstand, einen Körper, eben dasselbe Mittel, ihn zu schildern, Rede, eben dieselbe Hinderung in diesem Mittel, das Sukzessive der Rede, Worte. Folglich muß die Lektion sich so gut auf ihn als auf jeden Wortschilderer passen.

Folglich muß die Ursache: »Sukzession verhindert, Körper zu

schildern«, da sie auf jede Rede trifft, da jede Rede in solchem Falle nicht das Definitum als ein Wort verständlich, sondern als eine Sache anschauend machen will – eigentlich *außer* dem Gebiete der Poesie liegen.

Folglich auch in demselben kein eigentliches, wenigstens kein höchstes Gesetz geben können, sondern nur ein Nebenbegriff bleiben, aus dem wenig oder nichts gefolgert werden kann. – Meine ganze Schlußkette fängt von dem doppelten Grunde an: daß das Sukzessive in den Tönen der Poesie kein *Haupt-*, kein *natürliches Mittel* ihrer Wirkung sei, sondern die Kraft, die diesen Tönen willkürlich anhängt und nach andern Gesetzen als der Sukzession der Töne auf die Seele wirkt. Zweitens: daß das Sukzessive der Töne ja nicht *der Poesie allein,* vielmehr *jeder Rede* zukommt und also wenig in ihrem innern Wesen bestimmen oder unterscheiden könne. Wenn nun Hr. L. Sukzession in seinem Buche zum Hauptgrunde des Unterschiedes zwischen Poesie und Malerei macht, ist da wohl die richtigste Grenzscheidung zu erwarten?

Anmerkungen

1 »Laokoon«, p. 153 [463]
2 »Laokoon«, p. 153 [463]
3 »Laokoon«, p. 154 [464]
4 p. 165 [470]
5 p. 168 [472].
6 p. 166. 167 [471. 472]

8. Anton Friedrich Justus Thibaut
Über die logische Auslegung nach dem Grunde des Gesetzes*

Einleitung
Allgemeine Vorbegriffe [1]

§ 1

Jeder, welcher sich einer Rede bedient, hat zur Absicht, durch dieselbe gewisse Gegenstände zu bezeichnen, und diese, als Gegenstand der Rede zu denkenden Objekte werden im eigentlichen Verstande der *Sinn* derselben genannt. Wird dieser Sinn aus Gründen entwickelt, so nennt man dies *Auslegung* (interpraetatio), die Rede sei nun an sich dunkel, und insofern einer *Erklärung* bedürftig, oder nicht. [2] Ein System solcher Regeln zur Auslegung der Gesetze wird *juristische Auslegungskunst* (hermeneutica juris) genannt.

§ 2

Wer konsequent denkt und sich vollkommen ausdrückt, wird durch die Worte gerade dasjenige sagen, was er sagen will und was er sagen sollte. Bei vollkommenen Gesetzen wird also dasjenige, was der Gesetzgeber nach den *Gründen*, worauf seine Vorschrift beruht (ratio legis), sagen sollte, mit dem, was er durch die Worte gesagt hat (dem *Wortverstande* des Gesetzes), koinzidieren, und mit diesem (d. h. mit den Ideen, welche der gemeine Redegebrauch des Volks oder der besondere Redegebrauch einer gewissen Klasse von Personen mit den Worten verbindet) wird wiederum dasjenige zusammenfallen, was der Gesetzgeber bei den Worten dachte und wirklich dadurch ausdrücken wollte *(Absicht des Gesetzgebers).* Es läßt sich aber auch denken, daß ein Gesetzgeber inkonsequent bei Durchführung der Gründe seiner Vorschriften ist und aus Versehen unrichtige Worte zur Bezeichnung seiner Ideen, wie er sie ausdrücken wollte, wählte. In diesem Fall muß man bei

---

* Anton Friedrich Justus Thibaut, *Theorie der logischen Auslegung des römischen Rechts* (2. Aufl. 1806), mit einer Einleitung von Lutz Geldsetzer, Düsseldorf 1966, S. 11-18 und S. 58-68.

dem Gesetz durchaus die *drei* voneinander unabhängigen und verschiedenen Teile unterscheiden: erstlich den *Wortverstand* der Rede, zweitens die *Absicht des Gesetzgebers* und drittens das *Resultat des* (konsequent angewandten) *Grundes des Gesetzes.* Zwar haben ältere und neuere Juristen hier häufig nur zweierlei zulassen wollen, indem einige dem Wortverstande des Gesetzes die Absicht des Gesetzgebers gegenüberstellten und den Grund des Gesetzes nur als eines von verschiedenen Mitteln, woraus sich die Absicht des Gesetzgebers erkennen lasse, angaben;[3] andre hingegen[4] behaupteten, was vorhin von mir Absicht des Gesetzgebers genannt ist, sei im Grunde nichts weiter als der besondere Redegebrauch des Gesetzgebers und gehöre insofern zu der grammatischen Auslegung, indem diese auch auf die Kunstausdrücke Rücksicht zu nehmen habe. Allein die Widerlegung dieser Einwürfe ist leicht. Was aus dem Grunde des Gesetzes folgt, ist grade immer, wenn diese Folgen nicht von dem Gesetzgeber erkannt wurden, eben dasjenige, was der Gesetzgeber auszudrücken nicht die Absicht hatte, was also, ohne die besondere Intention desselben, aus allgemeinen Gründen unter das Gesetz gezogen wird.[5] Ebenso begreift es sich ohne Mühe, daß *Fehler* und *Versehen* in der Wahl der Worte unmöglich ein besonderer *Redegebrauch* genannt werden können. Der letzte Ausdruck paßt nur da, wo jemand, abweichend vom gemeinen Gebrauch, durch eine *Regel* absichtlich einem Worte einen besondern Sinn beilegt und insofern diesen Sinn in der Regel immer annimmt, wo er sich dieser Worte bedient. Ein unbeabsichtigter Mißgriff dagegen kann, eben deswegen, weil man ihn verläßt, sobald er erkannt wird, auf keine Weise Redegebrauch heißen, wie es z. B. niemand den besonderen Redegebrauch eines Schriftstellers nennen wird, wenn er einmal unbeabsichtigt ein Wort falsch dekliniert.

Will man übrigens unter Absicht des Gesetzgebers nicht bloß die Ideen befassen, welche dem Gesetzgeber im Augenblick der Konzeption des Gesetzes vorschwebten, sondern alles, was auch in besonderen Fällen vermöge allgemeiner gesetzlicher Vorschriften angenommen werden soll: so fallen jene drei Teile ganz zusammen, da wir die Vorschrift haben, der Jurist solle zwar zunächst dem Wortverstande folgen, finde er aber den *Geist der Gesetze* (sententia, vis ac potestas legis), d. h. die Absicht des Gesetzgebers, und das Resultat des Grundes des Gesetzes, hiervon abweichend, so solle er diesen vorzüglich berücksichtigen.[6] Allein alle folgenden

Erörterungen werden zeigen, wie wichtig in bedeutenden Resultaten es ist, die spezielle Absicht von dem Resultat des Wortverstandes und des Grundes des Gesetzes zu unterscheiden.

§ 3

Die Gesetze haben es, wie gesagt, dem Richter zur Pflicht gemacht, nicht bloß dem Buchstaben des Rechts zu folgen, sondern zugleich auf den Geist desselben Rücksicht zu nehmen. Hieraus entsteht dann die bekannte Einteilung der Auslegung in die *grammatische* und die *logische*. Die letzte hat es allein mit dem Grunde des Gesetzes und der Absicht des Gesetzgebers zu tun; die erste hingegen nimmt bloß auf den Wortverstand Rücksicht und findet da ihre Grenzen, wo der Sinn eines Gesetzes durch den Sprachgebrauch nicht ausgemittelt werden kann. Aus diesem Grunde wird denn auch von den meisten, und mit Recht, behauptet, daß die Interpretation *zweideutiger* Gesetze kein Gegenstand der grammatischen Auslegung sei, da jede Zweideutigkeit ihrer Natur nach nur durch das, was sich aus dem Sinn des Gesetzes hernehmen läßt, weggeräumt werden kann. – Es läuft also zwischen der grammatischen und logischen Auslegung eine sehr scharfe und bestimmte Grenzlinie.

Die Römer kennen diese Namen nicht. Die grammatische Interpretation wird an manchen Stellen, sofern sie dem Geist des Rechts Eintrag tut, strictum jus oder interpraetatio dura genannt.[7] – Über den Ausdruck *logische* Interpretation ließe sich noch manches erinnern, da keine Art der Auslegung der Logik mehr bedarf als die andere. – Indes würde es hier zwecklos sein, einen allgemein angenommenen Sprachgebrauch zu verlassen. – Verschiedene verwerfen sogar die Einteilung der Auslegung in die grammatische und die logische ganz, weil es nach dem Sprachgebrauch nicht interpretieren genannt werden könne, wenn man Fälle unter das Gesetz subsumiere, an welche der Gesetzgeber nicht gedacht habe, daher es *Bach*[8] der *Eckhardischen* Hermeneutik geradezu zum Fehler anrechnet, daß darin auch die sogenannte logische Interpretation abgehandelt sei. – Allein ich kann dieser Meinung nicht beistimmen. Was *Bach* erinnert, trifft aufs höchste nur die Interpretation, welche, ohne Rücksicht auf das, was der Gesetzgeber dachte, allein aus dem Grunde des Gesetzes Folgerungen ableitet. Außerdem ist es hier wohl erlaubt, den Ausdruck Interpretation im weiteren

Sinn zu nehmen, nämlich in dem Sinn, daß man darunter überhaupt alles denkt, was nach der allgemeinen oder besonderen Absicht des Redenden bei den Worten gedacht werden soll, ein Sinn, welcher selbst den Römern nicht unbekannt war. Ich verweise hier nur auf L. 18 de L. L., wo *Celsus* sagt: Benignius leges interpretandae sunt, quo voluntas carum conservetur. Bedenkt man außerdem, daß alles, was aus der Raison des Gesetzes geschlossen werden kann, durch eine Art juristischer Fiktion als besonderer Wille des Gesetzgebers zu betrachten ist, und daß also auch eine solche Auslegung durch die juristisch supponierte besondere Absicht des Gesetzgebers unterstützt wird, so hat es um so weniger Schwierigkeit, die logische Interpretation in ihrem bisherigen Besitz zu verteidigen.[9]

§ 4

Wenn eine Hermeneutik des Rechts ihre Bestimmung erfüllen soll, so darf man sich darin nicht bloß auf die Entwicklung der Grundsätze, welche im Zweifel auf jedes Gesetzbuch anwendbar sind, einschränken, sondern man muß zugleich auf die Eigentümlichkeiten jeder besonderen Gesetzgebung Rücksicht nehmen und so die allgemeinen Grundsätze näher bestimmen, beschränken und erweitern.

Zweite Unterabteilung
Über die logische Auslegung nach dem Grunde des Gesetzes

§ 16

Weit schwieriger als die bisher erörterte Art der logischen Auslegung ist die Lehre von der Auslegung nach dem Grunde des Gesetzes. Nicht leicht findet man so viele Widersprüche zwischen der Theorie und der Anwendung als gerade hier, und zwar zum Teil hauptsächlich deswegen, weil man es vergaß, den Begriff des *Grundes eines Gesetzes* im Gegensatz eines *gesetzlichen Entscheidungsgrundes* gehörig zu bestimmen. Folgende Erörterungen über den Unterschied beider müssen hier mithin als Grundlage des Ganzen vorangeschickt werden.

Ein Regent, welcher sich nicht bloß auf die Gesetzgebung beschränkt, sondern auch die richterliche Gewalt ausübt oder richterliche Entscheidungen als allgemeine Muster aufstellt, kann und muß zweifach verfahren, nämlich als Gesetzgeber schaffend und als Richter bloß urteilend und anwendend. *Gesetzgebend* verfährt der Regent, wenn er aus Gründen, *welche bisher nicht als Gesetze galten* und auch jetzt nicht als Gesetze von ihm aufgestellt werden, eine Vorschrift ableitet und diese als Gesetz publiziert; *richtend* hingegen, *wenn er eine an sich schon als Gesetz geltende Rechtsregel* auf besondere Fälle durch bloßes Urteil *anwendet.* Ist jenes der Fall, so nennt man den Grund der Vorschrift *Grund des Gesetzes* (ratio legis); ist hingegen dieses, so wird der Grund des Urteils ein *Entscheidungsgrund* (ratio decidendi) genannt.

Die Schlüsse nun, welche aus dem eigentlich sogenannten Grunde eines Gesetzes gezogen werden, sind eben dasjenige, was man logische Auslegung nennt, und diese bedürfen denn in Ansehung ihrer Zulässigkeit mannigfaltiger Beschränkungen, weil sie das, *was an sich selbst kein Gesetz ist,* in der Anwendung *zum Gesetz erheben,* folglich ein wahrer Akt der gesetzgebenden Gewalt sind, welcher dem Richter nur insofern erlaubt werden kann, als ihn das positive Recht namentlich dazu befugt hat. Publiziert der Regent dagegen ein Urteil unter Angabe der gesetzlichen Gründe, worauf dasselbe beruht, und schließt dann der Richter aus diesen ihm beiläufig bekannt gewordenen Gesetzen weiter fort, so sind diese Schlüsse aus einer solchen ratio decidendi durchaus nicht das Schaffen einer neuen gesetzlichen Bestimmung, sondern bloß die konsequente *Anwendung eines Gesetzes.* Da nun aber der Richter, vermöge des Begriffs der richterlichen Gewalt, unbedingt verpflichtet ist, die Gesetze genau ihrem Inhalt zufolge anzuwenden, so muß man hier denn auch notwendig von der Hauptidee ausgehen, daß alle Beschränkungen, welche nach dem Folgenden in Rücksicht der Schlüsse aus dem Grunde eines Gesetzes stattfinden, bei der Anwendung eines gesetzlichen Entscheidungsgrundes durchaus wegfallen. So gelten, wie sich nachher ergeben wird, für die logische Auslegung nach dem Grunde des Gesetzes die Regeln: korrektorische Gesetze sind nicht wider das ungeändert gelassene ältere Recht und jura singularia überhaupt nicht ausdehnend zu erklären, auch darf man kein Gesetz bloß deswegen außer Anwendung bringen, weil dessen Grund weggefallen oder unpassend ist. Alle diese Beschränkungen lassen sich gar nicht denken, wenn die Frage davon ist, wie man bei der Anwendung einer ratio decidendi zu verfahren habe. Denn ein solcher Entscheidungsgrund ist *Gesetz*, und also die Anwendung desselben auf andre als die vom Regenten entschiedenen Fälle keine Ausdehnung eines Gesetzes durch Auslegung, sondern bloße urteilende Subsumtion unter ein Gesetz. Diese findet aber bei allen, selbst singulären und korrektorischen Gesetzen statt und muß auf der anderen Seite da wegfallen, wo der gesetzliche Entscheidungsgrund selbst weggefallen ist.

Die Wichtigkeit dieser Bemerkungen wird sich am besten an folgenden bekannten Streitfragen zeigen lassen. Das kanonische Recht entscheidet nur für ein paar Fälle, daß der Eid ein wegen bürgerlicher Mängel nichtiges Geschäft gültig mache.[10] Dennoch hat man von jeher jene beiden Entscheidungen als Regel für alle Fälle angenommen. Geschähe dies nun durch eine *logische Ausdehnung*, so würde man mit *Weber*[11] allerdings behaupten müssen, daß diese Ausdehnung des kanonischen Rechts gegen die abweichenden Bestimmungen des römischen Rechts, nach den Grundsätzen von der Auslegung korrektorischer Gesetze, völlig unzulässig sei. Allein die Praxis irrt hier im Resultate nicht, wenn sie sich gleich zuweilen unrichtig des Ausdrucks Ausdehnung bedient. Denn die Päpste stellen in den Fragmenten, worin jene beiden Fälle *entschieden* werden, das *Gesetz*, welches damals nach katholischen Begriffen über den Eid herrschend war und selbst von den Kaisern anerkannt ward,[12] als Entscheidungsgrund auf, zeigen also nur die Anwendung eines, beiläufig erwähnten allgemeinen Gesetzes auf ein paar vorgelegte Fälle und überlassen nun die *Anwendung* desselben auf alle Fälle dem richterlichen Urteil. Ein völlig gleiches Beispiel geben die bekannten Fragmente, worin die Päpste den Kindern bei *bedingten* Fideikommissen, außer der Rückhaltung des Pflichtteils, auch noch den Abzug einer quarta trebellianica gestatten.[13]

Zur Erläuterung dessen, was vorhin über singuläre Gesetze gesagt ist, liefert L. 63 pr. pro socio ein vortreffliches Beispiel. Ulpian gibt hier dem Gesellschafter das beneficium competentiae und führt als Grund an: hoc enim summam rationem habet, quum societas jus quodammodo fraternitatis in se habeat. Hier entsteht nun die Frage: haben auch die Brüder das beneficium competentiae? Viele bejahen es, verraten aber dabei eine sichtbare Verlegenheit,[14] indem sie sich dunkel den Einwand machen: wie läßt sich doch jene Vorschrift über Gesellschafter auf die Brüder ausdehnen, da das beneficium competentiae ausgemacht ein jus singulare ist und jura singularia nicht ausdehnend erklärt werden dürfen? Hält man den

Grund eines Gesetzes und einen gesetzlichen Entscheidungsgrund für einerlei, so muß man durchaus den Brüdern das beneficium competentiae absprechen, unterscheidet man aber beide, so ist die Praxis, welche es den Brüdern zuschreibt, leicht gerettet. Ulpian war ja kein Gesetzgeber, und er gestattete das beneficium competentiae den Brüdern gewiß nur deswegen, weil er aus den *Gesetzen* ableiten zu können glaubte. Ein solches Gesetz fand er nun in der Vorschrift: Brüder haben das beneficium competentiae, und dieses *Gesetz* wird denn beiläufig in L. 63 cit. als Entscheidungsgrund in Betreff der Gesellschafter angeführt. Wer also den Brüdern nach jenem Fragmente das beneficium competentiae zuschreibt, dehnt kein Gesetz aus, sondern wendet nur eine beiläufig aufgestellte Vorschrift an.

Für die Grundsätze von der einschränkenden Auslegung enthält ein passendes Beispiel cap. 6. X. qui filii sint legitimi. Obgleich in dieser Decretale die allgemeine Regel aufgestellt wird, daß die Ehe durch sich selbst die Legitimation der Kinder zur Folge habe, so wird darin dennoch von dem Papst Alexander III. den adulterini diese Wohltat abgesprochen, gewiß deswegen, weil es damals *Rechtssatz* war: der Ehebrecher darf die Ehebrecherin nicht heiraten.[15] War nun die Ehe unzulässig, so folgte auch von selbst die Unmöglichkeit der Legitimation durch die Ehe. Allein in der Folge ward unter Modifikationen die Verheiratung des Ehebrechers mit der Ehebrecherin gestattet.[16] Hier entstand denn nun die bis jetzt bestritten gebliebene[17] Frage: ob die adulterini nicht wenigstens jetzt legitimiert werden, wenn ihre Eltern sich heiraten? Geht man bei der Beantwortung dieser Frage von der Idee aus: der *Grund der gesetzlichen Vorschrift* in Cap. 6. X cit. sei weggefallen, so läßt sich die Legitimation nicht verteidigen, weil ein Gesetz ob cessantem rationem nicht beschränkt werden darf. Allein sehr leicht ist es, die entgegengesetzte Behauptung zu rechtfertigen, wenn man die Entscheidung des Cap. 6. X cit. für eine bloße *Anwendung* des alten *Rechtssatzes:* Ehebrecher dürfen sich nicht heiraten, erklärt, wie sie es wirklich ist. Diese Entscheidung muß denn von selbst mit Einführung des neuen entgegenstehenden Rechtssatzes fallen. Denn alles, was durch bloßes *Urteil gefolgert* ist, muß verschwinden, sobald der Grundsatz, worauf die Folgerung beruht, vernichtet wird, und ein Gesetzgeber kann vernünftigerweise seine Rechtssätze zu keinem andern Zweck aufheben, als daß damit der neue Rechtssatz den alten mit allen seinen Folgesätzen vernichte.

Denn den Grundsatz aufheben und die Folgesätze beibehalten heißt eigentlich ebensoviel als billigen, was man verwirft. – Auf eben diese Art muß man den, freilich auch bestrittenen Satz[18] deduzieren, daß eine Kirchen-Emphyteusis im Zweifel auf alle Erben übergeht. Denn die entgegengesetzte Bestimmung der Nov. 7 c. 3. pr. ist nichts weiter als eine *Folgerung* aus dem *Rechtssatz* dieser Novelle, daß eine Kirche ihre Emphyteusen nicht auf immer erblich machen solle. Dieser Rechtssatz ist aber in Nov. 120. c. 6 wieder aufgehoben, mithin fallen nun auch von selbst die Folgerungen, welche die frühere Novelle aus ihrem entgegenstehenden Rechtssatz ableitete.

Obgleich bisher niemand diese Unterschiede zwischen einer ratio legis und ratio decidendi deutlich dachte und entwickelte, so haben doch manche etwas davon dunkel gefühlt. So sagt z. B. *Forster*,[19] daß nach der gemeinen Meinung singuläre und korrektorische Gesetze ausdehnend erklärt werden dürften, und setzt dann hinzu: »ampliant istam regulam ut tum maxime procedat, *si ratio in lege sit expressa*, tunc enim non est extensio, sed potius comprehensio. Habetur enim ratio in lege expressa pro lege generali.« Wer sieht hier nicht deutlich die dunkel gedachte Bemerkung ausgedrückt, daß im Römischen Recht die Gründe, worauf die Entscheidungen der Juristen und Kaiser beruhen, ebenso wie die Gründe der päpstlichen Decretalen nichts weiter sind als wahre Gesetze, welche beiläufig zur Rechtfertigung des Urteils angeführt werden? Aber zu welchen falschen Ansichten führt auch jener Satz, wenn man ihn auf Edictal-Gesetze anwenden wollte, welche auf einer wahren ratio legis beruhen? Aus eben jener Vernachlässigung des bisher erörterten Unterschiedes ist denn auch unleugbar größtenteils die falsche Regel entstanden: cessante ratione legis, cessat lex ipsa. Übrigens ist von dem Grunde des Gesetzes, d. h. den Ideen, durch welche der Gesetzgeber zunächst zu einer Vorschrift bewogen wird, die *Veranlassung des Gesetzes* wiederum genau zu unterscheiden. Die letzte ist nichts als das Faktum, welches die Ideen zu einer Vorschrift in dem Gesetzgeber rege gemacht, und kann denn auch insofern zuweilen benutzt werden, um die Absicht des Gesetzgebers aufzuklären. Allein dieser Zusammenhang zwischen der Veranlassung, dem Grunde und der Disposition eines Gesetzes ist nur etwas sehr Zufälliges, da eine unbedeutende Anregung große Ideen erzeugen kann und daher der Grund und die Disposition eines Gesetzes oft viel weiter gehen als dessen Veranlassung.

1 Hiervon handeln auch: *Hübner*, Bericht u. Zusätze zu dem Instit. des Röm. Rechts. Leipzig 1801, S. 171-190. *G. S. Teucher*, de natura et formis interpr. et hermeneutices civilis observatt. Spec. 1.2. Lips 1804. *K. S. Zachariae*, Versuch einer allgemeinen Hermeneutik des Rechts, Meißen 1805. F. Schoemann, Handbuch des Civil-Rechts. 1. Bd., Gießen 1806, S. 65-137.

2 L. 1 § II de ventre inspic. *Meine* Versuche z. B. 9. Abh.

3 *Grotius*, de jure belli ac pacis. Lib. c. cap. 19. n. 8.

4 *Teucher*, l. c., Spec. 1. Nr. II.

5 L. 12. 13. de LL.

6 L. 12, L. 29 de LL. L. 32, § 16 de donat. int. V. et U. L. 13, § 2 de excusatt. L. 7, § 2 de supellect. legat. L. 6, § I de V. S.

7 L. & C. de judic. L. 25 de LL. *J. H. Boehmer* de interpr. gram. fat. et usu. (Ex. T. I. 1.) § 4, not. o.

8 Unparteiische Kritik z. B. I. St. S. 8-10.

9 S. auch *Teucher* l. c. Spec. II. n. II.

10 Cap. 28, X de jurejur. cap. 2. de pact. in c.

11 Dessen syst. Entw. d. Lehre von d. natürl. Verh. § 120.

12 Auth. Sacram. pub. C. si advers. vend.

13 Cap. 16, 18 X de testam. Mein System des Pand. R. § 778, not. u.

14 Vgl. E. *Tenzel*, de beneficio competentiae. Erf. 1719, § 18. E. F. *Goclenii*, D. de eod. arg. Rintel 1702, § 11. C. H. *Horn*, de benefic. comp. civitatibus non compet. Erf. 1706, § 9. *Höpfner*, Comment. § 1138.

15 Cap. 1. X. de eo qui dux. in matrim. quam polluit per adult.

16 Cap. 3, 6. X. eod. cap. 1. X. de convers. cap. infidel.

17 Vgl. J. H. *Boehmer* de legitimat. ex coitu damnate natorum, § 18-25.

18 *Buri* Lehnrecht, ed. *Runde*, 2. Th., S. 178. *Hofacker*, princ. jur. R.G.T. 2, § 1041, not. 6.

19 De juris interpret. L. 2, c. 2, § 5, nr. 1, 2.

II.
Die romantische Hermeneutik

9. Friedrich Ast
Hermeneutik*

69.

Alles Handeln hat seine eigene Weise oder Methode, die aus seinem Wesen fließt, jede Tätigkeit des Lebens ihre Grundsätze, ohne deren Leitung sie in unbestimmte Richtungen sich verliert. Um so dringender werden diese Grundsätze, wenn wir aus unserer geistigen und physischen Welt in eine fremde übergehen, wo kein verwandter Genius unsre unsicheren Tritte leitet, unserm unbestimmten Streben seine Richtung gibt. Nur mit Mühe finden wir uns, wenn wir uns diese Grundsätze selbst bilden müssen, nach und nach in die fremden Erscheinungen, verstehen wir die Worte des unbekannten Geistes, ahnen wir ihren höheren Sinn.

Für den Geist gibt es schlechthin nichts *an sich* fremdes, weil er die höhere, unendliche Einheit, das durch keine Peripherie begrenzte Zentrum alles Lebens ist. Wäre es möglich, daß wir der fremdesten, uns bisher unbekanntesten Anschauungen, Empfindungen und Ideen fähig werden könnten, wenn nicht auf ursprüngliche Weise schon alles, was ist und sein kann, im Geiste begriffen wäre und aus ihm sich so entfaltete, wie sich das Eine unendliche Licht in tausend Farben bricht, die alle aus Einem hervorquellen, alle nur verschiedene, an dem Irdischen gebrochene Darstellungen des Einen sind, alle in dieses Eine sich wieder auflösen? Denn daß die Dinge von außen, durch einfließende Bilder, durch sinnliche Eindrücke, oder was man sonst für nichts erklärende Erklärungen ausgesonnen, in den Geist kommen, ist eine sich selbst vernichtende und längst aufgegebene Vorstellung; das Sein kann sich ja nicht in ein Wissen, das Körperliche sich nicht in den Geist verwandeln, ohne mit ihm verwandt oder ursprünglich mit ihm eins zu sein.

Alles Leben ist Geist und außer dem Geiste gibt es kein Leben, kein Sein, selbst keine Sinnenwelt; denn die körperlichen Dinge, die dem alles mechanisch Auffassenden träg, leblos und materiell erscheinen, sind dem tiefer Forschenden nur scheinbar erstorbene,

* Friedrich Ast, *Grundlinien der Grammatik, Hermeneutik und Kritik*, Landshut 1808, S. 165-212

im Produkt erloschene, im Sein erstarrte Geister; er kennt ihre Kraft und weiß, daß das Sein, ursprünglich Leben, auch nie aufhören kann, lebendig zu sein, und daß es augenblicklich seine Lebenskraft äußert, wenn eine ihm sympathetische Kraft das Wechselspiel der Lebensgeister anregt.

70.

Alles Verstehen und Auffassen nicht nur einer fremden Welt, sondern überhaupt eines Anderen ist schlechthin unmöglich ohne die ursprüngliche Einheit und Gleichheit alles Geistigen und ohne die ursprüngliche Einheit aller Dinge im Geiste. Denn wie kann das Eine auf das andere einwirken, dieses die Einwirkung des anderen in sich aufnehmen, wenn nicht beide sich verwandt sind, das eine also dem anderen sich zu nähern, sich ihm ähnlich zu bilden oder umgekehrt dasselbe sich ähnlich zu bilden vermag? So würden wir weder das Altertum im Allgemeinen, noch ein Kunstwerk oder eine Schrift verstehen, wenn nicht unser Geist an sich und ursprünglich Eins wäre mit dem Geiste des Altertums, so daß er den ihm nur zeitlich und relativ fremden Geist in sich selbst aufzunehmen vermag. Denn nur das Zeitliche und Äußere (Erziehung, Bildung, Lage usw.) ist es, was eine Verschiedenheit des Geistes setzt; wird von dem Zeitlichen und Äußeren, als der in Beziehung auf den reinen Geist zufälligen Verschiedenheit, abgesehen, so sind sich alle Geister gleich. Und dies eben ist das Ziel der *philologischen* Bildung, den Geist vom Zeitlichen, Zufälligen und Subjektiven zu reinigen und ihm diejenige Ursprünglichkeit und Allseitigkeit zu erteilen, die den höheren und reinen Menschen notwendig ist, die *Humanität:* auf daß er das Wahre, Gute und Schöne in allen, wenn auch noch so fremden, Formen und Darstellungen auffasse, in sein eigenes Wesen es verwandelnd, und so mit dem ursprünglichen, rein menschlichen Geiste, aus dem er durch die Beschränktheit seiner Zeit, seiner Bildung und Lage getreten ist, wiederum Eins werde.

Dieses ist nicht bloße Idee, wie es denen erscheinen könnte, die das Wirkliche als Realität und einzige Wahrheit dem Idealen entgegensetzen, ohne zu erwägen, daß es nur Ein wahres und ursprüngliches Leben gibt, das weder ideal noch real ist, weil beide als die *zeitlichen* Gegensätze erst aus ihm hervorgehen, und daß die Idee, welche diesem ursprünglichen Leben am nächsten kommt, darum auch die Fülle aller Realität selbst ist: sondern die höhere (nicht die Facta bloß zusammenstellende) Geschichte beweist dieses einleuchtend. So wie nämlich die Menschheit an sich Eine ist, so war sie es auch zeitlich, in der herrlichsten Fülle und Reinheit ihrer Lebenskräfte: in der orientalischen Welt, welche darum bloß mythisch und religiös ist, weil sie den zeitlichen Gegensatz der realen und idealen Bildung noch nicht kannte. Denn Heidentum und Christentum sind z. B. in der indischen Welt noch Eins: Gott ist die Fülle oder Allheit (Pantheismos) und die Einheit alles Lebens (Theismos) zugleich. Erst nachdem der Orientalismus sich selbst aufgelöst hatte, traten die einzelnen Elemente seines Wesens zeitlich (als Perioden der Menschenbildung) hervor: hier beginnt die eigentliche sogenannte Geschichte, das zeitlich und sukzessiv sich entfaltende Leben der Menschheit. Die beiden Pole der Geschichte sind die griechische und die christliche Welt, die aber beide aus Einem Mittelpunkte, dem Orientalismus, hervorgetreten sind und, vermöge ihrer ursprünglichen Einheit, in unserer Welt nach Wiedervereinigung streben. Der Triumph *unserer* Bildung also wird die freie, mit Bewußtsein erschaffene Eintracht des poetischen (plastischen oder griechischen) und religiösen (musikalischen oder christlichen) Lebens der Menschenbildung sein.

So ist alles aus Einem Geist hervorgegangen und strebt in Einen Geist wieder zurück. Ohne Erkenntnis dieser ursprünglichen, sich selbst fliehenden (zeitlich sich trennenden) und sich selbst wieder suchenden Einheit sind wir nicht nur unfähig, das Altertum zu verstehen, sondern überhaupt von Geschichte und Menschenbildung etwas zu wissen.

71.

Alle Deutung und Erklärung eines fremden und in einer fremden Form (Sprache) verfaßten Werkes setzt Verständnis nicht nur des Einzelnen, sondern auch des Ganzen dieser fremden Welt voraus, dieses aber wieder die ursprüngliche Einheit des Geistes. Denn durch diese allein sind wir vermögend, uns nicht nur eine Idee zu bilden von der Gesamtheit der fremden Welt, sondern auch jede einzelne Erscheinung wahrhaft und richtig, d. h., im Geiste des Ganzen aufzufassen.

Die *Hermeneutik* oder *Exegetik* (ἑρμηνευτική, ἐξηγητική, auch ἱστορική genannt: *enarratio auctorum* bei Quintil. Inst. Orat. I, 9.

1.) setzt daher das *Verständnis* des Altertums überhaupt in allen seinen äußeren und inneren Elementen voraus und gründet darauf die *Erklärung* der schriftlichen Werke des Altertums. Denn ein Werk erklären, seinen Sinn entwickeln und den inneren Zusammenhang sowohl als den äußeren mit anderen Werken oder dem Altertum überhaupt darstellen kann nur derjenige, der sowohl seinen Inhalt als seine Form (die Sprache und Darstellung) vollständig begriffen hat.

72.

Der Inhalt und die Form der Werke des Altertums sind das, worauf das Verständnis derselben beruht. Denn alles hat einen bestimmten Inhalt oder Stoff und eine dem Inhalt entsprechende, ihn ausdrückende und offenbarende Form; der Inhalt ist das Gebildete und die Form der Ausdruck seiner Bildung. So unendlich nun das Altertum in sich selbst gebildet ist, in seinem gesamten, künstlerischen und wissenschaftlichen, öffentlichen und besonderen Leben, so unendlich verschieden ist auch der Inhalt seiner Werke. Also setzt das Verstehen der Werke des Altertums ihrem Inhalte nach Kenntnis der alten Künste und Wissenschaften und Altertumskunde im weitesten Sinne des Wortes voraus.

Die Form ist in den schriftlichen Werken des Altertums die *Sprache*, als Ausdruck des Geistes. Das Verstehen der Werke des Altertums setzt demnach auch Kenntnis der alten Sprachen voraus.

Beide aber, Inhalt (Stoff) und Form, sind ursprünglich Eins; denn alles Gebildete ist ursprünglich ein Sich-selbst-Bilden, die Form ist der äußere Ausdruck dieses Sich-selbst-Bildens; und was ursprünglich Eins war, ein sich bildendes Leben, dieses tritt, wenn das Sich-Bilden zum Gebildeten geworden, als Inneres (Inhalt oder Stoff) und Äußeres (Form) auseinander. Die ursprüngliche Einheit alles Seins nennen wir *Geist*; also ist der Geist der höhere Punkt, von welchem aus alle Bildung beginnt, auf welchen alles Gebildete zurückgeführt werden muß, wenn es nicht in seiner bloßen Erscheinung, sondern in seiner Ursprünglichkeit und Wahrhaftigkeit erkannt werden soll. So wie demnach der Stoff und die Form aus dem Geiste hervorgegangen sind, so müssen auch beide wieder auf ihn zurückgeführt werden; nur dann erkennen wir, was beide ursprünglich und an sich sind und wie sie gebildet worden.

Wir erkennen das gesamte Leben des Altertums mit den Formen, in denen es sich dargestellt, nur dann, wenn wir die Ureinheit des Ganzen, den Geist, erforscht haben, aus welchem, als dem Brennpunkte, alle Erscheinungen des inneren und äußeren Lebens geflossen. Ohne diese höhere Einheit würde ja das Ganze in eine licht- und leblose Masse atomistischer Bruchstücke zerfallen, von denen keines einen Zusammenhang mit dem anderen, keines also Sinn und Bedeutung hätte. Die Idee nun, daß das Altertum, als besondere Epoche der Menschenbildung betrachtet, die Poesie oder das äußere, frei und schön gebildete Leben der Menschheit darstellt, dürfte den Geist des Altertums im Allgemeinen am treffendsten bezeichnen. Wenn wir daher alles, selbst das Individuellste im Leben der alten Völker, auf jene Idee zurückzuführen vermögen, seinen inneren Zusammenhang mit diesem Geiste des Ganzen erkennend, dann verstehen wir wahrhaft, d. h., nicht bloß seiner Erscheinung, sondern auch seinem Geiste (seiner höheren Beziehung und Tendenz) nach jedes einzelne Werk des Altertums.

Der Geist des Altertums bildet sich aber in jedem Individuum wieder besonders, zwar nicht dem Wesen nach, denn es ist Ein Geist, der in allen lebt, aber doch der Richtung und Form nach. Darum ist zum Verständnisse der Schriften des Altertums nicht nur Erkenntnis des altertümlichen Geistes überhaupt, sondern insbesondere auch Erkenntnis des individuellen Geistes des Schriftstellers erforderlich, um nicht bloß einzusehen, wie in dem Werke eines Schriftstellers der Geist in *diesen* Inhalt und *diese* Form sich ergossen, um sich in *seiner* Bildung zu offenbaren, sondern auch, wie der besondere Geist eines Schriftstellers selbst wieder nur Offenbarung des höheren, universellen Geistes der alten Welt ist.

Das Verständnis der alten Schriftsteller ist demnach dreifach: 1) *historisch,* in Beziehung auf den Inhalt ihrer Werke, der entweder künstlerisch und wissenschaftlich, oder antiquarisch im weitesten Sinne des Werkes ist; 2) *grammatisch,* in Rücksicht auf ihre Form oder Sprache und ihren Vortrag; 3) *geistig,* in Beziehung auf den Geist des einzelnen Schriftstellers und des gesamten Altertums.

Das dritte, *geistige* Verständnis ist das wahre und höhere, in welchem sich das historische und grammatische zu Einem Leben durchdringen. Das historische Verständnis erkennt, *was* der Geist gebildet, das grammatische, *wie* er es gebildet, und das geistige führt das *was* und *wie*, den Stoff und die Form, auf ihr ursprüngliches, einträchtiges Leben im Geiste zurück. Denn selbst das äußere Leben des Altertums, das der historische Schriftsteller z. B. als ein ihm gegebenes aufgefaßt und dargestellt hat, ist ursprünglich Produkt des universellen Geistes des Altertums; und der historische oder antiquarische Schriftsteller reproduziert in sich selbst das schon Produzierte, indem er es mit seinem Geiste, nach seiner Ansicht und Tendenz auffaßt. In den historischen und antiquarischen Schriften des Altertums ist also der Inhalt ein Reproduziertes, frei Nachgebildetes, in den künstlerischen und wissenschaftlichen Werken dagegen ist er ein vom Geiste des Dichters oder Denkers unmittelbar und freitätig Gebildetes, ein selbständig Produziertes.

75.

Das Grundgesetz alles Verstehens und Erkennens ist, aus dem Einzelnen den Geist des Ganzen zu finden und durch das Ganze das Einzelne zu begreifen; jenes die analytische, dieses die synthetische Methode der Erkenntnis. Beide aber sind nur mit- und durcheinander gesetzt, ebenso, wie das Ganze nicht ohne das Einzelne, als sein Glied, und das Einzelne nicht ohne das Ganze, als die Sphäre, in der es lebt, gedacht werden kann. Keines ist also früher als das andere, weil beide sich wechselseitig bedingen und an sich Ein harmonisches Leben sind. Also kann auch nicht der Geist des gesamten Altertums wahrhaft erkannt werden, wenn wir ihn nicht in seinen einzelnen Offenbarungen, in den Werken der Schriftsteller des Altertums, begreifen, und umgekehrt kann der Geist eines Schriftstellers nicht ohne den Geist des gesamten Altertums aufgefaßt werden.

Wenn wir nun aber den Geist des gesamten Altertums nur durch seine Offenbarungen in den Werken der Schriftsteller erkennen können, diese aber selbst wieder die Erkenntnis des universellen Geistes voraussetzen, wie ist es möglich, da wir immer nur das eine nach dem anderen, nicht aber das Ganze zu gleicher Zeit auffassen können, das Einzelne zu erkennen, da dieses die Erkenntnis des Ganzen voraussetzt? Der Zirkel, daß ich a, b, c usw. nur durch A erkennen kann, aber dieses A selbst wieder nur durch a, b, c usf., ist unauflöslich, wenn beide A und a, b, c als Gegensätze gedacht werden, die sich wechselseitig bedingen und voraussetzen, nicht aber ihre Einheit anerkannt wird, so daß A nicht erst aus a, b, c usf. hervorgeht und durch sie gebildet wird, sondern ihnen selbst vorausgeht, sie alle auf gleiche Weise durchdringt, a, b, c also nichts anderes als individuelle Darstellungen des Einen A sind. In A liegen dann auf ursprüngliche Weise schon a, b, c; diese Glieder selbst sind die einzelnen Entfaltungen des Einen A, also liegt in jedem auf besondere Weise schon A, und ich brauche nicht erst die ganze unendliche Reihe der Einzelheiten zu durchlaufen, um ihre Einheit zu finden.

So allein ist es möglich, daß ich das Einzelne durch das Ganze und umgekehrt das Ganze durch das Einzelne erkenne; denn beide sind in jeder Einzelheit zugleich gegeben; mit a ist, weil es nur Offenbarung des A ist, zugleich das A gesetzt, mit dem Einzelnen also zugleich das Ganze; und je weiter ich in der Auffassung des Einzelnen fortschreite, die Linie a b c usf. durchlaufend, um so offenbarer und lebendiger wird mir der Geist, um so mehr entfaltet sich die Idee des Ganzen, die mir schon durch das erste Glied der Reihe entstanden ist. Der Geist ist ja nirgends ein aus Einzelheiten zusammengesetztes, sondern ein ursprüngliches, einfaches, ungeteiltes Wesen. In jeder Einzelheit also ist er eben so einfach, ganz und ungeteilt, wie er es an sich ist, d. h., jede Einzelheit ist nur besondere, erscheinende Form des Einen Geistes; das Einzelne ist also nicht den Geist oder die Idee erzeugend, durch Zusammensetzung erschaffend, sondern ihn erregend, die Idee erweckend.

76.

Alle Schriftsteller des Altertums, vornehmlich diejenigen, deren Werke freie Produktionen des Geistes sind, stellen demnach den Einen Geist des Altertums dar, aber jeder auf seine, durch sein Zeitalter, seine Individualität, seine Bildung und äußeren Lebensverhältnisse gesetzte Weise. Durch jeden besonderen Dichter und Schriftsteller des Altertums geht uns die Idee und der Geist des gesamten Altertums auf; aber vollständig verstehen wir den Schriftsteller nur dann, wenn wir den Geist des gesamten Altertums, der sich in ihm offenbart, in der Einheit mit dem individuellen Geiste des Schriftstellers auffassen.

Zur Erkenntnis des letzteren gehört Einsicht in den besonderen Geist des Zeitalters, in welchem der Schriftsteller lebte, in den individuellen Geist des Schriftstellers selbst, Kenntnis der Bildung und der äußeren Lebensumstände, die auf die Bildung desselben Einfluß gehabt haben usw.

Pindaros z. B. ist in Stoff, Form und Geist ein rein altertümlicher Dichter; seine Poesien offenbaren uns also in dieser dreifachen Hinsicht den Geist des gesamten Altertums. Die Kampfspiele, die er besingt, die plastische, gediegene und reine Form seiner Darstellung, der für Patriotismus, Kampfehre und heroische Tugend glühende Geist seiner Hymnen erwecken in uns das verklärte Bild einer wahrhaft klassischen Welt, in welcher der Mensch nicht nur edle Gesinnungen, rühmliche Bestrebungen in sich nährte, sondern vorzüglich auch großer Taten für das Vaterland und seine Götter sich erfreute; denn der Preis in den Kampfspielen war nicht nur ein Ehrenschmuck des Siegers und seines Vaterlandes, sondern auch eine Verherrlichung des Gottes, dem zu Ehren die Spiele gefeiert wurden. Dies ist die allgemeine Beziehung, welche die Pindarischen Poesien auf den Geist des gesamten Altertums haben. Für sich selbst aber offenbaren sie diesen Geist auf eine eigene Weise; denn nicht nur der Geist des Altertums spricht aus ihnen, sondern auch der individuelle Geist ihres Dichters. Darum entstehen die Fragen: in welchem Zeitalter lebte Pindaros? was war er seinem Genius nach? wie bildete er sich und in welchen Verhältnissen lebte er? Alle diese Fragen so vollständig als möglich zu beantworten, ist notwendig, wenn wir uns ein wahres und lebendiges Bild vom Geist und Charakter der Pindarischen Poesien entwerfen wollen. Dies heißt einen Schriftsteller des Altertums *verstehen*.

77.

Das Verständnis entwickeln und darlegen heißt *erklären*. Die Erklärung setzt nämlich Verständnis voraus und beruht auf ihm; denn nur das wahrhaft Aufgefaßte und Begriffene, das Verstandene, kann als solches anderen mitgeteilt und verdeutlicht werden.

Das Verstehen faßt zwei Elemente in sich, das Auffassen des Einzelnen und das Zusammenfassen des Besonderen zum Ganzen Einer Anschauung, Empfindung oder Idee: das Zerlegen in seine Elemente oder Merkmale und das Verbinden des Zerlegten zur Einheit der Anschauung oder des Begriffs. Also beruht auch die

Erklärung auf der Entwicklung des Besonderen oder Einzelnen und der Zusammenfassung des Einzelnen zur Einheit. Das Verstehen und Erklären ist demnach ein *Erkennen* und ein *Begreifen*.

78.

Auch hier tritt der oben bemerkte Zirkel ein, daß nämlich das Einzelne nur durch das Ganze und umgekehrt das Ganze nur durch das Einzelne verstanden werden kann, daß die Anschauung oder der Begriff der Erkenntnis des Einzelnen vorausgehen muß, und doch durch diese erst die Anschauung und der Begriff sich zu bilden scheinen. So wie oben, ist auch hier dieser Zirkel nur dadurch aufzulösen, daß die ursprüngliche Einheit des Besonderen und Allgemeinen, des Einzelnen und Ganzen als das wahre Leben beider anerkannt wird. Dann liegt in jedem einzelnen Elemente schon der Geist des Ganzen, und je weiter die Entwicklung des Einzelnen fortschreitet, um so klarer und lebendiger wird die Idee des Ganzen. Auch hier erzeugt sich der Geist nicht durch die Verbindung des Einzelnen, sondern er lebt ursprünglich schon im Einzelnen, und dadurch eben ist das Einzelne Offenbarung des Gesamtgeistes.

79.

So erzeugt sich bei Erklärung eines ganzen Werkes oder auch eines einzelnen Teils die Idee des Ganzen nicht erst durch die Zusammensetzung aller seiner einzelnen Elemente (Merkmale), sondern sie wird bei dem, welcher der Idee überhaupt fähig ist, schon mit der Auffassung der ersten Einzelheit geweckt, aber immer klarer und lebendiger, je weiter die Erklärung im Einzelnen fortschreitet. Die erste Auffassung der Idee des Ganzen durch das Einzelne ist Ahnung, d. i., noch unbestimmte und unentwickelte Vorerkenntnis des Geistes, welche zur anschaulichen und klaren Erkenntnis wird durch die fortschreitende Auffassung des Einzelnen. Ist dann die Sphäre des Einzelnen durchlaufen, so tritt die Idee, die bei der ersten Auffassung noch Ahndung war, als klare und bewußte Einheit des in der Einzelheit gegebenen Mannigfaltigen hervor: das Verständnis und die Erklärung sind vollendet.

So ist das Verstehen und Erklären eines Werkes ein wahrhaftes Reproduzieren oder Nachbilden des schon Gebildeten. Denn alle Bildung beginnt mit einem mythischen, noch in sich verhüllten Anfangspunkte, aus dem sich die Elemente des Lebens, als die Faktoren der Bildung, entwickeln. Diese sind das eigentlich Bildende, sich wechselseitig Beschränkende und in der endlichen Wechseldurchdringung zu Einem Produkte sich Vermählende. In dem Produkte ist die Idee, welche in dem ersten Anfangspunkte noch unentwickelt ruhte, den Lebensfaktoren aber ihre Richtung erteilte, erfüllt und objektiv dargestellt. Das Ende aller Bildung ist sonach Offenbarung des Geistes, harmonische In-Eins-Bildung des äußeren (der aus der ursprünglichen Einheit hervorgetretenen Elemente) und inneren (geistigen) Lebens. Der Anfang der Bildung ist Einheit, die Bildung selbst Vielheit (Gegensatz der Elemente), die Vollendetheit der Bildung oder das Gebildete Durchdringung der Einheit und Vielheit, d. i., Allheit.

81.

Nicht nur das Ganze eines Werkes, sondern auch die besonderen Teile, ja, einzelne Stellen können folglich nur so verstanden und erklärt werden, daß man mit der ersten Besonderheit auch den Geist und die Idee des Ganzen ahndend erfaßt; dann die einzelnen Glieder und Elemente darlegt, um eine Einsicht in das individuelle Wesen des Ganzen zu erlangen, und nach der Erkenntnis aller Einzelheiten das Ganze zur Einheit zusammenfaßt, die, nach der Erkenntnis der Elemente, eine klare, bewußte und in allen ihren Besonderheiten lebendige ist. In einer Horazischen Ode z. B. wird die Erklärung von dem ersten Punkte ausgehen, von welchem des Dichters Produktion begonnen; in ihm ist zugleich die Idee des Ganzen angedeutet, so gewiß der Anfangspunkt der dichterischen Produktion selbst aus der begeisterten Idee des Ganzen entsprungen ist. Die Idee des Ganzen entfaltet sich, nachdem sie im Anfangspunkte ihre erste Richtung empfangen hat, durch alle Elemente des Gedichts hindurch; und die Erklärung hat diese einzelnen Momente, ein jedes in seinem individuellen Leben, aufzufassen; bis dann der Kreis der sich entwickelnden Elemente erfüllt ist, das Ganze der Einzelheiten in die Idee, von welcher die Produktion begonnen, zurückläuft, das vielfache, in den Einzelheiten entfaltete Leben mit der ursprünglichen Einheit, die der erste dargestellte Moment der Produktion nur andeutete, wieder Eins und die anfangs noch unbestimmte Einheit zur anschaulichen und lebendigen Harmonie wird.

Auch jede einzelne Stelle geht von Einer Anschauung oder Idee aus. Die Darstellung und Bildung dieser Idee ist die Vielheit ihres Lebens, ihre Vollendung die Harmonie der Einheit, aus der sich das vielfache Leben entfaltet, mit der Vielheit, dem wirklichen Leben.

Jede Stelle, die vollendet in sich gebildet ist, kann zum Beweise und Beispiele dienen.

82.

Das Einzelne setzt die Idee des Ganzen, den Geist voraus, der sich durch die gesamte Reihe der Einzelheiten hindurch zum anschaulichen Leben bildet und endlich in sich selbst zurückkehrt. Mit diesem Zurückfließen des Geistes in sein ursprüngliches Wesen ist der Kreis der Erklärung geschlossen. Jedes Einzelne also deutet den Geist an, weil es aus ihm geflossen und mit ihm erfüllt ist; darum hat auch jede Besonderheit ihr eigenes Leben, denn sie offenbart den Geist auf individuelle Weise. Die Besonderheit, für sich aufgefaßt in ihrem bloß äußeren, empirischen Leben, ist der *Buchstabe,* in ihrem inneren Wesen, in ihrer Bedeutung und Beziehung auf den Geist des Ganzen, der sich in ihr auf individuelle Weise darstellt, der *Sinn,* und die vollendete Auffassung des Buchstabens und des Sinnes in ihrer harmonischer Einheit ist der *Geist.* Der Buchstabe ist der Körper oder die Hülle des Geistes, durch welche der unsichtbare Geist in das äußere, sichtbare Leben übergeht, der *Sinn* ist der Verkünder und Erklärer des Geistes, der *Geist* selbst das wahre Leben.

Bei jeder zu erklärenden Stelle fragt es sich also zuerst, *was* der Buchstabe aussagt; zweitens, *wie* er es aussagt, welchen Sinn das Ausgesagte hat, in welcher Bedeutung es steht; drittens, welches die Idee des Ganzen oder der Geist ist, als die Einheit, aus welcher der Buchstabe geflossen und in die er durch den Sinn zurückstrebt. Der Buchstabe ist ohne den Sinn tot und unverständlich, der Sinn ohne den Geist zwar ein für sich verständliches) abylhylt'hindiciduelles oder atomistisches, das keinen Grund und keinen Zweck hat ohne den Geist; denn durch den Geist erst erkennen wir das *warum,* das *woher* und das *wohin* jedes Dinges.

Buchstabe, Sinn und *Geist* sind daher die drei Elemente der Erklärung. Die Hermeneutik des Buchstabens ist die Wort- und Sacherklärung des Einzelnen, die Hermeneutik des Sinnes die Erklärung seiner Bedeutung in dem Zusammenhange der gegebenen Stelle, und die Hermeneutik des Geistes die Erklärung seiner höheren Beziehung auf die Idee des Ganzen, in welcher das Einzelne in die Einheit des Ganzen sich auflöst.

83.

Die *Wort-* und *Sacherklärung* setzt Sprache und Altertumskunde voraus, also grammatische und historische Kenntnis des Altertums. Die Sprache muß nach den verschiedenen Zeitaltern ihrer Bildung, ihren verschiedenen Formen und Mundarten erkannt sein; denn jeder Schriftsteller schreibt in der Sprache *seines* Zeitalters, in der Mundart *seines* Volkes. Des *Homeros* Sprache ist nicht nur ihrem Genius, sondern auch ihrer äußeren und formellen Bildung nach verschieden von der Sprache der späteren Epiker, der Lyriker, Dramatiker usf. In jeder einzelnen Stelle insbesondere muß jedes Wort verstanden sein, wenn ein Sinn hervorgehen soll; die unbekannteren, in ungewöhnlicher oder tropischer Bedeutung gebrauchten Wörter müssen da, wo ihre Bedeutung nicht unmittelbar einleuchtet, nach ihrer Etymologie, Analogie und ihrem verschiedenen Gebrauch in verschiedenen Zeiten bei verschiedenen Schriftstellern erforscht werden, um diejenige Bedeutung herauszufinden, die dem Sinn der Stelle und dem Geiste (dem Genius und der Tendenz) des Ganzen entsprechend ist. Die Sacherklärung setzt Kenntnis des Altertums überhaupt, und insbesondere desjenigen Gegenstandes voraus, den der vorliegende Schriftsteller behandelt hat. Und zwar müssen wir erforscht haben, auf welcher Stufe der Bildung die Kunst, Wissenschaft usf., welche der zu erklärende Schriftsteller zum Gegenstande der Darstellung gewählt, damals stand, welche Ansicht von ihr das Altertum überhaupt, und insbesondere der gegebene Schriftsteller hatte, damit wir nicht, was Werk der späteren Ausbildung und Erkenntnis war, in den früheren Schriftsteller übertragen, oder umgekehrt ihm ältere, noch nicht entwickelte Vorstellungen und Ansichten unterlegen.

Die Erklärung des *Sinnes* gründet sich auf die Einsicht in den Genius und die Tendenz des Altertums überhaupt und des einzelnen Schriftstellers, welcher Gegenstand der Erklärung ist. Denn ohne den Geist des Altertums zu ahnen oder erkannt zu haben, ist es unmöglich, selbst den Sinn einer einzelnen Stelle wahrhaft aufzufassen; der moderne, sentimentale oder logische Geist wird, wenn er sich nicht zur reinen Anschauung des altertümlichen Lebens und Geistes erhoben hat, leicht in Gefahr kommen, nicht nur das Ganze eines griechischen oder römischen Werkes, sondern auch einzelne Stellen falsch aufzufassen und zu deuten.

Der Sinn eines Werkes und einzelner Stellen geht insbesondere aus dem Geiste und der Tendenz seines Verfassers hervor; nur wer diese begriffen und sich vertraut gemacht hat, ist imstande, jede Stelle im Geiste ihres Verfassers zu verstehen und ihren wahren Sinn zu enthüllen.

Eine Stelle des Platon z. B. wird öfters einen anderen Sinn haben als eine dem Sinn und den Worten nach fast ähnliche des Aristoteles; denn bei jenem ist lebendige Anschauung und freies Leben, was bei diesem oft nur logischer Begriff und Verstandesreflexion ist. Betrachten wir aber ein einzelnes Werk für sich, so beruht der Sinn jeder einzelnen Stelle und jedes Wortes auf dem Zusammenhange mit den anderen, ihm zunächst verbundenen, und mit dem Ganzen. So haben nicht nur ein und dasselbe Wort, sondern auch einzelne, ähnliche Stellen in verschiedenem Zusammenhange einen verschiedenen Sinn. Um den Sinn des Ganzen aber zu fassen, von welchem das Verständnis des Einzelnen abhängig ist, muß man vorher erforscht haben, in welchem Geist, in welcher Absicht, zu welcher Zeit, unter welchen Verhältnissen des öffentlichen und individuellen Lebens das vorliegende Werk vom Schriftsteller verfaßt ist. Die Geschichte der Literatur, der individuellen Bildung, des Lebens und der Schriften eines Schriftstellers ist also zum Verständnisse jedes einzelnen Werkes erforderlich.

Ferner ist zwischen dem einfachen und allegorischen Sinne zu unterscheiden. In zweifelhaften Stellen ist im Allgemeinen derjenige Sinn der richtigste, der dem Geiste des Altertums und insbesondere dem Genius, der Tendenz und dem Charakter eines Schriftstellers am entsprechendsten ist.

Erklärung des *Geistes* einer Schrift oder einer einzelnen Stelle ist Darlegung der Idee, die dem Verfasser vorschwebte, oder auch unbewußt ihn leitete. Die Idee ist nämlich die höhere, lebendige Einheit, aus der sich alles Leben entfaltet und in welche es geistig verklärt wieder zurückstrebt. Die Elemente der Idee sind die Vielheit, das anschauliche, entfaltete Leben, und die Einheit, als die Form der Vielheit oder des Lebens, d. i. Anschauung und Begriff; beide in Eintracht sich durchdringend erzeugen die Idee. Bei vielen Schriftstellern nun tritt die Idee nicht hervor, sondern bloß ihre Elemente, entweder die Anschauung oder der Begriff; jene nämlich bei den empirisch-historischen Schriftstellern, der bloße Begriff bei den logisch-philosophischen; nur bei den wahrhaft künstlerischen oder philosophischen Schriftstellern ist alles aus der Idee hervorgebildet und in sie zurückstrebend, so daß nicht nur das Ganze einer Schrift, sondern auch die einzelnen Stellen ihr Leben in der Idee haben.

Die Idee als die ursprüngliche Einheit (der Geist) der Anschauung und des Begriffs liegt über beiden, d. h., ist erhaben über der Endlichkeit; denn das Endliche, das entweder Vielheit ist (wirkliches Leben) oder Einheit (Form und Begriff des Lebens), ist erst durch die Anschauung und den Begriff gesetzt, diese aber treten aus der Idee in das Zeitliche (im Gegensatze sich Entfaltende) hervor. Durch die Idee wird darum alles auf das Ursprüngliche, Unendliche bezogen, in ihr löst sich das Endliche als geistige Verklärung auf. Ebenso ist es ja auch der Geist der Dinge, der sie mit der höheren Welt, aus der sie in das Zeitliche und Endliche übergetreten, verknüpft, die Fesseln des Irdischen auflösend und zum freien Leben es verklärend.

Bei den empirischen und logischen Schriftstellern ist die Erklärung des Geistes zuerst nur Entwicklung der Anschauung oder des Begriffs, von welchen sie ausgegangen sind; jede Anschauung und jeder Begriff deutet auf eine Idee, denn beide sind nur die getrennten und losgerissenen Elemente der Idee. Die Anschauung des menschlichen Lebens z. B., die der Historiker Herodotos an die Spitze seines Werkes setzt als diejenige Weltbetrachtung, die ihm bei Erzählung seiner Geschichte stets vorschwebte, ist als bloße Anschauung aufgefaßt empirisch und ohne höhere, geistige Bedeutung, wenn sie sich auch zur religiösen Ansicht von einer den Übermütigen strafenden Nemesis erhebt. Woher stammt diese Anschauung? fragen wir mit Recht; denn alles Endliche setzt als solches einen höheren Grund voraus. – Aus dem Leben der Dinge selbst, in dessen Betrachtung der Historiker einzig wohnte. – Woher stammt nun aber dieses Gesetz der endlichen Dinge, daß sie als endliche Dinge ihr beschränktes Maß haben, also sich selbst als Endlichkeiten aufheben und vernichten, wenn sie das von der Natur ihnen gesetzte Maß überschreiten wollen? Nur die Idee des Endlichen selbst erklärt mir dieses Gesetz und zugleich jene Anschauung, von welcher Herodotos ausgegangen.

Andere Historiker legen ihrer Geschichte einen Begriff zugrunde, z. B., den von nationaler Selbständigkeit, von einer Rechtsverfassung, nach deren Realisierung die Menschheit in der Geschichte strebe, oder als Pragmatiker wollen sie durch die Geschichtserzählung über einzelne Gegenstände belehren, die Geschichte für das gemeinnützigste aller Dinge ansehend, usf. Diese Begriffe, woher stammen sie? – was sind sie? – Nur zerstückelte Elemente der Idee der Geschichte sind sie. Die Idee der Geschichte ist, wie jede Idee, in sich vollendet und selbständig; aber die aus der harmonischen Einheit in der Idee hervorgetretenen Elemente, seien es Anschauungen oder Begriffe, haben kein selbständiges Leben, denn das sie Bedingende und Begründende ist die Idee. Daher ist jede Anschauung und jeder Begriff als solcher endlich und beschränkt, nämlich einen höheren Grund voraussetzend. Der logische Philosoph vollends lebt ganz im Begriffe, führt also ebenfalls auf die Idee hin, weil jeder Begriff nur in der Idee gegründet ist.

87.

Durch die Erklärung des Geistes erheben wir uns also ebenso über den Buchstaben als über den Sinn des Buchstabens zum ursprünglichen Leben, aus welchem beide geflossen sind, zur Idee, die dem Schriftsteller entweder als solche vorstrahlte oder, wenn er sich nicht zur Klarheit des höheren Lebens erhoben hatte, in Anschauung oder in Begriff sich kleidete.

Die Erklärung des Geistes ist aber doppelt, eine innere und äußere, subjektive und objektive. Die innere oder subjektive Erklärung des Geistes hält sich innerhalb der gegebenen Sphäre, indem sie der Idee nachforscht, von welcher der Schriftsteller ausgegangen, aus ihr die Tendenz und den Charakter des Werkes entwickelt und die Idee selbst in den einzelnen Teilen der Schrift nachkonstruiert, so daß sie zeigt, von welcher Grundeinheit das Ganze ausgeflossen, wie sich die Einheit zur Vielheit entfaltet hat und durch die Harmonie des Ganzen die Vielheit mit der Einheit zu Einem Leben sich wieder durchdringt; also, in welcher Verbindung die einzelnen Teile eines Werkes zueinander stehen, wie jeder Teil für sich gebildet ist und wie jeder in die Einheit des Ganzen zurückstrebt (in welchem Zusammenhange mit dem Ganzen er steht). So ist auch die Erklärung des Geistes einer einzelnen Stelle die Beziehung ihres Sach- und Wortverstandes und ihres Sinnes auf die Idee, die dem Schriftsteller vorschwebte, auf den Geist seiner Ansicht, Abfassung und Darstellung. Zweifelhafte Stellen also, die einen verschiedenen Wortverstand und selbst einen verschiedenen Sinn geben, können nur durch die klare Erkenntnis des Geistes einer Schrift (ihrer Idee und Tendenz) richtig aufgefaßt und gedeutet werden.

88.

Die äußere oder objektive Erklärung des Geistes erhebt sich über die gegebene Sphäre der in einem Werke dargestellten Idee, indem sie teils ihre Verbindung mit anderen ihr verwandten Ideen und ihr Verhältnis zur Grundidee, aus welcher alle geflossen, darstellt, teils auch von ihrem höheren Standpunkt aus den in einer Schrift dargelegten Geist würdigt und beurteilt, sowohl in Rücksicht auf seinen Inhalt, seine Tendenz usw., als in Beziehung auf die Form der Darstellung.

So z. B. kann der Geist eines Platonischen Gesprächs nur dann richtig aufgefaßt und dargestellt werden, wenn wir die Idee jedes einzelnen Gesprächs auf die ihr verwandten Ideen der anderen Gespräche beziehen, die ähnlichen Gespräche also nach ihrem Geiste miteinander vergleichen und zuletzt sie auf die Grundidee der Platonischen Schriften und Philosophie zurückführen, um ihr Verhältnis zu dieser zu bestimmen. Die Beziehung der einen Idee auf die anderen, ihr verwandten Ideen gleicher Schriften erklärt mir die individuelle Bestimmtheit, in welcher die Idee dargestellt ist; denn Eine Idee läuft durch alle Gespräche hindurch, als die Seele der Platonischen Gespräche, aber in jeder einzelnen Schrift erscheint sie anders dargestellt, von einer anderen Ansicht betrachtet; diese Besonderheit setzt andere Besonderheiten voraus. Denn wenn Platon in dem einen Gespräche eine Idee bloß praktisch behandelt und darstellt, so zeigt dieses auf eine theoretische oder dialektische Behandlung in einem anderen Gespräche hin; also stehen diese beiden Gespräche in der nächsten Wechselwirkung miteinander. Beide aber führen wiederum auf andere Gespräche hin, in denen dieselbe Idee nicht in der Geteiltheit der dialektischen und praktischen Ansicht, sondern in ihrem ursprünglichen Leben dargestellt ist, usf. Die Beziehung der Idee des einzelnen Gesprächs, so wie der zunächst mit ihm in Verbindung stehenden Gespräche auf den Einen Mittelpunkt aller Ideen schließt das höchste Prinzip auf, in welchem die in den einzelnen Gesprächen dargestellte Idee ihre letzte Begründung nicht nur, sondern auch ihr wahres Leben hat.

89.

Die Beurteilung und Würdigung des Geistes einer Schrift, z. B. eines Platonischen Gesprächs, setzt die möglichst vollständige und wahrhafte Erkenntnis nicht nur des Platonischen Genius, sondern auch des altertümlichen und insbesondere des philosophischen und künstlerischen voraus. Denn nur wenn ich den Genius der Platonischen Philosophie und Kunst richtig aufgefaßt und möglichst vollkommen erkannt habe, kann ich beurteilen, auf welcher Höhe der Philosophie und Kunst die gegebene Schrift des Platon in Beziehung auf den Platonischen Genius stehe; aber nur die Erkenntnis des philosophischen und künstlerischen Geistes der klassischen Welt macht mich fähig, nicht nur jede einzelne Schrift des Platon, sondern auch seine sämtlichen Werke nach dem Geiste des Altertums zu würdigen und das Verhältnis zu bestimmen, in welchem sie in Rücksicht auf Kunst und Philosophie zu ähnlichen Werken des Altertums stehen. Beide Beurteilungsweisen, sowohl die nach dem Genius eines Schriftstellers als die nach dem Geiste des gesamten Altertums, beziehen sich entweder auf den Inhalt, die dargestellte Idee, oder auf die Form, die Darstellung der Idee.

90.

Die Beurteilung des Inhalts und der Form nach dem Genius eines Schriftstellers ist aber bloß relativ; denn nach dem Genius des einen

Schriftstellers kann eine Schrift die vollendetste sein, die nach dem Genius eines anderen höchst unvollkommen ist. Z. B. nach dem Geiste der gemeinen Sokratiker beurteilt, sind mehrere der kleineren, dem Platon zugeschriebenen Gespräche höchst vortrefflich, in Rücksicht auf ihren Inhalt, die Ideen, sittlichen Grundsätze, die schöne Ansicht des Lebens usf., wie auf ihre Form, die lebendige, dramatische, oft mimische Darstellung, die Wärme des Vortrags, das Natürliche und Unmittelbare des Gesprächs usw.; aber nach dem Genius des Platon gewürdigt, müßten dieselben Gespräche, weil sie weder das hohe Leben in der Idee und das geistige Streben nach dem Unendlichen, noch die genialische Kraft der Darstellung, die unbedingte Phantasie haben, vielleicht in die letzte Reihe der Platonischen Schriften herabgesetzt werden.

91.

Beurteilung des Geistes einer Schrift nach dem Genius des Volkes und des Zeitalters ist bloß national. Denn das Werk eines ionischen Dichters oder Denkers wird anders beurteilt werden müssen als das eines italischen oder attischen Schriftstellers; was für den ionischen Schriftsteller vielleicht vortrefflich ist, wird bei dem italischen und attischen von keiner oder geringer Bedeutsamkeit sein, und umgekehrt. Der ionische Schriftsteller hat in seiner Sphäre vielleicht schon das Höchste erreicht, wenn er den ihm nationalen Realismus durch das frei sich entbindende Leben des Geistes durchbricht und die Anschauung wenigstens zum Begriff erhebt; umgekehrt könnte der italische, pythagoreisch gebildete Schriftsteller in seiner idealen Sphäre wiederum das Höchste erreicht haben, wenn er die Idee zum anschaulichen Leben zu gestalten weiß, den Begriff also mit der Anschauung wieder vermählt. Im ionischen Schriftsteller also bewundern wir die ideale Bildung, im italischen die reale, im attischen aber die Einheit der realen und idealen, d. i., das unmittelbar dargestellte (dramatische, dialogische) Leben der Ideen.

So ist *Homeros* als *ionischer* Epiker der vollendetste Dichter und *Pindaros* als *dorischer* Lyriker, keiner aber ist es an sich, denn in jedem ist nur ein wesentliches Element der vollendeten Bildung vorherrschend. Homeros übertrifft als ionischer Dichter den Pindaros ebensosehr an anschaulicher, objektiver Darstellung, als Pindaros umgekehrt den Homeros an innerem, tiefem Leben des Geistes und Gemüts überstrahlt. Vergleichen wir ferner die griechische Nation im Ganzen mit anderen Völkern, so ist auch diese Würdigung eine bloß nationale. Horatius z. B. ist als römischer Lyriker der vollendetste Dichter, nicht aber an sich; denn in der Reihe der griechischen Lyriker würde er vielleicht nur den dritten Rang behaupten.

92.

Es gibt noch eine höhere Würdigung des Geistes einer Schrift als die bloß relative und nationale. Diese Würdigung ist an sich betrachtet die höchste, weil sie nicht von einem besonderen (beschränkten) Standpunkte ausgeht, sondern unbedingt ist. Denn in ihr ist nicht mehr von Individualität oder Nationalität die Rede, sondern von dem Wahren, Schönen und Guten an sich. Das Wahre an sich ist der Standpunkt der philosophischen und wissenschaftlichen Schriften, das Schöne an sich das Prinzip der Beurteilung der künstlerischen Werke, und das Gute an sich ist der beide in sich fassende Geist alles Lebens.

Beurteilen wir z. B. eine platonische Schrift relativ und individuell, so beziehen wir ihren Geist auf den Genius des Platon, würdigen wir sie national, so ist der Maßstab unserer Beurteilung der Geist des griechischen Altertums; wollen wir sie aber unbedingt würdigen, so müssen wir uns über den bloß relativen und nationalen Standpunkt zum höchsten unbedingten erheben. Dann fragen wir, in welcher Übereinstimmung steht die von Platon dargestellte Idee mit der Wahrheit selbst? nähert oder entfernt sie sich von der unbedingten Idee des Wahren? Zweitens: inwiefern sind die Platonischen Gespräche Kunstwerke? Wie stellen sie die Idee des Schönen an sich dar? Tritt die Schönheit in ihnen rein und ungetrübt hervor, oder ist sie durch irgend etwas (den Stoff, den Zweck, die Manier usf.) beschränkt? Drittens: welches ist die Seele, das Gemüt der Platonischen Schriften? Ist das innere Leben, das Gute, in ihnen verklärt, ihre Tugend fleckenlos und zur Heiligkeit strebend, oder tragen sie zu sehr die Spuren ihres Zeitalters, ihrer Nationalbildung usw. an sich? – Denn Platon ist einer der wenigen Schriftsteller, die Denker, Künstler und verklärte Geister zugleich sind, bei denen also die unbedingte Würdigung dreifach ist. Dagegen die meisten bloß Denker oder Künstler oder geistreiche Schriftsteller sind.

Einer solchen unbedingten Würdigung, die zum vollkommnen Verständnisse ebenso wie zur vollständigen Erklärung des Geistes der Schriftsteller notwendig ist, wird aber nur derjenige fähig sein, der sich durch die Idee des Wahren, Schönen und Guten an sich über den Schriftsteller selbst zu erheben vermag. Und wenn nur die Philosophie die Auserwählte ist, die in der Seligkeit dieser Ideen lebt, so vermag es auch nur der *philosophisch gebildete Philolog*, von dem irdischen Boden der grammatischen und historischen Interpretation zur ätherischen Höhe der geistigen, unbedingten Deutung und Würdigung aufzusteigen.

10. Friedrich Schleiermacher
Über den Begriff der Hermeneutik mit Bezug auf F. A. Wolfs Andeutungen und Asts Lehrbuch*

Viele, ja vielleicht die meisten von den Tätigkeiten, aus denen das menschliche Leben besteht, vertragen eine dreifache Abstufung der Art, wie sie verrichtet werden, eine fast geistlose und ganz mechanische, eine, die auf einem Reichtum von Erfahrungen und Beobachtungen beruht, und endlich eine im eigentlichen Sinne des Wortes kunstmäßige. Unter diese nun scheint mir auch das Auslegen zu gehören, sofern ich nämlich unter diesem Ausdruck alles Verstehen fremder Rede zusammenfasse. Jene erste und niedrigste finden wir täglich auf dem Markt und in den Straßen nicht nur, sondern auch in manchen Gesellschaftskreisen, wo man Redensarten über gemeine Gegenstände wechselt, so daß der jedesmal Sprechende fast schon mit Gewißheit weiß, was sein Mitunterredner erwidern werde, und die Rede regelmäßig wie ein Ball abgefangen und wiedergegeben wird. Die zweite ist der Punkt, auf welchem wir im allgemeinen zu stehen scheinen. So wird das Auslegen geübt auf unsern Schulen und Hochschulen, und die erklärenden Kommentare der Philologen und Theologen, denn diese beiden haben das Feld vorzüglich angebaut, enthalten einen Schatz von lehrreichen Beobachtungen und Nachweisen, welche hinreichend beurkunden, wie viele unter ihnen wahre Künstler sind im Auslegen, während freilich dicht neben ihnen auf demselben Gebiet teils die wildeste Willkür auftaucht bei schwierigen Stellen, teils pedantische Stumpfheit das Schönste entweder gleichgültig übersieht oder töricht verdreht. Aber neben allen diesen Schätzen verlangt doch den, der das Geschäft selbst zu treiben hat und sich doch zu den entschiedenen Künstlern nicht zählen kann und noch mehr, wenn er zugleich der wißbegierigen Jugend vorangehn soll im Auslegen und sie dazu anleiten, nach einer solchen Anleitung, die als eigentliche Kunstlehre zugleich nicht nur die erwünschteste Frucht sei von den Meisterarbeiten der Künstler dieses Fachs, sondern auch

* Friedrich Schleiermacher, *Sämmtliche Werke*, III. Abt., 3. Bd. Hrsg. v. L. Jonas, Berlin 1835, S. 344-386

in würdiger wissenschaftlicher Gestalt den ganzen Umfang und die Gründe des Verfahrens auseinandersetzte. Eine solche fand auch ich mich veranlaßt zu suchen für mich selbst sowohl als für meine Zuhörer, als ich mich zuerst in dem Falle befand, auslegende Vorlesungen zu halten. Allein – vergeblich. Nicht nur die nicht unbedeutende Menge theologischer Kompendien, wenngleich manche darunter wie das Ernestische Buch für Erzeugnisse einer tüchtigen philologischen Schule galten, sondern ebenso auch die wenigen rein philologischen Aufsätze dieser Gattung erschienen doch nur als Sammlungen von einzelnen aus jenen Beobachtungen der Meister zusammengetragenen Regeln, bald klarer bestimmt bald unsichrer schwebend, bald unbeholfener bald bequemer geordnet. Besseres erwartete ich, als *Fülleborns* aus Wolfs Vorlesungen entstandene *philologische Enzyklopädie* erschien, allein das wenige Hermeneutische hatte auch nicht die Tendenz, wenn auch nur mit wenigen Strichen, doch ein Ganzes abreißen zu wollen; und da das Dargebotene auch hier wie natürlich speziell auf die Werke des klassischen Altertums angewendet wurde, wie in den meisten Handbüchern auf das eigentümliche Gebiet der heiligen Schriften: so fand ich mich nicht besser befriedigt als zuvor.

Seitdem sind die in der Überschrift angegebenen Aufsätze das Bedeutendste, was in dieser Sache erschienen ist. Je mehr nun Wolf unter uns den feinsten Geist, die freieste Genialität der Philologie repräsentiert, je mehr sich Herr Ast überall als ein philosophisch kombinierender Philologe zu verfahren strebt, um desto lehrreicher und förderlicher muß es sein, beide zusammenzustellen. Und so schien es mir für jetzt am zweckmäßigsten, indem ich diesen Führern nachgehe, meine eignen Gedanken über die Aufgabe an ihre Sätze anzuknüpfen.

Wolf vermeidet in seinem ganzen Aufsatz wohl geflissentlich die systematische Form, sei es, weil er überhaupt alles gern vermied, was pedantisch erscheinen kann, und lieber andern anheimstellte, was er zierlich und vornehm mehr fallen ließ als ausstreute, mühsam und etwas banausisch zusammenzulesen, sei es auch nur, weil er sie dem Orte desselben an der Spitze einer mannigfaltigen ohne alle systematische Rücksicht aufzunehmen bestimmten Zeitschrift nicht angemessen hielt. Herr Ast im Gegenteil schreibt sich diese Form vor; und erklärt uns an der Spitze, daß keine Lehre könne ohne philosophischen Geist wissenschaftlich mitgeteilt werden. Indes, da uns Wolf doch versichert, der Inhalt seiner Abhandlung sei vorlängst bestimmt gewesen, einer philologischen Enzyklopädie zur Einleitung zu dienen: so muß ja das Einzelne schon in dieser Beziehung gedacht gewesen, mithin auch so ausgesprochen worden sein, und wir sind also auch, was ihn anlangt, wohl berechtigt, was wir hier finden, als seine eigentliche Theorie anzusehen.

Indem nun Wolf Grammatik, Hermeneutik und Kritik, diese drei zusammen, als vorbereitende Studien behandelt, welche den Eintritt in den Kreis der eigentlich philologischen Disziplinen gewähren, als ein Organon der Altertumswissenschaft, Herr Ast aber dieselben Disziplinen als Anhang zu einem nur noch nicht erschienenen Grundriß der Philologie behandeln wollte: so stehen beide Männer keineswegs weit voneinander; denn auch Herrn Asts Meinung, wiewohl er sich nicht genauer über die Verhältnisse dieses Anhangs erklärt, kann keine andere sein als die, daß die Darstellung der Philologie ihn auf die Notwendigkeit einer wissenschaftlichen Behandlung jener drei Disziplinen geführt hat. Die genaue Verwandtschaft zwischen Grammatik, Kritik und Hermeneutik, welche beide übereinstimmend behaupten, wird auch wohl niemand zu leugnen wagen. Doch möchte ich gern der letzten, denn die beiden andern muß ich jetzt beiseite lassen, noch eine andere Stelle sichern. Die Werke des klassischen Altertums sind gewiß als Meisterstücke menschlicher Rede die vortrefflichsten und würdigsten unter den Gegenständen, mit denen es die Auslegungskunst gewöhnlich zu tun hat. Allein unleugbar kamen doch viele, welche dieselbe mit großem Erfolg getrieben haben, vorzüglich von den für den Philologen gar nicht eben reichhaltigen heiligen Schriften der Christen her. Verzeichnete man nun für diese Studien ebenfalls eine Enzyklopädie: so würde unsere Kunst unstreitig auch dort, mit mehreren anderen vorbereitenden Studien verbunden, ein ähnliches Organon der christlichen Theologie bilden. Ist sie also etwas für die christliche Theologie und dasselbe für die klassische Altertumswissenschaft: so wird weder das eine noch das andere ihr Wesen sein, sondern dieses etwas größeres, woraus jenes nur Ausflüsse sind. Freilich haben nur diese beiden, die klassischen Philologen und die philologischen Theologen, unsere Disziplin getrieben,[1] und Herr Ast könnte mich fast verleiten zu behaupten, daß sie auch nur in diesen beiden Gebieten ihren eigentlichen Sitz habe. Denn gleich anfangs in seinen Grundlinien, wo er die Aufgabe des Verstehens aufgestellt hat, führt er uns zu jener höchsten Höhe der Einheit des Geistes hinauf und endet mit der Behauptung, das Ziel unserer gesamten Geistestätigkeit sei die hervorzubringende Einheit des griechischen und christlichen Lebens, und so könnte ja auch wohl die Hermeneutik nichts anderes als dieses beides zu behandeln haben. Und wenn sie auf der einen Seite einleitete zur Altertumswissenschaft, auf der anderen zur christlichen Theologie: so geschähe doch beides nur in dem Geiste der Einheit beider. Hätte sie es nun auch noch mit dem Orientalismus zu tun, der bekanntlich die noch nicht auseinandergegangene Indifferenz beider ist, und auf der andern Seite mit der romantischen Literatur, die offenbar in der Annäherung zur Einheit beider liegt: so käme auch das mit großer Leichtigkeit zurecht. Denn sind der Orientalismus und die romantische Literatur ebenso abgeschlossene Gebiete wie die klassische Philologie und die heilige Literatur: so hätten wir dann eine vierfache Hermeneutik, jede auf spezielle Weise als Organon für einen bestimmten Kreis gebildet, für welche es aber doch etwas höheres Gemeinsames geben müßte. Doch indem ich mich in diese Höhen versteigen will, fürchte ich mich vor Wolfs Schatten. Dieser klagt in den wenigen Sätzen, die er der Hermeneutik widmet, daß sie als Theorie noch sehr wenig vollkommen sei, und führt als zu ihrer Begründung noch fehlend Untersuchungen an, die aber sämtlich nicht auf so schwindliger Höhe liegen, sondern in ganz gemäßigten Regionen, nämlich Untersuchungen über die Bedeutungen der Wörter, den Sinn der Sätze, den Zusammenhang der Rede; dabei sagt er dennoch wieder tröstend, diese Unvollkommenheit schade nicht viel, indem die Resultate doch wenig beitragen würden, die Genialität des Auslegers zu wecken oder seine geistige Gewandtheit zu erhöhen. Er will auch hier warnend auf den Unterschied hinweisen, den er geltend macht zwischen Theorien, wie die Alten sie hatten, welche in der Tat die Produktion erleichterten, hier also das Geschäft des Auslegens, und solchen, zu denen wir Neuern uns neigen, die sich in abstruse Entwicklungen der innern Natur der Kunst und ihrer ersten Gründe vertiefen, nach denen sich aber nichts machen läßt. Ich fürchte, hier ist der Unterschied mit gemeint, mit dem ich angefangen habe; die rein wissenschaftliche Theorie wird die sein, welche nichts bewirkt, die nützliche wird allein die sein, welche die Beobachtungen zweckmäßig zusammenstellt. Nun scheint mir zwar auf der einen Seite noch immer, daß die letztere noch etwas bedarf, um den Regeln das Gebiet ihrer Anwendbarkeit zu bestimmen, welches ja wohl die erste gewähren muß, auf der andern Seite meine ich, daß auch diese selbst, wenn sie nur bei der Natur und den Gründen der Kunst, auf die sie sich bezieht, stehenbleibt, doch immer von einigem Einfluß sein werde auf die Ausübung dieser selbigen Kunst: allein da ich auf keine Weise die Anwendbarkeit der Theorie auf das Spiel setzen will: so verlasse ich doch lieber den spekulativen Führer auf seinem Fluge und folge dem praktischeren.

Dieser also erklärt zuvörderst, nur daß die Erklärung freilich nicht an der Spitze steht, sondern im Winkel in einer Parenthese, aber er erklärt doch, Hermeneutik sei die Kunst, die Gedanken eines Schriftstellers aus dessen Vortrag mit notwendiger Einsicht aufzufinden. Nun bleibt mir schon vieles von dem, was ich nur bei dem andern Führer gewinnen zu können hoffte, auch bei diesem gerettet; die Hermeneutik versiert nicht nur in dem klassischen Gebiet und ist nicht bloß in diesem engeren philologisches Organon: sondern sie treibt ihr Werk überall, wo es Schriftsteller gibt, und also müssen auch ihre Prinzipien diesem ganzen Gebiete genügen, und nicht etwa nur auf die Natur der klassischen Werke zurückgehen. – Herr Ast macht es mir mit einer so wohl abgefaßten Erklärung nicht bequem, sondern ich muß mir die einzelnen Glieder derselben zusammensuchen. Der erste Begriff, den er aufstellt, ist der eines Fremden, welches verstanden werden soll. Nun leugnet er zwar diesen Begriff in seiner ganzen Schärfe, und freilich, wenn das zu Verstehende dem, der verstehen soll, ganz fremd wäre und es gar kein beiden Gemeinschaftliches gäbe: so gäbe es auch keinen Anknüpfungspunkt für das Verstehen. Aber ich darf doch wohl schließen, daß der Begriff als ein beziehungsweiser stehnbleibt, und daraus würde dann folgen, daß so wie in jenem Falle, wenn alles schlechthin fremd wäre, die Hermeneutik ihr Werk gar nicht anzuknüpfen wüßte, ebenso in dem entgegengesetzten, wenn nämlich gar nichts fremd wäre zwischen dem Redenden und dem Vernehmenden, sie es dann gar nicht erst anzuknüpfen brauchte, sondern das Verstehen wäre mit dem Lesen und Hören zugleich oder vielleicht divinatorisch schon vorher immer gegeben und verstände sich also vollkommen von selbst.

Ich bin es vollkommen zufrieden, das Geschäft der Hermeneutik zwischen diesen beiden Punkten einzuschließen, aber ich gestehe auch, ich möchte dieses Gebiet gern ganz für sie in Anspruch nehmen und sagen, überall, wo es im Ausdruck der Gedanken durch die Rede für einen Vernehmenden etwas Fremdes gibt, da sei eine Aufgabe, die er nur mit Hilfe unserer Theorie lösen könne; wiewohl freilich immer nur, sofern es zwischen ihm und dem Redenden auch schon etwas Gemeinsames gibt. Meine beiden Führer aber beschränken mich auf mancherlei Weise; der eine schon dadurch, daß er nur von Schriftstellern redet, welche verstanden werden sollen, als ob nicht auch im Gespräch und in der unmittelbar vernommenen Rede dasselbe vorkommen könne, der andere dadurch, daß er sehr bald das Fremde beschränkt auf das in fremder Sprache Verfaßte, und dann auf die so verfaßten Werke des Geistes, welches wieder noch ein engeres Gebiet ist als das der Schriftsteller überhaupt. Denn wie vieles gibt es nicht, was wir nur wissen aus schriftlichen Aufsätzen von gar nicht sehr großem geistigen Gehalt, aus Erzählungen, die sich gar sehr der Art nähern, wie wir auch im gemeinen Gespräch kleine Ereignisse vorzutragen pflegen, weit entfernt von kunstreicher Geschichtschreibung, aus Briefen vom vertraulichsten und nachlässigsten Stil; und doch kommen auch in diesen hermeneutische Aufgaben vor von nicht geringer Schwierigkeit. Übrigens besorge ich doch, daß auch Wolf es hiermit nicht viel anders gemeint hat als Hr. Ast und daß, wenn ich ihn gefragt hätte, ob auch solche Schriftsteller wie die Zeitungsschreiber und diejenigen, welche die mancherlei Inserate darin verfassen, Gegenstände für die Auslegungskunst sind, er mich nicht sehr freundlich würde angelassen haben. Vieles freilich ist hier so, daß nichts Fremdes sein kann zwischen dem Verfasser und dem Leser; aber Ausnahmen kommen doch vor; und ich kann nicht einsehn, weshalb dieses Fremde auf eine andere Weise könnte oder müßte in eignes verwandelt werden als das einer kunstmäßigeren Schrift Angehörige. Wie es denn auch bei den hier handgreiflich nachzuweisenden allmählichen Übergängen – da es ja z. B. Epigramme gibt, die sich gar nicht bedeutend von einem Zeitungsartikel unterscheiden – unmöglich sein dürfte, für diese zwei Gebiete auch zwei verschiedene Methoden oder Theorien gegeneinander abzugrenzen. Ja, ich muß noch einmal darauf zurückkommen, daß die Hermeneutik auch nicht lediglich auf schriftstellerische Produktionen zu beschränken ist; denn ich ergreife mich sehr oft mitten im vertraulichen Gespräch auf hermeneutischen Operationen, wenn ich mich mit einem gewöhnlichen Grade des Verstehens nicht begnüge, sondern zu erforschen suche, wie sich wohl in dem Freunde der Übergang von einem Gedanken zum andern gemacht habe, oder wenn ich nachspüre, mit welchen Ansichten, Urteilen und Bestrebungen es wohl zusammenhängt, daß er sich über einen besprochenen Gegenstand grade so und nicht anders ausdrückt. Dergleichen Tatsachen, die wohl jeder Achtsame von sich wird einzeugen müssen, bekunden, dächte ich, deutlich genug, daß die Auflösung der Aufgabe, für welche wir eben die Theorie suchen, keineswegs an dem für das Auge durch die Schrift fixierten Zustande der Rede hängt, sondern daß sie überall vorkommen wird, wo wir Gedanken oder Reihen von solchen durch Worte zu vernehmen haben. Ebensowenig ist sie darauf beschränkt, wenn die Sprache eine fremde ist, sondern auch innerhalb der eigenen Sprache, und wohl zu merken, ganz abgesehn von den verschiedenen Dialekten, in die sie etwa zerfallen ist, und von den Eigentümlichkeiten, die bei dem einen vorkommen, bei den andern aber nicht, gibt es für jeden mancherlei Fremdes in den Gedanken und Ausdrücken eines andern, und zwar in beiderlei Vortrag, dem mündlichen und schriftlichen. Ja, ich gestehe, daß ich diese Ausübung der Hermeneutik im Gebiet der Muttersprache und im unmittelbaren Verkehr mit Menschen für einen sehr wesentlichen Teil des gebildeten Lebens halte, abgesehn von allen philologischen oder theologischen Studien. Wer könnte mit ausgezeichnet geistreichen Menschen umgehn, ohne daß er ebenso bemüht wäre, zwischen den Worten zu hören, wie wir in geistvollen und gedrängten Schriften zwischen den Zeilen lesen, wer wollte nicht ein bedeutsames Gespräch, das leicht nach vielerlei Seiten hin auch bedeutende Tat werden kann, ebenso genauer Betrachtung wert halten, die lebendigen Punkte darin herausheben, ihren innern Zusammenhang ergreifen wollen, alle leisen Andeutungen weiter verfolgen? Und Wolf zumal, der ein solcher Künstler war im Gespräch, so vieles gab, aber mehr andeutend als aussprechend, mehr winkend als andeutend, kann es gewiß nicht haben verschmähen wollen, auch kunstmäßig aufgefaßt zu werden, damit man womöglich wüßte, was er sich jedesmal dachte. Sollte nun diese Beobachtungs- und Auslegungskunst der lebenskundigen, welterfahrenen, staatsklugen Männer, soweit ihr Gegenstand die Rede ist, wirklich eine ganz andere sein als die, welche wir bei unsern Büchern anwenden? So anders, daß sie auf andern Prinzipien beruhte und einer ebenso ausgebildeten und regelrechten Darstellung nicht fähig wäre? Das glaube ich nicht, sondern nur wie zwei verschiedene Anwendungen derselben Kunst, in deren einer einige Motive wirksamer hervortreten, andere mehr zurück, und in der andern umgekehrt. Ja, ich möchte noch weiter gehen und behaupten, beide lägen gar nicht so weit auseinander, daß, wer es vorzüglich auf die eine anlegen will, der andern entraten könne. Insbesondere aber möchte ich, um bei dem stehenzubleiben, was uns am nächsten liegt, dem Ausleger schriftlicher Werke dringend anraten, die Auslegung des bedeutsameren Gesprächs fleißig zu üben. Denn die unmittelbare Gegenwart des Redenden, der lebendige Ausdruck, welcher die Teilnahme seines ganzen geistigen Wesens verkündigt, die Art, wie sich hier die Gedanken aus dem gemeinsamen Leben entwickeln, dies alles reizt weit mehr als die einsame Betrachtung einer ganz isolierten Schrift dazu, eine Reihe von Gedanken zugleich als einen hervorbrechenden Lebensmoment, als eine mit vielen anderen auch anderer Art zusammenhängende Tat zu verstehen, und eben diese Seite ist es, welche bei Erklärung der Schriftsteller am meisten hintangestellt, ja großenteils ganz vernachlässigt wird. Wir sehen nur, wenn wir beides vergleichen, zwei verschiedene, ich möchte mehr sagen, Teile als Formen der Aufgabe. Wo wir durch das Fremde der Sprache aufgehalten werden, da freilich forschen wir zunächst in dieser; aber diese kann uns ganz geläufig sein, und wir finden uns doch aufgehalten, indem wir den Zusammenhang in den Operationen des Redenden nicht fassen können. Bietet sich beides gleich wenig dar, dann kann die Aufgabe unauflöslich werden.

Doch ich gehe zu den besprochenen Erklärungen zurück, und muß nun zunächst in der Wolfischen, wenigstens für jede Hermeneutik, welche ich aufzustellen im Stande wäre, gegen den Ausdruck Protest einlegen, daß die Gedanken des Schriftstellers mit notwendiger Einsicht sollen aufgefunden werden. Nicht als ob mir die Forderung überhaupt zu stark vorkäme; es verhält sich vielmehr so, daß sie mir für eine große Anzahl von Fällen nicht zu groß scheint, aber ich fürchte, daß man, wird die Erklärung so gestellt, andere Fälle, auf welche der Ausdruck gar nicht paßt und die ich ungern übergehen möchte, aus den Augen verlieren muß. Man kann in vielen Fällen wohl beweisen – wiewohl auch in diesen schwerlich vollkommen ohne die von Wolf vielleicht zu wohlfeil im voraus von der Hand geschlagenen Untersuchungen über die Natur der Wortbedeutungen –, daß ein Wort in einer gegebenen Verbindung keine andere als eine bestimmte Bedeutung haben könne; ja, man kann durch das Ineinandergreifen solcher Elementarbeweise, wenn man nur irgendwo außerhalb dieses Kreises einen Standpunkt hat, auch wohl den Sinn eines Satzes befriedigend beweisen: aber wieviel andere Fälle gibt es – und solche sind vorzüglich das Kreuz der neutestamentischen Auslegung –, wo eben, weil man von dem einen Stützpunkt aus etwas anderes wahrscheinlich machen kann als von dem anderen, zu einer notwendigen Einsicht kein Raum bleibt. Auch in dem Gebiete der Kritik begibt es sich nicht selten so, daß andere dem Resultat einer gründlichen Untersuchung nichts anderes entgegenzusetzen wissen, als daß noch Möglichkeiten bleiben, daß es anders gewesen sei. Dergleichen Demonstrationen richten natürlich auf die Länge wenig aus; aber so lange auch nur eine solche Möglichkeit nicht gänzlich abgewiesen ist, kann doch von einer notwendigen Einsicht nicht die Rede sein. Und gehn wir nun weiter und denken daran, wie es tunlich ist, in größeren Teilen eines Ganzen den so oft schwierigen Zusammenhang der Gedanken nachzuweisen und die verborgene Zugabe gleichsam verlorner Andeutungen auszumitteln: so kommt es dabei nicht allein, wie Wolf es darstellt, auf Zusammenstellung und Abwägung minutiöser geschichtlicher Momente an, sondern auf das Erraten der individuellen Kombinationsweise eines Autors, welche anders geartet in der gleichen geschichtlichen Position und der gleichen Form des Vortrags doch ein anderes Resultat würde gegeben haben. In Dingen dieser Art aber kann die eigne Überzeugung sehr fest sein und auch gleichgestimmten und analog operierenden Genossen sehr leicht mitteilbar; aber die Form einer Demonstration würde man der Darstellung vergeblich auszuprägen suchen. Und dies sei keineswegs zum Nachteil solcher Entdeckungen gesagt, sondern auf diesem Gebiete gilt wohl vorzüglich das sonst ziemlich paradoxe Wort eines ausgezeichneten Kopfes, der uns nur eben entrissen worden ist, daß Behaupten weit mehr ist als Beweisen. Es ist eine ganz andere Art der Gewißheit, auch – wie Wolf es von der kritischen rühmt – mehr divinatorisch, die daraus entsteht, daß der Ausleger sich in die ganze Verfassung des Schriftstellers möglichst hineinversetzt; daher es sich denn auch hier nicht selten in der Tat so verhält, wie der platonische Rhapsode dieser jedoch sehr naiv von sich gesteht, daß er den Homer vortrefflich zu erklären vermöge, über einen andern aber Dichter oder Prosaisten ihm oft kein rechtes Licht aufgehen wolle. Nämlich in allem, was von der Sprache nicht nur, sondern auch irgend von dem geschichtlichen Zustande des Volkes und der Zeit abhängt, kann und soll sich der Ausleger, wenn ihm der gehörige Umfang von Kenntnissen zu Gebote steht, überall gleich trefflich zeigen. Was hingegen von richtiger Auffassung des inneren Herganges, als der Schriftsteller entwarf und komponierte, abhängt, was das Produkt seiner persönlichen Eigentümlichkeit in die Sprache und in die Gesamtheit seiner Verhältnisse ist, das wird auch dem gewandtesten Ausleger nur bei den ihm verwandtesten Schriftstellern, nur bei den Lieblingen, in die er sich am meisten hineingelebt hat, am besten gelingen, wie es uns auch im Leben nur mit den genauesten Freunden am besten vonstatten geht, bei andern Schriftstellern aber wird er sich auf diesem Gebiet weniger genügen, und sich auch gar nicht schämen, bei andern Kunstverwandten, die diesen näher stehen, sich Rats zu erholen. Ja, man könnte versucht sein zu behaupten, die ganze Praxis der Auslegung müsse sich auf diese Weise teilen, daß die eine Klasse von Auslegern mehr der Sprache und der Geschichte zugewendet als den Personen, durch alle Schriftsteller eine Sprache ziemlich gleichmäßig durchginge, wenngleich auch unter ihnen der eine mehr in dieser, der andere in einer andern Region hervorragt; die andere Klasse aber, mehr der Beobachtung der Personen zugewendet, die Sprache nur als das Medium, durch welches sie sich äußern, die Geschichte nur als die Modalitäten, unter denen sie existierten, betrachtend, sich nur jeder auf diejenigen Schriftsteller beschränkte, die sich ihm am willigsten aufschließen. Und es mag sich wohl auch wirklich so verhalten, nur daß die letzten, weil ihre Kunst weniger durch Auseinandersetzungen mitgeteilt werden kann, auch weniger öffentlich hervortreten, sondern sich der Früchte derselben im stillen Genuß erfreuen. Daß indes auch Wolf diese Seite keineswegs ganz übersehen hat, sondern die hier beschriebene mehr divinatorische als demonstrative Gewißheit zum Teil wenigstens für unsere Disziplin auch mit in Anspruch nimmt, geht aus andern Stellen hervor; und eine davon lohnt es, auch sonst etwas genauer zu betrachten.

Wenn nämlich Herr Ast in seinem Kompendium Grammatik, Hermeneutik und Kritik, ohne ihnen etwas anderes beizugesellen, als zusammengehörige Kenntnisse miteinander verbindet und wir nun hier, weil wir lediglich einen Anhang vor uns haben, nicht genau erfahren, wie sie sich gegeneinander verhalten: so hat Wolf noch nicht genug an diesem Kleeblatt für das Organon der Altertumswissenschaft, sondern er gesellt ihnen noch bei die Fertigkeit des Stils und die Kunst der Komposition, wozu denn der Poesie wegen auch noch die antike Metrik gehört. Dies ist allerdings auf den ersten Anblick eher überraschend. Ich meines Teils wollte wenigstens zufrieden sein, wenn ich die Fertigkeit des antiken Stils – und von dem allein, von der Komposition in den alten Sprachen ist die Rede – auch erst als die späte Frucht einer langen Beschäftigung mit der Altertumswissenschaft davontrüge. Denn man muß wohl mindestens ebensoviel und ebenso kräftig als in der Gegenwart in der alten Welt gelebt haben, muß sich aller damaligen Formen menschlicher Existenz und der eigentümlichen Beschaffenheit der umgebenden Gegenstände lebendig bewußt sein, um mehr zu leisten, als wie die meisten, aus zusammengelesenen Formeln ein zierliches Strohgeflecht machen, um wirklich, was uns aus unserer heutigen Welt bewegt, in römische oder hellenische Vorstellungen zu gestalten und diese dann in möglichst antiker Weise wiederzugeben. Wie kommt also Wolf dazu, uns diese Kunst abzufordern gleichsam als Eintrittspreis zu den Heiligtümern der Altertumswissenschaft? Und auf welchem redlichen Wege sollen wir sie uns denn schon verschafft haben? Ich sehe, wenn es hierzu keine Zaubermittel gibt, doch keinen andern als den der Überlieferung und einer glücklichen nicht bloß nachahmenden, sondern auch divinatorischen Aneignung des Verfahrens solcher, welche diese Fertigkeit zuletzt selbst nur als Frucht ihrer Studien hatten. Und das führte uns freilich in einem artigen Kreise herum, da wir doch nicht gleich der ununterbrochenen apostolischen Weihe unsern lateinischen Stil – und notwendig müßten wir ja zu diesem Beruf auch einen griechischen daneben haben – von solchen ableiten können, welche selbst noch keine andere Muttersprache hatten als jene beiden und also ihre Fertigkeit nicht einem ähnlichen Studium, sondern dem unmittelbaren Leben zu verdanken brauchten. Ebenso hätte ich die Metrik nicht geglaubt hier vor der Türe zu finden, sie scheint mir vielmehr zu den innersten Disziplinen der Altertumswissenschaft als ein wesentlicher Teil der antiken Kunstlehre zu gehören, indem sie mit der Orchestik ebenso genau als mit der Poetik zusammenhängend und die Theorie des prosaischen Rhythmus und der Deklamation notwendig nach sich ziehend, die gesamte nationale Entwicklung der Temperamente in dem Charakter der kunstgerechten Bewegungen darstellt. Doch die Metrik lassen wir nun; was aber die eigne Fertigkeit in antiker Komposition betrifft, so ist der eigentliche Schlüssel zu dieser Wolfischen Forderung folgendes. Er fordert diese Fertigkeit nicht unmittelbar für die inneren Disziplinen der Altertumswissenschaft, sondern zunächst für die Hermeneutik zum Behuf des richtigen und ganzen Verstehens im höheren Sinne des Wortes, dann, wiewohl er dies nicht besonders hervorhebt, es versteht sich aber wohl von selbst sowohl hiervon als von der Metrik, auch für die Kritik, so daß sein Eingang zum Heiligtum der Altertumswissenschaft wieder aus zwei Stufen besteht; die untere bilden Grammatik, welche er gleich als Grundlage der Hermeneutik und Kritik aufstellt, und neben ihr die Fertigkeit des Stils, die höhere Stufe bilden Hermeneutik und Kritik. Wenn nun Wolf, wie er ja die Grammatik hier in einem sehr großen Stil anlegt und nicht in dem spärlichen Umfang verzeichnet, wie wir sie von abgehenden Schülern fordern können, so gewiß auch unter der Fertigkeit des Stils nicht das lateinisch Schreiben versteht, wie es als geschickte Imitation und Anwendung der grammatischen Kenntnisse auf unsern Gymnasien vorkommt; auf der andern Seite aber doch gewiß ist, daß das echt antike Handhaben der beiden Sprachen in ganz freier eigentümlicher Darstellung nur einem, der den ganzen Umfang der Altertumswissenschaften durchmessen hat, wird nachgerühmt werden können: kann wohl der große Mann hier etwas anderes meinen als die durch Übung lebendig gewordene Kenntnis der verschiedenen Formen der Darstellung und ihrer eignen Schranken und Freiheiten? Und diese ist freilich von einem großen Einfluß auf jene weniger demonstrable, mehr der innern Geistestätigkeit des Schriftstellers zugewendete Seite der Auslegungskunst, und wenn uns grade in diesen hierdurch eine neue Einsicht eröffnet wird, so muß ja Wolf auch diesen wohl mit in sein Bild aufgenommen haben, wenn sie auch in seiner Darstellung nicht gleich deutlich hervortritt. Die Sache ist aber wesentlich diese. Wenn wir die verschiedenen Formen der schönen Redekünste und die verschiedenen Typen des Stils auch für wissenschaftliche und geschäftliche Abfassungen, die sich in einer Sprache ausgebildet haben, abgeschlossen vor uns sehen: so zerfällt offenbar die ganze Geschichte der Literatur in dieser Hinsicht in zwei einander entgegenstehende Perioden, deren Charaktere aber hernach, nur in untergeordnetem Maßstab, auch gleichzeitig wiederkehren. Die erste ist die, in welcher sich diese Formen allmählich bildeten, die andere ist die, in welcher sie herrschten, und wenn die Aufgabe der Hermeneutik darin besteht, den ganzen inneren Verlauf der komponierenden Tätigkeit des Schriftstellers auf das vollkommenste nachzubilden: so ist es auch höchst notwendig zu wissen, welcher von beiden Perioden er angehört. Denn gehört er zu der ersten: so war er in dieser ganzen Tätigkeit rein er selbst, und es ist nun auf die Intensität seiner Produktion und seiner Gewalt in der Sprache daraus zu schließen, daß er nicht nur einzelne Werke hervorbrachte, sondern daß ein in der Sprache feststehender Typus zum Teil mit ihm und durch ihn beginnt. Dasselbe gilt, nur untergeordnet, von allen denen, welche diese Formen wenigstens besonders modifizierten, neue Elemente hineinbrachten oder einen andern Stil in ihnen gründeten. Je mehr hingegen ein Schriftsteller der zweiten Periode angehört, nicht die Form mit hervorbringt, sondern in dieser oder jener Form dichtet und arbeitet, desto genauer muß man diese kennen, um ihn in seiner Tätigkeit ganz zu verstehen. Denn gleich mit dem ersten Entwurf zu einem bestimmten Werk entwickelte sich auch in ihm die leitende Gewalt der schon feststehenden Form, sie wirkt durch ihre großen Maße mit zur Anordnung und Verteilung des Ganzen, und durch ihre einzelnen Gesetze schließt sie dem Dichtenden hier ein Gebiet der Sprache und also auch einer bestimmten Modifikation von Vorstellungen zu und öffnet ihm dort ein anderes, modifiziert also im einzelnen nicht nur den Ausdruck, sondern auch, wie sich denn beides nie ganz voneinander trennen läßt, die Erfindung. Wer also in dem Geschäft der Auslegung das nicht richtig durchsieht, wie der Strom des Denkens und Dichtens hier gleichsam an die Wände seines Bettes anstieß und zurückprallte und dort in eine andere Richtung gelenkt ward, als die er ungebunden würde genommen haben: der kann schon den inneren Hergang der Komposition nicht richtig verstehen und noch weniger dem Schriftsteller selbst hinsichtlich seines Verhältnisses zu der Sprache und ihren Formen die richtige Stelle anweisen. Er wird nicht inne werden, wie der eine die sich in ihm schon regenden Bilder und Gedanken kräftiger und vollständiger würde zur Sprache gebracht haben, wenn er nicht wäre beschränkt worden durch einen mit seiner persönlichen Eigentümlichkeit in manchen Konflikt tretende Form; er wird den nicht richtig zu würdigen wissen, der sich an Großes in dieser oder jener Gattung nicht würde gewagt haben, wenn er nicht unter der schützenden und leitenden Macht der Form gestanden hätte, die ihn ebensowohl befruchtete als bewahrte, und von beiden wird er den nicht genug hervorheben, der sich in der stehenden Form, ohne irgendwo anzustoßen, ebenso frei bewegt, als wenn er sie eben jetzt erst selbst hervorbrächte. Diese Einsicht in das Verhältnis eines Schriftstellers zu den in seiner Literatur schon ausgeprägten Formen ist ein so wesentliches Moment der Auslegung, daß ohne dasselbe weder das Ganze noch das Einzelne richtig verstanden werden kann. Gewiß aber hat Wolf vollkommen recht, daß es kaum möglich ist, hier richtig zu dirinieren, wenn man nicht eigne Erfahrung davon hat, wie sich in bestimmten Schranken und unter festen Regeln stehend, mit der Sprache arbeiten und gegen sie kämpfen läßt. Zwar steht wie überall, fast so auch hierbei, dem divinatorischen Verfahren das komparative gegenüber, aber ganz durch dieses ersetzt kann doch jenes nicht werden. Und wo sollte auch für das vergleichende Verfahren der erste gegebene Punkt herkommen, wenn er nicht in den eigenen Versuchen gegeben ist. Und hieraus erklärt sich denn auch, wie die Metrik hierher kommt, da das Silbenmaß für alle poetische Komposition ein sehr wesentlich die Wahl der Ausdrücke, ja zum Teil auch die Stellung der Gedanken bedingender Teil der Form ist und sich in dem Einfluß, den dieses ausübt, jene verschiedenen Verhältnisse auf das deutlichste zu erkennen geben. Indes, da dieses Verhalten des Inhaltes zur Form während des Zustandes der Komposition in allen Sprachen, von denen hier irgend die Rede sein kann, wesentlich und im großen dasselbige ist: so möchte ich weniger als Wolf darauf bestehn, daß die zum Behuf des Auslegens nötige Übung grade in den alten Sprachen selbst müsse gewonnen werden. Und wenn es dennoch so sein müßte, würde ich wieder nicht recht verstehen, warum denn die römische Sprache den Beruf und das Vermögen haben sollte, die griechische zu ersetzen.

Doch ich unterdrücke lieber eine Betrachtung, die sich hier aufdrängt über den Charakter, den solche Übungen wohl immer haben werden, wenn wir sie in Gedanken in die Literatur der betreffenden Sprache selbst versetzen, um aus dem zuletzt Gesagten einige nicht unbedeutende Folgerungen zu entwickeln. Wenn wir uns nämlich bei aller Ausübung dieser Kunst auch der beiden Methoden bewußt sind, der divinatorischen und der komparativen, und zwar, wie ich glaube, so allgemein, daß wir auf der einen Seite auch alles Unmittelbare verstehen, wobei gar keine besondern Zwischentätigkeiten unterschieden werden, als ein absolutes aber kaum als Zeiterfüllung merkliches Ausgeübthaben und Zusammengetroffensein beider ansehen können, und daß auf der andern Seite auch die kompliziertesten Ausübungen der Kunst uns nichts anderes darstellen als einen beständigen Übergang von der einen dieser beiden Methoden zur andern, der sich immer mehr einem solchen Zusammentreffen beider an demselben Ergebnis, wie jenes augenblickliche war, annähern muß, soll anders auch nur einige Befriedigung entstehen; wenn der vorher angegebene Unterschied zwischen der mehr grammatischen das Verstehen der Rede aus der Gesamtheit der Sprache bezweckenden, und der mehr psychologischen, das Verstehen derselben als eines Aktes fortlaufender Gedankenerzeugung bezweckenden Seite der Interpretation ebenso in der Sache gegründet ist, so daß ebenfalls in jedem vollkommnen Verstehen beides vollkommen muß gegeben sein, jede zusammengesetzte Operation aber, welche zu diesem Ziele führen soll, den Gang nehmen muß, was auf der einen Seite geschehen ist, durch neue Fortschritte auf der andern zu ergänzen: so fragt sich zunächst, ob die genannten Methoden beide auch für beide genannte Seiten gelten oder jede Methode nur einer Seite angemessen ist. Wenn also Wolf durch die Stellung, welche er der Metrik und der Fertigkeit in der Komposition gibt, vorzüglich für die mehr psychologische Seite der Interpretation eine Basis sucht, auf welche nur ein komparatives Verfahren gebaut werden kann: ist dabei seine Meinung, daß die andere mehr grammatische Seite der Interpretation vorzüglich durch die divinatorische Methode müsse gefördert werden? Unmittelbar und bestimmt will uns sein Aufsatz nicht darauf antworten; aber doch können die von ihm wiewohl nicht sehr schmerzlich noch vermißten Untersuchungen über die Bedeutung der Wörter und den Sinn der Sätze, wie sie es offenbar ganz mit der grammatischen Seite der Interpretation zu tun haben, diese doch nur durch ein komparatives Verfahren fördern. Und eben dieses zeigt wohl auch die Sache selbst, wenn wir sie fragen; denn alle grammatischen Schwierigkeiten werden immer nur durch ein komparatives Verfahren überwunden, indem wir immer wieder ein schon verstandenes Verwandtes dem noch nicht Verstandenen nahebringen und so das Nichtverstehen in immer engere Grenzen einschließen. Ebenso aber auf der andern Seite, was ist wohl die schönste Frucht von aller ästhetischen Kritik über Kunstwerke der Rede, wenn nicht ein erhöhtes Verständnis von dem inneren Verfahren der Dichter und anderer Künstler der Rede von dem ganzen Hergang der Komposition vom ersten Entwurf an bis zur letzten Ausführung. Ja, ist überhaupt etwas Wahres an der Formel, die höchste Vollkommenheit der Auslegung sei die, einen Autor besser zu verstehen, als er selbst von sich Rechenschaft geben könne: so wird wohl nur eben dieses damit gemeint sein können; und wir besitzen in unserer Literatur eine nicht unbedeutende

Anzahl kritischer Arbeiten, welche mit gutem Erfolg hierauf sind gerichtet gewesen. Wie ist dies aber anders möglich als durch ein komparatives Verfahren, welches uns zu richtigen Einsicht darüberverhilft, wie und wodurch derselbe Schriftsteller mehr gefördert worden ist als der eine und weiter zurückgeblieben hinter dem andern, und inwiefern der ganze Typus seines Werkes sich den verwandten nähert oder von ihnen entfernt. Gewiß aber wird auch die grammatische Seite nicht können der divinatorischen Methode entraten. Denn was wollen wir machen, so oft wir auf eine Stelle kommen, wo ein genialer Autor eine Wendung, eine Zusammenstellung in der Sprache zuerst ans Licht bringt? Hier gibt es kein anderes Verfahren als divinatorisch von dem Zustand der Gedankenerzeugung, in welchem der Autor begriffen war, ausgehend und ermittelnd, wie das Bedürfnis des Moments auf den dem Autor lebendig vorschwebenden Sprachschatz gerade so und nicht anders einwirken konnte; jenen schöpferischen Akt nachzubilden, und auch hier wieder wird es keine Sicherheit geben ohne Anwendung eines komparativen Verfahrens auf der psychologischen Seite. Wir werden daher die aufgestellte Frage nicht anders beantworten können, als daß, wenn das sichere und vollkommne Verstehen nicht unmittelbar mit dem Vernehmen zugleich erfolgt, beiderlei Methoden auf beide Seiten natürlich in verschiedenem Maß nach Maßgabe der Verschiedenheit des Gegenstandes – müssen angewendet werden, bis eine jenem unmittelbaren Verstehen möglichst gleiche Befriedigung entsteht. Nehmen wir aber hinzu, was oben schon bemerkt worden ist, daß der eigne Zustand den einen mehr zur psychologischen, den andern mehr zur grammatischen Seite hinlenkt, und wenden dasselbe gewiß mit gleichem Recht auf jene beiden Methoden an – denn mancher gewiß ist ein Virtuose in grammatischer Auslegung, der an den inneren Hergang im Geist und Gemüt des Komponierenden kaum denkt, und so auch umgekehrt gibt es wahre Künstler in diesem Fache, welche wenig und nur in den seltenen Fällen, wenn sie etwa ein Wörterbuch zur Hand nehmen müssen, an das besondere Verhältnis jeder Schrift zu ihrer Sprache denken – bringen wir also dieses mit in Rechnung: so werden wir freilich sagen müssen, so wie wir das unmittelbare und augenblickliche Verstehen ansehn können als auf die eine oder die andere Weise entstanden, und uns selbst mit unserer Aufmerksamkeit als auf die Produktivität des Autors gerichtet oder auch auf die objektive Totalität der Sprache: so werden wir auch das kunstmäßige Verfahren in der Auslegung, wenn es sein Ziel vollkommen erreicht hat, auf dieselbe Weise ausdrücken können und sagen, jetzt sind alle komparativen Elemente sowohl auf der psychologischen als auf der grammatischen Seite so vollständig beisammen, daß wir die Resultate unseres divinatorischen Verfahrens nicht weiter zu berücksichtigen brauchen, aber dann auch umgekehrt, daß die durchgeführte Genauigkeit des divinatorischen das komparative überflüssig macht. Ebenso, der innere Hergang sei durch divinatorisches und komparatives Verfahren so vollkommen durchsichtig, daß indem das so deutlich Angeschaute doch ein Denken gewesen sei, gedacht aber nicht werde ohne Worte, damit zugleich auch schon das ganze Verhältnis dieser Gedankenerzeugung und Ausbildung zur Sprache vollständig mit gewesen sei; aber ebenso auch umgekehrt.

Doch indem ich es hier mit der letzten Vollendung dieser Operation zu tun habe, werde ich fast unwillkürlich auf die ersten Anfänge derselben zurückgetrieben, um so mittels beider Endpunkte das Ganze zu umspannen. Diese ersten Anfänge sind doch nichts anderes, als wenn die Kinder anfangen, Gesprochenes zu verstehen. Wie passen nun unsere Formeln auf diese Anfänge? Sie haben die Sprache noch nicht, sondern suchen sie erst, aber sie kennen auch die Tätigkeit des Denkens noch nicht, weil es kein Denken gibt ohne Wort: bei welcher Seite also beginnen sie? Vergleichungspunkte haben sie noch gar nicht, sondern erwerben sie erst allmählich als Grundlage zu einem freilich unerwartet schnell sich entwickelnden komparativen Verfahren; aber wie fixieren sie das erste? Sollte man nicht in Versuchung sein zu sagen, daß jeder beides ursprünglich produzierte und nur entweder ursprünglich vermöge einer innern Notwendigkeit mit der Art, wie die andern erzeugt haben, zusammentrifft oder allmählich, wie er eines komparativen Verfahrens fähig geworden ist, sich ihnen annähert. Aber auch dieses schon, die innere Beweglichkeit zur eignen Erzeugung, aber mit der ursprünglichen Richtung auf das Aufnehmen von andern, ist ja nur dasselbe, was wir durch den Ausdruck des Divinatorischen bezeichnet haben. Dieses also ist das Ursprüngliche, und die Seele bewährt sich auch hier als ganz und eigentlich ein ahndendes Wesen. Aber mit welcher ungeheuren fast unendlichen Kraftäußerung beginnt sie, der keine folgende auch nur entfernt gleichgesetzt werden kann, indem sie das, was sich hernach gegenseitig unterstützt, beides gleichzeitig ergreifen muß, zuerst wahrhaft als eines, was nur erst allmählich auseinandertritt, die Sprache sich objektivieren, indem sie die einzelnen Wörter an die erscheinenden Gegenstände heftet und an die Bilder, welche sich in ihr selbst immer heller und sichrer gestalten, zugleich aber auch die Denktätigkeit, ich weiß nicht, ob ich sagen soll auffassen, um sie nachbilden, oder nachbilden, um sie auffassen zu können. So erstaunenswürdig erscheint mir immer diese erste Tätigkeit auf dem Gebiet des Denkens und Erkennens, daß mir vorkommt, als belächelten wir die falschen Anwendungen, welche die Kinder, und zwar nicht selten nur aus allzugroßer Folgerichtigkeit, von den aufgenommenen Sprachelementen machen, nur, um uns über dieses Übergewicht einer Energie, welche wir nicht mehr aufzuwenden vermögen, zu trösten oder auch dafür zu rächen.

Aber beim Lichte betrachtet, befinden wir uns in jedem Augenblick des Nichtverstehens noch in demselben Falle wie sie, nur der Maßstab ist kleiner. Wenngleich an dem Bekannten, ist es doch Fremdes, was uns entgegentritt in der Sprache, wenn uns eine Verbindung von Wörtern nicht deutlich werden will, Fremdes in der wenngleich der unsrigen noch so analogen Gedankenerzeugung, wenn uns der Zusammenhang zwischen den einzelnen Gliedern einer Reihe oder die Erstreckung derselben nicht feststehen will, sondern wir unsicher schwanken; und wir können immer nur mit derselben divinatorischen Kühnheit beginnen. Wir dürfen also unsern gegenwärtigen Zustand nicht schlechthin jenen riesenhaften Anfängen der Kindheit entgegensetzen; sondern dieses Geschäft des Verstehens und Auslegens ist ein stetiges, sich allmählich entwickelndes Ganze, in dessen weiterem Verlauf wir uns immer mehr gegenseitig unterstützen, indem jeder den übrigen Vergleichspunkte und Analogien hergibt, das aber auf jedem Punkt immer wieder auf dieselbe ahndende Weise beginnt. Es ist das allmähliche Sichselbstfinden des denkenden Geistes. Nur daß, wie auch der Umlauf des Blutes und der Wechsel des Atems sich allmählich vermindert, so auch die Seele, je mehr sie schon besitzt, auch im umgekehrten Verhältnis ihrer Empfänglichkeit träger wird in ihren Bewegungen, daß aber auch in der lebendigsten, eben weil jede in ihrem einzelnen Sein das Nichtsein der anderen ist, das Nichtverstehen sich niemals gänzlich auflösen will. Nimmt nun aber von jenen ersten Anfängen die Rapidität der Erfolge ab: so wird durch die größere Langsamkeit der Bewegungen und das längere Verweilen bei einer Operation die Besinnung begünstigt, und so tritt zuerst ein jene Periode, wo hermeneutische Erfahrungen gesammelt werden und zu Ratschlägen, denn so möchte ich lieber sagen als Regeln, gesammelt werden. Eine Kunstlehre aber kann wohl, wie fast von selbst aus dem Gesagten hervorzugehen scheint, nur dann erst entstehen, wenn sowohl die Sprache in ihrer Objektivität als der Prozeß der Gedankenerzeugung als Funktion des geistigen Einzellebens in ihrem Verhältnis zum Wesen des Denkens selbst so vollkommen durchschaut sind, daß aus der Art, wie beim Verknüpfen und Mitteilen der Gedanken verfahren wird, auch die Art, wie beim Verstehen verfahren werden muß, in einem vollständigen Zusammenhang dargestellt werden kann.

Doch um dieses zur völligen Deutlichkeit zu bringen, müssen wir erst, was aber ein zweites Geschäft wäre zu diesem ersten, einem Gedanken sein volles Recht angetan haben, den Herr Ast vor Wolf voraus zu haben scheint, der aber, ehe man durch ihn die Gestaltung der Hermeneutik durchgreifend bestimmt, doch mehr ein Fund zu sein scheint als eine Entdeckung, der Gedanke nämlich, daß alles Einzelne nur verstanden werden kann vermittelst des Ganzen und also jedes Erklären des Einzelnen schon das Verstehen des Ganzen voraussetzt.

B²

Der von Herrn Ast vorgetragene und nach manchen Seiten hin ziemlich ausgeführte hermeneutische Grundsatz, daß wie freilich das Ganze aus dem Einzelnen verstanden wird, so doch auch das Einzelne nur aus dem Ganzen verstanden werden könne, ist von solchem Umfang für diese Kunst und so unbestreitbar, daß schon die ersten Operationen nicht ohne Anwendung desselben zustande gebracht werden können, ja, daß eine große Menge hermeneutischer Regeln mehr oder weniger auf ihm beruhen. Ist ein Wort seinem allgemeinen Sprachwerte nach bekannt: so wird doch nur durch andere Teile desselben Satzes und zwar zunächst durch diejenigen, mit denen es am nächsten organisch verbunden ist, bestimmt, welcher Teil dieses Sprachwertes in die gegebene Stelle fällt und welche auszuschließen sind, das heißt also, es wird als Teil aus dem Ganzen als Einzelnes aus der Gesamtheit verstanden. Und dies gilt nicht nur von der Wahl unter den mehreren sogenannten Bedeutungen eines Wortes, sondern auch bei allen Wörtern, die eines verschiedenen Grades fähig sind, von diesem, und überhaupt von dem größeren oder geringeren Nachdruck, der einem Worte zukommt. Und wenn man die Regel stellt, ein Wort in demselben Zusammenhang nicht das eine Mal anders zu erklären als das andere, weil nämlich nicht wahrscheinlich sei, daß der Schriftsteller es das eine Mal anders werde gebraucht haben: so kann diese doch nur insofern gelten als auch der Satz, wo es zum andern Mal vorkommt, noch als ein Teil desselben Zusammenhanges mit Recht kann angesehen werden. Denn in einem neuen Abschnitt können unter manchen Umständen mit demselben Recht wie in einem ganz andern Werk auch andere Bedeutungen ihren Platz finden. Wird nun beim zweiten Vorkommen der Sinn des Wortes durch das erste bestimmt: so wird ebenfalls das Einzelne aus dem Ganzen verstanden, denn nur von der klaren Ansicht, daß dieser Teil einer Schrift wirklich auch in bezug auf das vorliegende Wort ein Ganzes sei, hängt die Erklärung ab. Auch das richtige Verfahren mit Parallelstellen beruht ebenfalls darauf, daß man nur solche Stellen wähle, welche in einem in bezug auf das fragliche Wort dem zu erklärenden ähnlichen Ganzen vorkommen, mithin auch Teile desselben Ganzen sein könnten. In dem Maß aber, als dieses nicht feststeht, wird auch die Anwendung unsicher sein. So deutlich dies aber ist und auch noch durch mehrere Beispiele bestätigt werden könnte: so schwierig ist die Frage, wie weit man mit Anwendung dieser Regel hinaufsteigen könne, zu beantworten. Denn wie das Wort im Satz ein einzelnes ist und ein Teil, so auch der Satz im größeren Zusammenhang der Rede. Daher es denn so leicht geschieht, daß ganz falsche Vorstellungen mit einzelnen Sätzen eines Schriftstellers verbunden werden, wenn man die Sätze aus ihrem ursprünglichen Zusammenhang herausgerissen nun als Belege oder Beweisstellen einem andern Zusammenhang einverleibt, und es kommt auch so häufig vor, daß nur zu verwundern ist, wie diese Treue der Zitatoren noch nicht sprichwörtlich geworden ist. Ein anderes ist es freilich mit Sätzen, die eines sprichwörtlichen Gebrauches fähig sind; allein diese erscheinen auch für sich hingestellt immer in einem bedeutenden Grade unbestimmt und gelten gleich dafür, daß sie ganz bestimmt erst werden, je nachdem der Zusammenhang es mit sich bringt, in welchen man sie einführt. Und eben darauf, daß sie so gewissermaßen jedem preisgegeben sind, und wiewohl sie ihrer Form wegen mehr als andere immer für sich allein bleiben, doch jedesmal durch ihre Umgebung etwas anders gewendet werden, beruht ein großer Teil ihres eigentümlichen Reizes. Gehen wir nun einen Schritt weiter: so werden wir dasselbe sagen können auch von einem größeren Zusammenhang von Sätzen. Und woher käme es wohl z. B., daß man so oft uns Deutschen den Vorwurf macht, wir verständen nicht die Persiflage, die doch immer in einer Reihe von Sätzen besteht, als weil entweder die vorbereitenden Winke in dem größeren Zusammenhang der Rede gänzlich fehlen und man mit der ernsthaften Erklärung völlig ausreicht, und dann ist der Schriftsteller im Unrecht, oder daß nicht gehörig darauf geachtet, d. h. diese einzelne Reihe nicht richtig aus dem Ganzen verstanden wird, und dann ist die Schuld des Lesers. Aber keineswegs beschränkt sich die Sache auf solche und ähnliche Fälle; sondern überall, wo es darauf ankommt zu wissen, wie genau man es mit einer Reihe von Sätzen zu nehmen und aus welchem Gesichtspunkt man die Verknüpfung derselben zu betrachten hat, muß man zunächst das Ganze kennen, dem sie angehören. Ja, es läßt sich auch dieses auf den ursprünglichen Fall zurückführen und muß mithin ganz allgemein gelten. Für jede genauer zusammenhängende Gliederung von Sätzen nämlich gibt es auf irgendeine Weise, nur daß dies nach der verschiedenen Art der Werke sehr verschieden sein wird, einen Hauptbegriff, der sie dominiert oder, wie wir uns auch wohl ausdrücken, das Wort dafür ist; und diesem Worte kann nun ebenso wie dem einzelnen Wort in dem einzelnen Satz sein völlig bestimmter Sinn nur richtig zugeteilt werden, wenn es im Zusammenhang mit den andern ähnlichen Worten gelesen wird, d. h. jede Gliederung von Sätzen, sei sie nun größer oder kleiner, kann nur richtig verstanden werden aus dem Ganzen, welchem sie angehört. Und wie nun jedes kleinere so durch ein größeres, das selbst wieder ein kleineres ist, bedingt wird: so folgt offenbar, daß auch das Einzelne nur vollkommen verstanden werden kann durch das Ganze. Betrachten wir nun von hier aus das ganze Geschäft des Auslegens: so werden wir sagen müssen, daß vom Anfang eines Werkes an allmählich fortschreitend das allmähliche Verstehen alles Einzelnen und der sich daraus organisierenden Teile des Ganzen immer nur ein provisorisches ist, etwas vollkommner, wenn wir einen größeren Teil übersehen können, aber auch wieder mit neuer Unsicherheit und wie in der Dämmerung beginnend, wenn wir zu einem andern übergehn, weil wir dann wieder einen wenngleich untergeordneten Anfang vor uns haben, nur daß je weiter wir vorrücken, desto mehr auch alles Vorige von dem Folgenden beleuchtet wird, bis dann am Ende erst wie auf einmal alles Einzelne sein volles Licht erhält und in reinen und bestimmten Umrissen sich darstellt. Aber wir können auch Herrn Ast nicht Unrecht geben, wenn er, um uns eines solchen häufigen Zurückgehens und Zurücksehens zu überheben, den Rat gibt, wir sollten lieber gleich jedes Verstehen mit einer Ahndung des Ganzen beginnen. Nur ist freilich die schwierige Frage die, woher eine solche Ahndung kommen soll. Wenn man freilich unsere ganze Aufgabe nur auf diejenigen Werke der Rede beschränkt, und so scheinen es ja Wolf sowohl als Herr Ast gemeint zu haben, die wir gleichzeitig, das heißt schriftlich, vor uns haben: so ergibt sich eine Möglichkeit. Schon Vorreden, die bei einem mündlichen Vortrag selten gemacht werden, sind mehr eine Hilfe als die bloße Überschrift. Dann fordern wir Büchern von gewisser Art Übersichten und Inhaltsanzeigen ab, gewiß nicht allein, um einzelnes mit Leichtigkeit auffinden zu können, sondern vorzüglich wegen der Anschauung, die sie uns von der Gliederung eines Werkes gewähren, und weil wir dann jene großen Worte, welche die größeren und kleineren Teile beherrschen, schon gleich von vorn zusammenstellen können. Je reichlicher uns nun dergleichen gewährt ist, um desto leichter ist jener Rat zu benutzen. Ja, auch wenn es hieran gänzlich fehlt, hat man nur das Buch vor sich: so kann selbst die sonst eher verdammlich erscheinende Neigung, ehe man mit einem Buch ernstlich anbindet, darin zu blättern, dem, der Glück hat oder Geschick, von bedeutendem Nutzen sein, um jenen Mangel zu ergänzen. Doch ich schäme mich fast, dieses geschrieben zu haben, wenn ich bedenke, wie das ganze Altertum, das doch verurteilt war, nach denselbigen Regeln wie wir zu verstehen, von solchen Hilfsmitteln nichts wußte, ja wie auch von den ausgezeichneten prosaischen Werken nicht wenige so beschaffen sind, daß dergleichen auch gar nicht anzubringen wären, ja, vielmehr so verschmäht werden, daß selbst die unentbehrlichen äußeren Abteilungen nichts mit der inneren Gliederung, aus der die Ahndung des Ganzen entstehen kann, gemein haben, bei den poetischen aber alles Ähnliche fast ins Lächerliche fällt, endlich daß es auch unter uns doch nicht wenig solche gibt, die vornehm genug sind, nicht selbst zu lesen, sondern sich vorlesen zu lassen, denen mithin weder das Blättern hilft noch die Inhaltsanzeigen. Wir müssen also die Frage, woher denn die Ahndung des Ganzen kommen soll, ohne welche das vollkommne Verständnis des Einzelnen nicht möglich ist, versuchen, auf die allgemeinste Weise zu beantworten. Hierbei ist nun zuerst zu bemerken, daß nicht jede zusammenhängende Rede in gleichem Sinn ein Ganzes ist, sondern oft nur eine freie Aneinanderreihung von Einzelheiten, und dann ist ein Verstehen des Einzelnen aus dem Ganzen gar nicht aufgegeben; oft ist sie nur eine freie Aneinanderreihung von kleineren Ganzen, und dann ist uns aufgegeben, jedes Einzelne aus seinem kleineren Ganzen zu verstehen. Ob aber das eine oder das andere der Fall sein werde, das liegt immer schon in dem Begriff der Gattung, welcher eine Rede oder Schrift angehört. Aber auch innerhalb einer jeden solchen finden freilich mancherlei Abstufungen auch in dieser Hinsicht statt, daß der eine ein Werk derselben Gattung so streng als möglich hält und der andere so gelöst als möglich; hiervon aber bekommen wir eben die erste Ahndung aus einer allgemeinen Bekanntschaft mit dem Urheber und seiner Art und Weise. Bei Reden nun, welche nicht in schriftlicher Auffassung zu uns gelangen, also nur einmal gehört zu werden bestimmt sind, kann die vorläufige Ahndung vom Ganzen, wenn nicht der Redende selbst eine Übersicht des Ganzen voranschickt, nicht weiter ausgebildet werden, als was vorläufige Kenntnis der Gattung und jene allgemeine Kunde von dem Urheber und seiner Art und Weise an die Hand gibt. Fehlt nun gar eines von beiden oder beides: so kann das Fehlende nur ergänzt werden durch die Schlüsse, die wir von Anfang an machen aus dem Ton und Gestaltung des Einzelnen und aus der Art und Weise der Fortschreitung. Es muß also allerdings ein Verständnis des Ganzen geben, auch wenn beides fehlt, bloß durch das Einzelne, aber dieses wird notwendig nur ein unvollkommnes sein, wenn nicht das Gedächtnis das Einzelne festgehalten hat und wir, nachdem das Ganze gegeben ist, zum Einzelnen zurückkehren können, um es dann aus dem Ganzen genauer und vollkommner zu verstehen. Somit verschwindet hier wieder der Unterschied zwischen dem, was bloß mündlich vernommen wird, und dem, was wir schriftlich vor uns haben, gänzlich, indem wir auch für jenes durch das Gedächtnis uns aller Vorteile bemächtigen, die dem Letzten ausschließlich zu eignen scheinen, so daß, wie auch schon Platon gesagt hat, der Nutzen der Schrift nur darin besteht, dem Mangel des Gedächtnisses abzuhelfen, zweideutig, weil sie, wie auf das Verderben des Gedächtnisses gegründet, eben dieses Verderben auch wieder aufs neue befördert. Und für Rede und Schrift gleichmäßig folgt aus dem Gesagten, daß jedes erste Auffassen nur ein Vorläufiges und Unvollkommnes ist, gleichsam ein regelmäßigeres und vollständigeres Blättern, nur da hinreichend und für sich allein der Aufgabe gewachsen, wo wir gar nichts Fremdes finden und das Verstehen sich von selbst versteht, das heißt, wo überhaupt keine hermeneutische Operation mit bestimmtem Bewußtsein vorkommt. Wo aber es sich anders verhält, da müssen wir öfter vom Ende zum Anfang zurückkehren und das Auffassen ergänzend von neuem beginnen; je schwieriger die Gliederung des Ganzen zu fassen ist, desto mehr suchend ihr vom Einzelnen aus auf die Spur zu kommen, je reichhaltiger und bedeutsamer das Einzelne ist, um so mehr suchend es vermittelst des Ganzen in allen seinen Beziehungen aufzufassen. Freilich gibt es mehr oder weniger in jedem Werk auch solche Einzelheiten, welche nicht durch die Gliederung des Ganzen ihr volles Licht erhalten, weil sie, daß ich so sage, außerhalb derselben liegen und nur als Nebengedanken bezeichnet werden können, die anderwärts ebensogut als hier einen gleichen Ort haben könnten, als Hauptgedanken aber vielleicht gar einem Werk von ganz andrer Art angehören müßten. Aber auch diese als der freien nur durch augenblicklichen Anlaß bestimmbaren Gedankenerzeugung des Urhebers angehörig, bilden in einem gewissen Sinne wenigstens ein Ganzes unter sich, nur weniger in Beziehung auf die Gattung eines bestimmten Werkes als in Beziehung auf die Eigentümlichkeit des Urhebers, weniger beitragend zum Verständnis des Ganzen, sofern es ein in der Sprache Organisiertes und Lebendes ist, als sofern es einen fruchtbaren Keimesmoment seines Urhebers fixiert hat und zur Darstellung bringt. Wie nun solche Reden die geringste Aufgabe wären für dieses Verhältnis des Ganzen und Einzelnen, wobei wir das Ganze leicht von jedem Einzelnen aus erfassen und auch das Einzelne fast erraten könnten, wenn uns nur das Ganze in den leisesten Umrissen gegeben wäre: so wiederum sind die größten solche Werke des schöpferischen Geistes, sei übrigens Form und Gattung, welche sie wollen, welche jedes nach seiner Art ins Unendliche gegliedert und zugleich im einzelnen unerschöpflich sind. Jede Lösung der Aufgabe erscheint uns hier immer nur als eine Annäherung. Denn die Vollkommenheit würde darin bestehen, daß wir mit solchen Werken ebenso verfahren könnten wie mit denen, welche wir als das Minimum in dieser Hinsicht bezeichnet haben, nämlich, daß wir aus der Gliederung des Ganzen und des Einzelnen wenigstens bis auf einen gewissen Grad der Ähnlichkeit selbst erfinden könnten. Und wenn wir uns dieses überlegen, finden wir darin wohl einen mächtigen

Grund, warum Wolf für den Ausleger wie für den Kritiker die Fertigkeit in der Komposition als fast unerläßliche Bedingung fordert. Denn es möchte vielleicht fast unmöglich sein, bei dieser Aufgabe das divinatorische Verfahren, welches vorzüglich durch die eigne Produktivität geweckt wird, auch durch einen großen Reichtum von Analogien zu ersetzen.

Doch mit dem bisher verzeichneten Umfang dieser Aufgabe noch nicht zufrieden, zeigt uns Herr Ast einen nicht zu verachtenden Weg, sie noch einmal zu potenzieren. Nämlich wie das Wort zum Satz und der einzelne Satz zu seiner nächsten Gliederung und diese zu dem Werke selbst wie ein Einzelnes zu einer Gesamtheit oder ein Teil zum Ganzen: so sei auch wiederum jede Rede und jedes schriftlich verfaßte Werk ebenso ein Einzelnes, das nur aus einem noch größeren Ganzen vollkommen könne verstanden werden. Es ist aber leicht zu sehen, daß jedes Werk in zweifacher Hinsicht ein solches Einzelnes ist. Jedes ist ein Einzelnes in dem Gebiet der Literatur, dem es angehört, und bildet mit andern gleichen Gehaltes zusammen ein Ganzes, aus dem es also zu verstehen ist in der einen Beziehung, nämlich der sprachlichen. Jedes ist aber auch ein Einzelnes als Tat seines Urhebers und bildet mit seinen anderen Taten zusammen das Ganze seines Lebens, und ist also nur aus der Gesamtheit seiner Taten, natürlich nach Maßgabe ihres Einflusses auf jene und ihrer Ähnlichkeit mit ihr, in der andern, nämlich der persönlichen Beziehung zu verstehen. Der Unterschied wird immer sehr groß sein, freilich größer oder kleiner nach der Beschaffenheit des Werks, zwischen einem Leser, der auf dem bisher beschriebenen Wege sich das Verständnis des Ganzen erwirbt, und einem andern, der den Verfasser in seinem ganzen Leben bis zur Erscheinung des Werkes begleitet hat und dem viel heller und bestimmter als jenem im Gange des Ganzen wie in allem Einzelnen der ganze Mensch entgegentritt. Derselbe Unterschied aber auch zwischen jenem und dem, welcher mit dem ganzen Kreise verwandter Werke bekannt, auf eine ganz andere Art den sprachlichen Wert der einzelnen Teile und den technischen der ganzen Zusammensetzung wird zu schätzen wissen. Sonach folgt auch für jedes ganze Werk als einzelnes, was für die kleineren Teile desselben folgte. Auch nach jenem wiederholten Auffassen bleibt alles Verstehen in dieser höheren Beziehung nur ein vorläufiges, und jedes wird uns in einem ganz andern Licht erscheinen, wenn wir, nachdem wir das ganze ihm verwandte Gebiet der Komposition durchlaufen haben, und ebenso nach gemachter Bekanntschaft mit andern auch verschiedenartigen Werken desselben Verfassers und soviel möglich mit seinem ganzen Leben, zu dem einzelnen Werk zurückkommen. Wie nun, wo es auf das Verstehen des Einzelnen in einem Werk aus der Totalität des Werkes ankommt, uns Inhaltsanzeigen und schematische Übersichten keineswegs jene erneuerten Auffassungen, jene wiederholte Rückkehr vom Ende wieder zum Anfang, wirklich ersetzen konnten, teils weil wir uns doch dabei auf die Auffassungen eines andern verlassen müssen und immer schon bedeutend können mißleitet sein, ehe wir das Falsche darin gewahren, teils auch, weil alle solche Hilfsmittel zu sehr am gänzlichen Mangel der Anschaulichkeit leiden, als daß sie das divinatorische Vermögen, worauf hier das meiste ankommt, lebendig erregen könnten: so ist auch hier, wo es auf das Verstehen des Werkes teils aus der verwandten Literatur, teils aus der Gesamttätigkeit des Verfassers ankommt, wenig Trost und Hilfe bei allem, was um die Bekanntschaft mit beiden zu ersetzen in Prolegomenen und Kommentaren geleistet zu werden pflegt. Denn von den verwandten Werken wird gewöhnlich nur beigebracht, was der Verfasser selbst benutzt hat, und von ihm selbst, seinem Tun und seinen Verhältnissen nur das, worauf Beziehung genommen wird in dem Werke selbst. So daß auch dieses nur dem Einzelnen dient und keineswegs dem Ganzen, daß aber eine lebendige und zuverlässige Charakteristik des Verfassers aus der Gesamtheit seiner Erscheinung gegeben würde, oder eine Morphologie der betreffenden Gattung durch die Vergleichung ganzer Gruppen, um das vollständige Verstehen dadurch denjenigen zu erleichtern, welche etwa mit einem bestimmten Werk ihre Bekanntschaft mit dem Verfasser oder mit der Gattung erst beginnen, das wäre auch dem Ort und der Absicht nicht angemessen.

Doch indem wir hier, was das Verstehen des Einzelnen aus dem Ganzen betrifft, auf dem Gipfel der Forderung zu stehen scheinen: so mögen wir uns hier wohl einen Rückblick auf das Bisherige nicht versagen. Wenn nämlich schon eben nur beiläufig bemerkt worden ist, daß es wohl zwei verschiedene Klassen von Auslegern sein mögen, welche sich in das Geschäft teilen, die eine mehr auf die Sprachverhältnisse jeder vorliegenden Schrift gerichtet, die andere mehr auf den ursprünglichen psychischen Prozeß der Erzeugung und Verknüpfung von Gedanken und Bildern: so scheidet sich auf diesem Punkte ganz besonders klar die Differenz der Talente. Ich gebe nämlich hier das ganze Geschäft, das einzelne Werk in dem Zusammenhang mit den analogen derselben Literatur aufzufassen, dem sprachlichen Ausleger. Denn aus der Natur der Sprache und des mit ihr zugleich entwickelten und an sie gebundenen gemeinsamen Lebens bilden sich die Formen aller Komposition; das individuelle Persönliche ist hier in dem, was am meisten geltend geworden ist, auch der am meisten zurücktretende Faktor. Wogegen, wer einen Schriftsteller, welcher Art er auch sei, in seiner Komposition belauschen will und zu diesem Ende sich möglichst seine ganze Art zu sein vergegenwärtigt, um selbst die Momente der Begeisterung und der Konzeption, die den alltäglichen Zusammenhang des Lebens wie höhere Eingebungen unterbrechen, dann aber auch alles, was irgend auf den Gang der Erfindung im einzelnen mit Einschluß sogar der für die Idee des Ganzen gleichgültigen Nebengedanken sich bezieht, lebendig anschauen will, um richtig zu schätzen, wie sich in ihm das ganze Geschäft der Komposition zu seinem gesamten Dasein verhält oder auch sich für sich betrachtet als ein Eigentümliches, eine bestimmte Persönlichkeit Darstellendes entwickelt; für den müssen sich natürlich alle jene Verhältnisse weit in den Hintergrund zurückziehen. Allein das vollkommene Verstehen bleibt immer durch die Bemühungen beider bedingt, und es kann in keinem einzelnen Ausleger sein, der so ganz auf der einen Seite stände, daß ihm auch die Empfänglichkeit für das, was auf der andern geschieht, abgeht. Ein Ausleger von der letzten Art, der über das Sprachliche hinpfuschen wollte, würde dennoch, auf wie verständige Art er auch in seinen Autor verliebt sein möge und wie sehr er sich auch hüten möge, ihm nicht, wie es so oft von solchen geschieht, Intentionen anzudichten, die ihm nicht in den Sinn gekommen sind, doch nicht nur vielfältig irren, und zwar um so mehr, je mehr der Autor selbst ein Sprachbildner gewesen wäre, sondern er könnte auf unserem Gebiete doch immer nur sein, was man nicht mit Unrecht auf dem Gebiet der künstlerischen Produktivität – ich fasse es allgemein, denn es trifft die Dichter und Redner, ja, ich möchte auch sagen, die Philosophen nicht minder als die Maler – einen Nebulisten genannt hat. Der andere aber ebenso gedacht, wenn er auch in der Tat die Verhältnisse eines Werkes zu den übrigen seiner Gattung auf das richtigste ausmittelte, so daß er sich nicht nur mit scharfsinnigen Vergleichungen und Zusammenstellungen begnügte, sondern die Bedeutung desselben tiefsinnig auffaßte, würde dennoch, weil er in dem Werke nicht den ganzen Menschen zu sehen und mit ihm zu leben wüßte, sondern dafür die Fähigkeit ihm gänzlich fehlte, dem nicht entgehen, was wir einen Pedanten nennen. Da es nun leichter ist, sich von andern ergänzen zu lassen in dem, was man selbst wiewohl unvollständig besitzt, als sich lebendig anzueignen, woran man selbst gar keinen Teil hat: so scheint es, daß diejenigen, welche die Höhe, auf der wir uns jetzt befinden, nur von der einen Seite ersteigen, weniger gut für sich selbst sorgen als sie nur andern nützlich sind, und jedem, der ein Ausleger werden will, möchte zu raten sein, daß er es lieber mit beidem versuche, sollte er auch deshalb nicht so leicht auf einer Seite ein Virtuose werden, weil er doch dem entgehen wird, auf der andern ganz zu hinken. Wie wir nun diese beiden Seiten unseres Geschäfts schon von vornherein unterschieden haben: so bot sich uns auch gleich jenes zweifache Verfahren dar, das divinatorische und das komparative: und wir fragen wohl billig danach, wie es sich mit beiden auf dieser höheren Stufe verhält. Vorher, als wir noch ganz innerhalb des Werkes selbst standen, zeigte sich uns, daß beide notwendig waren für jede Seite, für die grammatische wie für die psychologische. Nun aber wir es nicht nur einzeln der Sprache wegen zu tun haben mit Stellen aus andern Schriften, sondern mit einem ganzen Gebiet literarischer Produktion, und auf der andern Seite nicht mehr mit dem, was sich aus dem Akt der ursprünglichen Konzeption eines Werks in der Seele entwickelt, sondern die Aufgabe ist dieser selbst mit der ganzen Art und Weise seiner wirklichen Entwicklung aus der Einheit und dem Totalzusammenhang dieses bestimmten Lebens, nun ist es vielleicht nicht mehr mit beiden dasselbe. Betrachten wir nun zu dem Ende noch einmal jene beiden Seiten unserer Aufgabe: so scheint doch die eine so sehr zurückstehend an Ausbildung gegen die andere und, daß ich so sage, zusammengeschrumpft, daß es ganz unrichtig scheint, in einer dereinstigen hermeneutischen Technik sie so als gleiche nebeneinander zu stellen. Bleiben wir zunächst beim klassischen Altertum stehn, welches doch immer der erste Gegenstand bleibt, an dem unsre Kunst geübt wird, wie viele von den bedeutendsten Schriftstellern gibt es nicht, von deren ganzem übrigen Leben und Sein wir so wenig wissen, daß überhaupt Bedenken entsteht, wie weit wir ihrer Person zu trauen haben. Und was wir von Sophokles und Euripides wissen außer ihren Werken, ist es wohl von der Art, uns den geringsten Aufschluß zu geben über die Differenz ihrer Kompositionen? Oder so bekannte

Männer wie Platon und Aristoteles, würde wohl alles, was wir von ihrem Leben und ihren Verhältnissen kennen, uns auch nur im mindesten erklären, warum der eine diesen und der andere einen ganz anderen Weg eingeschlagen hat in der Philosophie und bis wie weit sie sich wohl haben nahekommen können in der Komposition in den uns nicht mehr zu Gebot stehenden Schriften? Ja, sind wir wohl mit einem einzigen alten so glücklich wie mit dem Römer Cicero, daß wir einen ganzen Schatz von Briefen als eigentliche Dokumente seiner Persönlichkeit von seinen größern Werken absondern können, um nun auch in diesen vermittelst jener, seine ganze Persönlichkeit zu erblicken. Gehen wir nun gar zu den Produktionen des fernen und grauen Orients, wie wäre wohl da an einzelne Gestalten zu denken, die wir könnten unterscheiden wollen, um durch die eigentümliche Art, wie sich ihr Gemüt ausbildete, auch ihre Werke zu erleuchten. Ist doch selbst auf dem vaterländischen Boden bei jenen früheren Erzeugnissen, mit denen wir uns noch nicht gar lange kunstmäßig beschäftigen, diese Ernte noch sehr sparsam, und nur je näher wir unserer Zeit kommen und je mehr wir in dem weiten Umkreise des großen europäischen Marktes stehen bleiben, wo alles sich kennt und alles gleichsam in denselben Hallen lustwandelt, scheint erst der Beruf zu dieser Behandlung des Gegenstandes zu entstehen und bieten sich die Hilfsmittel dazu in erfreulichem Maße an. Außerdem aber, wie kleinlich erscheint doch diese Seite neben jener. Die eine führt uns immer mehr ins Große und Weite, und wenn wir freilich scheinen, die ganze Literatur in Anspruch zu nehmen für ein einzelnes Werk: so geschieht es doch nur, damit dieses ein desto besser auszumessender, desto sicherer zu behandelnder Bestandteil desselben großen Ganzen sei. Die andere hingegen hält uns immer mehr in dem engen Raume des Einzellebens fest, und ein klares Bild von diesem erscheint als das höchste Ziel so angestrengter und mannigfaltiger Mühen. Allein auch die größte historische Konstruktion, der wir uns hier ja nur unterziehen, um das einzelne Werk des Einzelnen besser aufzufassen, findet doch mit diesem zugleich ihre Verklärung zunächst darin, daß sie unser eigenes Selbst und andere befruchtet. Und mit der Betrachtung des Einzelnen, damit daraus nicht eine nur uns selbst und unsere wissenschaftlichen Bestrebungen verkleinernde Kleinlichkeit entstehe, sollen wir jene großartige verbinden. Die Kenntnis des einzelnen Menschen als solchen ist auch nicht das Ziel dieser Seite unserer Aufgabe, sondern nur das Mittel, um uns eben der

Tätigkeiten desselben, welche uns auch zu jener objektiven Betrachtung aufregen, desto vollständiger zu bemächtigen. Und das dürfen wir uns doch nicht leugnen, daß man sich auch in den Zeiten des klassischen Altertums selbst um den Menschen nicht minder bekümmerte und daß wir auch um deswillen den damaligen Lesern ein Verstehen einräumen müssen, um das wir sie nur beneiden können, weil uns das Material dazu fehlt. Soviel ist aber auch eben hieraus schon vollkommen gewiß, daß wir bei der psychologischen Aufgabe ein Übergewicht des divinatorischen nicht vermeiden können, wie es ja auch allen Menschen umgekehrt so natürlich ist, die sich aus oft nur zu zerstreuten Notizen den ganzen Menschen vorzubilden pflegen. Aber nicht genug Vorsicht kann auch angewendet werden, was sich hypothetisch so darstellt, nach allen Seiten hin zu prüfen und es auch dann nur noch vorläufig aufzustellen, wenn sich kein Widerspruch dagegen findet. Niemand aber wird es wohl billigen können, wenn diese Seite bei irgendeiner hermeneutischen Aufgabe ganz vernachlässigt wird, da ja schon die offenbar hierher gehörige Frage, ob das Werk ein in den ganzen Gang der geistigen Tätigkeit seines Urhebers hingehöriges sei oder nur durch besondere Umstände veranlaßt war, ob es zur Übung auf irgend etwas Größeres geschrieben worden oder aus einem aufgeregten Verhältnis als Streitschrift hervorgegangen ist, von der größten Wichtigkeit für den Ausleger sein muß. Das Verfahren auf der andern Seite ist schon seiner Natur nach überwiegend komparativ, indem ja nur durch Gegeneinanderhaltung dessen, was in mehreren Werken dasselbe ist, und der daneben bestehenden Differenzen das allgemeine Bild einer Gattung sich gestalten und das Verhältnis des fraglichen Werkes dazu sich feststellen läßt. Aber teils ist auch hier schon etwas ursprünglich Divinatorisches in der Art die Frage zu stellen, teils bleibt, solange die Stelle eines Werkes in der gesamten Ordnung, der es angehört, nicht vollkommen bestimmt ist, auch hier noch ein nicht zu vernachlässigender Spielraum für das divinatorische Verfahren übrig.

Möchte es nun aber auch, wie ich jedoch nicht glaube, ein Mißgriff sein, daß ich auch auf dieser Stufe noch die Aufgabe des Auslegers als doppelseitig aufgestellt, so kommt er auf meine Rechnung allein, denn meine Führer nehmen dieses hier so wenig auf als vorher. Ja, ich muß gestehen, daß ich auch die andre Seite der Aufgabe hier anders gefaßt habe als Herr Ast. Denn wo dieser ein Werk im ganzen aus einem Höheren verstanden wissen will, da ist ihm doch das Ganze der Literatur, der es sich anschließt, auf der einen Seite eine zu schwerfällige Masse, auf der andern Seite die Formel noch zu beschränkt, und indem er immer nur auf das klassische Gebiet sich bezieht, substituiert er die Formel, es solle verstanden werden aus dem Geiste des Altertums. Dies könnte man ansehen als eine Abkürzung des von uns angegebenen Verfahrens. Denn dieser Geist wäre doch das allen Produktionen derselben Art gemeinschaftlich Einwohnende, was sich also ergäbe, wenn man von dem, was dem Einzelnen eigentümlich ist, abstrahiert. Allein Herr Ast protestiert ausdrücklich hiergegen und meint, dieser Geist brauche nicht erst zusammengesucht und gesetzt zu werden aus dem Einzelnen, sondern er sei in jedem Einzelnen schon gegeben, weil jedes altertümliche Werk nur eine Individualisation dieses Geistes wäre. Gegeben ohnstreitig in jedem einzelnen, aber ob auch aus jedem ohne weiteres erkennbar? Zumal, wenn doch in einer Rede z. B. des Demosthenes auf diese Art beisammen sind der Geist des Altertums, statt dessen ich nur gleich den hellenischen setzen will, aber dann auch der Geist der athenischen Redekunst, und noch der besondere Geist des Demosthenes, neben diesem aber erst als der Leib das, was der Zeit und der besonderen Veranlassung angehört. Nehme ich nun noch dazu, daß der Geist des Altertums doch auch anderwärts zu finden ist als in den Produktionen einer gewissen Art, ja, daß er außer den Werken der Rede auch derselbe sein muß in den Werken der bildenden Künste und wo nicht sonst noch: so scheint diese Formel ganz über die bestimmten Grenzen der Hermeneutik hinauszugehen, die es immer nur mit dem in der Sprache Produzierten zu tun haben kann, weshalb es aber auch gewiß ihrer Anwendung überall an der rechten Haltung fehlen wird. Erinnern wir uns nur einen Augenblick an das auf eben diesen Satz gebaute, vor einiger Zeit nicht seltene Verfahren, da man die Kunstsprache eines Gebietes auf einem ganz andern gebrauchte: so wird wohl niemand leugnen, daß, wenn dergleichen Formeln nicht ein bloßes Spiel sind, das sich auf eine tüchtige Ansicht stützt, sie eben nur der verderblichen Nebelei und Schwebelei angehören können. Und von dieser kann ich auch Herrn Ast in dieser seiner Theorie keineswegs freisprechen. Denn wenn ich in eben diesem Zusammenhang höre, daß die Idee als die das Leben enthaltende Einheit erzeugt werden soll aus dem entfalteten Leben als der Vielheit und der Form desselben als der Einheit schlechthin, da man doch besser noch das Umgekehrte sagen würde: so finde ich mich allerdings unter solchen Nebeln, welche einer Theorie, die helles Licht verlangt, nicht günstig sein können. Soviel muß freilich jeder zugeben, daß auf welchem Gebiet wir uns mit der Auslegung bis zu dem jetzt beschriebenen Punkt erhoben haben, ein großes gewonnen ist, um den Geist des Volks und der Zeit in dem Gebrauch der Sprache richtig aufzufassen, und daß es einer hierüber aufgestellten Theorie zu bedeutender Bestätigung gereicht, wenn die Betrachtung anderer Gebiete geistiger Produktivität analoge Resultate liefert; aber weder möchte ich wagen, den umgekehrten Weg zu gehn, und erst nach solchen allgemeinen Annahmen das Einzelne begreifen wollen, noch möchte ich auch behaupten, daß dieses noch in das Gebiet der Hermeneutik gehöre.

Dieses nun führt mich auf einen andern Punkt, daß nämlich Herr Ast ein dreifaches Verständnis unterscheidet, ein historisches, ein grammatisches und ein geistiges. Nun nennt er freilich das letztere, welches genaugenommen wieder ein zweifaches ist in Beziehung auf den Geist des einzelnen Schriftstellers und auf den Geist des gesamten Altertums, so daß das Ganze ein Vierfaches wird, aber dieses letztere von den dreien nennt er freilich das Höhere, in welchem sich die andern beiden durchdringen, und so könnte man glauben, er wolle hier eigentlich doch nur die beiden Stufen bezeichnen, die wir auf Veranlassung der Formel, daß das Einzelne nur könne aus dem Ganzen verstanden werden, gefunden haben. Allein dies bleibt mindestens sehr ungewiß. Denn wenn er sich jenes zweifache Geistige als das Höhere denkt, das Grammatische und Historische aber als das Niedere, wie sie denn auch wohl auf einer Stufe stehen müssen, um sich gegenseitig, wie er sich ausdrückt, in dem Höheren zu durchdringen, warum hat er sie nicht auch beide als eins zusammengefaßt und nur das Niedere und das Höhere unterschieden. Allein es kommt noch dazu, daß er hernach auch eine dreifache Hermeneutik unterscheidet, was doch unter dieser Voraussetzung gar nicht möglich wäre, nämlich eine Hermeneutik des Buchstaben des Sinnes und des Geistes. Diese Unterscheidung eines dreifachen Verständnisses von einer dreifachen Hermeneutik beruht nun zunächst darauf, daß ihm Verstehen nämlich auch der Rede und Auslegen nicht dasselbe ist, sondern Auslegen ist ihm Entwicklung des Verständnisses. Allein dies, worin er viele Ältere zu Vorgängern hat, verwirrt nur die Sache. Die Entwicklung ist hier nichts anderes als die Darstellung der Genesis des Verständnisses, die Mitteilung der Art und Weise, wie einer zu seinem Verständnis gekommen ist. Das Auslegen unterscheidet sich von dem Verstehen durchaus nur wie das laute Reden von dem innern Reden, und käme zum Behuf der Mitteilung noch etwas anderes hinein: so könnte dies nur geschehen als Anwendung der allgemeinen Regeln der Wohlredenheit, aber ohne daß zu dem Inhalt etwas hinzukäme oder etwas sich daran änderte. Wollen wir indes Herrn Ast seinen Unterschied gelten lassen: so könnte es dann wohl nur eine dreifache Hermeneutik geben, sofern es so viele Arten gäbe, das Verständnis zu entwickeln, aber darauf weisen seine Bezeichnungen weder hin noch werden sie in diesem Sinne ausgeführt, so weit dies überhaupt geschieht. Ebensowenig aber treffen sie auch mit seinen drei Arten des Verständnisses zusammen. Denn die Hermeneutik des Buchstaben, welche die Wort- und Sacherklärungen an die Hand gibt, hat es sowohl mit dem historischen als grammatischen Verständnis zu tun, mithin bleibt die Hermeneutik des Sinnes und des Geistes beide nur für das geistige Verständnis. Dieses ist nun freilich ein Zwiefaches, allein so unterscheiden sich wieder jene beiden Hermeneutiken nicht, daß die eine könnte ausschließend auf den individuellen Geist des Schriftstellers und die andere auf den Gesamtgeist des ganzen Altertums gehn. Denn die Hermeneutik des Sinnes hat es nur mit der Bedeutung des Buchstabens in dem Zusammenhang einer einzelnen Stelle zu tun. Dagegen gibt es auch, und zwar in beiden Beziehungen, eine geistige Erklärung der einzelnen Stelle, so daß hier nichts zusammenzustimmen scheint. Nur soviel ist klar, daß Wort- und Sacherklärung noch keine Auslegung sind, sondern nur Elemente derselben, und die Hermeneutik erst mit der Bestimmung des Sinnes, allerdings vermittelst jener Elemente, beginnt. Und ebenso, daß die Erklärung als Bestimmung des Sinnes nie richtig sein wird, wenn sie nicht die Prüfung an dem Geist des Schriftstellers sowohl als des Altertums aushält. Denn keiner redet oder schreibt etwas gegen seinen eignen Geist außer in einem gestörten Gemütszustand, und so auch in der andern Beziehung müßte man doch erst nachweisen, daß der Schriftsteller dem Geiste nach ein Mischling sei, wenn man in einem alten eine Erklärung als richtig annehmen wollte, die anerkannt mit dem Geist des Altertums in Widerspruch steht. Dies sagt auch Herr Ast selbst, wo er von der Erklärung des Sinnes redet, daß, wer den Geist eines Verfassers nicht begriffen habe, auch nicht imstande sei, den wahren Sinn einzelner Stellen zu enthüllen, und daß nur der der wahre sei, der mit jenem Geist zusammenstimme. Also Herr Ast, wie dreifach er auch seine Hermeneutik aufstellt, gibt uns doch nur eine, die Hermeneutik des Sinnes, indem die des Buchstaben keine ist, und die des Geistes, sofern sie nicht in der des Sinnes aufgehn kann, auch über das hermeneutische Gebiet hinausgeht. Hier müssen wir also bei Wolf bleiben, aber freilich sagen, daß wir, um diese Kunst an irgendeiner Rede vollständig zu üben, im Besitz sein müssen nicht nur der Wort- und Sacherklärungen, sondern auch des Geistes des Schriftstellers. Und dies meint auch wohl Wolf ungefähr, wenn er unterscheidet eine grammatische, eine historische und eine rhetorische Interpretation. Denn grammatisch ist die Wort- und historisch die Sacherklärung, rhetorisch aber gebraucht er gleichbedeutend mit unserm heutigen ästhetisch. Sonach wäre dieses eigentlich nur die Auslegung mit Beziehung auf die besondere Kunstgattung und enthielte nur einen Teil von dem, was Herr Ast das geistige Verständnis nennt, insofern nämlich die verschiedenen Kunstformen allerdings mit dem Geist des Altertums konstituieren, und auf jeden Fall hätte er dann wohl um unser Ästhetisch zu erschöpfen, dem Rhetorischen noch das Poetische hinzufügen müssen. Nähme er nun auch noch auf das Individuelle oder den besonderen Geist des Schriftstellers Rücksicht: so erschöpfte sich seine Hermeneutik in fünf verschiedenen Interpretationen. Nur würde ich, wie richtig auch die Sache sein möge, immer gegen diesen Ausdruck protestieren, der immer den Schein hervorbringt, als sei die grammatische und die historische Interpretation jede etwas Besonderes für sich. Die Theologen haben schon diese beiden, um die gute Sache zu verstärken gegen eine schlimme, zu einer verbunden und bedienen sich des Ausdrucks grammatisch-historischer Interpretation, sie tun es aber an und für sich gewiß mit großem Recht im Gegensatz gegen eine dogmatische und eine allegorische Interpretation, als ob diese ebenfalls etwas für sich sein könnten, gleichviel ob richtiges oder unrichtiges. In einen ähnlichen Fehler verfällt auch Herr Ast, indem er unterscheidet einen einfachen Sinn und einen allegorischen Sinn, welches eben klingt, als ob der allegorische Sinn ein doppelter wäre. Ist aber eine Stelle allegorisch gemeint: so ist auch der allegorische Sinn der einzige und einfache Sinn der Stelle, denn sie hat gar keinen andern, und wollte sie jemand historisch verstehen: so gäbe er den Sinn der Worte gar nicht wieder, denn er legte ihnen nicht die Bedeutung bei, welche sie in dem Zusammenhang der Stelle haben; so wie umgekehrt, wenn eine anders gemeinte Stelle allegorisch erklärt wird. Denn geschieht dies wissentlich: so ist es keine Auslegung mehr, sondern eine Nutzanwendung, wenn aber unwissentlich: so ist es eine falsche Erklärung, wie es deren auch sonst genug gibt, die aber auch ganz aus denselben Fehlern entsteht. Man könnte mit demselben Recht für freimaurerische und ähnliche Formeln noch eine mysteriöse Interpretation erfinden und den mysteriösen Sinn von dem einfachen unterscheiden. Hat uns nun schon seit langem außer der dogmatischen Interpretation, mit der es dieselbe Bewandtnis hat wie mit der allegorischen, ein Philosoph noch mit einer moralischen beschenkt: so steht zu hoffen, daß der endlich das Rechte getroffen haben wird, der uns neuerlich erst eine panharmonische erfunden hat. Denn er kann ja wohl nichts anders damit gemeint haben, als daß bei einer richtigen Interpretation alle verschiedenen Motive zu einem und demselben Resultat zusammenstimmen müssen. Alle diese Neuerungen, als ob es verschiedene Arten der Auslegung gebe, gleichsam als ob man zwischen ihnen wählen könne, wobei es denn gar nicht weiter der Mühe lohnen würde zu reden und zu schreiben, scheinen freilich ursprünglich nur im Ausdruck zu liegen, aber es ist doch leider deutlich genug, daß sie nicht ohne nachteiligen Einfluß auf die Sache selbst gewesen sind. Wie sie nun ihren Grund in dem immer noch chaotischen Zustand dieser Disziplin haben, so werden sie auch nicht eher, aber dann gewiß, verschwinden, wenn die Hermeneutik zu der ihr als Kunstlehre gebührenden Gestalt gelangt und, von der einfachen Tatsache des Verstehens ausgehend, aus der Natur der Sprache und aus den Grundbedingungen des Verhältnisses zwischen dem Redenden und Vernehmenden ihre Regeln in geschlossenem Zusammenhang entwickelt werden.

Anmerkungen

1 Die juristische Hermeneutik ist doch nicht mehr ganz dasselbe. Sie hat es größtenteils nur mit Bestimmung des Umfanges der Gesetze zu tun, das heißt mit dem Verhältnis allgemeiner Sätze zu dem, was in denselben nicht bestimmt mit gedacht war.
2 Gelesen in der Plenarsitzung am 22. Oktober 1829.

11. Heymann Steinthal
Die Arten und Formen der Interpretation*

Bei allen den mannigfaltigen Fragen um das Wesen, die Aufgaben und die Methode der Philologie liegt es daran, die tatsächlich vorliegenden Leistungen und herrschenden Bestrebungen der Philologen aller Orte und Jahrhunderte in allgemeinen Begriffen zu erfassen. Durch den Gewinn dieser Begriffe (das wird man zugestehen müssen) wird die philologische Tüchtigkeit noch nicht erworben; aber wohl wird sie durch dieselben gelenkt und geklärt und dadurch auch erhöht. Die größten Philologen haben sich um solche begriffliche Bestimmungen bemüht, und zwar, was wohl bemerkenswert ist, namentlich dann, wenn sie gefürchteten oder schon erwachten Widerspruch zu dämpfen suchten, wie z. B. Lachmann in seiner Praefatio ad N. T. (und wer wird Lachmann philosophisch dialektischer Gelüste zeihen?), oder wenn sie Lobreden auf verstorbene Meister hielten, deren Wert sie messen wollten. Gerade so werden auch die strengen Formen der Logik bei Angriffen und bei Verteidigungen, kurz da, wo man die größte Sicherheit und Unwidersprechlichkeit erstrebt, mit Vorliebe in Anwendung gebracht.

Hieran knüpft sich aber ein noch umfassenderer Gesichtspunkt. Wenn man so oft den philosophischen Bemühungen die Unbeständigkeit ihrer Ergebnisse als besonders klaren Beweis ihrer prinzipiellen und darum ausnahmslosen Ungesundheit vorgeworfen hat, so wird gerade aus unserem Falle klar, daß sich in dem vermeintlichen Wechsel und Umschlagen der philosophischen Prinzipien nur der Fortschritt der menschlichen Entwicklung abspiegelt; denn in den verschiedenen Definitionen der Philologie liegt die ganze Geschichte der Philologie nach ihren Grundzügen angedeutet.

Die Methodologie der Philologie nun insbesondere kann nichts anderes sein als die möglich schärfste und vollständigste Analyse der philologischen Operationen, welche unsere besten Philologen

* Heymann Steinthal, *Die Arten und Formen der Interpretation*, aus: *Verhandlungen der 32. Versammlung deutscher Philologen und Schulmänner in Wiesbaden vom 26. bis 29. September 1877 (1878)*. Zitiert nach: *Kleine sprachtheoretische Schriften*, hrsg. von W. Bumann, Hildesheim 1970, S. 532-542

geübt haben. Ob eine solche Disziplin, die Analyse des philologischen Geistes in seiner Tätigkeit, noch abgesehen von ihrem Nutzen, rein an sich allgemein wichtig und wissenschaftlich anziehend ist, das darf der nicht fragen, dem kein Zweifel besteht, daß es Aufgabe der Wissenschaft ist, jeden Wurm und jeden Pilz zu analysieren, und das wird auch der nicht fragen, der es für unzweifelhafte Aufgabe hält, jedes anakreontische Liedchen und jede Schand-Inschrift von Pompeji zu analysieren.

Wer nun jemals ernstlich an die Bearbeitung der Methodologie der Philologie gegangen ist, wird wohl ebenso wie ich das Ziel dieser Disziplin bis zur Verzweiflung schwierig gefunden haben; denn nicht nur erscheinen die Momente, welche in den philologischen Operationen wirksam sind, nicht so gering an Anzahl, sondern sie sind auch so innig ineinander geschlungen, daß sie nur sehr schwer dem Blicke standhalten, der sie isolieren und jedes in seiner besonderen Natur erfassen möchte, um ihr Zusammenwirken zu begreifen. Daher ist mir auch das mühselige Ringen, das sich bei Schleiermacher zeigt, der doch auf beiden Gebieten, auf dem der Philosophie wie auf dem der Philologie, eine erste Stelle einnimmt, nur zu erklärlich.

Die Ansicht, die ich Ihnen hier vorzutragen die Ehre habe, ist mir aus der Prüfung von Ast, Schleiermacher und Böckh erwachsen. In kurzer Zeit wird Böckhs Enzyklopädie und Methodologie der Philologie erscheinen. Durch die Güte des Herausgebers, des Herrn Prof. Bratuscheck, und der Teubner'schen Verlagshandlung besitze ich die Aushängebogen des Buches bis auf den geringen Teil, der heute noch fehlt. Über dieses Grundwerk eines Philologen aus dem Geschlechte der Scaliger ein dürres oder auch in Lobeserhebungen sich ergehendes Urteil auszusprechen, schiene mir nicht angemessen. Ich muß aber auch die Gewohnheit, meine Ansichten so darzulegen, wie sie mir aus der Kritik hervorgegangen sind, an dieser Stelle fallen lassen. Denn in solcher kritischen Darstellungsweise glaube ich zwar ernstlich meine Dankbarkeit gegen hervorragende Männer am geeignetsten kundzugeben und zweitens die eigentlichen Motive meines Denkens und die Berechtigung meiner Ansicht dem prüfenden Hörer und Leser so am deutlichsten vorzulegen; aber die bloße Charakterisierung des Böckhschen Werkes, ja auch nur die kritische Vorführung seiner Ansicht über die Interpretation würde die mir zugemessene Zeit überschreiten. Gehen wir also unmittelbar an unsre Aufgabe.

Philologie ohne Interpretation scheint kaum möglich; mit ihr ist sie ohne weiteres gegeben. Solange wir nur die stummen Erzeugnisse eines Volkes betrachten, solange z. B. nur die Bauwerke, die Steinbilder, die Malereien, die Gerätschaften der Ägypter oder der Babylonier und Assyrer angeschaut wurden, so lange waren auch jene Völker nur Gegenstand der Anthropologie und Ethnologie, der politischen und der Kunstgeschichte, aber noch nicht der Philologie. Erst seitdem man angefangen hat, die Hieroglyphen, die Keilinschriften zu interpretieren, gibt es eine ägyptische, eine babylonisch-assyrische Philologie. Indem wir das Schriftzeichen beleben, den Sprachlaut wieder erwecken, die verklungene Rede wieder begeisten, gewinnen auch die stummen Zeugen des verschollenen Volkslebens ihren λόγος wieder. So schafft die neu gelungene Interpretation ein neues philologisches Gebiet.

Demgemäß können wir uns auch den klassischen Philologen in der Zeit des Wiedererwachens vorstellen, wie ihm zunächst nur eine Menge von Schriftwerken vorlag, die er zu interpretieren hatte. Interpretation war also die erste philologische Funktion und anfänglich auch die einzige.

Die Kritik gesellte sich bald dazu. Wie man aber auch das Wesen der Kritik bestimmen mag, immer wird sie, sei es in Begleitung, sei es in Vorbereitung der Interpretation erscheinen. Wie große Genialität der Kritiker auch betätigen mag, wie schwierig die von ihm überwundenen Hindernisse, wie überraschend und staunenswert seine Leistungen sein mögen, immer bleibt die Kritik ihrem Begriffe nach im Dienste der Interpretation. Ferner ist leicht zu bemerken, wie die Interpretation ihre Begründung in der Sache, nämlich in der Natur der geschichtlichen Entwicklung der Völker findet, und wir können uns die Geschichte der Menschheit, den Begriff der Humanität nicht denken ohne diese wissenschaftliche Funktion. Die philologische Kritik dagegen hat ihre Notwendigkeit nicht in der Natur der Sache, sondern in der Schwäche des Menschen, in der Unsicherheit der Tradition. Die Wichtigkeit der Erkenntnis, daß eine Schrift nicht von dem durch die Überlieferung bezeichneten Verfasser, sondern von diesem oder jenem andern Schriftsteller rühre, oder daß an dieser Stelle einer Schrift nicht so, wie überliefert, gelesen werden dürfe, sondern so, wie die Kritik das Ursprüngliche herstelle – die Wichtigkeit solcher Erkenntnisse kann nicht geleugnet werden; aber sie besteht bloß darin, daß nun erst richtig interpretiert werden kann.

Interpretation und Kritik erschöpfen aber die philologische Tätigkeit noch nicht. Denn wenn man auch nicht zugestehen will, daß die Philologie, wie Böckh sie nimmt (und ich stimme ihm bei), in dem weitesten Sinne als Geschichte des menschlichen Geistes schlechthin zu fassen sei, so würde doch die Behauptung, Interpretation und Kritik bilden die vollständige Tätigkeit des Philologen, nur dann zutreffend sein, wenn man den Begriff der Philologie dahin beschränken wollte, daß damit nur das verständnisvolle Lesen der Schriftwerke benannt würde. Dann wäre ja aber die Philologie vielleicht die Beschäftigung des εὐδαίμων, nur ohne Ergebnis, und also keine Wissenschaft. Sie hätte das wertvollste Objekt, an dem sie geübt wird, aber keinen Inhalt, den sie erzeugte. Eine Wissenschaft aber muß doch eigentümliche Werke hervorbringen, die ihr einen Inhalt geben, in dem sie ihren Wert hat. Nehmen wir also die Philologie in dem engsten Sinne, der wenigstens möglich ist, ohne ihr den Charakter einer vollen Wissenschaft zu nehmen, so müssen wir zur Interpretation und Kritik als den philologischen Funktionen wenigstens noch Grammatik und Literaturgeschichte als die eigentümlichen philologischen Werke hinzudenken. Dann aber erweisen sich jene beiden Funktionen augenblicklich als nicht ausreichend, um die Erzeugnisse der Philologie herzustellen. Wenigstens sehe ich nicht ein, wie die Wirkung und Leistungsfähigkeit der Interpretation und Kritik darüber hinausreichen solle, daß man ein Werk der klassischen Literatur nach dem andern liest, daß man womöglich aufs tiefste in jedes Werk eindringt – Grammatik und Literaturgeschichte wird dadurch nicht geschaffen. Ohne diese Disziplinen ist aber die Interpretation und Kritik sogar unmöglich; die philologische Beschäftigung als solche ist ohne die philologischen Werke undenkbar: welche Funktion erzeugt also diese Werke? Sicherlich ist freilich auch, daß Grammatik und Literaturgeschichte nicht ohne Interpretation und Kritik geschaffen werden können; nur werden sie nicht lediglich aus diesen Funktionen erwachsen.

Halten wir also fest, daß Funktionen und Werke der Philologen sich einander bedingen, so scheint mir, müsse noch eine besondere, dritte philologische Funktion angenommen werden, durch welche die philologischen Werke, Grammatik und Literaturgeschichte, und welche Disziplinen man sonst noch zur Philologie in ihrem weiteren Sinne zählen mag, erst geschaffen, aus Bausteinen, welche durch Interpretation und Kritik gewonnen sind, errichtet werden. Und diese Funktion mag *Konstruktion* heißen.

So hätten wir durch eine, wie ich meine, ebenso einfache als einleuchtende Betrachtung den Satz gewonnen: *daß die Methodenlehre der Philologie drei Abschnitte habe: Methode der Interpretation, Methode der Kritik, Methode der Konstruktion der philologischen Disziplinen.*

Für unsern gegenwärtigen Zweck aber, die Richtungen, und also die Formen und Weisen, also kurz die Arten der Interpretation zu bestimmen, ist dieser Satz insofern wichtig, als wir uns nun davor zu hüten haben werden, der Interpretation eine Aufgabe zu stellen, welche sie nicht lösen kann, welche vielmehr der Konstruktion obliegt. Um dieser Verwirrung zu entgehen, begrenzen wir die Wirksamkeit der Interpretation dahin, daß ihr Objekt allemal nur *ein* Redewerk ist, während die Gesamtheit von Werken oder ein Komplex homogener Werke, als ein solcher in sich geschlossener Kreis, der Konstruktion anheimfällt. Die Interpretation geht nicht über das einzelne Werk hinaus. Sie mag dabei Rücksicht nehmen auf andre Werke und Kreise von Werken, wie überhaupt die Konstruktion von ihr vorausgesetzt wird: es läßt sich keine Schrift interpretieren, wenn man nicht beachtet, in welchen Kreis sie gehört; aber die Bildung dieses Kreises ist Sache der Konstruktion. Man darf z. B. nie vergessen, daß man ein Drama oder ein Epos interpretiert, den Aeschylus oder Sophokles; aber der Kreis von Dramen oder von Epen, der Charakter dieses oder jenes Dichters wird durch die Konstruktion gestaltet.

Ist hiermit das Objekt der Interpretation bestimmt, so sagen wir weiter: ihr Ziel ist *Verstehen;* den Weg aber zum Verständnis, oder die Operation, durch welche das Verständnis erwirkt wird, nennen wir Interpretation oder Deutung. Wir interpretieren oder deuten, um zu verstehen. Verständnis ist zunächst das Ziel; ist dieses Ziel erreicht, so ist das Verständnis ein Ergebnis geworden, unser erworbener Besitz; Deutung ist die Tätigkeit, durch welche wir uns in den Besitz des Verständnisses setzen.

Verstehen schlechthin ist allgemein menschlich, wie sprechen und mitteilen; Verständnis schlechthin ist ein mit dem Begriff der Sprache notwendig gesetzter Wechselbegriff. In jedem Augenblicke wird innerhalb der Menschheit unzählig vieles verstanden, sowohl einfache Natur- und Bedürfnisrede, Not- und Umgangssprache als die künstlerische Rede eines Gedichts oder eines Volksvertreters. – Von diesem gemeinen Verstehen unterscheidet sich das philologische vor allem durch die künstliche Herbeiführung aller der Bedingungen, unter denen allein das Verständnis möglich ist. Dies muß ein wenig entwickelt werden.

Das gemeine Verstehen geschieht unmittelbar und ist lediglich in dem psychologischen Prozeß enthalten, daß gehörte Sprachlaute oder gesehene Schriftzeichen im Hörenden oder Lesenden dieselben Gedanken erregen, durch welche sie im Sprechenden oder Schreibenden veranlaßt waren. Dieser Prozeß mag gar nicht einfach sein, und ihn zu erklären, mag die Psychologie immerhin viel Mühe haben; aber er ist mit dem Leben schlechthin gegeben: wer vollsinnig und gesunden Geistes ist und in menschlicher Gesellschaft lebt, der versteht auch. Das gemeine Verständnis ist freilich nicht bedingungslos; aber die Bedingungen sind unmittelbar durch die menschliche Organisation und das gesellige Leben gegeben. Die Formel für solches Verständnis kann darum einfach angesetzt werden: ein Gedankeninhalt P veranlaßt im Redenden eine Lautreihe L, und diese Lautreihe L erregt im Hörenden wiederum jenen Gedankeninhalt P. Also $P = L$ und $L = P$.

Anders das philologische Verstehen. Hier müssen die nicht unmittelbar gegebenen Bedingungen des Verständnisses künstlich herbeigeschafft werden; es ist ein vermitteltes Verstehen. Das gemeine unmittelbare Verstehen ist ein Ereignis; das philologisch vermittelte ist eine Tat. Dem Philologen ist, streng genommen, zunächst nur ein Laut gegeben, und der Geist, der ihn geäußert hat, ist unbekannt; also $x = L$ und folglich $L = x$. Vorausgesetzt wird nun, daß x ein Moment P im Geiste des Philologen sei, wie es in dem des Autors war, oder daß es wenigstens im Geiste des Philologen ein solches Moment P werden könne; und darauf wird die Forderung gegründet, der Philologe solle dem x das P substituieren. Das ist eine Rechnung, eine freie wissenschaftliche Tätigkeit, eben Interpretation oder Deutung.

Diese Substitution des P statt des x ist nicht möglich durch eine Analyse des L, denn L ist eben nur x, ein Fragezeichen, eine Null; sondern eine Synthesis, eine mehr oder weniger verzweigte, tut not: das gesuchte P kann nur durch Vergleichung und Deduktion gefunden werden. Daher ergibt sich aus dem ersten, eben dargelegten Unterschied zwischen gemeinem und philologischem Verstehen, der in der Vermittlung liegt, sogleich der andere, daß das gemeine Verstehen nur die einzelne Mitteilung erfaßt, das philologische dagegen das Mitgeteilte als ein Einzelnes in seinem allseitigen

Zusammenhange mit den allgemeinen Mächten, welche das Bewußtsein konstituieren, wissenschaftlich erkennt. Es wird z. B. ein Wort nur dann philologisch verstanden, wenn es auf einen Stamm zurückgeführt wird, der das Allgemeine zu unzähligen einzelnen Wörtern bildet, und auf eine grammatische Bildungsweise, welche in noch höherem Sinne das Allgemeine bildet, in welchem die gegebene Wortform entstanden ist. Darin liegt eben zunächst die Vermittlung des philologischen Verstehens, daß das einzelne gehörte oder gelesene Wort auf Stamm und Formungsregel zurückgeführt wird.

So ergibt sich aber auch ohne weiteres noch ein dritter Unterschied. Indem der Philologe bemüht ist, sich die Bedingungen zum Verständnis künstlich herbeizuschaffen, kann er nur dadurch zum Ziele gelangen, daß er sich die Bedingungen klar macht, unter denen sowohl das P als auch das L, der Gedankeninhalt und die Sprachform, im Bewußtsein des Redenden erzeugt sind. Das liegt im Wesen des Verstehens. Soll im Bewußtsein des Philologen die Gleichung $L = P$ entstehen, so ist dies streng genommen nur dadurch möglich, daß er die primitivere Gleichung $P = L$ herstellt, d. h. den Prozeß, der im Geiste des Autors stattgefunden hat, in seinem Geiste wiederholt.

Aus diesen Unterschieden wird weiter kar, daß im philologischen Verstehen weit mehr liegt als im gemeinen; während nämlich dieses bloß das enthält, was eben in der Mitteilung lag, trägt der Philologe in sein Verständnis nicht nur den mitgeteilten Inhalt hinein, sondern er hat daneben zugleich die ganze Erkenntnis, die er durch seine Synthesen gewonnen hat. Sein Verständnis ist eine mehr oder weniger reiche deduktive Erkenntnis. – Aus gleichem Grunde aber liegt im philologischen, im erkennenden Verstehen auch mehr als in der Rede an sich, und der Philologe versteht den Redner und Dichter besser als dieser sich selbst und besser, als ihn die Zeitgenossen schlechthin verstanden haben: denn er macht klar bewußt, was in jenem nur unmittelbar und tatsächlich vorlag.

Soviel über Interpretation überhaupt. Kommen wir nun zu ihren verschiedenen Formen oder Richtungen.

Die Kenntnis der Schrift vorausgesetzt, ist dasjenige, was für den Philologen als Gegebenes gilt, eine Reihe von Lauten. Diese aber haben einen Sinn; sie deuten auf Geist. Den Sinn aufdecken, auf den der Laut deutet, heißt den Laut deuten. Man muß also nicht fragen, was gedeutet werde, der Laut oder der Sinn? Sie werden mit einem Schlage beide gedeutet, indem der Sinn zum Laute gefunden wird.

Die Interpretation beginnt also damit, den Sinn des Wortes, weiter den des Satzes und dann die Verbindung der Sätze zu bestimmen: und so ist die erste Form der Interpretation, welche die Grundlage für alle weitere philologische Operation bietet, die *grammatische Interpretation.* So heißt sie, weil sie den geschriebenen Sprachlaut deutet, d. h. den Sinn der Rede entziffert, insoweit er im Worte an sich liegt, in den Sprachelementen.

Der Sinn liegt aber in der Tat nur zum Teil im Worte an sich. Wir verschweigen beim Reden sehr viel, und zwar sehr Wesentliches, was doch hinzugedacht werden muß, wenn es verstanden werden soll. Wir sprechen immer aus bestimmten Lagen und Verhältnissen, äußeren und inneren, heraus, und erst durch die Beziehung des Gesagten auf diese realen Verhältnisse erhält die Rede ihren konkreten Sinn. Das an sich immer nur abstrakte Wort wird erst dadurch erfüllt, daß es auf die konkreten Anschauungen und Begriffe von Dingen und Sachen bezogen oder gedeutet wird. Jede Mitteilung ist eine Hindeutung des Redenden auf gewisse Punkte der körperlichen oder geistigen Umgebung, von welcher Hindeutung das Wort nur einen abstrakten Teil enthält. Die Kenntnis der natürlichen und menschlichen Lebensverhältnisse, in denen der Redner und ebenso der zeitgenössische unmittelbare Hörer atmet und denkt und fühlt, muß vom Philologen künstlich zum Verständnis herangebracht werden. Denn nur insofern sie mittelbar oder unmittelbar vorhanden ist, kann das Verständnis gelingen; und wo sie fehlt, muß Mißverständnis eintreten. Dies kann durch philologische Fehler, aber auch ebensowohl durch manche Anekdote aus dem Leben verdeutlicht werden. Ich erinnere der Kürze halber nur an den Soldatenburschen, von dem Reuter erzählt: er sollte die Besuchsfahrt seines Offiziers neben dem Kutscher mitmachen und bei den betreffenden Herrschaften die Karten abgeben. Er hatte dazu bei der Abfahrt den Befehl erhalten, die Karten einzustecken. Diesem Befehle kam der Bursche pünktlich nach und reichte bei den Besuchen den Herrschaften bald die grüne Dame, bald Schellensieben usw. ab. Wer dem armen Burschen die wirkliche Aufklärung hätte geben wollen, hätten ihm zu den Worten seines Offiziers, deren grammatisches Verständnis er hatte, eine Sacherklärung, die interpretatio rerum, geben müssen.

Bei dieser zweiten, der *sachlichen Interpretation,* erklärt man die

Rede durch den gesamten Kreis von objektiven und subjektiven Elementen des Nationalgeistes, also aus den Anschauungen und Begriffen, aus den Vorstellungsweisen, Ansichten, Meinungen und Urteilen, wie sie sich aus umgebenden Naturgegenständen und Naturverhältnissen und auch aus geschichtlichen Ereignissen, aus Einrichtungen und Sitten, Zuständen und Beschäftigungen im Volksgeiste gebildet haben. Solche Interpretation können die naivsten Schriftsteller am wenigsten entbehren, z. B. Homer. Ohne homerische Altertümer, homerische Theologie und Ethik wird Ilias und Odyssee nicht verstanden. Über »guten Morgen« mag die grammatische Interpretation viel zu sagen wissen – dies Wort bliebe unverstanden, wenn nicht die sachliche Interpretation lehrte, daß es nach üblicher Sitte eine Grußformel ist. Die reflektierteren Autoren aber wimmeln von absichtlichen Anspielungen auf Personen, Ereignisse, Denkweisen; sie bedienen sich vielfach der Termini und der Schlagwörter. Das ganze Werk verdankt seine Entstehung oft einer geschichtlichen oder gerichtlichen Veranlassung, einem Ereignis oder einer Sitte: dies alles muß man kennen, um ein Werk zu verstehen.

Die Interpretatio rerum soll nicht antiquarische und historische Kenntnisse entwickeln und darstellen: denn das ist Aufgabe der Konstruktion; aber sie hat aus der gewonnenen Kenntnis des Lebens der antiken Völker die vorliegende Stelle eines Schriftwerks zu deuten: gerade wie die Interpretatio verborum nicht Etymologie und Grammatik konstruieren, sondern aus diesen und aus dem Sprachgebrauch den Sinn des vorliegenden Wortes und Satzes finden soll.

Die grammatische Interpretation wird durch die sachliche ergänzt; sie bedarf aber einer weitern Ergänzung. Sie erklärt das Wort und dessen syntaktische Fügung aus dem allgemeinen Sprachbewußtsein des Volkes, und sie sucht auch den Zusammenhang der Sätze auf; aber das kann sie doch nur, insoweit die Sätze durch Konjunktionen und sprachliche Mittel überhaupt verbunden sind. Sie muß auch ohne solche sprachliche Stützen den Zusammenhang erfassen, weil sie sonst den Sinn der Sätze an sich und der einzelnen Worte nicht finden könnte. Abgeschlossen aber wird diese Bemühung, die sich auf das Ganze richtet, erst durch eine eigentümliche Form der Interpretation, die stilistische. Wie die Grammatik durch die Stilistik ergänzt wird, so die grammatische durch die *stilistische* Interpretation. Ihr liegt es ob, den Grundge-

danken, die Tendenz des Ganzen, die Einheit des Redewerks darzulegen, und wie sich der Hauptgedanke entweder wie ein roter
Faden durch alle Einzelheiten hindurchzieht, oder wie er sich zer-
legt und gliedert, sich entwickelt. Ihr Objekt ist also die Komposition des Redewerkes. Wenn die grammatische Interpretation den
Sinn in seinem Zusammenhange erfaßt, so betrachtet die stilistische das Ganze in seiner Gliederung; jene mag induktiv heißen,
dann wäre diese deduktiv. Sie erst macht aus Tendenz und Komposition jeden Gedanken und den Bau jedes Satzes, die Wortstellung
und selbst die Anwendung gerade dieses einzelnen Wortes begreiflich. Sie erklärt auch die Wahl des Metrums oder des Rhythmus.

So haben wir drei Interpretationsweisen gefunden. Man hat auch
von einer logischen Interpretation gesprochen. Ich wüßte nicht,
welche Aufgabe einer solchen nach der gegebenen Auffassung der
grammatischen und der stilistischen Deutung noch zufallen könnte. Wollte man aber eine dieser beiden oder beide zusammengenommen logisch nennen, so wäre das wohl nicht richtig: denn
nicht jeder Zusammenhang, wie sehr auch begründet, ist darum
logisch, wie so oft in der Poesie.

Mit den drei besprochenen Interpretationsweisen aber deuten wir
bloß das Vorliegende ohne jede über dasselbe hinausgehende
Rücksicht; deuten es zwar nach seinem Inhalte und seiner Form,
deuten es mit allem, was in und an ihm ist, aber lediglich aus drei
allgemeinen geistigen Mächten, nämlich aus dem nationalen
Sprachgeist, aus dem nationalen praktischen und theoretischen
Leben und, was für die Darstellung besonders zu erwägen ist, aus
den nationalen Kunstformen, ohne jedoch etwaige besondere Modifikationen zu beachten. Auch dies aber ist für das volle und treue
Verständnis unentbehrlich. Um eine Rede wahrhaft und vollkommen zu verstehen, muß man auch beachten, *wer* da spricht:
denn duo cum dicunt idem, non est idem. Das Redewerk verlangt
also nach jenen drei Interpretationen aus dem *allgemeinen Geiste*
oder dem *Gemeingeiste* viertens auch eine *individuelle* Interpretation, d. h. Deutung aus der Eigentümlichkeit des Schriftstellers.
Der Grundgedanke, der Zusammenhang der einzelnen Teile, der
Fortgang der Gedanken wird oft nur verstanden, und selbst das
einzelne Wort nur dann richtig erfaßt, wenn die eigentümliche
Denk- und Darstellungsweise des Schriftstellers beachtet wird.

Demnach ist natürlich sowohl die grammatische als auch die stilistische Interpretation von der individuellen häufig beeinflußt;

diese dürfen das Wort nicht immer so fassen, wie es im allgemeinen Volksbewußtsein liegt, sondern zuweilen so, wie der Schriftsteller es individuell gestempelt hat, und müssen beachten, wie die allgemein herrschende Kompositionsform individuell umgestaltet ist. Darum aber versteht es sich auch von selbst, daß die individuelle Interpretationsweise gar nicht als eine für sich bestehende Art gedacht werden kann, daß sie nur die drei erst genannten Arten begleitet und modifiziert, daß sie also immer nur als individuell-grammatisch oder individuell-stilistisch oder individuell-sachlich geübt werden kann. Ich sage: auch individuell-sachlich: denn wie der Sprachschatz nicht allen Individuen in gleichem Maße zu Gebote steht, so verfügt ja der Schriftsteller noch weniger über den ganzen Schatz von Anschauungen und Begriffen, von Kenntnissen und Urteilen des Volksgeistes. Dies zu beachten ist namentlich für die Interpretation des Dramas wichtig, bei welchem eine doppelte Individualität zur Erscheinung kommen kann, in der des Dichters auch die der dramatischen Person. Der Charakter einer Rolle aber wird kaum so sehr durch das Wort als durch den Kreis seiner Anschauungen und seine Art, die Dinge anzuschauen, gezeichnet: denn die Anschauungsweise ist das primäre; das Wort ergibt sich erst aus dieser. Dies gilt aber ganz allgemein; wir verstehen die Rede des Demosthenes nicht ohne seine Stellung zu Philipp, und diese nicht ohne Kenntnis seines sittlichen Charakters, seiner Sympathien und Antipathien. Durch Lebensstellung und Charakter wird aber auch Stil und Wort bedingt.

Ja, auf diesem Gebiete, dem Gebiete, welches der sachlichen Interpretation anheimfällt, geschieht es sogar am leichtesten, daß sich ein Schriftsteller dem Geiste seines Volkes widersetzt, daß er sich einen Kreis von Gefühlen und Urteilen individuell ausbildet, wie wenn z. B. ein Hellene kosmopolitische Ansichten hegt.

Nach dieser Rücksicht auf die Individualität des Autors dürfen wir eine andre nicht lange vermissen, welche in der Natur des philologischen Objekts liegt. Der Geist ist geschichtlich, und so verbindet sich die historische Rücksicht mit den vorher genannten vier Formen der Interpretation als eine fünfte Interpretationsweise, die *historische.* Wir mögen aus dem Gemeingeiste oder einem individuellen Geiste sprachlich, sachlich oder stilistisch interpretieren, immer muß uns gegenwärtig sein: zu welcher Zeit, also unter welcher historischen Beschränkung ist dieser und jener Satz geschrieben? Das Wort und die syntaktische Fügung hatten nicht zu allen

Zeiten die gleiche Bedeutung; die Sitten und nationalen Vorstellungsweisen, die politische und die soziale Lage, die Formen der privaten Beschäftigung und Lebenseinrichtung, die Masse, die Kriegführung, die Religion, die Wissenschaft und die Künste, also auch die stilistischen Formen, alles, alles ist dem historischen Wandel unterworfen, und auch das Individuum hat seine Entwicklung. Der junge Plato ist noch nicht der alte; der alte ist nicht mehr der junge. Ja, noch mehr, die ganze Erscheinungsweise von Individualitäten, ich meine diese Weise oder Lebensform des allgemeinen Geistes, sich im Auftreten individueller Geister zu betätigen, hat eine Geschichte: denn nicht jedes Volk und nicht jede Zeit hat Raum für die Tätigkeit individueller Geister; und sind solche vorhanden, so hat die Individualität nicht überall und immer dieselbe Macht und Bedeutung. Athen und Rom, Athen und Sparta unterscheiden sich hier wesentlich.

Wir haben jetzt drei Interpretationsarten kennengelernt: die grammatische, sachliche und stilistische, deren jede auf ein andres objektives Moment der Rede gerichtet ist; und diese drei Arten oder Richtungen der Deutung werden sowohl mit Rücksicht auf die Individualität des Schriftstellers als mit Rücksicht auf die geschichtlichen Verhältnisse des Volkes und auch des Autors gepflegt. Mit all dem kommen wir nicht über die Auffassung des Gegebenen hinaus. Allerdings wird dieses Verstehen vollständig und ein erkennendes sein; kann aber wohl, dies wäre die Frage, der Philologe noch höher steigen? Die deutsche Philologie hat längst die Antwort hierauf gegeben, und zwar in bejahendem Sinne: der Philologe soll das erkennende Verstehen noch zum begreifenden vertiefen. Dies geschieht durch die kausale Betrachtung des Redewerkes, welche eine sechste Interpretationsweise ergibt: die *psychologische*.

Das Redewerk soll nicht bloß aufgenommen und genossen, auch analytisch charakterisiert werden, sondern auch die Genesis desselben soll begriffen, der Schöpfungsakt selbst als solcher, der innere Hergang, in welchem das Bild erwuchs, soll durch die psychologische Deutung verstanden werden. Es soll, nach einem Schleiermacherschen Ausdrucke, das Werk und jeder einzelne Gedanke und die Reihung und Verkettung der Gedanken desselben als »ein hervorbrechender Lebensmoment« begriffen werden. Es gilt einen Blick in die geistige Werkstätte. Erst hierdurch wird erfüllt, daß nicht bloß $L = P$, sondern auch $P = L$ gesetzt wird.

Die psychologische Interpretation setzt nicht nur voraus, daß die früher genannten Weisen ihr Amt schon bis auf einen hohen Grad vollzogen haben; sondern sie ist auch nur in Verbindung mit ihnen allen möglich. So erscheint sie zwar unselbständig; aber sie bringt erst alle zu ihrer vollen Feinheit. Sie soll in die Mechanik des schriftstellerischen Geistes eindringen, indem sie alle an der Schöpfung eines Werkes beteiligten praktischen wie theoretischen, materiellen wie formalen Momente des Gemeingeistes wie des individuellen Geistes aufzählt, mögen sie in der Zeit des Autors herrschend oder ihm aus der Vergangenheit überliefert gewesen sein; und dann soll sie diese mannigfaltigen Momente in ihrer gegenseitigen Bewegung und in ihrem Zusammenarbeiten betrachten, wie sie sich stärken durch Harmonie, sich schwächen durch Widerspruch, sich zu vollster Klarheit und Macht heben durch den Gegensatz, in den sie sich stellen: wobei es von besonderer Wichtigkeit ist, zu beachten, ob der Autor in einer Zeit des Aufstrebens oder der Reife oder des Verfalls lebte. Das soll aber die psychologische Interpretation nur zum Behufe des bestmöglichen Verstehens: denn ich verstehe am besten, was und wie etwas ist, wenn ich begreife, warum es so ist. Eben darum hat sie keinen besonderen Ort ihres Wirkens: beim durchgebildeten Philologen ist sie allgegenwärtig, und wo immer er das Höchste leistet, sei es in irgendeiner Art der Deutung, in irgendeiner Konstruktion philologischen Wissens oder in irgendeiner Form der Kritik: immer ist sie es, welche dem Unternehmen den eminent wissenschaftlichen Charakter verleiht.

In welchem Maße ein Autor den Schatz der nationalen Sprache an Wörtern und Fügungen beherrschte, muß doch wohl der Philolog erforschen. Leistet er dies in der individuellen Interpretation? Ich meine, er leiste dies allerdings, aber nur dann, wenn sich zur individuellen die psychologische Interpretation fügt. Denn zunächst wird nur erkannt, wie viele Wörter und Fügungen ein Autor vielleicht verwendet und wie viele er liegen läßt, wie viele er dagegen neu schafft. So weit reicht die einfache Observation. Sie mag noch weiter beachten, wie scharf begrenzt oder wie überschwankend oder auch zu eng der Ausdruck ist, wie fein die Synonyma unterschieden sind. Aber die Observation muß doch wohl psychologisch werden, wenn weiter gefragt wird, *warum* hat er neue Wörter gebildet, alten Wörtern neue Bedeutungen gegeben? Entbehrte die nationale Sprache des Ausdrucks für des Autors neuen Gedanken? Wenn dies, warum griff er zu seiner Befriedigung gerade nach diesen Mitteln? wenn aber nicht, welchen Wert haben seine Neu-schöpfungen? Um dies zu bestimmen, muß erwogen werden, wie sich des Verfassers Gedankenreichtum zum nationalen Sprach-schatz verhielt. War er so reich an Begriffen? und waren diese so neu? und sind seine neuen Gebilde dem nationalen Geiste ange-messen? Erst nach alle dem läßt sich sagen, wie er die Sprache be-herrscht habe. – Dieselben und ähnliche Fragen kehren wieder in Bezug auf die Darstellung, die Komposition. Beherrschte ein Au-tor die Formen der literarischen Gattung, in der er schrieb? schrei-tet er in den gewohnten Geleisen einher oder hat er sich neue Bah-nen geebnet? Hat er neue Stoffe zur Bearbeitung ergriffen, und in-wiefern hat er dabei den nationalen Gesichtskreis erschöpft oder gar erweitert? Wie verhält sich die Welt- und Lebensanschauung, die er bekundet, zur nationalen? Ist dies beantwortet, so handelt es sich weiter darum, seine Stärke und seine Schwäche aus dem Blicke des Autors zu erklären, aus der Weite und dem Umfang, aus der Schärfe und Eindringlichkeit oder Stumpfheit und Oberflächlich-keit des Blickes und aus der Eigentümlichkeit des überblickten Kreises von Objekten, d. h. aus der Richtung des Blickes, ob er mehr in das eigene Innere oder nach außen, mehr auf Menschen oder mehr auf Sachen, mehr auf Charaktere und Taten oder auf Er-eignisse und Schicksale gelenkt war. Daraus läßt sich dann Inhalt und Form seiner Erkenntnisse und Beurteilungen, lassen sich seine Sympathien und Antipathien begreifen, läßt sich begreifen, welche Einflüsse ihm befruchtend zuströmen und welche an ihm unbeach-tet und erfolglos vorbeirauschen oder von ihm abprallen mußten. Nicht immer besteht ja zwischen den Momenten, welche das Indi-viduum und sein Werk konstituieren, diejenige Harmonie, welche wahrhaft Klassisches, Vollendetes hervorbringt; sehr oft sind Auf-fassungsfähigkeit und Gestaltungskraft nicht in günstigem Ver-hältnis, und ebensooft stehen Objekt, Tendenz, Stilform, Natio-nalsprache, Metrum unter sich oder mit dem geistigen Charakter des Autors in Diskrepanz. Dadurch entstehen Hemmungen und Schädigungen des auszuführenden Werkes, wie andererseits durch den Einklang wesentliche Förderungen und Bereicherungen her-beigeführt werden. So begreift sich denn auch *hier* die Leichtigkeit des Fortgangs, die sachgemäße Entwicklung, voll Grazie im Vor-schreiten, *dort* die Abgerissenheit, das Ringen mit Inhalt oder Form oder beidem; hier die Objektivität, d. h. das Aufgehen der Persönlichkeit in der Sache, dort die Subjektivität. Da zeigt sich denn auch die Macht der Gemütsstimmung, etwa die Ironie, in welcher der eine mit der Sache, der andere mit seiner Person spielt; die Heiterkeit und die Schwermut, die Milde und die Bitterkeit; das Einschmeicheln, womit der Leser geführt wird, ohne es zu merken, oder das gewaltige Ergreifen, von dem er unwiderstehlich hingerissen wird. Das Gemüt erklärt den Stil; aber es verlangt auch selbst eine Erklärung: das muß doch wohl psychologische Deutung heißen.

Nur noch ein ganz allgemeiner Punkt mag erwähnt werden. Im Bewußtsein jedes Autors kann die zweckmäßige Komposition leicht in Widerstreit geraten mit der rein mechanisch-zufälligen Assoziation, unter deren Mechanismus der Geist immer bleibt: dies ist der Kampf der Freiheit des Geistes mit seiner Unfreiheit. Der Reflexion, welche Gedanken sucht, sich aber dabei in bestimmter Richtung bewegt, und dabei auch der Logik folgen will und dann auch noch innerhalb der Kompositionsformen gebannt ist, fügt sich der seelische Mechanismus, in welchem Zufall und Gewohnheit eine solche Macht üben, nicht immer derartig, daß er ihr alles darböte, was sie braucht, und gerade nur das, ohne Beimischung: wodurch sie von ihrer gewollten Richtung ganz abgelenkt werden kann.

Vielleicht zeigt sich hier am klarsten der Unterschied zwischen der psychologischen und den übrigen Interpretationsfomen, nämlich wo sie in Widerstreit geraten. Die stilistische und die individuelle Deutung fordern, daß man aus dem Grundgedanken den logischen Akzent bestimme, den das Wort, der Satz und der Komplex von Sätzen trägt, d. h. den Grad der Wichtigkeit, der jedem für das Ganze zukommt: was Haupt-, was Nebensache ist; was Ausschmückung und Beispiel, was wirkliche und eigentliche Darlegung. Wir würden aber hierbei durch die rein sachgemäße, logische Interpretation zuweilen in Verlegenheit geraten. Wir sehen klar, wie ein großer Geist auf diesen Satz fällt und wie nebensächlich jener ist; im Bewußtsein des Autors aber hat sich das Verhältnis durch irgendeinen mechanischen Einfluß verschoben. Das Nebensächliche hat eine Macht gewonnen, die ihm nicht zukommt, und dadurch ein wichtiger Satz seine Bedeutung verloren. So nimmt denn natürlich der Gedankengang eine Wendung, die nach einfacher Interpretation unverständlich wird und die nur durch psychologische Deutung aufgeklärt wird.

So lehrt die psychologische Betrachtung begreifen, warum ein vielleicht sehr begabter Dichter den Kranz in diesem Falle, aber nicht in jenem erreicht hat. Indem wir aber so die Genesis des Werkes begreifen, verstehen wir erst den Schriftsteller auch genetisch und erst damit vollständig. Allerdings muß sich der Philologe auch zuweilen auf die geistige Pathologie verstehen.

Nach dieser Darlegung der Interpretationsrichtungen wird wohl das vollkommen gerechtfertigt sein, was ich oben über das Verhältnis des philologischen Verstehens zum gemeinen bemerkt habe, und inwiefern in jenem unendlich mehr liegt als in diesem. Das Wichtigste aber scheint mir nun Folgendes zu sein. Das gemeine Verstehen kann richtig sein: so nennen wir es, wenn es die Meinung des Redenden erfaßt. Niemals aber kann das gemeine Verständnis wahr heißen. Denn wenn auch eine Wahrheit mitgeteilt wird, so kann auch sie nur richtig verstanden werden; und das Unwahre wird genau ebenso richtig verstanden. – Das philologische Verständnis dagegen erhebt sich von der einfachen Auffassung eines Mitgeteilten zur Erkenntnis und zum Begreifen einer geistigen Tatsache. Solch ein genetisches Begreifen einer Rede kann an sich, ohne Rücksicht auf den Wert der verstandenen Rede, wahr und tief, kann eine erhebende Erkenntnis sein, geradeso wie der Wert einer naturwissenschaftlichen Erkenntnis unabhängig ist von dem Werte des erkannten Wesens. Das philologische Verständnis hat, noch abgesehen von seinem Objekt, auch an sich einen wertvollen Inhalt. Wo der Philologe seine Aufgabe völlig gelöst hat, da ist sein Verständnis nicht nur kein bloßes Ereignis und nicht nur eine Tat; sondern da ist es eine Schöpfung.

12. Johann Gustav Droysen
Die Interpretation*

§ 37

Weder die Kritik sucht, noch die Interpretation fordert die *Anfänge*. In der sittlichen Welt ist nichts unvermittelt.

Die historische Forschung will nicht erklären, d. h. aus dem [20] Früheren das Spätere, aus Gesetzen die Erscheinungen als notwendig, als bloße Wirkungen und Entwicklungen ableiten.

Läge die logische Notwendigkeit des Späteren in dem Früheren, so wäre statt der sittlichen Welt ein Anlogon der ewigen Materie und des Stoffwechsels.

Wäre das geschichtliche Leben nur Wiedererzeugung des immer Gleichen, so wäre es ohne Freiheit und Verantwortlichkeit, ohne sittlichen Gehalt, nur organischer Natur.

Das Wesen der Interpretation ist, in den vergangenen Geschehnissen Wirklichkeiten mit der ganzen Fülle von Bedingnissen, die ihre Verwirklichung und Wirklichkeit forderte, zu sehen.

§ 38

Wie sich im Gehen vereint a) der Mechanismus der schreitenden Glieder, b) die durch die Ebenheit oder Unebenheit, Glätte, Härte usw. des Bodens bedingte Spannung der Muskeln, c) der Wille, welcher den Körper bewegt, d) der Zweck des Wollenden, um deswillen er geht, so nach vier Gesichtspunkten vollzieht sich die Interpretation.

Daß einseitig der eine oder andere hervorgehoben, als wesentlich, als ausschließlich bestimmend zur Geltung gebracht wird, ist die Quelle vieler theoretischer und praktischer Irrtümer, ist doktrinär (§ 92).

---

* Johann Gustav Droysen, *Historik, Vorlesungen über Enzyklopädie und Methodologie der Geschichte.* Hrsg. v. Rudolf Hübner, München 1937, S. 339-344

a) Die *pragmatische Interpretation* faßt den kritischen Tatbestand, d. h. die in der Kritik verifizierten und geordneten Reste und Auffassungen des einst wirklichen Sachverlaufes nach dem in der Natur dieses Verlaufes liegenden Kausalnexus auf, um den Gang des einst wirklichen Sachverlaufes zu rekonstruieren.

Bei reichlichem Material genügt das einfache *demonstrative* Verfahren.

Bei mangelhaftem Material führt die uns aus ähnlichen Fällen bekannte Natur der Sache zur *Analogie,* d. h. zu einer Gleichung zwischen dem Bekannten und diesem X.

Die Analogie zwischen zwei X, soweit sie sich gegenseitig ergänzen, wird zum *komparativen* Verfahren.

Die Voraussetzung eines Zusammenhanges, in dem das fragmentarisch Vorliegende sich als in die Kurve dieses Zusammenhanges [21] passend zeigt und so sich durch Evidenz bestätigt, ist die *Hypothese.*

b) Die *Interpretation der Bedingungen* gründet sich darauf, daß die Bedingungen ideell in dem einst wirklichen Sachverhalt, der durch sie möglich wurde und so wurde, enthalten waren und, wie fragmentarisch immer, in den Auffassungen und Überresten noch sein werden.

(Wie z. E. die an sich unschöne Stellung des Borghesischen Fechters die Linie des Giebelfeldes, für welches die Statue bestimmt war, erkennen läßt.)

Die Bedingungen *des Raumes* – abgesehen von zahllosen kleinen Verhältnissen – erläutern sich aus der Geographie (des Kriegstheaters, des Schlachtfeldes, der natürlichen Grenzen usw., der Talbildung Ägyptens, der Marschen an der Nordsee usw.).

Die Bedingungen *der Zeit* zerlegen sich in den gewordenen Zustand, in den die Tatsache eintrat, und in die Gleichzeitigkeiten, die mehr oder minder maßgebend auf dieselbe einwirkten.

Eine dritte Reihe von Bedingungen bilden die *Mittel,* materielle wie moralische, mit denen der Sachverlauf ermöglicht und verwirklicht wurde.

In dem Bereich der materiellen Mittel liegt die Mannigfaltigkeit von Stoffen und Werkzeugen, damit ein unermeßliches Feld der *technologischen Interpretation*, das fast noch unberührt ist; – in dem Bereich der moralischen auch die Leidenschaften der Menschen, Stimmungen der Massen, sie beherrschende Vorurteile oder Ansichten usw.; der Feldherr, der Staatsmann, der Künstler, der auf sie und durch sie wirken will, wird in gleichem Maße von ihnen bestimmt.

§ 41

c) Die *psychologische Interpretation* sucht in dem Sachverhalt die Willensakte, die ihn hervorbrachten.

Sie mag den Wollenden und die Energie seines *Willens*, soweit derselbe in den Zusammenhang dieses Sachverlaufs eingriff, seine *intellektuelle* Kraft, soweit sie denselben bestimmte, erkennen. Aber weder ging der Wollende ganz in diesem einen Sachverlauf auf, noch ist das, was wurde, nur durch dessen Willensstärke [22], dessen Intelligenz geworden; es ist weder der reine, noch der ganze Ausdruck dieser Persönlichkeit.

Die Persönlichkeit als solche hat nicht ihren Wertmesser in der Geschichte, in dem, was sie dort leistet, tut oder leidet. Ihr ist ein eigenster Kreis bewahrt, in dem sie, wie arm oder reich an Gaben, wie bedeutend oder gering an Wirkungen oder Erfolgen sie sei, mit sich und ihrem Gott allein verkehrt, – ein eigenster Kreis, in dem der eigentliche Quell ihres Wollens und Seins ist, in dem sich das vollzieht, was sie vor sich und vor Gott rechtfertigt oder verdammt. Dem einzelnen ist das Gewisseste, was er hat, die Wahrheit seines Seins, *sein Gewissen*. In dies Heiligtum dringt der Blick der Forschung nicht.

Wohl versteht der Mensch den Menschen, aber nur peripherisch; er nimmt seine Tat, seine Rede, seine Miene wahr, aber immer nur diese eine, diesen Moment; beweisen, daß er ihn richtig, daß er ihn ganz verstanden, kann er nicht. Ein anderes ist, daß der Freund an den Freund *glaubt,* daß in der Liebe der eine des andern wahres Ich als dessen Bild festhält: »so mußt du sein, denn so verstehe ich dich«. Das ist das Geheimnis aller Erziehung.

Die Dichter – so Shakespeare – entwickeln aus den Charakteren der Personen den Sachverlauf, den sie darstellen; sie dichten zu dem Ereignis eine psychologische Interpretation desselben. In den Wirklichkeiten aber wirken noch andere Momente als die Persönlichkeiten.

Die Dinge gehen ihren Gang trotz des guten oder bösen Willens derer, durch welche sie sich vollziehen.

In den sittlichen Mächten ist die Kontinuität der Geschichte, ihre Arbeit und ihr Fortschreiten (§ 15); in ihnen haben alle, jeder an seiner Stelle, teil; durch sie, mittelbar, lebt auch der Geringste und Ärmste mit in der Geschichte.

Aber auch der Genialste, Willensstärkste, Mächtigste ist nur ein Moment in dieser Bewegung der sittlichen Mächte, immerhin an seiner Stelle ein besonders bezeichnendes und wirksames. Als solches und nur als solches faßt ihn die historische Forschung, nicht um seiner Person willen, sondern um seiner Stellung und Arbeit in dieser, jener der sittlichen Mächte, um der *Idee* willen, deren Träger er war.

§ 42

d) Die *Interpretation der Ideen* tritt in die Lücke, welche die psychologische läßt.

Denn der einzelne baut sich seine Welt in dem Maße, als er an den sittlichen Mächten teil hat. Und in dem Maße, als er fleißiger und gedeihlicher an seiner Stelle für die kurze Spanne seines Lebens baut, hat er die Gemeinsamkeiten, in denen er lebte und die in ihm lebten, gefördert, hat er an seinem Teil den sittlichen Mächten gedient, die ihn überdauern.

Ohne sie wäre der Mensch nicht Mensch; aber sie werden, sie wachsen und steigern sich erst in der gemeinsamen Arbeit der Menschen, der Völker, der Zeiten, in der fortschreitenden Geschichte, deren Werden und Wachsen ihre Entfaltung ist.

Das ethische *System* irgendeiner Zeit ist nur die spekulative Fassung und Zusammenfassung des bis dahin Entfalteten, nur ein Versuch, es seinem theoretischen Inhalt nach zu summieren und auszusprechen.

Jede Zeit ist ein Komplex von Verwirklichungen aller sittlichen Mächte, wie hoch oder niedrig deren Entfaltung, wie eingehüllt noch das Höhere in dem Niederen (Staat in Familienform usw.) sein mag.

In der Mannigfaltigkeit der sittlichen Sphären, in denen das Menschenleben wurzelt und sich bewegt, hat die Forschung die Fragereihe, mit der sie an das vorliegende historische Material herantritt, um es nach seinem ethischen Inhalt zu interpretieren.

Wir werden es in zweierlei Fassung können:

a) entweder wir beobachten in jenen Materialien den *Zustand* der sittlichen Gestaltungen, wie sie in jener Gegenwart und bis zu ihr hin sich gestaltet haben,

wir gewinnen so den *ethischen Horizont,* innerhalb dessen alles stand, was in dieser Zeit, diesem Volk usw. war und geschah, und damit das Maß für jeden einzelnen Vorgang in dieser Zeit, diesem Volk usw.,

b) oder wir suchen und fassen die in *jenem Zustand fortschreitenden Momente,*

und indem wir sie zu dem, wohin sie geführt, wie sie sich erfüllt [24] haben, in Beziehung setzen, gewinnen wir, was uns die *Bewegung* in jener Zeit, jenem Volk, das Streben und Ringen der Menschen damals, ihr Siegen und Unterliegen deutet.

§ 44 (43 [36])

In der Bewegung ist bald diese, bald jene der sittlichen Mächte voran – oft so voran, als handle es sich nur um sie, als komme alles nur auf sie an –, die entflammten Geister treibend, leitend, beherrschend, als *Gedanke* dieser Zeit, dieses Volkes, dieses Mannes, den wesentlich weiteren Schritt zu tun.

Der Gedanke (Gedankenkomplex), den die Interpretation in einem Sachverlauf aufweist, ist uns die Wahrheit dieses Sachverlaufes. Dieser Sachverlauf ist uns die Wirklichkeit, die Erscheinungsform dieses Gedankens. In diesem Gedanken verstehen wir dies Geschehene; wir verstehen aus ihm diesen Gedanken.

In den Richtigkeiten des methodisch gewonnenen Tatbestandes hat sich der Gedanke des Sachverlaufes zu bewähren und der Sachverlauf diesen Gedanken zu rechtfertigen.

Denn wahr ist uns der Gedanke, dem ein Sein entspricht, wahr das Sein, das einem Gedanken entspricht.

III. Dilthey und die Dilthey-Schule

13. Wilhelm Dilthey
Entwürfe zur Kritik der historischen Vernunft*

I. Das Erleben und die Selbstbiographie

I. Die Aufgabe einer Kritik der historischen Vernunft

Der Zusammenhang der geistigen Welt geht im Subjekt auf, und es ist die Bewegung des Geistes bis zur Bestimmung des Bedeutungszusammenhanges dieser Welt, welche die einzelnen logischen Vorgänge miteinander verbindet. So ist einerseits diese geistige Welt die Schöpfung des auffassenden Subjektes, andererseits aber ist die Bewegung des Geistes darauf gerichtet, ein objektives Wissen in ihr zu erreichen. So treten wir nun dem Problem gegenüber, wie der Aufbau der geistigen Welt im Subjekt ein Wissen der geistigen Wirklichkeit möglich mache. Ich habe früher diese Aufgabe als die einer Kritik der historischen Vernunft bezeichnet. Die Aufgabe ist nur lösbar, wenn die einzelnen Leistungen ausgesondert werden, die zur Schöpfung dieses Zusammenhanges zusammenwirken, wenn dann so gezeigt werden kann, welchen Anteil eine jede von ihnen an dem Aufbau des geschichtlichen Verlaufes in der geistigen Welt und an der Entdeckung der Systematik in ihr hat. Der Verlauf muß erweisen, wiefern die in der gegenseitigen Abhängigkeit der Wahrheiten enthaltenen Schwierigkeiten aufgelöst werden können. Er wird das reale Prinzip der geisteswissenschaftlichen Auffassung allmählich aus der Erfahrung ableiten. Das Verstehen ist ein Wiederfinden des Ich im Du; der Geist findet sich auf immer höheren Stufen von Zusammenhang wieder; diese Selbigkeit des Geistes im Ich, im Du, in jedem Subjekt einer Gemeinschaft, in jedem System der Kultur, schließlich in der Totalität des Geistes und der Universalgeschichte macht das Zusammenwirken der verschiedenen Leistungen in den Geisteswissenschaften möglich. Das Subjekt des Wissens ist hier eins mit seinem Gegenstand, und dieser ist auf allen Stufen seiner Objektivation derselbe. Wenn durch dies Verfahren die Objektivität der im Subjekt geschaffenen geistigen Welt erkannt wird, entsteht die Frage, wieviel dies beitragen kann zur Lösung des Erkenntnisproblems überhaupt. Kant ging

* Aus: *Gesammelte Schriften* Band 7 (1958), S. 191-220

von den Grundlagen, die in der formalen Logik und der Mathematik für die Behandlung des Erkenntnisproblems liegen, aus. Die formale Logik in der Zeit Kants sah in den letzten logischen Abstraktionen, den Denkgesetzen und Denkformen, den letzten logischen Grund für die Rechtsbeständigkeit aller wissenschaftlichen Sätze. Die Denkgesetze und Denkformen, vornehmlich das Urteil, in welchem ihm die Kategorien gegeben waren, enthielten für ihn die Bedingungen für die Erkenntnis. Er erweiterte diese Bedingungen durch die, welche nach ihm die Mathematik möglich machen. Die Größe seiner Leistung lag in einer vollständigen Analysis des mathematischen und naturwissenschaftlichen Wissens. Aber die Frage ist, ob eine Erkenntnistheorie der Geschichte, welche er selbst nicht gegeben hat, in dem Rahmen seiner Begriffe möglich ist.

2. Innewerden, Realität: Zeit

Ich setze das über Leben und Erlebnis früher Gesagte voraus. Die Aufgabe ist jetzt, die Realität dessen, was im Erleben zur Auffassung kommt, zu zeigen, und da es sich hierbei um den objektiven Wert der Kategorien der geistigen Welt handelt, die vom Erleben ab aufgehen, so sende ich hier eine Bemerkung darüber voraus, in welchem Sinn hier der Ausdruck Kategorie gebraucht wird. In den Prädikaten, die wir von Gegenständen aussagen, sind Arten der Auffassung enthalten. Die Begriffe, die solche Arten bezeichnen, nenne ich Kategorien. Jede solche Art faßt in sich eine Regel der Beziehung. Die Kategorien bilden in sich systematische Zusammenhänge, und die obersten Kategorien bezeichnen höchste Standpunkte der Auffassung der Wirklichkeit. Jede solche Kategorie bezeichnet dann eine eigene Welt von Prädizierungen. Die formalen Kategorien sind Aussageformen über alle Wirklichkeit. Unter den realen Kategorien treten nun aber solche auf, die in der Auffassung der geistigen Welt ihren Ursprung haben, wenn sie auch dann in Umformungen auf die ganze Wirklichkeit Anwendung finden. Im Erleben entstehen allgemeine Prädikate des Erlebniszusammenhanges in einem bestimmten Individuum; indem sie auf die Objektiviationen des Lebens im Verstehen und auf alle Subjekte geisteswissenschaftlicher Aussage angewandt werden, erweitert sich der Umkreis ihrer Geltung, bis sich zeigt, daß überall, wo geistiges Leben ist, ihm Wirkungszusammenhang, Kraft, Wert usw.

zukommt. So erhalten diese allgemeinen Prädikate die Dignität von Kategorien der geistigen Welt.

In dem Leben ist als erste kategoriale Bestimmung desselben, grundlegend für alle andern, die Zeitlichkeit enthalten. Dies tritt schon in dem Ausdruck »Lebensverlauf« hervor. Zeit ist für uns da, vermöge der zusammenfassenden Einheit unseres Bewußtseins. Dem Leben und den in ihm auftretenden äußeren Gegenständen sind die Verhältnisse von Gleichzeitigkeit, Aufeinanderfolge, Zeitabstand, Dauer, Veränderung gemeinsam. Aus ihnen sind auf der Grundlage der mathematischen Naturwissenschaft die abstrakten Beziehungen entwickelt worden, die Kant seiner Lehre von der Phänomenalität der Zeit zugrunde gelegt hat.

Dieser Rahmen von Verhältnissen umspannt, aber erschöpft nicht das *Erlebnis* der Zeit, in welchem ihr Begriff seine letzte Erfüllung findet. Hier wird die Zeit erfahren als das rastlose Vorrükken der Gegenwart, in welchem das Gegenwärtige immerfort Vergangenheit wird und das Zukünftige Gegenwart. Gegenwart ist die Erfüllung eines Zeitmomentes mit Realität, sie ist Realität im Gegensatz zur Erinnerung oder zu den Vorstellungen von Zukünftigem, die im Wünschen, Erwarten, Hoffen, Fürchten, Wollen auftreten. Diese Erfüllung mit Realität oder Gegenwart besteht beständig, während das, was den Inhalt des Erlebens ausmacht, sich immerfort ändert. Die Vorstellungen, in denen wir Vergangenheit und Zukunft besitzen, sind nur da für den in der Gegenwart Lebenden. Die Gegenwart ist immer da, und nichts ist da, als was in ihr aufgeht. Das Schiff unseres Lebens wird gleichsam auf einem beständig fortrückenden Strom dahingetragen, und Gegenwart ist immer und überall, wo wir auf diesen Wellen sind, leiden, erinnern oder hoffen, kurz wo wir in der Fülle unserer Realität leben. Wir fahren aber unablässig auf diesem Strom dahin, und in demselben Moment, in welchem das Zukünftige ein Gegenwärtiges wird, versinkt dieses auch schon in die Vergangenheit. So sind die Teile der erfüllten Zeit nicht nur qualitativ voneinander unterschieden, sondern wenn wir von der Gegenwart aus rückwärts auf Vergangenheit blicken und vorwärts auf Zukunft, so hat jeder Teil des Flusses der Zeit, abgesehen von dem, was in ihm auftritt, einen verschiedenen Charakter. Rückwärts die Reihe der nach Bewußtseinswert und Gefühlsanteil abgestuften Erinnerungsbilder: ähnlich wie eine Reihe von Häusern oder Bäumen sich in die Ferne verliert, verkleinert, so stuft sich in dieser Erinnerungslinie der Grad der Erinnerungsfrische ab, bis sich am Horizont die Bilder im Dunkeln verlieren. Und je mehr Glieder vorwärts zwischen der erfüllten Gegenwart und einem Momente der Zukunft liegen, Gemütszustände, äußere Vorgänge, Mittel, Zwecke: desto mehr häufen sich die Möglichkeiten des Verlaufes, desto unbestimmter und nebelhafter wird das Bild dieser Zukunft. Wenn wir auf die Vergangenheit zurückblicken, verhalten wir uns passiv; sie ist das Unabänderliche; vergebens rüttelt der durch sie bestimmte Mensch an ihr in Träumen, wie es anders könnte geworden sein. Verhalten wir uns zur Zukunft, dann finden wir uns aktiv, frei. Hier entspringt neben der Kategorie der Wirklichkeit, die uns an der Gegenwart aufgeht, die der Möglichkeit. Wir fühlen uns im Besitz unendlicher Möglichkeiten. So bestimmt dies Erlebnis der Zeit nach allen Richtungen den Gehalt unseres Lebens. Daher denn auch die Lehre von der bloßen Idealität der Zeit überhaupt keinen Sinn in den Geisteswissenschaften hat. Denn sie könnte nur besagen, daß hinter dem Leben selber mit seinem von dem Zeitverlauf und der Zeitlichkeit abhängigen Hineinschauen in Vergangenheiten, seinem der Zukunft sich verlangend, tätig und frei Entgegenstrecken, all dem Verzweifeln über die Notwendigkeiten von dort aus, den Anstrengungen, der Arbeit, den Zwecken, die in die Zukunft reichen, der Gestaltung und Entwicklung, die der zeitliche Verlauf des Lebens umspannt – als deren Bedingung ein schattenhaftes Reich der Zeitlosigkeit liege, ein Etwas, das nicht gelebt wird. In diesem unserem Leben aber liegt die Realität, von welcher die Geisteswissenschaften wissen.

Die Antinomien, die das Denken an dem Erlebnis der Zeit findet, entspringen aus der Undurchdringlichkeit desselben für das Erkennen. Der kleinste Teil des Fortrückens der Zeit schließt noch einen Zeitverlauf in sich. Gegenwart *ist* niemals; was wir als Gegenwart erleben, schließt immer Erinnerung an das in sich, was eben gegenwärtig war. Unter anderen Momenten teilt das Fortwirken des Vergangenen als Kraft in der Gegenwart, die Bedeutung desselben für sie, dem Erinnerten einen eigenen Charakter von Präsenz mit, durch die es in die Gegenwart einbezogen wird. Was so im Fluß der Zeit eine Einheit in der Präsenz bildet, weil es eine einheitliche Bedeutung hat, ist die kleinste Einheit, die wir als Erlebnis bezeichnen können. Und wir nennen dann weiter jede umfassendere Einheit von Lebensteilen, die durch eine gemeinsame Bedeutung für den Lebensverlauf verbunden sind, Erlebnis, selbst wo die Teile durch unterbrechende Vorgänge voneinander getrennt sind. –

Das Erleben ist ein Ablauf in der Zeit, in welchem jeder Zustand, ehe er deutlicher Gegenstand wird, sich verändert, da ja der folgende Augenblick immer sich auf den früheren aufbaut, und in welchem jeder Moment – noch nicht erfaßt – Vergangenheit wird. Dann erscheint er als Erinnerung, die nun Freiheit hat, sich auszudehnen. Die Beobachtung aber zerstört das Erleben. Und so gibt es nichts Seltsameres als die Art von Zusammenhang, die wir als ein Stück Lebensverlauf kennen; nur das bleibt immer als ein Festes, daß die Strukturbeziehung seine Form ist. Und wollte man nun versuchen, durch irgendeine besondere Art von Anstrengung den Fluß des Lebens selbst zu erleben, wie das Ufer hineinscheint, wie er immer nach Heraklit derselbe scheint und doch nicht ist, vieles und eins, dann verfällt man ja wieder dem Gesetz des Lebens selbst, nach welchem jeder Moment des Lebens selber, der beobachtet wird, wie man auch das Bewußtsein des Flusses in sich verstärke, der erinnerte Moment ist, nicht mehr Fluß; denn *er ist fixiert durch die Aufmerksamkeit, die nun das an sich Fließende festhält.* Und so können wir das Wesen dieses Lebens selbst nicht erfassen. Was der Jüngling von Saïs entschleiert, ist Gestalt und nicht Leben. Dies muß man sich vergegenwärtigen, um nun die Kategorien zu erfassen, die am Leben selbst aufgehen.

Diese Beschaffenheit der realen Zeit hat nun zur Folge, daß der Zeitverlauf nicht im strengen Sinn erlebbar ist. Die Präsenz des Vergangenen ersetzt uns das unmittelbare Erleben. Indem wir die Zeit beobachten wollen, zerstört die Beobachtung sie, denn sie fixiert durch die Aufmerksamkeit; sie bringt das Fließende zum Stehen, sie macht das Werdende fest. Was wir erleben, sind Änderungen dessen, was eben war, und daß diese Änderungen von dem, was war, sich vollziehen. Aber den Fluß selbst erleben wir nicht. Wir erleben Bestand, indem wir zu dem zurückkehren, was wir eben sahen und hörten, und es noch vorfinden. Wir erleben Veränderung, wenn einzelne Qualitäten in dem Komplex andere geworden sind; und auch wenn wir uns in uns selbst wenden zu demjenigen, das Dauer und Veränderungen erfährt, in dem Innewerden des eigenen Selbst ändert sich nichts hieran. Und nicht anders steht es mit der Introspektion . . . .

Der Lebensverlauf besteht aus Teilen, besteht aus Erlebnissen, die in einem inneren Zusammenhang miteinander stehen. Jedes einzelne Erlebnis ist auf ein Selbst bezogen, dessen Teil es ist; es ist durch die Struktur mit anderen Teilen zu einem Zusammenhang verbunden. In allem Geistigen finden wir Zusammenhang; so ist Zusammenhang eine Kategorie, die aus dem Leben entspringt. Wir fassen Zusammenhang auf vermöge der Einheit des Bewußtseins. Diese ist die Bedingung, unter welcher alles Auffassen steht; aber es ist klar, daß ein Stattfinden von Zusammenhang aus der bloßen Tatsache, daß der Einheit des Bewußtseins eine Mannigfaltigkeit von Erlebnissen gegeben ist, nicht folgen würde. Nur weil das Leben selbst ein Strukturzusammenhang ist, in welchem die Erlebnisse in erlebbaren Beziehungen stehen, ist uns Zusammenhang des Lebens gegeben. Dieser Zusammenhang wird unter einer umfassenden Kategorie aufgefaßt, welche eine Weise der Aussage über alle Wirklichkeit ist, – dem Verhältnis des Ganzen zu Teilen . . .

Auf dem Boden des Physischen tritt das geistige Leben auf; es ist der Evolution als deren höchste Stufe auf der Erde eingeordnet. Die Bedingungen, unter denen es auftritt, entwickelt die Naturwissenschaft, indem sie in den physischen Phänomenen eine Ordnung nach Gesetzen entdeckt. Unter den phänomenal gegebenen Körpern findet sich der menschliche, und mit ihm ist hier in einer nicht weiter angebbaren Weise das Erleben verbunden. Mit dem Erleben aber treten wir aus der Welt der physischen Phänomene in das Reich der geistigen Wirklichkeit. Es ist der Gegenstand der Geisteswissenschaften und die Besinnung über diesen . . . und ihr Erkenntniswert ist ganz unabhängig vom Studium ihrer physischen Bedingungen.

In dem Zusammenwirken von Erleben, Verstehen anderer Personen, historischer Auffassung von Gemeinsamkeiten als Subjekten geschichtlichen Wirkens, schließlich des objektiven Geistes entsteht das Wissen von der geistigen Welt. Erleben ist die letzte Voraussetzung von diesem allen, und so fragen wir, welche Leistung dieses vollbringt.

Das Erleben schließt in sich die elementaren Denkleistungen. Ich habe dies als seine Intellektualität bezeichnet. Mit der Steigerung der Bewußtheit treten sie auf. Die Veränderung eines inneren Sachverhalts wird so zum Bewußtsein des Unterschiedes. An dem, was sich ändert, wird ein Tatbestand isoliert aufgefaßt. An das Erleben schließen sich die Urteile über das Erlebte, in welchem dieses gegenständlich wird. Es ist unnötig darzustellen, wie wir nur aus dem Erleben unsere Kenntnis jedes geistigen Tatbestandes haben. Ein Gefühl, das wir nicht erlebt haben, können wir in einem anderen nicht wiederfinden. Aber für die Ausbildung der Geisteswissenschaften ist nun entscheidend, daß wir dem Subjekt, das in der Begrenzung des Körpers die Möglichkeit von Erlebnissen einschließt, allgemeine Prädikate, Attribute aus unserem Erleben zuteilen, welche den Ansatzpunkt zu den geisteswissenschaftlichen Kategorien in sich enthalten. Die formalen Kategorien sahen wir entspringen aus den elementaren Denkleistungen. Es sind Begriffe, die das durch diese Denkleistungen Auffaßbare repräsentieren. Solche Begriffe sind Einheit, Vielheit, Gleichheit, Unterschied, Grad, Beziehung. Sie sind Attribute der ganzen Wirklichkeit. Die realen Kategorien . . .

3. Der Zusammenhang des Lebens

Ein neuer Zug des Lebens wird nun sichtbar; er ist bedingt durch den dargelegten Charakter seiner Zeitlichkeit: aber er geht über ihn hinaus. Wir verhalten uns gegenüber dem Leben, dem eigenen so gut als dem fremden, verstehend. Und dieses Verhalten vollzieht sich in eigenen Kategorien, welche dem Naturerkennen als solchem fremd sind. Wenn das Naturerkennen für die Vorstufen des Menschenlebens in der organischen Welt des Zweckbegriffes bedarf, so übernimmt es doch diese Kategorie aus dem menschlichen Leben.

Die formalen Kategorien sind abstrakte Ausdrücke für die logischen Verhaltungsweisen von Unterscheiden, Gleichfinden, Auffassen von Graden des Unterschiedes, Verbinden, Trennen. Sie sind gleichsam ein Gewahrwerden höheren Grades, das nur feststellt, nicht aber a priori konstruiert. Sie treten schon in unserem primären Denken auf und machen sich dann als dieselbigen in unserem diskursiven, an Zeichen gebundenen Denken, nur auf einer höheren Stufe, geltend. Sie sind ebenso die formalen Bedingungen des Verstehens als des Erkennens, der Geisteswissenschaften wie der Naturwissenschaften.

Die realen Kategorien sind aber in den Geisteswissenschaften nirgends dieselben als in den Naturwissenschaften. Ich gehe nicht in die Probleme ein, welche sich auf die Entstehung dieser Kategorien beziehen. Hier handelt es sich nur um ihre Geltung. Keine reale Kategorie kann so, wie sie in der Naturwissenschaft gilt, für die

Geisteswissenschaften Geltung beanspruchen. Wird das in ihr abstrakt ausgedrückte Verfahren auf die Geisteswissenschaften übertragen, so entstehen jene Grenzüberschreitungen des naturwissenschaftlichen Denkens, welche genau ebenso verwerflich sind als innerhalb der Naturwissenschaft das Hineintragen des geistigen Zusammenhanges in die Natur, aus dem die Naturphilosophie Schellings und Hegels hervorging. Es gibt in der geschichtlichen Welt keine naturwissenschaftliche Kausalität, denn Ursache im Sinne dieser Kausalität schließt in sich, daß sie nach Gesetzen mit Notwendigkeit Wirkungen herbeiführt; die Geschichte weiß nur von den Verhältnissen des Wirkens und Leidens, der Aktion und Reaktion.

Und gleichviel wie eine künftige Naturwissenschaft den Begriff von Substanzen als Trägern des Geschehens oder von Kräften als den Erwirkern desselben fortbilden mag zu neuen Begriffen: alle diese Begriffsbildungen des naturwissenschaftlichen Erkennens sind für die Geisteswissenschaften irrelevant. Die Subjekte der Aussagen über die geschichtliche Welt vom individuellen Lebensverlauf bis zu dem der Menschheit bezeichnen nur eine bestimmte Art von Zusammenhang in irgendeiner Abgrenzung. Und wenn die formale Kategorie des Verhältnisses vom Ganzen zum Teil diesem Zusammenhang und dem des Raumes, der Zeit, des organisierten Wesens gemeinsam ist, so erhält sie im Reich der Geisteswissenschaften aus dem Wesen des Lebens und dem ihm entsprechenden Verfahren des Verstehens erst einen eigenen Sinn, den eines Zusammenhanges, in welchem die Teile verbunden sind. Wobei auch hier nach dem Charakter der Evolution der in unsere Erfahrung fallenden Wirklichkeit das organische Leben als ein Zwischenglied zwischen der unorganischen Natur und der geschichtlichen Welt, sonach als eine Vorstufe der letzteren anzusehen ist.

Welcher ist nun aber dieser eigene Sinn, in welchem die Teile des Lebens der Menschheit zu einem Ganzen verbunden sind? Welche sind die Kategorien, in denen wir uns verstehend dieses Ganzen bemächtigen?

Ich blicke in die Selbstbiographien, welche der direkteste Ausdruck der Besinnung über das Leben sind. Augustin, Rousseau, Goethe zeigen ihre typischen geschichtlichen Formen. Wie erfassen diese Schriftsteller nun verstehend den Zusammenhang der verschiedenen Teile ihres eigenen Lebensverlaufes? Augustin ist ganz auf den Zusammenhang seines Daseins mit Gott gerichtet.

Seine Schrift ist zugleich religiöse Meditation, Gebet und Erzählung. Diese Erzählung hat ihr Ziel in dem Ereignis seiner Bekehrung, und jeder frühere Vorgang ist nur eine Station auf dem Weg zu diesem Ziel, in welchem die Absicht der Vorsehung mit diesem Menschen beschlossen ist. Kein sinnlicher Genuß, kein philosophisches Entzücken, keine Freude des Rhetors am Glanz der Rede und kein Lebensverhältnis hat für ihn einen Selbstwert. In dem allen fühlt er den positiven Lebensgehalt seltsam gemischt mit der Sehnsucht nach jenem transzendenten Verhältnis; alles waren Vergänglichkeiten, und erst in der Bekehrung entstand eine ewige und leidenlose Beziehung. So vollzieht sich das Verständnis seines Lebens in der Beziehung der Teile desselben zur Realisierung eines absoluten Wertes, eines unbedingt höchsten Gutes, und in dieser Beziehung entsteht dem Rückwärtsblickenden das Bewußtsein von der Bedeutung jedes früheren Lebensmomentes. Er findet in seinem Leben nicht Entwicklung, sondern Vorbereitung zu der Abwendung von allen vergänglichen Gehalten desselben. – Rousseau! Sein Verhältnis zu seinem Leben in den Konfessionen kann nur in denselben Kategorien von Bedeutung, Wert, Sinn, Zweck erfaßt werden. Ganz Frankreich war von Gerüchten über seine Ehe, seine Vergangenheit erfüllt. In furchtbarer Einsamkeit betrachtete er das unablässige Wirken seiner Feinde gegen ihn – misanthropisch bis zum Verfolgungswahn. Wenn er in der Erinnerung zurückblickte, so sah er sich aus der calvinistisch strengen Ordnung des Hauses hinausgetrieben, dann aus einem dunklen Abenteurerleben empordrängend nach der Betätigung des Großen, das in ihm lebte, auf diesem Wege beschmutzt von allem Kot der Straße, genötigt, mit schlimmer Kost aller Art vorlieb zu nehmen, machtlos gegenüber der Herrschaft der vornehmen Welt und der auserlesenen Geister um ihn her. Aber was er auch getan und gelitten und was auch an ihm verdorben war: er empfand sich als eine vornehme, edelmütige, mit der Menschheit fühlende Seele, worin doch das Ideal seiner Zeit lag. Das wollte er der Welt vor Augen stellen: er wollte das Recht seiner geistigen Existenz zur Geltung bringen, indem er sie zeigte, ganz wie sie war. Auch hier also wird der Verlauf der äußeren Vorgänge eines Lebens gedeutet. Es wird ein Zusammenhang aufgesucht, der nicht in der bloßen Relation von Ursachen und Wirkungen besteht. Will man ihn aussprechen, so hat man nur Worte für ihn wie Wert, Zweck, Sinn, Bedeutung. Sehen wir näher zu, so ist es ein eigener Bezug dieser Kategorien aufeinander, in welchem die Deutung sich vollzieht. Rousseau will vor allem das Recht seiner individuellen Existenz zur Anerkennung bringen. Hierin ist eine neue Anschauung von unendlichen Möglichkeiten der Realisierung von Lebenswerten enthalten. Von dieser Anschauung aus gestaltet sich das Verhältnis der Kategorien, unter denen das Leben von ihm verstanden wird. – Und nun Goethe. In Dichtung und Wahrheit verhält sich ein Mensch universal-historisch zu seiner eigenen Existenz. Er sieht sich durchaus im Zusammenhang mit der literarischen Bewegung seiner Epoche. Er hat das ruhige, stolze Gefühl seiner Stellung in derselben. So ist dem Greis, der zurückschaut, jeder Momement seiner Existenz in doppeltem Sinn bedeutend: als genossene Lebensfülle und als in den Zusammenhang des Lebens hineinwirkende Kraft. Er fühlt jede Gegenwart, die in Leipzig, in Straßburg, in Frankfurt als erfüllt und bestimmt von Vergangenem, als sich ausstreckend zur Gestaltung der Zukunft – das heißt aber als Entwicklung. Hier blicken wir nun tiefer in die Relationen, die zwischen den Kategorien als Werkzeugen von Lebenserfassung bestehen. Der Sinn des Lebens liegt in der Gestaltung, in der Entwicklung; von hier aus bestimmt sich die Bedeutung der Lebensmomente auf eine eigene Weise; sie ist zugleich erlebter Eigenwert des Momentes und dessen wirkende Kraft.

Jedes Leben hat einen eigenen Sinn. Er liegt in einem Bedeutungszusammenhang, in welchem jede erinnerbare Gegenwart einen Eigenwert besitzt, doch zugleich im Zusammenhang der Erinnerung eine Beziehung zu einem Sinn des Ganzen hat. Dieser Sinn des individuellen Daseins ist ganz singular, dem Erkennen unauflösbar, und er repräsentiert doch in seiner Art, wie eine Monade von Leibniz, das geschichtliche Universum.

4. Die Selbstbiographie

Die Selbstbiographie ist die höchste und am meisten instruktive Form, in welcher uns das Verstehen des Lebens entgegentritt. Hier ist ein Lebenslauf das Äußere, sinnlich Erscheinende, von welchem aus das Verstehen zu dem vorandringt, was diesen Lebenslauf innerhalb eines bestimmten Milieus hervorgebracht hat. Und zwar ist der, welcher diesen Lebenslauf versteht, identisch mit dem, der ihn hervorgebracht hat. Hieraus ergibt sich eine besondere Intimität des Verstehens. Derselbe Mensch, der den Zusammenhang in der Geschichte seines Lebens sucht, hat in all dem, was er als Werte seines Lebens gefühlt, als Zwecke desselben realisiert, als Lebensplan entworfen hat, was er rückblickend als seine Entwicklung, vorwärtsblickend als die Gestaltung seines Lebens und dessen höchstes Gut erfaßt hat – in alledem hat er schon einen Zusammenhang seines Lebens unter verschiedenen Gesichtspunkten gebildet, der nun jetzt ausgesprochen werden soll. Er hat in der Erinnerung die Momente seines Lebens, die er als bedeutsam erfuhr, herausgehoben und akzentuiert und die anderen in Vergessenheit versinken lassen. Die Täuschungen des Momentes über dessen Bedeutung hat dann die Zukunft ihm berichtigt. So sind die nächsten Aufgaben für die Auffassung und Darstellung geschichtlichen Zusammenhangs hier schon durch das Leben selber halb gelöst. Die Einheiten sind in den Konzeptionen von Erlebnissen gebildet, in denen Gegenwärtiges und Vergangenes durch eine gemeinsame Bedeutung zusammengehalten ist. Unter diesen Erlebnissen sind diejenigen, die für sich und den Zusammenhang des Lebens eine besondere Dignität haben, in der Erinnerung bewahrt und aus dem endlosen Fluß des Geschehenen und Vergessenen herausgehoben; und ein Zusammenhang ist im Leben selber gebildet worden, von verschiedenen Standorten desselben aus, in beständigen Verschiebungen. Da ist also das Geschäft historischer Darstellung schon durch das Leben selber halb getan. Einheiten sind als Erlebnisse geformt, aus der endlosen, zahllosen Vielheit ist eine Auswahl dessen vorbereitet, was darstellungswürdig ist. Und zwischen diesen Gliedern ist ein Zusammenhang gesehen, der freilich nicht ein einfaches Abbild des realen Lebensverlaufs so vieler Jahre sein kann, der es auch nicht sein will, weil es sich eben um ein Verstehen handelt, der aber doch das ausspricht, was ein individuelles Leben selber von dem Zusammenhang in ihm weiß.

Und hier nähern wir uns nun den Wurzeln alles geschichtlichen Auffassens. Die Selbstbiographie ist nur die zu schriftstellerischem Ausdruck gebrachte Selbstbesinnung des Menschen über seinen Lebensverlauf. Solche Selbstbesinnung aber erneuert sich in irgendeinem Grade in jedem Individuum. Sie ist immer da, sie äußert sich in immer neuen Formen. Sie ist in den Versen des Solon so gut als in den Selbstbetrachtungen des stoischen Philosophen, in den Meditationen der Heiligen, in der Lebensphilosophie der modernen Zeit. Nur sie macht geschichtliches Sehen möglich. Die Macht und Breite des eigenen Lebens, die Energie der Besinnung über dasselbe ist die Grundlage des geschichtlichen Sehens. Sie allein ermöglicht, den blutlosen Schatten des Vergangenen ein zweites Leben zu geben. Ihre Verbindung mit einem grenzenlosen Bedürfnis, sich fremdem Dasein hinzugeben, sein eigenes Selbst in diesem zu verlieren, macht den großen Geschichtsschreiber.

Was ist es nun, das in der Betrachtung des eigenen Lebensverlaufs den Zusammenhang konstituiert, durch den wir seine einzelnen Teile zu einem Ganzen verbinden, in welchem das Leben zum Verständnis gelangt? Zu den allgemeinen Kategorien des Denkens traten im Verstehen des Lebens die von Wert, Zweck und Bedeutung hinzu. Unter diesen standen dann umfassende Begriffe wie Gestaltung und Entwicklung des Lebens. Die Verschiedenheit dieser Kategorien ist zunächst bedingt durch den Standpunkt, von welchem aus der Lebensverlauf in der Zeit aufgefaßt wird.

Indem wir zurückblicken in der Erinnerung, erfassen wir den Zusammenhang der abgelaufenen Glieder des Lebensverlaufs unter der Kategorie ihrer Bedeutung. Wenn wir in der Gegenwart leben, die von Realitäten erfüllt ist, erfahren wir im Gefühl ihren positiven oder negativen Wert, und wie wir uns der Zukunft entgegenstrecken, entsteht aus diesem Verhalten die Kategorie des Zweckes. Wir deuten das Leben als die Realisierung eines obersten Zweckes, dem sich alle Einzelzwecke unterordnen, als die Verwirklichung eines höchsten Gutes. Keine dieser Kategorien kann der andern untergeordnet werden, da jede von einem andern Gesichtspunkt aus das Ganze des Lebens dem Verstehen zugänglich macht. So sind sie unvergleichbar gegeneinander.

Ein Unterschied in ihrem Verhältnis zum Verstehen des Lebensverlaufs macht sich nun doch geltend. Die Eigenwerte, die im Erlebnis der Gegenwart und nur in ihm erfahren werden, sind das primär Erfahrbare, aber sie stehen gesondert nebeneinander. Denn jeder derselben entsteht im Bezug des Subjekts zu einem ihm gegenwärtigen Gegenstand in einer Gegenwart. (Dagegen verhalten wir uns, wenn wir einen Zweck setzen, zu einer Objektvorstellung, die realisiert werden soll.) So stehen die Eigenwerte der erlebten Gegenwart gesondert nebeneinander; sie sind nur vergleichbar miteinander, abschätzbar. Was sonst als Wert bezeichnet wird, bezeichnet nur Relationen zu Eigenwerten. Schreiben wir einem Gegenstande einen objektiven Wert zu, so sagt das nur, daß in Relation zu ihm verschiedene Werte erlebbar sind. Schreiben wir ihm einen Wirkungswert zu, so wird er nur als fähig bezeichnet, das Auftreten eines Wertes an einer späteren Stelle des Zeitverlaufs möglich zu machen. Dies alles sind rein logische Relationen, in die der in der Gegenwart erlebte Wert eintreten kann. So erscheint das Leben unter dem Wertgesichtspunkt als eine unendliche Fülle von positiven und negativen Daseinswerten. Es ist wie ein Chaos von Harmonien und Dissonanzen. Jede von diesen ist ein Tongebilde, das eine Gegenwart erfüllt; aber sie haben zueinander kein musikalisches Verhältnis. Die Kategorie des Zwecks oder Gutes, die das Leben unter dem Gesichtspunkt der Richtung in die Zukunft auffaßt, setzt die des Wertes voraus. Und auch von ihr aus kann der Zusammenhang des Lebens nicht hergestellt werden. Denn die Beziehungen von Zwecken aufeinander sind nur die von Möglichkeit, Wahl, Unterordnung. Nur die Kategorie der Bedeutung überwindet das bloße Nebeneinander, die bloße Unterordnung der Teile des Lebens. Und wie Geschichte Erinnerung ist und dieser Erinnerung die Kategorie der Bedeutung angehört, so ist diese eben die eigenste Kategorie geschichtlichen Denkens. Sie gilt es also nun vor allem in ihrer allmählichen Fortbildung zu entwickeln.

Ergänzung zu 3: Zusammenhang des Lebens

Und hier entsteht nun im Zusammenhang mit den Kategorien des Tuns und Erleidens die der Kraft. Tun und Erleiden sind, wie wir sahen, die Grundlage des Prinzips der Kausalität in den Naturwissenschaften. Das Prinzip ist in seiner strengen Form an der Mechanik entwickelt (hierher Einl. i. d. Geistesw. 509 ff. [Schr. I 399 ff.]). Kraft ist in den Naturwissenschaften ein hypothetischer Begriff. Wird in ihnen seine Geltung angenommen, so ist er durch das Kausalitätsprinzip bestimmt. In den Geisteswissenschaften ist er der kategoriale Ausdruck für ein Erlebbares. Er entsteht, wenn wir uns der Zukunft entgegenwenden, es geschieht dies auf mannigfache Art. In Träumen von kommendem Glück, im Spiel der Phantasie mit Möglichkeiten, in Bedenklichkeit und Furcht. Nun aber fassen wir diese müßige Ausbreitung unseres Daseins zu einer scharfen Spitze zusammen: inmitten solcher Möglichkeiten entschließen wir uns zur Realisierung von einer unter ihnen. Die Zweckvorstellung, die nun eintritt, enthält ein Neues, das noch nicht im Kreis der Wirklichkeiten da war und nun in sie eintreten soll: das, worum es sich hier handelt, ist – ganz unabhängig von jeder Theorie über den Willen – eine Anspannung, die der Psychologe physisch interpretieren mag, Richtung auf einen Zielpunkt, nun aber Entstehung einer *Intention zur Realisierung von etwas,* das noch in keiner Wirklichkeit war, Auswahl aus Möglichkeiten und Intention zur Realisierung einer . . . bestimmten Zielvorstellung, Wahl der Mittel zu ihrer Ausführung und diese Ausführung selbst. Sofern der Lebenszusammenhang dies vollzieht, bezeichnen wir ihn als Kraft.

Ein für die Geisteswissenschaften entscheidender Begriff! Soweit sie reichen, haben wir es mit einem Ganzen, mit Zusammenhang zu tun. Überall ist in ihm Bestand von Zuständen wie ein Selbstverständliches enthalten; indem aber die Geschichte die Veränderungen zu verstehen und auszudrücken sucht, geschieht es durch Begriffe, welche Energien, Bewegungsrichtungen, Umsetzungen der historischen Kräfte ausdrücken. Je mehr die historischen Begriffe diesen Charakter annehmen, desto besser werden sie die Natur ihres Gegenstandes ausdrücken. Was in der Fixation des Gegenstandes im Begriff ihm den Charakter einer von der Zeit unabhängigen Geltung gibt, gehört nur der logischen Form derselben an. Darum aber handelt es sich, Begriffe zu bilden, welche die Freiheit des Lebens und der Geschichte ausdrücken. Hobbes sagt öfter, daß Leben beständige Bewegung sei. Leibniz und Wolf sprechen es aus, daß im Bewußtsein des Fortschreitens für einzelne wie für Gemeinschaften das Glück liege.

Alle diese Kategorien des Lebens und der Geschichte sind Formen von Aussage, welche – wenn auch noch nicht überall in Aussagen über das Erlebbare, doch in der Entwicklung durch andere Leistungen – eine allgemeine Anwendung auf geisteswissenschaftlichem Gebiet erlangen. Sie entstammen aus dem Erleben selbst. Sie sind nicht zu ihm hinzutretende Arten der Formung, sondern die strukturellen Formen des Lebens selbst in einem zeitlichen Verlauf kommen in ihnen zum Ausdruck auf Grund der formalen, in der Einheit des Bewußtseins gegründeten Operationen. Und das Subjekt dieser Kategorien innerhalb der Erlebnissphäre? Es ist zunächst der Lebensverlauf, der an einem Körper sich abspielt und als ein Selbst in den Verhältnissen von Intention und Hemmung derselben, von Druck der Außenwelt unterschieden wird von dem Außen – dem Nichterlebbaren, Fremden. Seine näheren Bestimmungen aber erhält es eben von den dargelegten Prädizierungen, und so sind alle unsere Aussagen schon in der Sphäre des Erlebens, schon insofern sie ihren Gegenstand im Lebensverlauf haben und sonach der Natur der Aussage entsprechend von diesem Lebensverlauf Prädikate aussprechen, zunächst nur Prädizierungen über diesen bestimmten Lebenszusammenhang. Sie erhalten den Charakter des Gemeinsamen, Allgemeinen dadurch, daß sie zu ihrem Hintergrund den objektiven Geist haben und zu ihrem beständigen Korrelat die Auffassung anderer Personen.

Das Verstehen des eigenen Lebensverlaufs vollzieht sich nun aber in einer letzten Gruppe von Kategorien, die sich von den bisherigen wesentlich unterscheidet. Jene standen in Verwandtschaftsverhältnissen zu denen des Naturerkennens. Nun aber treten uns solche entgegen, mit denen in den Naturwissenschaften nichts verglichen werden kann.

Das Auffassen und Deuten des eigenen Lebens durchläuft eine lange Reihe von Stufen; die vollkommenste Explikation ist die Selbstbiographie. Hier faßt das Selbst seinen Lebensverlauf so auf, daß es sich die menschlichen Substrate, geschichtlichen Beziehungen, in die es verwebt ist, zum Bewußtsein bringt. So kann sich schließlich die Selbstbiographie zu einem historischen Gemälde erweitern; und nur das gibt demselben seine Schranke, aber auch seine Bedeutung, daß es vom Erleben getragen ist und von dieser Tiefe aus das eigene Selbst und dessen Beziehungen zur Welt sich verständlich macht. Die Besinnung eines Menschen über sich selbst bleibt Richtpunkt und Grundlage.

II. Das Verstehen anderer Personen und ihrer Lebensäußerungen

Das Verstehen und Deuten ist die Methode, welche die Geisteswissenschaften erfüllt. Alle Funktionen vereinigen sich in ihm. Es enthält alle geisteswissenschaftlichen Wahrheiten in sich. An jedem Punkt öffnet das Verstehen eine Welt.

Auf der Grundlage des Erlebens und des Verstehens seiner selbst, und in beständiger Wechselwirkung beider miteinander, bildet sich das Verstehen fremder Lebensäußerungen und Personen aus. Auch hier handelt es sich nicht um logische Konstruktion oder psychologische Zergliederung, sondern um Analysis in wissenstheoretischer Absicht. Es soll der Ertrag des Verstehens anderer für das historische Wissen festgestellt werden.

1. Die Lebensäußerungen

Das Gegebene sind hier immer Lebensäußerungen. In der Sinnenwelt auftretend, sind sie der Ausdruck eines Geistigen; so ermöglichen sie uns, dieses zu erkennen. Ich verstehe hier unter Lebensäußerung nicht nur die Ausdrücke, die etwas meinen oder bedeuten (wollen), sondern ebenso diejenigen, die ohne solche Absicht als Ausdruck eines Geistigen ein solches für uns verständlich machen.

Art und Ertrag des Verstehens ist verschieden nach den Klassen der Lebensäußerungen.

Die erste dieser Klassen bilden Begriffe, Urteile, größere Denkgebilde. Sie haben als Bestandteile der Wissenschaft, ausgelöst aus dem Erlebnis, in dem sie auftreten, in ihrer Angemessenheit an die logische Norm einen gemeinsamen Grundcharakter. Dieser liegt in ihrer Selbigkeit unabhängig von der Stelle im Denkzusammenhang, an welcher sie auftreten. Das Urteil sagt die Gültigkeit eines Denkinhalts unabhängig vom Wechsel seines Auftretens, der Verschiedenheit von Zeiten oder Personen aus. Eben hierin liegt auch der Sinn des Satzes der Identität. So ist das Urteil in dem, der es ausspricht, und dem, der es versteht, dasselbe; es geht wie durch einen Transport unverändert aus dem Besitz dessen, der es aussagt, über in den Besitz dessen, der es versteht. Dies bestimmt für jeden logisch vollkommenen Denkzusammenhang den Artcharakter des Verstehens. Das Verstehen ist hier auf den bloßen Denkinhalt gerichtet, dieser ist in jedem Zusammenhang sich selbst gleich, und so ist das Verstehen hier vollständig als in bezug auf jede andere Lebensäußerung. Zugleich sagt es aber für den Auffassenden nichts aus von seinen Beziehungen zu dem dunklen Hintergrund und der Fülle des Seelenlebens. Keine Hindeutung auf die Besonderheiten des Lebens, aus denen es hervorgegangen ist, findet hier statt, und gerade aus seinem Artcharakter folgt, daß es keine Anforderungen enthält, auf den seelischen Zusammenhang zurückzugehen.

Eine andere Klasse von Lebensäußerungen bilden die Handlungen. Eine Handlung entspringt nicht aus der Absicht der Mitteilung. Aber nach dem Verhältnis, in dem sie zu einem Zweck steht, ist dieser in ihr gegeben. Der Bezug der Handlung zu dem Geistigen, das sich so in ihr ausdrückt, ist regelmäßig und gestattet wahrscheinliche Annahmen über dieses. Aber es ist durchaus notwendig, die durch die Umstände bedingte Lage des Seelenlebens, welche die Handlung erwirkt und dessen Ausdruck sie ist, zu sondern von dem Lebenszusammenhang selber, in dem diese Lage gegründet ist. Die Tat tritt durch die Macht eines entscheidenden Beweggrundes aus der Fülle des Lebens in die Einseitigkeit. Wie sie auch erwogen sein mag, so spricht sie doch nur einen Teil unseres Wesens aus. Möglichkeiten, die in diesem Wesen lagen, werden durch sie vernichtet. So löst auch die Handlung sich vom Hintergrunde des Lebenszusammenhanges los. Und ohne Erläuterung, wie sich in ihr Umstände, Zweck, Mittel und Lebenszusammenhang verknüpfen, gestattet sie keine allseitige Bestimmung des Inneren, aus dem sie entsprang.

Ganz anders der Erlebnisausdruck! Eine besondere Beziehung besteht zwischen ihm, dem Leben, aus dem er hervorgeht, und dem Verstehen, das er erwirkt. Der Ausdruck kann nämlich vom seelischen Zusammenhang mehr enthalten, als jede Introspektion gewahren kann. Er hebt es aus Tiefen, die das Bewußtsein nicht erhellt. Es liegt aber zugleich in der Natur des Erlebnisausdrucks, daß die Beziehung zwischen ihm und dem Geistigen, das in ihm ausgedrückt wird, nur sehr vorbehaltlich dem Verstehen zugrunde gelegt werden darf. Er fällt nicht unter das Urteil wahr oder falsch, aber unter das der Unwahrhaftigkeit und Wahrhaftigkeit. Denn Verstellung, Lüge, Täuschung durchbrechen hier die Beziehung zwischen Ausdruck und dem ausgedrückten Geistigen.

Dabei aber macht sich nun ein wichtiger Unterschied geltend, und auf ihm beruht die höchste Bedeutung, zu der der Erlebnisausdruck in den Geisteswissenschaften sich erheben kann. Was aus dem Leben des Tages entspringt, steht unter der Macht seiner Interessen. Was beständig der Vergänglichkeit anheimfällt, dessen Deutung ist auch von der Stunde bestimmt. Ein Furchtbares liegt darin, daß im Kampf der praktischen Interessen jeder Ausdruck täuschen kann und auch die Deutung durch den Wechsel unserer Stellung sich ändert. Indem nun aber in großen Werken ein Geistiges sich loslöst von seinem Schöpfer, dem Dichter, Künstler, Schriftsteller, treten wir in ein Gebiet, in dem die Täuschung endigt. Kein wahrhaft großes Kunstwerk kann nach den hier waltenden, später zu entwickelnden Verhältnissen einen seinem Autor fremden geistigen Gehalt vorspiegeln wollen, ja es will vom Autor überhaupt nichts sagen. Wahrhaftig in sich, steht es fixiert, sichtbar, dauernd da, und damit wird ein kunstmäßiges sicheres Verstehen desselben möglich. So entsteht in den Konfinien zwischen

Wissen und Tat ein Kreis, in welchem das Leben in einer Tiefe sich aufschließt, wie sie der Beobachtung, der Reflexion und der Theorie nicht zugänglich ist.

2. Die elementaren Formen des Verstehens

Das Verstehen erwächst zunächst in den Interessen des praktischen Lebens. Hier sind die Personen auf den Verkehr miteinander angewiesen. Sie müssen sich gegenseitig verständlich machen. Einer muß wissen, was der andere will. So entstehen zunächst die elementaren Formen des Verstehens. Sie sind wie Buchstaben, deren Zusammensetzung höhere Formen desselben möglich macht. Unter einer solchen elementaren Form begreife ich die Deutung einer einzelnen Lebensäußerung. Logisch kann sie in einem Schluß der Analogie dargestellt werden. Dieser Schluß ist vermittelt durch die regelmäßige Beziehung zwischen ihr und dem in ihr Ausgedrückten. Und zwar ist in jeder der angegebenen Klassen die einzelne Lebensäußerung einer solchen Deutung fähig. Eine Reihe von Buchstaben in Zusammensetzungen zu Worten, die einen Satz bilden, ist der Ausdruck für eine Aussage. Eine Miene bezeichnet uns Freude oder Schmerz. Die elementaren Akte, aus denen sich zusammenhängende Handlungen zusammensetzen, wie das Aufheben eines Gegenstandes, das Niederfallenlassen eines Hammers, das Schneiden von Holz durch eine Säge, bezeichnen für uns die Anwesenheit gewisser Zwecke. In diesem elementaren Verstehen findet sonach ein Rückgang auf den ganzen Lebenszusammenhang, welcher das dauernde Subjekt von Lebensäußerungen bildet, nicht statt. Wir wissen auch nichts von einem Schluß, in dem es entstünde.

Das Grundverhältnis, auf welchem der Vorgang des elementaren Verstehens beruht, ist das des Ausdrucks zu dem, was in ihm ausgedrückt ist. Das elementare Verstehen ist kein Schluß von einer Wirkung auf die Ursache. Ja, wir dürfen es auch nicht mit vorsichtigerer Wendung als ein Verfahren fassen, das von der gegebenen Wirkung zu irgendeinem Stück Lebenszusammenhang zurückgeht, welches die Wirkung möglich macht. Gewiß ist dies letztere Verhältnis im Sachverhalt selber enthalten, und so ist der Übergang aus jenem in dieses gleichsam immer vor der Tür: aber er braucht nicht einzutreten.

Und das so aufeinander Bezogene ist auf eine eigene Art miteinander verbunden. In elementarster Form macht sich hier das Verhältnis zwischen Lebensäußerungen und dem Geistigen, das in allem Verstehen herrscht, geltend, nach welchem der Zug desselben zum ausgedrückten Geistigen in dieses das Ziel verlegt und doch die in den Sinnen gegebenen Äußerungen nicht untergehn im Geistigen. Wie beides, etwa die Gebärde und der Schrecken, nicht ein Nebeneinander, sondern eine Einheit sind, ist in diesem Grundverhältnis vom Ausdruck zum Geistigen gegründet. Hierzu tritt nun aber der Artcharakter aller elementaren Formen des Verstehens, von dem jetzt zu reden ist.

3. Der objektive Geist und das elementare Verstehen

Ich habe die Bedeutung des objektiven Geistes für die Möglichkeit der geisteswissenschaftlichen Erkenntnis dargelegt. Ich verstehe unter ihm die mannigfachen Formen, in denen die zwischen den Individuen bestehende Gemeinsamkeit sich in der Sinneswelt objektiviert hat. In diesem objektiven Geist ist die Vergangenheit dauernde beständige Gegenwart für uns. Sein Gebiet reicht von dem Stil des Lebens, den Formen des Verkehrs zum Zusammenhang der Zwecke, den die Gesellschaft sich gebildet hat, zu Sitte, Recht, Staat, Religion, Kunst, Wissenschaften und Philosophie. Denn auch das Werk des Genies repräsentiert eine Gemeinsamkeit von Ideen, Gemütsleben, Ideal in einer Zeit und Umgebung. Aus dieser Welt des objektiven Geistes empfängt von der ersten Kindheit ab unser Selbst seine Nahrung. Sie ist auch das Medium, in welchem sich das Verständnis anderer Personen und ihrer Lebensäußerung vollzieht. Denn alles, worin sich der Geist objektiviert hat, enthält ein dem Ich und dem Du Gemeinsames in sich. Jeder mit Bäumen bepflanzte Platz, jedes Gemach, in dem Sitze geordnet sind, ist von Kindesbeinen ab uns verständlich, weil menschliches Zwecksetzen, Ordnen, Wertbestimmen als ein Gemeinsames jedem Platz und jedem Gegenstand im Zimmer seine Stelle angewiesen hat. Das Kind wächst heran in einer Ordnung und Sitte der Familie, die es mit deren andern Mitgliedern teilt, und die Anordnung der Mutter wird von ihm im Zusammenhang hiermit aufgenommen. Ehe es sprechen lernt, ist es schon ganz eingetaucht in das Medium von Gemeinsamkeiten. Und die Gebärden und Mienen, Bewegungen und Ausrufe, Worte und Sätze lernt es nur darum verstehen, weil sie ihm stets als dieselben und mit derselben

Beziehung auf das, was sie bedeuten und ausdrücken, entgegenkommen. So orientiert sich das Individuum in der Welt des objektiven Geistes.

Hieraus entsteht nun eine wichtige Folge für den Vorgang des Verstehens. Die Lebensäußerung, die das Individuum auffaßt, ist ihm in der Regel nicht nur diese als eine einzelne, sondern ist gleichsam erfüllt von einem Wissen über Gemeinsamkeit und von einer in ihr gegebenen Beziehung auf ein Inneres.

Diese Einordnung der einzelnen Lebensäußerung in ein Gemeinsames wird dadurch erleichtert, daß der objektive Geist eine gegliederte Ordnung in sich enthält. Er umfaßt einzelne homogene Zusammenhänge, wie Recht oder Religion, und diese haben eine feste und regelmäßige Struktur. So sind im Zivilrecht die in Gesetzesparagraphen ausgesprochenen Imperative, welche der Realisierung eines Lebensverhältnisses den möglichen Grad von Vollkommenheit sichern sollen, verbunden mit einer Prozeßordnung, mit Gerichten und mit Einrichtungen zur Durchführung der Entscheidungen derselben. Innerhalb eines solchen Zusammenhangs besteht dann eine Mannigfaltigkeit typischer Unterschiede. Die dem Subjekt des Verstehens entgegentretenden einzelnen Lebensäußerungen können so aufgefaßt werden als einer Sphäre der Gemeinsamkeit, einem Typus angehörig. Und so ist nach der Beziehung zwischen der Lebensäußerung und dem Geistigen, die innerhalb dieser Gemeinsamkeit besteht, die Ergänzung des der Lebensäußerung zugehörigen Geistigen zugleich mit der Einordnung in ein Gemeinsames gegeben. Ein Satz ist verständlich durch die Gemeinsamkeit, die in einer Sprachgemeinschaft in bezug auf die Bedeutung der Worte und der Flexionsformen wie den Sinn der syntaktischen Gliederung besteht. Die in einem bestimmten Kulturkreis festgelegte Ordnung des Benehmens macht es möglich, daß Begrüßungsworte oder Verbeugungen in ihren Abstufungen eine bestimmte geistige Stellung zu andern Personen bezeichnen und als solche verstanden werden. Das Handwerk hat in den verschiedenen Ländern ein bestimmtes Verfahren und bestimmte Instrumente für die Vollziehung eines Zwecks entwickelt, und aus ihnen wird uns sein Zweck verständlich, wenn er (der Handwerker) Hammer oder Säge gebraucht. Überall ist hier durch eine Ordnung in einer Gemeinsamkeit die Beziehung zwischen der Lebensäußerung und dem Geistigen festgelegt. Und so erklärt sich, warum sie in der Auffassung der einzelnen Lebensäußerung präsent ist und warum ohne bewußtes Schlußverfahren auf Grund des Verhältnisses von Ausdruck und Ausgedrücktem beide Glieder des Vorgangs im Verstehen ganz zur Einheit verschmolzen sind.

Suchen wir für das elementare Verstehen eine logische Konstruktion, so wird aus der Gemeinsamkeit, in der ein Zusammenhang von Ausdruck und Ausgedrücktem gegeben ist, dieser Zusammenhang in einem einzelnen Fall erschlossen; von der Lebensäußerung wird vermittels dieser Gemeinsamkeit prädiziert, daß sie der Ausdruck eines Geistigen sei. Es liegt also ein Schluß der Analogie vor, in welchem vom Subjekt vermittels der in der Gemeinsamkeit enthaltenen begrenzten Reihe von Fällen mit Wahrscheinlichkeit das Prädikat ausgesagt wird.

Die hier aufgestellte Lehre von dem Unterschied der elementaren und der höheren Formen des Verstehens rechtfertigt die hergebrachte Sonderung der pragmatischen Auslegung von der historischen, indem sie den Unterschied auf ein im Verstehen selbst liegendes Verhältnis der elementaren zu den zusammengesetzten Formen zurückführt.

4. Die höheren Formen des Verstehens

Der Übergang von den elementaren Formen des Verstehens zu den höheren ist schon in den elementaren angelegt. Je weiter die innere Distanz zwischen einer gegebenen Lebensäußerung und dem Verstehenden wird, desto öfter entstehen Unsicherheiten. Es wird versucht, sie aufzuheben. Ein erster Übergang zu höheren Formen des Verstehens entsteht daraus, daß das Verstehen von dem normalen Zusammenhang der Lebensäußerung und dem sich in ihr ausdrückenden Geistigen ausgeht. Wenn im Ergebnis des Verstehens eine innere Schwierigkeit oder ein Widerspruch mit sonst Bekanntem auftritt, wird der Verstehende zur Prüfung geführt. Er erinnert sich der Fälle, in denen das normale Verhältnis von Lebensäußerung und Innerem nicht stattfand. Eine solche Abweichung ist nun schon in den Fällen vorhanden, wenn wir unsere inneren Zustände, unsere Ideen und unsere Absichten durch eine undurchdringliche Haltung oder durch Schweigen dem Blick Unberufener entziehen. Hier wird nur die Abwesenheit einer sichtbaren Lebensäußerung von dem Beobachter falsch gedeutet. Aber in nicht wenigen Fällen müssen wir darauf rechnen, daß darüber hinaus die Absicht, uns zu täuschen, besteht. Mienen, Gebärden und Worte sind im Widerspruch mit dem Inneren. So entsteht auf verschiedene Weise die Aufgabe, andere Lebensäußerungen heranzuziehen oder auf den ganzen Lebenszusammenhang zurückzugehen, um eine Entscheidung über unseren Zweifel zu erreichen.

Aus dem Verkehr des praktischen Lebens entstehen aber auch selbständige Anforderungen zu Urteilen über Charakter und Fähigkeiten des einzelnen Menschen. Wir rechnen beständig mit Deutungen von einzelnen Gebärden, Mienen, Zweckhandlungen oder zusammengehörigen Gruppen von solchen; sie vollziehen sich in Schlüssen der Analogie, aber unser Verständnis führt weiter: Handel und Verkehr, gesellschaftliches Leben, Beruf und Familie weisen uns darauf hin, in das Innere der uns umgebenden Menschen Einblick zu gewinnen, um festzustellen, wie weit wir auf sie rechnen können. Hier geht das Verhältnis zwischen Ausdruck und Ausgedrücktem über in das zwischen der Mannigfaltigkeit der Lebensäußerungen einer andern Person und dem innern Zusammenhang, der ihr zugrunde liegt. Dies führt weiter dahin, auch die wechselnden Umstände in Rechnung zu ziehen. Hier liegt also ein Induktionsschluß von einzelnen Lebensäußerungen auf das Ganze des Lebenszusammenhangs vor. Seine Voraussetzung ist das Wissen vom seelischen Leben und seinen Beziehungen zwischen (zu) Milieu und Umständen. Begrenzt, wie die Reihe der gegebenen Lebensäußerungen, unbestimmt, wie der grundlegende Zusammenhang ist, kann sein Ergebnis nur den Charakter der Wahrscheinlichkeit in Anspruch nehmen. Und wenn aus ihm auf ein Handeln der verstandenen Lebenseinheit unter neuen Umständen geschlossen wird, so kann der auf die induktiv gewonnene Einsicht in einen psychischen Zusammenhang gebaute deduktive Schluß nur auf Erwartung oder Möglichkeit schließen. Der Fortgang von einem psychischen Zusammenhang, dem selber nur Wahrscheinlichkeit zukommt, durch das Zutreten von neuen Umständen hindurch zu der Art, wie er auf sie reagieren wird, kann nur eine Erwartung, aber keine Sicherheit hervorrufen. Die Voraussetzung selber ist einer immer weiteren Ausbildung fähig, wie sich bald zeigen wird; aber es wird sich auch erweisen, daß sie zur Sicherheit nicht erhoben werden kann.

Aber nicht alle höheren Formen des Verstehens beruhen auf dem Grundverhältnis des Erwirkten zum Wirkenden. Es zeigte sich, wie eine solche Annahme bei den elementaren Formen des Verstehens nicht zutrifft; aber auch ein sehr wichtiger Teil der höheren ist im Verhältnis von Ausdruck und Ausgedrücktem gegründet. Das Verständnis geistiger Schöpfungen ist in vielen Fällen nur auf den Zusammenhang gerichtet, in dem die einzelnen Teile eines Werkes, wie sie nacheinander zur Auffassung kommen, ein Ganzes bilden. Ja, es ist dafür, daß das Verstehen den höchsten Ertrag für unser Wissen von der geistigen Welt abwerfe, von der höchsten Bedeutung, daß diese Form desselben in ihrer Selbständigkeit zur Geltung gebracht werde. Ein Drama wird gespielt. Nicht nur der unliterarische Zuschauer lebt ganz in der Handlung, ohne an den Verfasser des Stückes zu denken, auch der literarisch Gebildete kann ganz unter dem Bann dessen leben, was hier geschieht. Sein Verstehen nimmt dann die Richtung auf den Zusammenhang der Handlung, die Charaktere der Personen, das Ineinandergreifen der Momente, welche die Schicksalswendung bestimmen. Ja, nur dann wird er die volle Realität des hingestellten Ausschnittes aus dem Leben genießen. Nur dann wird sich in ihm voll ein Vorgang des Verstehens und Nacherlebens vollziehen, wie ihn der Dichter in ihm hervorbringen will. Und auf dem ganzen Gebiet solchen Verstehens geistiger Schöpfungen herrscht allein das Verhältnis von Ausdrücken und der in ihnen ausgedrückten geistigen Welt. Erst wenn nun der Zuschauer aufmerkt, wie das, was er eben als ein Stück Wirklichkeit hinnahm, kunstvoll und planmäßig im Kopf des Dichters entstand, geht das Verstehen, das von diesem Verhältnis eines Inbegriffs von Lebensäußerungen zu dem, was in ihnen ausgedrückt ist, regiert war, in das Verstehen über, in dem das Verhältnis zwischen einer Schöpfung und dem Schaffenden herrscht.

Fassen wir die angegebenen Formen des höheren Verstehens zusammen, so ist ihr gemeinsamer Charakter, daß sie aus gegebenen Äußerungen in einem Schluß der Induktion den Zusammenhang eines Ganzen zum Verständnis bringen. Und zwar ist das Grundverhältnis, das hier den Fortgang vom Äußeren zum Inneren bestimmt, entweder in erster Linie das von Ausdruck und Ausgedrücktem, oder vorherrschend das vom Erwirkten zu Wirkendem. Das Verfahren beruht auf dem elementaren Verstehen, das gleichsam die Elemente für die Rekonstruktion zugänglich macht. Aber von dem elementaren Verstehen unterscheidet es sich nun durch einen weiteren Zug, welcher erst die Natur des höheren Verstehens vollständig sichtbar macht.

Das Verstehen hat immer ein Einzelnes zu seinem Gegenstand.

Und in seinen höheren Formen schließt es nun aus dem induktiven Zusammennehmen des in einem Werk oder Leben zusammen Gegebenen auf den Zusammenhang in einem Werk oder einer Person, einem Lebensverhältnis. Nun hat sich aber in der Analyse des Erlebens und des Verstehens unserer selbst ergeben, daß der Einzelne in der geistigen Welt ein Selbstwert ist, ja der einzige Selbstwert, den wir zweifellos feststellen können. So beschäftigt er uns nicht nur als ein Fall des Allgemeinmenschlichen, sondern als ein individuelles Ganzes. Diese Beschäftigung nimmt unabhängig von dem praktischen Interesse, das uns beständig nötigt, mit anderen Menschen zu rechnen, in edlen oder in schlimmen, vulgären oder törichten Formen einen erheblichen Raum in unserm Leben ein. Das Geheimnis der Person reizt um ihrer selbst willen zu immer neuen und tieferen Versuchen des Verstehens. Und in solchem Verstehen öffnet sich das Reich der Individuen, das Menschen und ihre Schöpfungen umfaßt. Hierin liegt die eigenste Leistung des Verstehens für die Geisteswissenschaften. Der objektive Geist und die Kraft des Individuums bestimmen zusammen die geistige Welt. Auf dem Verständnis dieser beiden beruht die Geschichte.

Wir verstehen aber die Individuen vermöge ihrer Verwandtschaft untereinander, der Gemeinsamkeiten in ihnen. Dieser Vorgang setzt den Zusammenhang des Allgemeinmenschlichen mit der Individuation, die auf seiner Grundlage sich in der Mannigfaltigkeit geistiger Existenzen ausbreitet, voraus, und in ihm lösen wir beständig praktisch die Aufgabe, innerlich gleichsam diesen Aufgang zur Individuation zu durchleben. Das Material zur Lösung dieser Aufgabe bilden die einzelnen Gegebenheiten, wie sie die Induktion zusammenfaßt. Jede ist ein Individuelles und wird in dem Vorgang so gefaßt. Sie enthält daher ein Moment, das die Erfassung der individuellen Bestimmtheit des Ganzen möglich macht. Die Voraussetzung des Verfahrens nimmt aber durch die Versenkung in das Einzelne, durch die Vergleichung dieses Einzelnen mit anderem immer entwickeltere Formen an, und so führt das Geschäft des Verstehens in immer größere Tiefen der geistigen Welt. Wie der objektive Geist eine Ordnung in sich enthält, die in Typen gegliedert ist, so ist auch in der Menschheit gleichsam ein Ordnungssystem enthalten, das von der Regelhaftigkeit und der Struktur im Allgemeinmenschlichen zu den Typen führt, durch welche das Verstehen die Individuen auffaßt. Geht man davon aus, daß diese sich nicht durch qualitative Verschiedenheiten unterscheiden, sondern gleichsam durch eine Betonung der einzelnen Momente, wie man diese auch psychologisch ausdrücken mag, dann liegt in ihr das innere Prinzip der Individuation. Und wenn es nun möglich wäre, daß wir im Akt des Verstehens beides gleichsam in Wirksamkeit setzen könnten, die Veränderung des Seelenlebens und seiner Lage durch die Umstände als das äußere Prinzip der Individuation, und als das innere die Variation durch die verschiedenen Betonungen der Momente der Struktur: dann wäre das Verstehen der Menschen, der dichterischen und schriftstellerischen Werke ein Zugang zum größten Geheimnis des Lebens. Und das ist in der Tat der Fall. Um dies einzusehen, müssen wir das, was im Verstehen keiner Darstellung durch logische Formeln – und nur um eine solche schematische und symbolische Darstellung kann es sich hier handeln – zugänglich ist, ins Auge fassen.

5. Hineinversetzen, Nachbilden, Nacherleben

Die Stellung, die das höhere Verstehen seinem Gegenstande gegenüber einnimmt, ist bestimmt durch seine Aufgabe, einen Lebenszusammenhang im Gegebenen aufzufinden. Dies ist nur möglich, indem der Zusammenhang, der im eigenen Erleben besteht und in unzähligen Fällen erfahren ist, mit all den in ihm liegenden Möglichkeiten immer gegenwärtig und bereit ist. Diese in der Verständnisaufgabe gegebene Verfassung nennen wir ein Sichhineinversetzen, sei es in einen Menschen oder ein Werk. Dann wird jeder Vers eines Gedichtes durch den innern Zusammenhang in dem Erlebnis, von dem das Gedicht ausgeht, in Leben zurückverwandelt. Möglichkeiten, die in der Seele liegen, werden von den durch die elementaren Verständnisleistungen zur Auffassung gebrachten äußeren Worten hervorgerufen. Die Seele geht die gewohnten Bahnen, auf denen sie einst von verwandten Lebenslagen aus genoß und litt, verlangte und wirkte. Unzählige Wege sind offen in Vergangenheit und in Träume der Zukunft; von den gelesenen Worten gehen unzählige Züge der Gedanken aus. Schon indem das Gedicht die äußere Situation angibt, wirkt dies darauf begünstigend, daß die Worte des Dichters die ihr zugehörige Stimmung hervorrufen. Auch hier macht sich das schon erwähnte Verhältnis geltend, nach welchem Ausdrücke des Erlebens mehr enthalten, als im Bewußtsein des Dichters oder Künstlers liegt, und darum auch mehr zurückrufen. Wenn nun so aus der Stellung der Verständnisaufgabe die Präsenz des eigen erlebten seelischen Zusammenhangs folgt, so bezeichnet man das auch als die *Übertragung* des eigenen Selbst in einen gegebenen Inbegriff von Lebensäußerungen.

Auf der Grundlage dieses Hineinversetzens, dieser Transposition entsteht nun aber die höchste Art, in welcher die Totalität des Seelenlebens im Verstehen wirksam ist – das Nachbilden oder Nacherleben. Das Verstehen ist an sich eine dem Wirkungsverlauf selber inverse Operation. Ein vollkommenes Mitleben ist daran gebunden, daß das Verständnis in der Linie des Geschehens selber fortgeht. Es rückt, beständig fortschreitend, mit dem Lebensverlauf selber vorwärts. So erweitert sich der Vorgang des Sichhineinversetzens, der Transposition. Nacherleben ist das Schaffen in der Linie des Geschehens. So gehen wir mit der Zeitgeschichte vorwärts, mit einem Ereignis in einem fernen Lande oder mit etwas, das in der Seele eines uns nahen Menschen vorgeht. Seine Vollendung erreicht es, wo das Geschehnis durch das Bewußtsein des Dichters, Künstlers oder Geschichtsschreibers hindurchgegangen ist und nun in einem Werk fixiert und dauernd vor uns liegt.

Das lyrische Gedicht ermöglicht so in der Aufeinanderfolge seiner Verse das Nacherleben eines Erlebniszusammenhanges: nicht des wirklichen, der den Dichter anregte, sondern dessen, den auf Grund von ihm der Dichter einer idealen Person in den Mund legt. Die Aufeinanderfolge der Szenen in einem Schauspiel ermöglicht das Nacherleben der Bruchstücke aus dem Lebensverlauf der auftretenden Personen. Die Erzählung des Romanschriftstellers oder Geschichtschreibers, die dem historischen Verlauf nachgeht, erwirkt in uns ein Nacherleben. Der Triumph des Nacherlebens ist, daß in ihm die Fragmente eines Verlaufes so ergänzt werden, daß wir eine Kontinuität vor uns zu haben glauben.

Worin besteht nun aber dies Nacherleben? Der Vorgang interessiert uns hier nur in seiner Leistung; eine psychologische Erklärung desselben soll nicht gegeben werden. So erörtern wir auch nicht das Verhältnis dieses Begriffes zu dem des Mitfühlens und dem der Einfühlung, obwohl der Zusammenhang derselben darin deutlich ist, daß das Mitfühlen die Energie des Nacherlebens verstärkt. Wir fassen die bedeutsame Leistung dieses Nacherlebens für unsere Aneignung der geistigen Welt ins Auge. Sie beruht auf zwei Momenten. Jede lebhafte Vergegenwärtigung eines Milieus und einer äußeren Lage regt Nacherleben in uns an. Und die Phan-

'tasie vermag die Betonung der in unserem eigenen Lebenszusammenhang enthaltenen Verhaltungsweisen, Kräfte, Gefühle, Strebungen, Ideenrichtungen zu verstärken oder zu vermindern und so jedes fremde Seelenleben nachzubilden. Die Bühne tut sich auf. Richard erscheint, und eine bewegliche Seele kann nun, indem sie seinen Worten, Mienen und Bewegungen folgt, etwas nacherleben, das außerhalb jeder Möglichkeit ihres wirklichen realen Lebens liegt. Der phantastische Wald in »Wie es euch gefällt« versetzt uns in eine Stimmung, die uns alle Exzentrizitäten nachbilden läßt.

Und in diesem Nacherleben liegt nun ein bedeutender Teil des Erwerbs geistiger Dinge, den wir dem Geschichtschreiber und dem Dichter verdanken. Der Lebensverlauf vollzieht an jedem Menschen eine beständige Determination, in welcher die in ihm liegenden Möglichkeiten eingeschränkt werden. Die Gestaltung seines Wesens bestimmt immer jedem seine Fortentwicklung. Kurz, er erfährt immer, mag er nun die Festlegung seiner Lage oder die Form seines erworbenen Lebenszusammenhanges in Betracht ziehen, daß der Umkreis neuer Ausblicke in das Leben und innerer Wendungen des persönlichen Daseins ein eingegrenzter ist. Das Verstehen öffnet ihm nun ein weites Reich von Möglichkeiten, die in der Determination seines wirklichen Lebens nicht vorhanden sind. Die Möglichkeit, in meiner eigenen Existenz religiöse Zustände zu erleben, ist für mich wie für die meisten heutigen Menschen eng begrenzt. Aber indem ich die Briefe und Schriften Luthers, die Berichte seiner Zeitgenossen, die Akten der Religionsgespräche und Konzilien wie seines amtlichen Verkehrs durchlaufe, erlebe ich einen religiösen Vorgang von einer solchen eruptiven Gewalt, von einer solchen Energie, in der es um Leben und Tod geht, daß er jenseits jeder Erlebnismöglichkeit für einen Menschen unserer Tage liegt. Aber nacherleben kann ich ihn. Ich versetze mich in die Umstände: alles drängt in ihnen auf eine so außergewöhnliche Entwicklung des religiösen Gemütslebens. Ich sehe in den Klöstern eine Technik des Verkehrs mit der unsichtbaren Welt, welche den mönchischen Seelen eine beständige Richtung des Blicks auf die jenseitigen Dinge gibt: die theologischen Kontroversen werden hier zu Fragen der inneren Existenz. Ich sehe, wie, was sich in den Klöstern so bildet, durch unzählige Kanäle – Kanzeln, Beichte, Katheder, Schriften – in die Laienwelt sich verbreitet; und nun gewahre ich, wie Konzilien und religiöse Bewegungen die Lehre von der unsichtbaren Kirche und dem allgemeinen Priestertum überallhin verbreitet haben, wie sie zu der Befreiung der Persönlichkeit im weltlichen Leben in Verhältnis tritt; wie so das in der Einsamkeit der Zelle, in Kämpfen von der geschilderten Stärke Errungene der Kirche gegenüber sich behauptet. Christentum als eine Kraft, das Leben selbst in Familie, Beruf, politischen Verhältnissen zu gestalten – das ist eine neue Macht, der der Geist der Zeit in den Städten und überall, wo höhere Arbeit getan wird, in Hans Sachs, in Dürer entgegenkommt. Indem Luther an der Spitze dieser Bewegung dahingeht, erleben wir auf Grund eines Zusammenhangs, der vom Allgemeinmenschlichen zu der religiösen Sphäre und von ihr durch deren historische Bestimmungen bis zu seiner Individualität dringt, seine Entwicklung. Und so öffnet uns dieser Vorgang eine religiöse Welt in ihm und in den Genossen der ersten Reformationszeiten, die unseren Horizont in Möglichkeiten von Menschenleben erweitert, die nur so uns zugänglich werden. So kann der von innen determinierte Mensch in der Imagination viele andere Existenzen erleben. Vor dem durch die Umstände Beschränkten tun sich fremde Schönheiten der Welt auf und Gegenden des Lebens, die er nie erreichen kann. Ganz allgemein ausgesprochen: der durch die Realität des Lebens gebundene und bestimmte Mensch wird nicht nur durch die Kunst – was öfter entwickelt ist –, sondern auch durch das Verstehen des Geschichtlichen in Freiheit versetzt. Und diese Wirkung der Geschichte, welche ihre modernsten Verkleinerer nicht gesehen haben, wird erweitert und vertieft auf den weiteren Stufen des geschichtlichen Bewußtseins.

6. Die Auslegung oder Interpretation

Wie deutlich zeigt sich im Nachbilden und Nacherleben des Fremden und Vergangenen, daß das Verstehen auf einer besonderen persönlichen Genialität beruht! Da es aber eine bedeutsame und dauernde Aufgabe ist als Grundlage der geschichtlichen Wissenschaft, so wird die persönliche Genialität zu einer Technik, und diese Technik entwickelt sich mit der Entwicklung des geschichtlichen Bewußtseins. Sie ist daran gebunden, daß dauernd fixierte Lebensäußerungen dem Verständnis vorliegen, so daß dieses immer wieder zu ihnen zurückkehren kann. Das kunstmäßige Verstehen dauernd fixierter Lebensäußerungen nennen wir *Auslegung*. Da nun das geistige Leben nur in der Sprache seinen vollständigen, erschöpfenden und darum eine objektive Auffassung ermöglichenden Ausdruck findet, so vollendet sich die Auslegung in der Interpretation der in der *Schrift* enthaltenen Reste menschlichen Daseins. Diese Kunst ist die Grundlage der Philologie. Und die Wissenschaft dieser Kunst ist die Hermeneutik.

 Mit der Auslegung der auf uns gekommenen Reste ist innerlich und notwendig die Kritik derselben verbunden. Sie entsteht aus den Schwierigkeiten, welche die Auslegung bietet, und führt so zur Reinigung der Texte, zur Verwerfung von Aktenstücken, Werken, Überlieferungen. Auslegung und Kritik haben im geschichtlichen Verlauf immer neue Hilfsmittel zur Lösung ihrer Aufgabe entwickkelt, wie die naturwissenschaftliche Forschung immer neue Verfeinerungen des Experiments. Ihre Übertragung von einem Geschlecht der Philologen und Historiker auf das andere ruht vorwiegend auf der persönlichen Berührung der großen Virtuosen und der Tradition ihrer Leistungen. Nichts im Umkreis der Wissenschaften scheint so persönlich bedingt und an die Berührung der Personen gebunden als diese philologische Kunst. Wenn nun die Hermeneutik sie auf Regeln gebracht hat, so geschah das im Sinne einer geschichtlichen Stufe, welche Regelgebung auf allen Gebieten durchzuführen strebte, und dieser hermeneutischen Regelgebung entsprachen Theorien des künstlerischen Schaffens, welche auch dieses als ein Machen, das als Regel geschehen kann, auffaßten. In der großen Periode des Aufgangs zum geschichtlichen Bewußtsein in Deutschland ist dann diese hermeneutische Regelgebung von Friedrich Schlegel, Schleiermacher und Boeckh durch eine Ideallehre ersetzt worden, die das neue tiefere Verstehen auf eine Anschauung vom geistigen Schaffen gründet, wie sie Fichte möglich machte und die Schlegel in seinem Entwurf einer Wissenschaft der Kritik aufzustellen gedachte. Auf dieser neuen Anschauung vom Schaffen beruht der kühne Satz Schleiermachers, es gelte, einen Autor besser zu verstehen, als er sich selbst verstand. In dieser Paradoxie steckt doch eine Wahrheit, die einer psychologischen Begründung fähig ist.

 Heute tritt nun die Hermeneutik in einen Zusammenhang, der den Geisteswissenschaften eine neue bedeutsame Aufgabe zuweist. Sie hat immer die Sicherheit des Verstehens gegenüber der historischen Skepsis und der subjektiven Willkür verteidigt. So zuerst, als sie die allegorische Auslegung bekämpfte, dann als sie der Skepsis des Tridentinums gegenüber die Verständlichkeit der biblischen Schriften aus ihnen selbst, diese große protestantische Lehre, rechtfertigte, und dann wieder, als sie das zukunftssichere Fortschreiten der philologischen und historischen Wissenschaften in Schlegel, Schleiermacher und Boeckh allen Zweifeln gegenüber theoretisch begründete. Gegenwärtig muß die Hermeneutik ein Verhältnis zu der allgemeinen erkenntnistheoretischen Aufgabe aufsuchen, die Möglichkeit eines Wissens vom Zusammenhang der geschichtlichen Welt darzutun und die Mittel zu seiner Verwirklichung aufzufinden. Die grundlegende Bedeutung des Verstehens ist aufgeklärt worden; und es gilt von den logischen Formen des Verstehens aufwärts den erreichbaren Grad von Allgemeingültigkeit in ihm zu bestimmen.

Den Ausgangspunkt für die Feststellung des Wirklichkeitswerts geisteswissenschaftlicher Aussagen fanden wir im Charakter des Erlebens, das ein Innewerden von Wirklichkeit ist.

Wenn nun das Erleben zu aufmerksamer Bewußtheit in den elementaren Denkleistungen erhoben wird, so bemerken diese nur Verhältnisse, die im Erlebnis enthalten sind. Das diskursive Denken repräsentiert das im Erleben Enthaltene. Das Verstehen beruht nun primär auf der in jedem Erlebnis, das als Verstehen charakterisiert ist, enthaltenen Beziehung des Ausdrucks zu dem, was in ihm ausgedrückt ist. Diese Beziehung ist erlebbar in ihrer von allen anderen unterschiedenen Eigenheit. Und da wir nun das enge Gebiet des Erlebens nur durch die Deutung der Lebensäußerungen überschreiten: so ergab sich uns die zentrale Leistung des Verstehens für den Aufbau der Geisteswissenschaften. Es zeigte sich aber auch, daß dasselbe nicht einfach als eine Denkleistung aufzufassen ist: Transposition, Nachbilden, Nacherleben – diese Tatsachen wiesen auf die Totalität des Seelenlebens hin, die in diesem Vorgang wirksam ist. Hierin steht es mit dem Erleben selbst in Zusammenhang, das eben nur ein Innewerden der ganzen seelischen Wirklichkeit in einer gegebenen Lage ist. So ist in allem Verstehen ein Irrationales, wie das Leben selber ein solches ist; es kann durch keine Formeln logischer Leistungen repräsentiert werden. Und eine letzte, obwohl ganz subjektive Sicherheit, die in diesem Nacherleben liegt, vermag durch keine Prüfung des Erkenntniswertes der Schlüsse ersetzt zu werden, in denen der Vorgang des Verstehens dargestellt werden kann. Das sind die Grenzen, die der logischen Behandlung des Verstehens durch dessen Natur gesetzt sind.

Wenn wir nun sehen, daß Denkgesetze und Denkformen in jedem Teile der Wissenschaft Geltung haben und auch in den Methoden gemäß der Stellung des Erkennens zur Wirklichkeit eine weitgehende Verwandtschaft besteht, so treten wir mit dem Verstehen in Verfahrungsweisen ein, die keine Art Analogie mit naturwissenschaftlichen Methoden haben. Beruhen sie doch auf dem Verhältnis von Lebensäußerungen zu dem Inneren, das in ihnen zum Ausdruck gelangt.

Aus dem Denkverfahren des Verstehens scheidet zunächst die grammatische und die historische Vorarbeit aus, welche nur dazu dient, dem Vergangenen, dem räumlich Fernen oder sprachlich Fremden gegenüber den auf das Verstehen eines fixiert Vorliegenden (Gerichteten) in die Lage eines Lesers aus der Zeit und der Umgebung des Autors zu versetzen.

In den elementaren Formen des Verstehens wird aus einer Anzahl von Fällen, in denen in einer Reihe verwandter Lebensäußerungen ein Geistiges sich ausdrückte, das die entsprechende Verwandtschaft zeigt, darauf geschlossen, das dieselbe Beziehung auch in einem weiteren verwandten Falle stattfinde. Aus der Wiederkehr derselben Bedeutung eines Wortes, einer Gebärde, einer äußeren Handlung, wird auf deren Bedeutung in einem neuen Falle geschlossen. Man bemerkt aber sofort, wie wenig mit einem solchen Schlußschema für sich geleistet sei. In Wirklichkeit sind, wie wir sahen, die Lebensäußerungen für uns zugleich Repräsentationen eines Allgemeinen; wir schließen, indem wir sie einem Typus der Gebärde, der Handlung, einem Kreis des Wortgebrauchs unterordnen. In dem Schluß vom Besonderen zum Besonderen ist eine Beziehung auf ein Gemeinsames, das in jedem Falle repräsentiert ist, gegenwärtig. Und dies Verhältnis wird noch deutlicher, wenn nicht aus dem Verhältnis zwischen einer Reihe einzelner verwandter Lebensäußerungen zu dem Psychischen, dessen Ausdruck sie sind, auf einen neuen Fall geschlossen wird, sondern zusammengesetztere individuelle Tatbestände den Gegenstand des Analogieschlusses bilden. So schließen wir aus der regelmäßigen Verbindung bestimmter Eigenschaften in einem zusammengesetzten Charakter darauf, daß bei dem Vorhandensein dieser Verbindung in einem neuen Fall ein in diesem noch nicht beobachteter Zug nicht fehlen werde. Wir weisen auf Grund desselben Schlusses eine mystische Schrift, die neu gefunden ist oder chronologisch neu bestimmt werden muß, einem bestimmten Kreis der Mystik in einer bestimmten Zeit zu. Aber in einem solchen Schluß liegt stets die

Tendenz, die Art, wie in einem solchen Gefüge seine einzelnen Teile miteinander verbunden sind, aus den einzelnen Fällen abzuleiten und so den neuen Fall tiefer zu begründen. So geht in Wirklichkeit der Analogieschluß in den Induktionsschluß mit Anwendung auf einen neuen Fall über. Die Abgrenzung dieser beiden Schlußarten im Vorgang des Verstehens hat nur eine relative Geltung. Und überall ergibt sich nur die Berechtigung zu einem irgendwie abgegrenzten Grad von Erwartung in dem neuen Fall, auf den geschlossen wird – ein Grad, über den keine allgemeine Regel gegeben werden kann, der nur aus den Umständen abgeschätzt werden kann, die überall andere sind. Es ist die Aufgabe einer Logik der Geisteswissenschaften, Regeln für diese Abschätzung aufzufinden.

Dann ist der hierauf begründete Vorgang des Verstehens selbst als Induktion aufzufassen. Und diese Induktion gehört in die Klasse, in welcher nicht aus einer unvollständigen Reihe von Fällen ein allgemeines Gesetz abgeleitet wird, sondern aus ihnen eine Struktur, ein Ordnungssystem, das die Fälle als Teile zu einem Ganzen zusammennimmt. Induktionen dieser Art sind den Naturwissenschaften und den Geisteswissenschaften gemeinsam. Durch eine solche Induktion entdeckte Kepler die elliptische Bahn des Planeten Mars. Und wie nun hier eine geometrische Anschauung eingesetzt wird, welche eine einfache mathematische Regelmäßigkeit aus den Beobachtungen und Berechnungen ableitete, so muß auch alles Probieren im Verständnisvorgang die Worte zu einem Sinn und den Sinn der einzelnen Glieder eines Ganzen zu dessen Struktur zusammennehmen. Gegeben ist die Folge der Worte. Jedes dieser Worte ist bestimmt-unbestimmt. Es enthält in sich eine Variabilität seiner Bedeutung. Die Mittel der syntaktischen Beziehung jener Worte zueinander sind ebenfalls in festen Grenzen mehrdeutig: so entsteht der Sinn, indem das Unbestimmte durch die Konstruktion bestimmt wird. Und ebenso ist dann der Kompositionswert der aus Sätzen bestehenden Glieder des Ganzen in bestimmten Grenzen mehrdeutig und wird vom Ganzen aus festgelegt. Eben dieses Bestimmen unbestimmt-bestimmter Einzelheiten . . .

14. Erich Rothacker
Der Begriff der dogmatischen Denkform[*]

Liest man Schriften, welche versuchen, »Systeme der Wissenschaften« zu entwerfen,[1] so kann man sich oft des Eindrucks nicht erwehren, als hätten diese Autoren sogar dies versäumt, auch einmal ein »Vorlesungsverzeichnis« aufzuschlagen. Denn liest man mit einiger Aufmerksamkeit solche offenbar maßgeblichen Dokumente des faktischen Wissenschaftsbetriebes, ja, der Wissenschaftsgeschichte, so kann man merken, daß dort in mehreren Fakultäten, jedenfalls der juristischen und der theologischen, Vorlesungen gehalten werden, die den manchen befremdenden Titel *Dogmatik* tragen. Themen, über welche Vorlesungen gehalten werden, sind meist auch bereits in Lehrbüchern behandelt. Die Monographie, die Vorlesung und nicht zuletzt die Einrichtung einer etatmäßigen Professur für das betreffende Fach – vorausgehend vielleicht Lehraufträge – sind typische Etappen der Entstehung und Entwicklung einer Fachwissenschaft. So gibt es also Lehrbücher, Professuren und Vorlesungen über ein Fach, über welches sich die philosophischen Wissenschaftstheorien fast restlos auszuschweigen pflegen.

Juristische Dogmatik entwickelt den systematisch und begrifflich zusammenhängenden Gehalt eines gültigen Rechts (gegebener Gesetzbücher oder ihrer Äquivalente). Die theologische Dogmatik den systematisch zusammenhängenden Gehalt des offenbarten christlichen Weltbildes und Glaubensinhaltes. Entsprechendes kann es natürlich auch in anderen Religionen geben. Die Vorlesungen und Lehrbücher machen es offenbar, daß dies seit langem ausgebaute akademische Disziplinen sind und heute wie je lebendig und sicher getätigte Methoden von eigentümlicher logischer Struktur. Einer Struktur, welche sich von der der historischen und philosophischen Geistes- oder Kulturwissenschaften, wie sie in denselben Fakultäten gelesen werden, deutlich unterscheidet. Ebenso etwa von der Methode der theoretischen Nationalökonomik.

* Erich Rothacker, *Die dogmatische Denkform in den Geisteswissenschaften und das Problem des Historismus.* Abhandlungen der Akademie der Wissenschaften und Literatur in Mainz, geistes- und sozialwissenschaftliche Klasse, Jg. 1954, Nr. 6, S. 11–26.

Schließlich darf man bei dem Worte »Dogmatik« nicht nur an den absprechenden Akzent denken, in welchem Kant in einem populär gewordenen Worte der »Prolegomena« sagt: David Hume habe ihn aus seinem »dogmatischen Schlummer erweckt«. Dogmatismus (sic!) heißt bei Kant so viel wie »ohne vorausgegangene Kritik« der eigenen Anschauungen vorgehen (K. d. r. Vft. B XXXV u. a. O.).

Aber Kant kennt an derselben Stelle auch einen neutraleren Wortgebrauch, der nicht von Dogmatismus, sondern von der dogmatischen Methode schlechthin spricht, »aus sicheren Prinzipien a priori streng beweisend zu sein«.

Vertieft man sich in diese eigentümliche wissenschaftliche Fragestellung und Methodik, so kann man bemerken, daß sie als Denkrichtung über eine weit größere Zahl von Kulturgebieten als den beiden angeführten ausgebreitet ist und war. So daß im Laufe der Jahrhunderte dogmatische Denkformen auch auf den Gebieten der Kunst, der Grammatik, der Nationalökonomie, der Politik eine beträchtliche Bedeutung gewonnen haben. Besonders interessant auf dem Felde der Kunst.

Dabei tut man allerdings gut, sich zu überlegen, daß sich geistige Bemühungen nicht ausschließlich im Rahmen strenger Wissenschaften zu entfalten pflegen. Neben den verschiedenen Sparten der zum Teil noch recht jungen Kunst*wissenschaft* und analog Literatur*wissenschaft* gibt es z. B. seit langem Kunst- und Literarkritik. Dieselbe gilt zwar nicht als Wissenschaft, wenn auch das 18. Jahrhundert dieser Auffassung zuneigte, wohl aber hat sie es immerhin zu einem eigenen Berufszweig gebracht. Auch wenn diese streng beweisbaren Normen zu fehlen scheinen, so nimmt man diese Kritik doch auch gedanklich ernst, unterscheidet gute und mäßige Kritiker (worin implicit der Ansatz zu einer Normierung bereits steckt), liest zum Teil diese Kritiken, die meist in der Tagespresse erscheinen, auch in Buchform. Ja, es gibt »Gesammelte Werke« großer Kritiker, wobei man noch nicht einmal an die Werke Lessings, Herders, der Schlegels zu denken braucht, sondern zunächst nur an einen literarischen Zweig, der besonders in Frankreich sehr gepflegt wird. Einen verwandten literarischen Zweig stellen auch die Schriften großer Künstler dar, welche mit mehr oder weniger begrifflichem Talent auf den Sinn ihres eigenen Schaffens reflektieren und denselben oft mit großer Entschiedenheit als die Wahrheit über die Kunst aussprechen. Man kann hier von dem eigenartigen Literaturzweig sogenannter »Künstlerästhetiken« sprechen, die sich allerdings praktisch und faktisch innerhalb eines weiten Spielraumes bewegen, zwischen strengen theoretischen Intentionen, mehr subjektiver Selbstbesinnung, Bekennertum, Programmatik, Propaganda, Selbstverteidigung, d. h. Apologetik. In der Theologie gilt Apologetik als ein Wissenschaftszweig.

Wenn ich eben das etwas fatal gewordene Wort »Propaganda« gebraucht habe, so trifft es in seiner Überspitzung etwas, was politische Richtungen wie Demokratie, Liberalismus, Konservativismus usw. in den verschiedensten literarischen und rhetorischen Formen seit jeher getrieben haben. Sei es, daß diese Werbung, ob Gesinnungs- oder Stimmenwerbung, mehr staatspolitisch gefärbt war oder mehr kirchenpolitisch, wie in der sogenannten politischen Romantik, der ultramontanpolitischen Literatur bis etwa zu dem gut verkleideten Grenzfall der Staatslehre Ottmar Spanns. Von der Propaganda späterer Systeme zu schweigen.

Hat aber der künstlerische Impressionismus, z. B. in den Schriften Julius Meyer-Graefes, nicht ebenfalls propagandistisch für sich gegen Klassizismus, Realismus, Böcklinsche Romantik geworben? Oder eine Generation später der Expressionismus und seine Nachfahren gegen den Impressionismus? Worringers *Abstraktion und Einfühlung* war nicht nur eine Untersuchung, sondern zugleich eine Programmschrift. Genau besehen eine publizistische Leistung, die mit sicherem Blick und intuitiver Phantasie für künstlerische Richtungen warb, die damals noch kaum vorhanden waren, aber de facto kamen. Kommt man in diese Einstellung hinein, so kann man fragen, ob in der Geschichte der Nationalökonomie der Merkantilisten, Physiokraten, klassischen Liberalen, zuletzt die sozialistischen Systeme in ihren scharfen Polemiken untereinander nicht ebenfalls werbend, propagandistisch, zum Teil auch apologetisch sich betätigten. Sie verkündeten mit Pathos wirtschaftspolitische »Wahrheiten«, wobei es höchst interessant ist, daß sie diese Bekenntnisse zugleich mit dem Pathos wirtschafts*theoretischer* »Richtigkeit« vermischten. Und haben die Gegensätze der römisch-rechtlich orientierten Juristen und der deutsch-rechtlich denkenden Juristen, deren Ausgleich schließlich zu unserem Bürgerlichen Gesetzbuch führte,[2] nicht dieselbe pathetische Färbung? Und gar im Felde der Sprache die Verteidigung der deutschen Sprache gegenüber der französischen in Herders Jugendschriften und bei Justus Möser? Weiter: die Vorstöße der sprachlichen Puristen bis zu dem nicht enden wollenden Kampf um das Fremdwort? Ja, kennt die ältere Grammatik nicht ausdrückliche »Anweisungen«, so und nicht anders zu sprechen und zu schreiben? Sei es in den klassischen Rhetoriken, sei es in den Bemühungen der Académie Française, der deutschen Sprachgesellschaften bis zur normierenden Schulgrammatik.

Daß in allen diesen Fällen einer festen »Überzeugung« Ausdruck gegeben wird, und zwar einer Überzeugung, welche als wahre auftritt und wissenschaftliche Gründe für sich sucht, ist das Kernphänomen der hier herrschenden Grundhaltung. Daß dieser »philosophische Glaube« zudem die ideale Absicht verfolgt, dem »Leben« und seiner »Gegenwart« – sei es die unmittelbarste Gegenwart, sei es die ganze Epoche, sei es die ganze Menschheit – zu dienen, *heilsame* Wahrheiten zu verkünden, Rezepte der Erneuerung und Gesundung zu geben, gehört ebenfalls primär zu dieser Grundhaltung.

Sekundär dagegen ist es, ob diese »Wahrheiten« in vielen Übergängen die Überzeugung einzelner Propheten, Heilbringer, Religionsstifter, Gesetzgeber aussprechen, oder ob sie den Sinn von bereits bestehenden, bereits zur Macht gelangten, ausgebauten, aber letztlich ebenfalls die Wahrheit beanspruchenden »Institutionen« explizieren. Sie können, wie gesehen, ebenso den Sinn bestehender Religionsgemeinschaften, bestehender Rechtseinrichtungen, seit langem in Geltung befindlicher Kunstrichtungen, Wirtschaftssysteme usw. formulieren, als versuchen, solchen Einrichtungen neue Richtungen zu geben. Im letzteren Falle wirken sie mehr »prophetisch«, predigend, werbend, bekennend, programmatisch; im ersteren mehr reflektierend, d. h. sich auf eine bereits siegreiche Wahrheit besinnend. Bei Luther war die protestantische »Dogmatik« noch freies Programm, im 17. Jahrhundert war sie wissenschaftlich dogmatische Erläuterung fester kirchlicher Institute. Franziskus verkündete das Programm einer neuen Christlichkeit. Sein Orden explizierte später den immanenten Sinn eines gefestigten Bestandes. Vor Entstehung des Bürgerlichen Gesetzbuches polemisierten die programmatischen Richtungen noch miteinander. Nach seiner gesetzlichen Stabilisierung war die juristische Dogmatik seine begriffliche Explikation und Erläuterung, Kritik seines immanenten Zusammenhangs, welche allerdings eine darüber hinausgehende rechtsphilosophische Kritik nicht ausschloß. Der Rechtspolitiker und der Rechtsphilosoph sprechen beide de lege ferenda.

Auch die heute so lebhafte Diskussion über den »Sinn« der Technik, sowie die mehr internen, aber ebenfalls lebendigen Besinnungen auf die Aufgabe der Medizin gehören in diesen Bereich des kulturphilosophischen Nachdenkens.

Da diese letzten Bemerkungen sowieso das geisteswissenschaftliche Gebiet, das im Mittelpunkt dieser Abhandlungen bleiben soll, überschritten haben, sei wenigstens die Frage gestreift, ob es auch auf naturwissenschaftlichem Gebiet dogmatische Haltungen gäbe. Ausdrücklich gewordene dogmatische Disziplinen gibt es hier natürlich nicht. Man könnte aber wohl auch innerhalb der medizinischen Fakultät: Naturheilkunde, Homöopathie, Psychoanalyse, Psychotherapie oder neuartige internistische Richtungen wie etwa die Weizsäckersche als »dogmatisch« ansprechen. Denn jede neue »Richtung« wird mindestens von ihren Gegnern als »Dogmatik« aufgefaßt. Dogmatik ist eben gar nichts anderes als die systematische Explikation einer *besonderen* Haltung, eines bestimmten Stils, einer besonderen Blickweise. Gerade die Ausdehnung und Verallgemeinerung dieses Begriffs wird uns weiterführen. Denn wenn der moderne Psychotherapeut den Standpunkt seiner Gegner, d. h. der herrschenden Medizin, als »mechanistisch« oder »naturalistisch« kennzeichnet und bekämpft, so zeigt sich, daß er in dieser Wendung gerade auch die Schulmedizin als Dogmatik anspricht. Im Grunde aber die gesamten Axiome der »modernen« Naturwissenschaft. Zweifellos traten Galilei, Kepler, Descartes, Newton auch einmal als Dogmatiker auf. Sie haben sich durchgesetzt. Aber in dem Moment, in dem die modernste Physik der von jenen geschaffenen Physik das Beiwort »klassisch« beilegte, verwandelte sich in diesem Aspekt auch die mathematische Naturwissenschaft, welche bis dahin ganz einfach mit dem Anspruch auf die »Wahrheit« schlechthin auftrat, in eine »besondere Richtung«, in die Explikation einer »Einstellung«, einer Blickweise, eines Glaubens, einer Überzeugung. Sowie eine kulturelle Tätigkeit durch ein historisches oder typologisches Beiwort charakterisiert wird, verwandelt sie sich in eine Dogmatik.

Dies soll im folgenden vornehmlich an rechts- und kunsthistorischen Beispielen erläutert werden.

Konnte uns gerade an dem naturwissenschaftlichen Beispiel der Gegensatz reiner Objektivität und bloß subjektiver, aber volle Objektivität prätendierender »Überzeugung« anschaulich werden, also der Gegensatz: reiner Sachlichkeit und bloßer Blickweise, allgemeiner und absolut gültiger oder nur begrenzt gültiger Grundbegriffe, so ist es auf den Gebieten des *geistigen* Schaffens die Philosophie, welche diesen absoluten Anspruch auf vernunftnotwendige und allgemeingültige Erkenntnisse erhebt.

Genau dies schien im 19. Jahrhundert auf den beiden genannten Gebieten erreicht zu sein. Dort unter dem Titel »Rechtsphilosophie«, hier unter dem Titel »Ästhetik«. Dort auf dem Boden der im römischen Recht endgültig gelungenen Entdeckung der Grundlagen jeden Rechtes überhaupt. Hier auf dem Boden der antiken, in der Renaissance erneuerten endgültigen Entdeckung des Schönen an sich.

Wenn wir nun bewußt vereinfachen und die *bewußte Fiktion* machen, es habe hier auf beiden Gebieten tatsächlich ein restloser consensus aller Fachleute bestanden und zumal auf juristischem Gebiet eine mit allen wissenschaftlichen Mitteln erreichte Einhelligkeit aller Rechtslehrer: die Grundbegriffe der Jurisprudenz seien im Römischen Recht ein für allemal eruiert und formuliert; die Römer seien die Klassiker des Rechts und des juristischen Denkens schlechthin,[3] so wäre das Analogon auf künstlerischem Gebiet (im weitesten, Dichtung und Musik umfassenden Sinn von Kunst) dies, daß durch die Epoche von Winckelmann über Goethe und Schiller bis zu Hegel die Grundbegriffe des Schönen und der Kunst endgültig festgelegt wurden. Die sechsbändige Ästhetik des Hegelianers Fr. Th. Vischer könnte etwa als Höhepunkt angesprochen werden. Die Analogie der französischen Entwicklung von Boileau ab wäre leicht zu ziehen.

Wir nehmen also als eine dem Philosophen als Ideal vorschwebende Grundsituation an: auf beiden Gebieten lägen die Grundbegriffe fest. Gilt diese Intention als voll erfüllt, dann fühlt sich der Vertreter dieser ausgebauten, durchsystematisierten, axiomatisch entwickelten, theoretisch begründeten Systeme zunächst noch nicht als Dogmatiker, sondern als Philosoph. Das heißt, er überschreibt seine Bücher mit »Rechtsphilosophie« oder »Ästhetik«. Gemeint als allgemeingültig und notwendig entwickelte universale Systeme der betreffenden Region der Kultur.

Nun haben wir aber doch vorhin gerade diese Systeme als *Dogmatiken* angesprochen. Und nun beginnt ein lehrreiches dialektisches Spiel. Denn tatsächlich verwandelt sich eine solche Rechtsphilosophie oder Ästhetik sofort in eine Dogmatik, sowie man einen Standpunkt außerhalb ihrer einnimmt und sie von hier aus teils mit anders ausgerichteten Systemen vergleicht, teils aus der anders geschauten Sache (Schönheit) heraus beurteilt. Vom Standpunkt etwa des deutschen Rechtes aus erscheint das römisch rechtliche System nicht mehr als allgemeingültig, sondern als romanistisch. Und vom Standpunkt etwa einer naturalistischen oder realistischen Ästhetik aus erscheint entsprechend die traditionelle Ästhetik des früheren 19. Jahrhunderts als klassizistisch. Sie bekommt *jetzt* erst sinnvollerweise den besonderen Namen »Klassizismus«.

Hat aber ein geistiges System einen solchen Namen erhalten, dann ist damit nicht nur seine Allgemeingültigkeit in Frage gestellt – es sei denn, der Name fungiere als Kampfruf seiner Gläubigen, wie in der Theologie –, sondern es ist damit zugleich historisiert.

Das heißt, ich kann – in einer inneren Wendung zur historischen Betrachtung – kühl und objektiv die Feststellung machen: dies und dies lehrt das römische Recht, dies und das lehrt die klassizistische Ästhetik. Ein Buch mit dem Titel *System des römischen Rechts kann* nun, solange man sich noch nicht durch Lektüre über seine besonderen Absichten informiert hat, sowohl recht*sphilosophisch* als recht*sdogmatisch* gemeint sein, als auch ganz anders: kühl historisch berichtend: dies und dies haben die Römer gelehrt.

Das Beispiel, daß derselbe Titel drei Bücher verschiedener Intention bezeichnen kann, scheint mir wohl geeignet zu sein, das von mir Gemeinte zu pointieren. Wollte man die drei verschiedenen Intentionen bereits im Titel des Buches eindeutig zum Ausdruck bringen, so müßte man etwa so verfahren: a) System des römischen Rechts mit dem Untertitel Grundlegung der Rechtswissenschaft. Die Benutzung dieses Titels *System des römischen Rechts* dürfte praktisch allerdings selten sein bei einem Systematiker, weil ja der *gläubige* Romanist das Wort »römisch« nicht ohne weiteres verwenden würde, um seine Grundabsicht auszusprechen. Eher würde er dies Buch betiteln *System des Rechts*. Aber *de facto* – daran ist nicht zu rütteln – würde er dieses System als Romanist in rein römischen Begriffen entwickeln. Analog nannte Vischer sein heute noch lesenswertes Werk schlechthin *Ästhetik oder Wissenschaft des Schönen*. Das sprach seine systematische Intention aus. Aber de facto dachte er klassizistisch.

b) Als *dogmatisches Werk bedürfte das System des römischen Rechts* kaum eines Zusatzes. Es *weiß* sich als romanistisch und expliziert seinen Lesern, welche den Sinn des römisch rechtlichen Denkens kennenlernen wollen, weil etwa das jeweils geltende Recht römisch-rechtliche Struktur *hat* oder haben *soll,* den immanenten Zusammenhang aller Begriffe dieses Rechtssystems.

c) Die Möglichkeit der Umstellung zum Historischen liegt hier aber schon nahe. Und dann wird die Darstellung des Buches historisch berichtend. Bemüht sich der Dogmatiker in erster Linie um den immanenten Logos dieses Systems, den folgerichtigen inneren Zusammenhang seiner Begriffe, so faßt der Historiker in erster Linie das *Faktum* ins Auge, daß dies einst als *das* Recht galt.

Die Tatsache aber, daß solch ein Titel mehrdeutig sein kann, lehrt uns aber einiges sehr Wichtige:

1. Der Wechsel des methodischen Sinns beruht offenbar auf einem Wechsel vorgängiger Einstellungen, Betrachtungsweisen und Glaubenshaltungen. Es ist durchaus möglich, daß der Leser des historischen Berichts: *So haben die Römer gedacht* – z. B. in Mommsens *Römischem Staatsrecht* – zu der Überzeugung kommt: »Aber das ist ja *die* staatsrechtliche Wahrheit, das gilt ja auch noch für uns.« Und schon verwandelt sich der historische Bericht wieder zurück in ein philosophisches, für allgemeingültig gehaltenes, systematisches Staatsrecht, von dem seine Gegner wieder sagen können: Aber gerade das ist doch dogmatisch, denn die »Wahrheit« ist doch eine andere.

2. Was immer dieser Einstellungswechsel aber bewirkt, *das* muß uns jetzt schon klar geworden sein: Dieser Einstellungswechsel vernichtet, *auch* wenn er sich von der philosophischen Einstellung zur dogmatischen und von dieser zur historischen bewegt, *keinesfalls* den geschlossenen systematischen Zusammenhang des Systems. Auch der historische Berichterstatter, der sagt: »So faßten die *Römer* das Rechtsproblem«, läßt diesen systematischen Zusammenhang stehen. Er stellt sich nur innerlich auf das »Berichten« um. Er wird nicht etwa erst dadurch zum Historiker, daß er nun versucht zu *erklären,* warum und wieso die Römer gerade zu *ihrer* römischen Besonderheit kamen. Er *kann* das zusätzlich. Aber seine ungebrochene systematische Darstellung der römischen Rechtsgedanken *ist* bereits historisch, wenn er sich anschickt zu *berichten.* Auch wenn er der historisch datierbaren *Entwicklung* dieser Rechtsgedanken nachgeht, wird er nicht vergessen, daß es *Rechts*gedanken waren, d. h. durch juristische Logik bestimmte systematische Zusammenhänge.

3. Der Wechsel vom rechtsphilosophischen System zum Dogma vollzieht sich *nur* durch eine Wandlung des *Glaubens* und der Überzeugung. Des Glaubens an die Allgemeingültigkeit. Nicht aber durch eine Negierung der theoretischen Notwendigkeit der besonderen Deduktionen. Genau besehen richtet sich die Kritik *nur* auf nicht mehr geglaubte implizite oder explizite Axiome, aber nicht auf die Folgerichtigkeit der gedanklichen Deduktion.

Leicht können wir die Reihe der bisher erörterten rein methodischen Arbeitsweisen dieser Geisteswissenschaften ergänzen durch einen vierten Typ, dessen Haltung der reine Logiker und Mathematiker als affin empfinden wird. Man kann prinzipiell ein Bündel von Systemen derart entwerfen: *Wenn* die R-Axiome (womit ich das römische Recht meine) gelten, dann *muß* dieses System sich inhaltlich, d. d. in bezug auf die Fülle juristischer Sonderaufgaben so und so entfalten. Wenn D-Axiome gelten, oder C-Axiome (wobei ich an chinesisches Recht denke), muß wieder folgerichtigerweise der inhaltliche Zusammenhang der besonderen Begriffe der und der sein. Eine Blickweise, die z. B. Max Weber sehr nahelag.

4. Der systematische Zusammenhang der Rechtsbegriffe bleibt also in allen drei erwähnten Systemen voll und geschlossen erhalten, und damit erkennen wir, daß die Dogmatik, obwohl sie »nur« Dogmatik ist, keineswegs etwa durch die Kritik des ihren Standpunkt durchschauenden Kritikers oder Vergleichers als unwissenschaftlich oder gar dilettantisch entlarvt wird. Der *nachträglich* als Dogmatiker entlarvte Denker kann, ungeachtet dessen, eine gewaltige systematische und theoretische Arbeit geleistet haben und *hat* dies tatsächlich in den klassischen Fällen getan; d. h. dogmatisches Denken ist eine Forschungsrichtung ersten Ranges und von bleibendem wissenschaftlichem Ertrag.[4]

Für eine weitere Illustration dieses eigentümlichen Übergangs von Philosophie, Dogmatik und Historie könnten auch Heinrich Wölfflins *Kunsthistorische Grundbegriffe* (erstmals 1915) herangezogen werden.[5]

Als Wölfflin 1898 sein Buch über *die klassische Kunst* schrieb, stand er noch mehr oder weniger im Banne der klassizistischen Ästhetik, die er mit seinem Lehrer Jakob Burckhardt und der ganzen Epoche vor ihm teilte. Diese Epoche hat die Barockkunst noch so mißachtet, daß sie berühmte Bauwerke auf Abbruch verkaufte und Kisten von Bauakten vernichtete, da man sich später für diese Kunst des Niedergangs doch nicht mehr interessieren werde. Als mein anderer kunsthistorischer Lehrer, Carl Neumann, als Nachfolger Henry Thodes nach Heidelberg berufen wurde, kannte er wichtige Barockwerke der weiteren Umgebung noch nicht. Das waren Reste klassizistischer Dogmatik – bei Carl Neumann besonders paradox –, die aber *als* Dogmatik erst in dem Moment erkannt wurden, als die Einsicht in die immanente Großartigkeit der Barockkunst endlich heranwuchs.

Als auch Wölfflin, der z. B. in seiner Jugend ebenso wie Burckhardt Rembrandt schroff ablehnte, dieser neuen Einsicht sich aufschloß, setzte er neben das ästhetische Bekenntnis zur klassischen Kunst, d. h. eine echte klassizistische Dogmatik, ein zweites Buch, welches über die Dogmatik der klassischen Kunst nur noch *berichtete,* sie aber zugleich auch kontrastierte mit *dem* System, an das jeder *Barock* künstler dogmatisch fest geglaubt hatte, nämlich die Ästhetik des »Malerischen, Tiefenhaften, der offenen Form, der zusammengezogenen Ganzheit, der Erscheinungsklärung«.

Daß Wölfflin nun außerdem diese dogmatische Ästhetik der Barockkunst kontrastierte mit der dogmatisch entwickelten Ästhetik der klassischen Kunst (der Ästhetik des »Linearen, Flächenhaften, der geschlossenen Form, des Ganzen mit selbständigen Teilen, der *gegenständlichen* Klarheit«), das war als Kontrastierung eine *theoretische* Leistung. Und weiter war es eine theoretische Leistung, daß er eine Geschichtsphilosophie des periodischen Wechsels der Stile zu konstruieren versuchte. Die Explikation der klassischen Kunst, einst aus echtem Glauben an dieselbe geboren, und die berichtende analytische Explikation des immanenten Logos der barocken Kunst, das war aber die Darstellung zweier *Dogmatiken.* Die Gesamtleistung hat dabei einen kühlen theoretischen Tenor bekommen. Der ideale Theoretiker, den ich vorhin erwähnte, würde sagen: *Wenn du diese* Ziele verfolgst, dann mußt du so malen, wenn *jene:* anders. Das ist die theoretische Richtung. Es sind zwei geschlossene Möglichkeiten. Aber im lebendigen Leben muß der Maler usw. notwendig wissen, *was* er in concreto will, und dann entfaltet er einen Stil, der sich nur dogmatisch explizieren läßt.

Die Unentbehrlichkeit des dogmatischen Denkens

Ist so der Dogmatik ein wissenschaftlicher Rang gesichert, der natürlich zunächst der Rang *einer* Wissenschaftsgruppe neben anderen bleibt, so ist es vielleicht etwas schwieriger, weit darüber hinaus auch die *Unentbehrlichkeit* dieser Methode zu verstehen. Sie ist unvermeidlich. Aber auch die bisher gewonnenen Einsichten in die Eigenart dieser Methode sind noch wesentlich zu vertiefen.

1. Zunächst kann aus dem Gesagten bereits ein Schluß gezogen werden, der für das Verständnis der *historischen* Wissenschaften fundamental ist. Wie sollte der Historiker der Geschichte des römischen Rechts oder der ägyptischen Architektur oder der chinesischen Malerei anders vorgehen, als daß er sich methodisch das zunutze macht, was wir im vorigen über die Konvertierbarkeit dogmatischer und historischer Feststellungen lernen konnten? Er muß als Historiker genauso wie der Dogmatiker in den inneren Logos und in die Grundintentionen dieser großen Geistesschöpfungen, die eine so prägnante Physiognomie besitzen, eindringen. Was der Dogmatiker in der intentio recta über die ihm sich öffnende Schönheit bzw. juristische Gültigkeit dieser Werkzusammenhänge auszusagen hat, muß nun der Historiker sowohl explizierend als berichtend darlegen. Was der Dogmatiker »bekennt«, *erzählt* der Historiker.

Dieser Wechsel von Bekenntnis und Bericht, von (quasi lyrischem) »Aussprechen« und von Beschreibung ist weit fundamentaler, als die bisherige Logik und auch Sprachwissenschaft bemerkt hat. Kennt die Poetik den Unterschied von »aussprechender Lyrik« und »erzählender Epik« sehr wohl, so müßte auch die Sprachwissenschaft häufig den Anteil »lyrischer« Ursprünge des Wortgebrauchs schärfer ins Auge fassen. Es genügt nicht allein, an Worten, Sätzen und ihren Hochbauten affektive, stimmungsmäßige, musikalische »Ausdrucks«-Momente anzuerkennen; dies aber in der verschwiegenen Absicht, gerade durch diesen Kunstgriff die Wortbedeutungen intellektuell zu reinigen. Der traditionelle Intellektualismus als eine mit Entschiedenheit zu überwindende Stufe aller Geisteswissenschaften konserviert, wenn auch rudimentär, noch immer eine Einstellung, als »beschreibe« das lyrische Sprechen innere Zustände in einer gradweise gegenstandsähnlichen Form. Der Lyriker »beschreibt« jedoch nicht, sondern »spricht aus«, sagt, erformt, formuliert das schwebende Mittel-»Ding« zwischen subjektiver Stimmung und korrelater, bildhaft-inhaltlicher Vision. Er »beschreibt« weder die Stimmung noch auch den Inhalt der Vision. Er bringt beides zugleich zur Aussprache. Auch die Psychologie, in der der Terminus »deskriptiv« eine so große

Rolle spielt, hat sich hier häufig zu korrigieren. Ich kann sehr wohl Vorgänge meines Inneren zu deskripieren versuchen. Auf keinen Fall aber darf sich diese Beschreibung für die *einzige* Möglichkeit halten, einem Zuhörer den Inhalt meines Bewußtseins zu vermitteln. Der Beginn von Claudius' »Abendlied«: *Der Mond ist aufgegangen,* ist weder eine Konstatierung noch eine Behauptung,[6] noch ist er die Deskription einer Vision, sondern ist ein »lyrisches Aussagen«; eine eigentümliche Synthese von »subjektiver« gefühlsmäßiger Gestimmtheit und Gestimmtheit gerade durch das qualitative Bild, in dessen Schau das Gefühl versunken ist. Wenn mich etwas ergreift, so sind an dem Resultat dieses Geschehens das Etwas wie die gefühlsmäßige Ergriffenheit gleichermaßen beteiligt. Allerdings mit leichten, immanenten Schwankungsmöglichkeiten zwischen zwei elliptischen Polen. Das Unglück will, daß hier unsere wissenschaftliche Terminologie lückenhaft, schief und veraltet ist, daß selbst Formulierungen wie »Aussage« mißverständlich schwanken zwischen lyrischer und logischer Aussage; und daß da ein Terminus wie »Ausdruck« (»er bringt eine Vision zum Ausdruck« und gar der unselige Sprachgebrauch, Worte überhaupt Ausdrücke zu nennen) Mißverständnisse auf Mißverständnisse auslöst. Selbst die heute in der philosophischen Anthropologie sich verbreitenden Wendungen wie »Selbstdeutung« und »Selbstverständnis des Menschen« können mißverständlich sein. Auf keinen Fall dürfen sie im Sinne primärer Vergegenständlichungen unseres Wesens gemeint werden. Trotzdem können sie Grundlagen für vergegenständlichende Aussagen legitimerweise werden. Zudem gibt es auch Grade vergegenständlichender »Reflexionen« eines Autors über sich selbst. Schon die oben erwähnte Reflexion des Gläubigen auf seine Glaubenshaltungen hat aber eine andere als eine vergegenständlichende Intention. Sie steht der »Selbstbesinnung« nahe. In der Selbstbesinnung, die etwas völlig anderes ist als psychologische »Selbstbeobachtung«, suche ich mich in den eventuell verborgenen »Sinn« meines Tuns zu versetzen. Dieser Sinngehalt ist aber keineswegs ein psychologisch zu beschreibender zeitlicher Vorgang. Sondern eben ein Gehalt.

In diesem Sinne hängen lyrische »Aussagen« und dogmatische Bekenntnisse auf das engste zusammen. Die Theorie wird hier immerhin weitere Aufhellungen suchen müssen. Jedenfalls aber stehen Beschreibungen, Berichte, Erzählungen, das Epos und die geschichtliche Erinnerung auf einer anderen Linie.

Der Historiker »berichtet«. Er berichtet, was der in der Anschauungswelt der römischen Rechtsdogmatik lebende Jurist in den von ihm durchgedachten Lebenszusammenhängen »sieht«; oder was der chinesische Maler ebenfalls »schaut«, d. h. aus dem (dogmatisch formulierbaren) Geist seiner Malerei heraus schöpferisch gestaltet. Dazu muß aber der Historiker in den Sinn dieses Schaffens und Tuns ebenso notwendig eingedrungen sein wie der Dogmatiker, der mit dem Gefühl, so sei es richtig und wahr, gemalt oder geurteilt hat. Dieser *glaubt* an den Sinn seines produktiven Schaffens, während der Historiker über denselben nur *von außen her* zuschauend erzählt. Auch der Historiker folgt – wenn auch von außen – dem innersten Logos eines Werkes oder auch eines Epochalstiles. Auch er muß sich und seinem Leser die immanente Notwendigkeit dieser stilistischen Tendenzen durchsichtig machen; das »Weltbild« einer Epoche in einem plausibeln Zusammenhang mit deren Sehweise und damit ihren Handlungen sehen.

Woraus folgt, daß das, was man pathetisch: »historisches Denken« nennt und im Kontrast sieht zu dem ebenfalls mit Pathos verworfenen »unhistorischen Denken«, seinen Ursprungsort in *geistes*geschichtlichen (kulturgeschichtlichen) Bereichen hat und nicht primär in der sogenannten politischen Geschichtsschreibung. Wahrhaft historisches Denken ist also mehr im philologischen und dementsprechend kunst-, rechts-, religionsgeschichtlichen Bereich zu Hause als in dem, der traditionell »historisch« genannt wird. Es blüht also in erster Linie in den Gebieten, die man »Bindestrichhistorie« nennen könnte und die Max Weber hier ganz irrig als »formale Geschichte« in den Hintergrund der methodologischen Erörterungen drängen wollte.[7]

Was man »Historisches Denken«, in dem emphatischen und pathetischen Gebrauch dieser Worte nennt, zielt ja nicht primär auf Feststellung von Fakten, sondern auf die tunlichst kongeniale Erfassung von Erscheinungen des immanenten Logos, von Stilen, denen diese Fakten sich einordnen.

Hat man dies erst einmal voll verstanden, dann ist von dieser Einsicht aus ungefährdet die Überlegung anzustellen, daß Alexander und Cäsar, Karl der Große, Karl der Kühne, Friedrich der Große, Napoleon, Bismarck usw. ebenfalls einen »Stil« hatten, einen politischen, strategischen usw., genau im selben Sinne wie Michelangelo, Bach und Goethe, aber auch Adam Smith und Kant.

Die durch J. G. Droysens *Historik*[8] und schließlich durch Rikkerts bekannte Werke eingerissene Mode: das Wesen der Geisteswissenschaften in erster Linie an der »Geschichtsschreibung« zu exemplifizieren, führt leicht zu Mißverständnissen. Indem die Geschichtsschreibung vornehmlich Geschehnisse und Ereignisse in ihrer Verflechtung darstellt, hat sie die Aufmerksamkeit der Wissenschaftstheoretiker viel zu sehr auf die besondere Abart von »Wirklichkeit« hingelenkt, welche das reale räumlich-zeitlich-geschichtliche Geschehen tatsächlich darstellt und in der es zumal Anlässe gibt, »Kausalfragen« zu stellen. Nicht, als gäbe es diese räumlich-zeitlich-geschichtliche Wirklichkeit der Ereignis- und Tatverflechtungen nicht. Aber die Analogie dieser Region der Wirklichkeit zur »natürlichen« Wirklichkeit, der die Naturforschung gilt, war zu groß, als daß man darüber nicht der Gefahr erliegen konnte, den *primären Sinn-* und Stilcharakter auch der politischen Taten aus dem Auge zu verlieren. Das war um so gefährlicher, als hier in der Linie des Geschehens und der Ereignisse diese Sinnverwirklichungen (deren Herz der Sinn bleibt) tatsächlich so drastisch mit dem Widerstand der Materie ringen, daß man vor lauter energetischen Eindrücken den intentionalen Nerv des Ganzen und damit den Quell auch der energetischen Spannungen aus dem Blick verlieren konnte.

So viel – sehr fragmentarisch – über die Unentbehrlichkeit dogmatischen Denkens und Verstehens für den *Historiker* (im weitesten, auch alle Philologien einschließenden Sinne).

2. Wir wenden uns nun zweitens der Unentbehrlichkeit dieser Denkweise für unsere *systematischen* und theoretischen Kenntnisse der geistigen Welt zu. Zu diesem Zweck erinnern wir uns zunächst der S. 18 u. 20 erwähnten radikalen Möglichkeit: alle Dogmen (gerade weil sie systematisch konsequent aufgebaut sind) zu axiomatisieren.

Wir sahen, daß theoretisch die Möglichkeit besteht, ein System wie das römische Recht auf bestimmte letzte Voraussetzungen zurückzuführen und aus diesen abzuleiten. Auch der theoretische Nationalökonom benutzt ähnliche Methoden. Man verrechnet dann die Axiome und argumentiert nach dem Leitfaden: wenn die R-Axiome gelten, dann folgen daraus folgende Rechtssätze. Wenn die C-Axiome gelten (z. B. für chinesisches Recht) dementsprechend andere. Und so analog auf allen übrigen Kulturgebieten.

Der reine Theoretiker kann in dieser Weise reich gegliederte Systeme von »Möglichkeiten« konstruieren. Er kann ganze Strahlenbündel bestehender Möglichkeiten herausarbeiten. Das reine Denken bewegt sich als solches immer und notwendig in diesem Bereich bestehender Möglichkeiten. Dieselben bestehen in unbegrenzter Zahl. Selbstverständlich gehören auch die paar bisher von der Menschheit *realisierten* Möglichkeiten zu denselben. Wenn sie Wirklichkeiten geworden sind, müssen sie auch möglich sein, sonst hätten sie keine von logischer Konsequenz getragene Struktur, die wir ihnen ja ausdrücklich zusprachen. Bei ihnen kommt nur der Index der Realisation zu ihrer möglichen Struktur hinzu.

Durchdenkt man diese Sachlage zu letzter Konsequenz, dann müßten *grundsätzlich* etwa im Jahre 100 000 v. Chr. alle Kunstwerke des alten Orients, Griechenlands, des Mittelalters und der Neuzeit von einem sehr begabten Möglichkeitsforscher schon konstruierbar gewesen sein.

Daß dies *praktisch* unmöglich ist, wird jedem einleuchten. Denn *so* »begabt«, wie ich mich eben ausdrückte, ist bisher kein Möglichkeitserforscher gewesen. Er bedürfte eines übermenschlichen Maßes von Phantasie, um die Bilder Rembrandts bis ins kleinste Detail vorweg zu erfinden. Das heißt, er müßte *zugleich* ein Rembrandt sein. Und zwar nicht nur dem Talent nach, sondern auch allen seinen Erlebnissen, Schicksalen, Traditionen und Situationen nach, die natürlich alle im Bereich des Möglichen liegen müssen.

Über die Kunst Rembrandts können wir also faktisch erst sprechen, seit Rembrandt gemalt *hat.* Und das gilt auch für Rembrandt selbst. Seit Rembrandt seinen *Stil hat,* könnte er ihn aber auch prinzipiell in einer Ästhetik entfalten. Daß diese sogenannten Künstlerästhetiken Musterbeispiele des dogmatischen Verfahrens sind, zeigte ich schon 1926 in meiner *Logik und Systematik der Geisteswissenschaften.* Sie explizieren den Form- und Sinngehalt oder Logos eines nicht nur möglichen, sondern zugleich im Menschenwerk konkret realisierten Stils.

Nun *kennen* wir aber gar keine anderen Stile als mindestens in der entwerfenden Phantasie konkret gewordene. *Alle* Kunstwerke und Kunststile, Rechtswerke und Rechtsstile, Sprachformen, Kulte, religiösen Ideen, Wirtschaftsformen usw., die es je gab und geben kann, sind konkret und darum anschaulich vorstellbar.

Ist es aber so, dann mag die dogmatische Methode ihre philosophischen Bedenklichkeiten haben, dennoch erweist sie sich faktisch als die einzige Quelle unseres gesamten geistigen Wissens. Sie ist zwar einerseits an gegebene geistige Realitäten »gebunden«, andererseits könnte weder der schöpferische Künstler bzw. der Jurist selbst, noch der nachverstehende, d. h. explizierende Ästhetiker bzw. Jurist über Kunst bzw. Recht sprechen und irgendetwas von diesen Gebieten verstehen, es sei denn dogmatisch. Die Dogmatik ist die einzige Quelle unseres inhaltlichen geistigen Wissens.

Das wird noch klarer, wenn man die Überlegung anstellt, wie eigentlich ein dogmatisches Schaffen als Basis dogmatischen Denkens widerlegt werden könnte.

Gewiß ist der Mensch ein sich selbst ständig transzendierendes Wesen; es drängt ihn ständig, sein bisher Gekonntes zu überschreiten, zu überbieten. Gewiß hat die Philosophie als Sachwalterin dieser Transzendenz das heiße Bemühen, das bisherige Dogma hinter sich zu lassen. *Dennoch:* wäre das römische Rechtsdenken und das klassizistische Kunstwollen gar nicht kritisierbar gewesen, ja nicht einmal als solches und Besonderes *erkennbar,* wenn dem Kritiker nicht *andere* Weisen des Rechtsdenkens und Kunstschaffens schon anschaulich mindestens vorgeschwebt hätten. Das heißt, ein dogmatisch formulierbarer, konkreter Stil – und *alle* Kulturzweige haben in diesem Sinne Stile – ist nur durch einen andern und neuen Stil zu überbieten. Dieser andere und neue Stil ist aber ebenfalls ein konkreter, d. h. dogmatischer Stil. Wenn seit dem 17. Jahrhundert bestimmte Formen der konkreten Religion durch die sich besonders philosophisch dünkende sogenannte »natürliche Religion« oder bestimmte Formen des konkreten Rechts durch das sogenannte »Naturrecht« *kritisiert* wurden, so bedeutet das, nüchtern gesprochen, entweder nur eine Reduktion der bisherigen Formen auf wesentlich basale und elementare Züge unter Abstraktion entbehrlicher Zutaten oder ein *neues* konkretes Rechts- oder Religionssystem etwa mehr ethischen als kultischen Charakters.

Es ist eine gewiß rätselhafte, aber unüberschreitbare Wesensgesetzlichkeit, daß nur Konkretes real sein kann, Reales aber immer besonders ist, Besonderungen aber *nur* dogmatisch explizierbar.

Kurz: alle Rechts-, Kunst-, Religionssysteme, die wir kennen, sind dogmatisch. Es gibt gar keine andere Methode, konkrete Sinngehalte zu entdecken, als die dogmatische.

Wenn wir das nun in erster Linie an Recht und Kunst demonstriert haben, so ergeben sich daraus trotzdem generelle Konsequenzen. Dieselben erweisen sich sofort als hochproblematisch, wenn wir sehen, wie sie mit der konstitutiven Tendenz der Philosophie, ja, der Idee aller Wissenschaft in Spannung treten. Nämlich der Idee, jede Relativität zu überwinden. Damit berühren wir zum erstenmal das vielerörterte Problem des *Historismus*.

Anmerkungen

1 Diese Schriften brauchen nicht alle den Tiefstand von E. Bechers *Geisteswissenschaften und Naturwissenschaften,* 1931, zu erreichen, in dem überhaupt nur gangbare Theorien über die sogenannten Geisteswissenschaften erörtert werden, ohne daß diese Geisteswissenschaften selbst in das Blickfeld dieses Autors kamen.
2 Vgl. Otto von Gierke, *Die historische Rechtsschule und die Germanisten,* 1903.
3 Ich unterstreiche nochmals den fiktiven Charakter und lasse die Unterschiede von Privatrecht und öffentlichem Recht auf sich beruhen. Ebenso die zwischen älterem römischen Recht, dem aus Jahrhunderte kompilierten und interpolierten corpus juris und seinen Fortbildungen von den Glossatoren und Kommentatoren bis zu den Pandektensystemen des 19. Jahrhunderts.
4 Unerwarteterweise sieht der bedeutende, vornehmlich historisch eingestellte Romanist P. Koschaker, *Europa und das römische Recht,* [2] 1953, S. 337 die Sachlage etwas anders.
    Wie schon der römische Jurist Celsus (2. Jh. n. Chr.), der das ius definiert als *ars boni et aequi,* sieht Koschaker in der praktischen Rechtsanwendung und Rechtsfindung nicht eine »Wissenschaft«, sondern eine »Kunst«. Das entspricht bis heute dem romanischen Sprachgebrauch und ist auch uns völlig geläufig. Da diese Kunst die »Resultate wissenschaftlicher Forschungen« benutzt, habe ich dieselbe unter dem Titel *Angewandte Theorie* behandelt. Soweit besteht Übereinstimmung. Ob nun aber die Rechts*dogmatik,* welche den Inhalt des Rechtes nur »ordne und systematisiere« (337 Anm.), eine eigentliche Wissenschaft sei, bleibt für Koschaker nach Maßgabe des »modernen Wissenschaftsbegriffs« (284) zweifelhaft (337), da die Dogmatik wie die Scholastik bereits geltendes Recht voraussetze, d. h. »nur« ex autoritate lehre und nicht frei die »Wahrheit« ermittle.
    Den Begriff der Rechtswissenschaft, d. h. die Ausdehnung des Wissenschaftsbegriffs auf die Dogmatik habe Savigny geschaffen. Weil ihm die wissenschaftliche Hebung *jeder* Beschäftigung mit dem Recht vorgeschwebt habe (210 u. 265). Im Ausland spreche man konsequent nur von juris-prudenz. In USA gar hießen die juristischen Fakultäten Lawscouls. Rechts*geschichte* dagegen sei eine echte Wissenschaft. Ebenso Rechtsvergleichung.

Dazu ist zu bemerken, daß diesem angeblichen »modernen Wissenschaftsbegriff«, den Koschaker von *außen* an die Rechtswissenschaft heranträgt, entsprechend neben der Rechtsgeschichte nur die Recht*sphilosophie* wissenschaftlichen Rang beanspruchen dürfte, weil diese die »Wahrheit« tatsächlich unmittelbar zu ermitteln sucht.

Gerne hätte ich dem verehrten Forscher die Frage vorgelegt, ob ihm nun eine »Rechtsphilosophie« aus den 60er Jahren des 19. Jahrhunderts oder Windscheids durch und durch dogmatisches *Lehrbuch des Pandektenrechts* (1862–1870), als die größere »wissenschaftliche« Leistung erscheine. Ich möchte also entsprechend der Meinung Savignys (267) und dem theologischen Sprachgebrauch auch für die Rechtsdogmatik, obwohl sie nur ex autoritate systematisiert (vgl. auch 192 u. 265) *wissenschaftlichen* Rang in Anspruch nehmen; der eben in dem Höhen- und Tiefengrad dieses Systematisierens begründet ist (vgl. auch 281) und dementsprechend auch von Wissenschaftlern (Professoren) geleistet wird. Denn daß hier eine großartige begriffliche Arbeit geleistet wurde und wird, leugnet Koschaker keineswegs. Insofern würde er den letzten Abschnitt des Textes wohl unterschreiben. Ausschließlich sein von außen herangebrachter »moderner Wissenschaftsbegriff« steht ihm dabei im Wege. Eindrucksvoll ist allerdings die Bemerkung S. 338 Anm. über die Akademien.

5 Vgl. auch meine Besprechung im Repertorium f. Kunstwissenschaft, XLI (1919). Abgedruckt in meiner Aufsatzsammlung *Mensch und Geschichte,* 2. Aufl., 1950.

6 So richtig: H. Amann, *Vom doppelten Sinn der sprachlichen Formen,* 1920.

7 Vgl. D. Henrich, *Die Einheit der Wissenschaftslehre Max Webers,* 1952, S. 68.

8 Sie erschien erstmalig 1868, dann 1875 und 1882. Diese Originalausgaben, nicht mein Neudruck (1925) und die vollständige Ausgabe der Droysenschen Vorlesung über Historik durch R. Hübner 1937 haben diese Wirkung gehabt. Nicht zuletzt auf Rickert selbst.

15. Rudolf Bultmann
Das Problem der Hermeneutik*

I.

Nach *Wilhelm Dilthey* verschafft sich die Hermeneutik, d. h. die
»Kunstlehre des Verstehens schriftlich fixierter Lebensäußerungen«, immer nur Beachtung »unter einer großen geschichtlichen
Bewegung«. Eine solche macht nämlich das »Verständnis des singularen geschichtlichen Daseins« bzw. die »wissenschaftliche Erkenntnis der Einzelperson, ja, der großen Formen singulären
menschlichen Daseins überhaupt« zu einer dringenden Angelegenheit der Wissenschaft«.[1] Stehen wir heute »unter einer großen
geschichtlichen Bewegung«, so wäre die Erörterung des Problems
der Hermeneutik motiviert. Und in der Tat bildet heute die Auseinandersetzung mit der geschichtlichen Tradition ein wesentliches Stück der Selbstbesinnung, die ja zugleich die Besinnung auf
die »großen Formen singulären menschlichen Daseins« ist.

Das Problem, um das sich die Hermeneutik bemüht, ist nach *Dilthey* die Frage: »Ist eine solche Erkenntnis (nämlich eben die der
großen Formen singulären menschlichen Daseins) möglich, und
welche Mittel haben wir, sie zu erreichen?« Oder bestimmter die
Frage, »ob das Verständnis des Singulären zur Allgemeingültigkeit
erhoben werden kann«. »Wie kann eine Individualität eine ihr
sinnlich gegebene fremde individuelle Lebensäußerung zu allgemeingültigem objektiven Verständnis sich bringen?«[2] Es ist also
die Frage nach der Möglichkeit, *Objektivität im Verstehen singulären geschichtlichen Daseins,* sc. der Vergangenheit, zu gewinnen.
Diese Frage fragt im Grunde nach der Möglichkeit des Verstehens
geschichtlicher Phänomene überhaupt, sofern sie Zeugnisse singulären menschlichen Daseins sind; Hermeneutik wäre dann die Wissenschaft des Verstehens von Geschichte überhaupt. Faktisch
schränkt *Dilthey* die Hermeneutik ein auf die Interpretation von
»dauernd fixierten Lebensäußerungen«, nämlich von den Denkmälern der Kultur, und zwar primär von literarischen Dokumen-

* Aus: *Glauben und Verstehen. Gesammelte Aufsätze* Bd. 2, Tübingen 1952,
S. 211–235.

ten, neben denen die Werke der Kunst aber auch von wesentlicher Bedeutung sind.³

II.

Für die Interpretation literarischer Texte sind seit Aristoteles *hermeneutische Regeln* entwickelt worden, die traditionell geworden sind und durchweg mit Selbstverständlichkeit befolgt werden.⁴ Wie schon Aristoteles sah, ist die erste Forderung die *formale Analyse* eines literarischen Werkes hinsichtlich seines Aufbaus und seines Stiles.⁵ Die Interpretation hat die Komposition des Werkes zu analysieren, das Einzelne aus dem Ganzen, das Ganze vom Einzelnen aus zu verstehen. Die Einsicht, daß sich jede Interpretation in einem »hermeneutischen Zirkel« bewegt, ist damit gegeben. Sobald die Interpretation alt- oder fremdsprachlicher Texte aktuell wird, kommt die Forderung einer Interpretation *nach den Regeln der Grammatik* zum Bewußtsein. Schon bei den Alexandrinern wird die Forderung der grammatischen Kenntnis der Sprache durch die der Kenntnis des individuellen *Sprachgebrauchs des Autors* ergänzt, so daß z. B. ein Kriterium für die Entscheidung von Echtheitsfragen in der Homerinterpretation gewonnen wird. Mit der Entwicklung der historischen Arbeit in der Zeit der Aufklärung wird die Frage nach dem individuellen Sprachgebrauch des Autors fortgebildet zur Frage *nach dem Sprachgebrauch der jeweiligen Zeit des Textes.* Aber mit der Einsicht in die geschichtliche Entwicklung der Sprache geht Hand in Hand die Erkenntnis der geschichtlichen Entwicklung überhaupt, die Erkenntnis also der *geschichtlichen Bedingtheit* aller literarischen Dokumente durch die Umstände von Zeit und Ort, und deren Kenntnis muß nunmehr als Voraussetzung jeder sachgemäßen Interpretation gelten.

Die Wissenschaft, die die Interpretation literarischer Texte zu ihrem Gegenstand hat und die sich dafür der Hermeneutik bedient, ist *die Philologie.* An ihrer Entwicklung aber ist sichtbar, daß die Hermeneutik als die Kunst wissenschaftlichen Verstehens keineswegs durch die traditionellen hermeneutischen Regeln schon hinreichend bestimmt ist. *Harald Patzer* hat vor kurzem gezeigt, wie die Philologie, die sich zunächst der Geschichtswissenschaft zum Zwecke der Interpretation bedient, allmählich in den Dienst der Geschichtswissenschaft gerät bzw. zu einem Zweige der Geschichtswissenschaft wird, für welche die Texte nur noch »Zeugnisse«, »Quellen«, sind, aus denen ein Geschichtsbild zu entwerfen, d. h. eine vergangene Zeit zu rekonstruieren ist.[6] Ein verständlicher Vorgang, da zwischen philologischer und historischer Erkenntnis natürlich auch ein Zirkel besteht. Aber die Folge war eben, daß die Philologie ihren eigentlichen Gegenstand, die Interpretation der Texte um des Verstehens willen, verlor. Der tiefere Grund für diese Entwicklung ist aber doch der, daß die Aufgabe des Verstehens nicht tief genug erfaßt war und schon mit der Befolgung jener hermeneutischen Regeln erledigt werden zu können schien – daß die Einsicht in den *Vorgang des Verstehens,* um die sich *Schleiermacher* einst bemüht hatte, verlorengegangen war.

Denn schon *Schleiermacher* hatte gesehen, daß ein echtes Verständnis nicht schon mit der Befolgung der hermeneutischen Regeln gewonnen werden kann. Zu der durch sie geleiteten Interpretation – nach seiner Terminologie: der »grammatischen« – muß die »psychologische« treten. Er sieht, daß die Komposition und Einheit eines Werkes nicht allein durch die Kategorien einer formalen logischen und stilistischen Analyse erfaßt werden kann. Vielmehr muß das Werk als Lebensmoment eines bestimmten Menschen verstanden werden. Zur Erfassung der »äußeren Form« muß die der »inneren Form« kommen, was die Sache nicht einer objektiven, sondern subjektiven, »divinatorischen« Interpretation sei.[7] Das Interpretieren ist daher »ein Nachbilden«, ein »Nachkonstruieren« in seiner lebendigen Beziehung zu dem Vorgang der literarischen Produktion selbst. Das Verstehen wird zur »eigenen Nacherzeugung der lebendigen Gedankenverknüpfung«.[8] Solche »Nacherzeugung« aber ist deshalb möglich, weil »sich die Individualität des Auslegers und die seines Autors nicht als zwei unvergleichbare Tatsachen gegenüberstehen«. Vielmehr: »Auf der Grundlage der allgemeinen Menschennatur haben sich beide gebildet, und hierdurch wird die Gemeinschaftlichkeit der Menschen untereinander für Rede und Verständnis ermöglicht.«[9] *Dilthey* eignet sich diese Gedanken an und sucht sie weiter aufzuklären: »Alle individuellen Unterschiede sind letztlich nicht durch qualitative Verschiedenheiten der Personen voneinander, sondern nur durch Gradunterschiede ihrer Seelenvorgänge bedingt. Indem nun aber der Ausleger seine eigene Lebendigkeit gleichsam probierend in ein historisches Milieu versetzt, vermag er von hier aus momentan die einen Seelenvorgänge zu betonen und zu verstärken, die anderen zurücktreten zu lassen und so eine Nachbildung fremden

Lebens in sich herbeizuführen«. Die Bedingung des Verstehens »liegt darin, daß in keiner fremden individuellen Äußerung etwas auftreten kann, das nicht auch in der auffassenden Lebendigkeit enthalten wäre«. So kann es heißen: »Die Auslegung ist ein Werk der persönlichen Kunst, und ihre vollkommenste Handhabung ist durch die Genialität des Auslegers bedingt; und zwar beruht sie auf *Verwandtschaft,* gesteigert durch eingehendes Leben mit dem Autor, beständiges Studium«.[10]

Schleiermachers Auffassung vom Verstehen steht natürlich in geschichtlichem Zusammenhang mit »Winckelmanns Interpretation von Kunstwerken« und mit Herders »kongenialem Sich-Einfühlen in die Seele von Zeitaltern und Völkern«.[11] Sie ist orientiert an der Interpretation philosophischer und dichterischer Texte. Aber gilt sie auch für andere Texte? Erwächst etwa die Interpretation eines mathematischen oder eines medizinischen Textes aus dem Nachvollzug der seelischen Vorgänge, die sich im Autor vollzogen haben? Oder werden die Inschriften der ägyptischen Könige, die von ihren Kriegstaten berichten, oder die historisch-chronistischen altbabylonischen und assyrischen Texte oder die Grabinschrift des Antiochus von Kommagene oder die Res Gestae Divi Augusti erst aus der Versetzung in den inneren schöpferischen Vorgang, in dem sie entstanden sind, verständlich?

Nein – wie es scheint! Und in der Tat nicht, insofern die Interpretation darauf abgestellt ist, die durch die Texte *direkt* vermittelten Sachverhalte zu verstehen – also z. B. ihre mathematischen oder medizinischen Erkenntnisse oder ihren Bericht von weltgeschichtlichen Tatsachen und Vorgängen. Eben das aber ist doch wohl das primäre Interesse derer, die solche Texte lesen. Freilich lassen sich diese auch in einem anderen Interesse lesen, wie z. B. die Interpretation jener Inschriften durch *Georg Misch* zeigt,[12] nämlich als »Lebensäußerungen«, als »Formen singularen geschichtlichen Daseins«, ob nun als Lebensäußerungen einzelner Personen oder als Äußerungen des »Lebensgefühls« oder des Daseinsverständnisses bestimmter Epochen. Es zeigt sich also, daß die *Schleiermacher-Diltheysche* Auffassung einseitig ist, insofern sie durch eine bestimmte Fragestellung geleitet ist.

Ein Verstehen, eine Interpretation, ist – das ergibt sich – *stets an einer bestimmten Fragestellung, an einem bestimmten Woraufhin,* orientiert. Das schließt aber ein, daß sie nie voraussetzungslos ist; genauer gesagt, daß sie immer *von einem Vorverständnis der Sache geleitet* ist, nach der sie den Text befragt. Auf Grund eines solchen Vorverständnisses ist eine Fragestellung und eine Interpretation überhaupt erst möglich.[13]

Die Sache, nach der *Dilthey* die Texte befragt, ist das »Leben«, nämlich das geschichtlich-persönliche Leben, das in den Texten als »dauernd fixierten Lebensäußerungen« Gestalt gewonnen hat; das »seelische Leben«, das aus »sinnlich gegebenen und sinnlich auffaßbaren Äußerungen« durch die Interpretation zur objektiven Erkenntnis gebracht werden soll. Diese Sache ist aber nicht die einzige, auf die die Interpretation abgestellt sein kann; also ist auch wohl der in diesem Interesse charakterisierte Vorgang des Verstehens nicht der einzige, der sich in einer Interpretation vollziehen kann. Vielmehr wird der Vorgang des Verstehens verschieden sein, je nachdem, wie das Woraufhin der Interpretation bestimmt ist.

Offenbar genügt es nicht zu sagen: je nach der Art der Texte, d. h. je nach der im Texte jeweils direkt zu Worte kommenden Sache, nach dem in ihm jeweils leitenden Interesse. Denn in der Tat können ja alle Texte unter der *Dilthey*schen Fragestellung interpretiert, d. h. als Dokumente geschichtlich-persönlichen Lebens verstanden werden. Das Gegebene ist freilich zunächst, daß sich die Befragung der Texte an der in ihnen in Rede stehenden, durch sie direkt vermittelten Sache orientiert. Einen Text der Musikgeschichte werde ich z. B. unter der Frage interpretieren, was er für mein Verständnis der Musik und ihrer Geschichte einträgt usw.

III.

Die Fragestellung aber erwächst aus einem Interesse, das im Leben des Fragenden begründet ist, und es ist die Voraussetzung aller verstehenden Interpretation, daß dieses Interesse auch in irgendeiner Weise in den zu interpretierenden Texten lebendig ist und die Kommunikation zwischen Text und Ausleger stiftet. Sofern *Dilthey die Verwandtschaft zwischen Autor und Ausleger* als die Bedingung der Möglichkeit des Verstehens bezeichnet, hat er in der Tat die Voraussetzung aller verstehenden Interpretation aufgedeckt. Denn diese Bedingung gilt nicht nur für die spezielle *Schleiermacher-Dilthey*sche Fragestellung, sondern für jede Interpretation, die nie schon durch die Befolgung der traditionellen »hermeneutischen Regeln« geleistet werden kann. Es handelt sich nur darum, jene Voraussetzung genauer zu bestimmen. Statt der Reflexion auf die Individualität von Autor und Ausleger, auf ihre Seelenvorgänge und auf die Genialität oder Kongenialität des Auslegers bedarf es der Besinnung auf die einfache Tatsache, daß *Voraussetzung des Verstehens das Lebensverhältnis des Interpreten zu der Sache ist, die im Text – direkt oder indirekt – zu Worte kommt.* [14]

Die Interpretation kommt nicht dadurch zustande, daß »sich die Individualität des Auslegers und seines Autors nicht als zwei unvergleichbare Tatsachen gegenüberstehen«, sondern dadurch, daß beide den gleichen Lebensbezug zu der in Rede bzw. in Frage stehenden Sache haben (bzw. insoweit als sie ihn haben), weil sie (bzw. sofern sie) im gleichen Lebenszusammenhang stehen. Dieses Verhältnis zur Sache, um die es im Text geht bzw. auf die hin er befragt wird, ist die Voraussetzung des Verstehens. [15] Eben daher ist es auch verständlich, daß jede Interpretation durch ein bestimmtes Woraufhin geleitet ist; denn nur aus den Bedingungen eines Lebenszusammenhangs ist eine irgendwie orientierte Frage möglich. Und ebenso ist daher verständlich, daß jede Interpretation ein bestimmtes Vorverständnis einschließt, eben das aus dem Lebenszusammenhang, dem die Sache zugehört, erwachsende.

Die Tatsache, daß jeder Interpretation ein Lebensverhältnis zur Sache, um die es im Texte geht, bzw. nach der er befragt wird, zugrunde liegt, läßt sich leicht durch die Besinnung auf den *Vorgang des Übersetzens aus einer fremden Sprache* verdeutlichen. Der Sinn dieses Vorgangs ist in der Regel nur dadurch verdeckt, daß uns die Kenntnis der antiken Sprachen unseres Kulturkreises durch die Tradition vermittelt ist und nicht neu gewonnen zu werden braucht. Neu gewinnen läßt sich die Kenntnis einer fremden Sprache (falls nicht mehrsprachige Texte vorliegen) nur dann, wenn die durch die Wörter bezeichneten Sachen (Dinge, Verhaltungen usw.) vertraut sind – vertraut eben aus dem Gebrauch und Umgang im Leben. Ein Gegenstand oder ein Verhalten, das in meinem Lebenszusammenhang, in meiner Umwelt und Lebensführung schlechthin sinnlos ist, ist auch in seiner sprachlichen Benennung unverständlich und unübersetzbar – oder doch nur so, daß für das betr. Ding ein Wort gewählt wird, das es für die äußere Anschauung beschreibt, wie z. B. die Wiedergabe »Schwirrholz« für das »Tjurunga« der Australneger. [16] Die Beobachtung des Gebrauchs kann, sofern oder soweit dieser verständlich ist, zu weiteren Umschreibungen führen, so daß »Tjurunga« als ein »machthaltiges

Zauberinstrument« beschrieben werden kann, da die Vorstellung von Zauberinstrumenten mir aus dem eigenen Lebenszusammenhang begreiflich ist. Grundsätzlich der gleiche Vorgang liegt dann vor, wenn Texte in oder mit bildlichen Darstellungen gegeben sind, die ihrerseits aus dem eigenen Lebenszusammenhang verständlich sind. Faktisch vollzieht sich ja auch das Verstehen und Sprechenlernen des Kindes in eins mit seinem Vertrautwerden in seiner Umwelt, seinem Umgang, kurz in seinem Lebenszusammenhang.

Also: die Interpretation setzt immer ein *Lebensverhältnis zu den Sachen* voraus, die im Text – direkt oder indirekt – zu Worte kommen. Ich verstehe einen über Musik handelnden Text nur, wenn und soweit ich ein Verhältnis zur Musik habe (weswegen denn in *Thomas Manns* »Doktor Faustus« manche Partien für manche Leser unverständlich sind), einen mathematischen Text nur, wenn ich ein Verhältnis zur Mathematik habe, eine Geschichtsdarstellung nur, sofern mir geschichtliches Leben vertraut ist, sofern ich aus meinem eigenen Leben weiß, was ein Staat, was das Leben im Staat und seine Möglichkeiten sind, einen Roman nur, weil ich aus dem eigenen Leben weiß, was z. B. Liebe und Freundschaft, was Familie und Beruf ist usw. Eben daher ist manche Literatur manchen Menschen je nach Alter oder Bildung verschlossen.

Mein Lebensverhältnis zur Sache kann natürlich ein ganz naives, unreflektiertes sein, und im Verstehen, in der Interpretation, kann es ins Bewußtsein erhoben und geklärt werden. Es kann ein oberflächliches und durchschnittliches sein, und durch das Verstehen des Textes kann es vertieft und bereichert, modifiziert und korrigiert werden. In jedem Falle ist ein Lebensverhältnis zu der betr. Sache Voraussetzung, und diese Erkenntnis schaltet falsche Probleme von vornherein aus, wie die Frage nach der Möglichkeit, »fremdseelisches« Sein zu verstehen. Diese ist einfach gegeben in dem gemeinsamen Bezug von Autor und Ausleger zu der jeweiligen Sache. Wenn *Dilthey* als die Bedingung der Möglichkeit des Verstehens die »Grundlage der allgemeinen Menschennatur« statuiert, bzw. die Tatsache, daß »in keiner fremden individuellen Äußerung etwas auftreten kann, das nicht auch in der auffassenden Lebendigkeit enthalten wäre«, so dürfte das dahin zu präzisieren sein, daß Bedingung der Auslegung die Tatsache ist, daß Ausleger und Autor als Menschen in der gleichen geschichtlichen Welt leben, in der menschliches Sein sich abspielt als ein Sein in einer

Umwelt, im verstehenden Umgang mit Gegenständen und mit Mitmenschen. Natürlich gehört zu solchem verstehenden Umgang auch das Fragen, die Problematik, der Kampf und das Leiden, die Freude wie die entsagende Flucht.

IV.

Das Interesse an der Sache motiviert die Interpretation und gibt ihr *die Fragestellung,* ihr *Woraufhin.* Unproblematisch ist die Orientierung der Interpretation, wenn sie durch die Frage nach derjenigen Sache geleitet ist, deren Mitteilung die Absicht des Textes selbst ist, also z. B. die Interpretation eines mathematischen oder musiktheoretischen Textes, wenn ich daraus Erkenntnisse über Mathematik oder Musik schöpfen will. Ebenso die Interpretation eines erzählenden Textes, wenn ich das in ihm Erzählte kennenlernen will, also z. B. die Interpretation von Chroniken, aber auch von Herodot oder Thukydides, wenn ich nichts weiter will, als die von ihnen berichteten geschichtlichen Verhältnisse und Vorgänge kennenlernen. Das gleiche gilt z. B. von einem hellenistischen Roman, der zwar von erdichteten Vorgängen erzählt, den ich aber als unterhaltende Geschichte lese. In jenen Fällen ist historische Belehrung, in diesem Unterhaltung das Woraufhin des Verstehens. In allen diesen Fällen ist die Fragestellung ganz naiv; sie wird in ihrer Eigenart deutlich, wenn es sich um das Verstehen eines dichterischen Textes von Rang handelt, also z. B. Homers, wenn solche Texte nämlich nicht als Dichtung, sondern einfach als Erzählung gelesen werden, was ja weithin zunächst der Fall ist, wie denn auch Werke der bildenden Kunst von naiven, zumal kindlichen Betrachtern unter diesem Gesichtspunkt, was sie erzählen, befragt werden. Und die bildende Kunst hat selbst ja z. T. diesen Sinn als Illustrationskunst, etwa in den »illuminierten« Bibelhandschriften oder in Mosaikzyklen wie im Dom von Monreale. Und grundsätzlich ist es das gleiche, wenn in der modernen Welt etwa ein Goethe-Album mit Abbildungen zum Leben Goethes herausgegeben wird.

Aber die Sache kompliziert sich freilich bald: denn die naive Befragung der Texte überdauert nicht lange das kindliche Stadium, wenngleich dieses sein Recht nie verliert als die Frage nach dem, was der Text direkt mitteilen will. Die naive Befragung behält zumal Dauer gegenüber *wissenschaftlichen Texten,* die Erkenntnis direkt vermitteln wollen. Denn auch dann, wenn die Befragung dazu fortschreitet, die Texte als Zeugnisse der Geschichte der betr. Wissenschaft zu verstehen, ist ja ein vorgängiges Verständnis dessen nicht auszuschalten, was sie direkt an Erkenntnis übermitteln. Auch bleibt ja das Interesse z. B. an der Geschichte der Mathematik normalerweise an der mathematischen Erkenntnis selbst orientiert, also an der in den betr. Texten intendierten Sache, und ordnet ihre Interpretation nicht einem fremden Interesse unter, etwa dem kulturgeschichtlichen – was z. B. dadurch illustriert wird, daß der Kulturhistoriker seinerseits die Geschichte der Mathematik ignorieren kann, wie *Jac. Burckhardt* es in seiner »Kultur der Renaissance« tut. Immerhin, das Woraufhin ist ein anderes geworden, wenn wissenschaftliche Texte als Zeugnisse für die Geschichte der Wissenschaft gelesen werden.

Eine ähnliche Modifikation tritt in der Interpretation *erzählender, zumal historischer Texte* ein, und zwar in doppelter Weise: 1. indem sie nicht primär als Zeugnisse für das, über das sie berichten, gelesen werden, sondern als Zeugnisse ihrer eigenen Zeit, aus der sie berichten. Nicht das Berichtete, sondern der Berichterstatter interessiert dann primär. Das kann sich noch innerhalb der Intention des Berichterstatters selbst bewegen, insofern die historische Erkenntnis des Berichterstatters den kritischen Maßstab für das Verständnis seines Berichtes liefert. 2. wenn der historische Text als Zeugnis für die Geschichte der Historie, der Wissenschaft von der Geschichte, interpretiert wird. Hier wird von der Absicht des Textes gänzlich abgesehen; denn er will ja nicht Wissenschaft von der Geschichte mitteilen, sondern Geschichte selbst erzählen. Jetzt ist er selbst in die Geschichte eingereiht und wird nicht mehr als der Vermittler geschichtlicher Kenntnis, sondern als ihr Objekt interpretiert.

Wie aber liegt es beim *Roman*? Schon der naive Leser liest wohl nicht nur mit dem neugierigen Interesse an dem, was passiert; und in der Spannung, zu vernehmen, was passieren wird, steckt mehr als nur die Neugier, nämlich die innere Teilnahme am Schicksal des Helden, in den sich der Leser versetzt. Er nimmt nicht zur Kenntnis, sondern er erlebt mit, er wird »ergriffen«, seine Stimmung gerät in Bewegung, seine Leidenschaften werden erregt. Und ist damit nicht auch erst die Absicht des Autors erfüllt?

In der Tat ist diese Weise des Verstehens die sachgemäße gegenüber den *Werken echter Dichtung*. Sie erschließen sich dem teilnehmenden Verstehen, wie das schon Aristoteles in seiner Weise durch die Lehre von Furcht und Mitleid als der Wirkung der Tragödie zum Ausdruck bringt. Und sie erschließen solchem teilnehmenden Verstehen *das menschliche Sein in seinen Möglichkeiten als den eigenen Möglichkeiten des Verstehenden.*

Solcherart ist aber nicht nur das sachgemäße Verstehen und die in ihm entbundene Wirkung der Dichtung, sondern der *Kunst* überhaupt. Darf man das Schöne als »das Wahre im Sichtbaren« bezeichnen,[17] und faßt man das »Wahre« in einem radikalen Sinne als die Aufgedecktheit des menschlichen Seins – aufgedeckt durch die Kunst als die Macht, im Schönen das Wahre zu zeigen, so gilt es, daß die Interpretation die in der Dichtung wie in der Kunst aufgedeckten *Möglichkeiten des menschlichen Seins* zum Verständnis bringen soll.

Ist das »Wahre« in Dichtung und Kunst für die Anschauung dargestellt und wird es hier im ergriffenen Verstehen zu eigen, so ist es als Objekt des reflektierenden und forschenden Denkens der Gegenstand der Philosophie. Die Interpretation *philosophischer Texte* muß daher, will sie eine echt verstehende sein, selbst von der Frage nach der Wahrheit bewegt sein, d. h. sie kann nur in der Diskussion mit dem Autor vor sich gehen. Platon versteht nur, wer mit ihm philosophiert. Die Interpretation verfehlt das echte Verstehen, wenn sie den Text nach Lehrsätzen als den Ergebnissen wissenschaftlicher Forschung befragt, und wenn sie demzufolge den jeweiligen Text als »Quelle« für ein jeweiliges Stadium der Geschichte der Philosophie nimmt und damit diese Geschichte als ein in der Vergangenheit liegendes Geschehen auffaßt, statt sie in die Gegenwärtigkeit zu erheben. Denn wohl ist es noch keine Preisgabe echten philosophischen Verstehens, die Geschichte der Philosophie zu beschreiben, aber es hat so zu geschehen, daß das Verstehen ihrer Geschichte zum Verstehen ihrer selbst wird, indem in dieser Geschichte die Problematik des Seins- und damit des Selbstverständnisses deutlich wird.

V.

Die echte Fragestellung der Interpretation muß für die Texte und Denkmäler der Dichtung und Kunst, der Philosophie und der Religion zurückgewonnen werden, nachdem sie durch die im Zeitalter des sog. *Historismus* herrschend gewordene Fragestellung verdrängt worden war. Eben diesem Interesse gelten *Diltheys* Bemühungen und sein Rückgriff auf *Schleiermacher*. In verschiedener Weise wurden unter der Herrschaft des Historismus *die Texte und Denkmäler als »Quellen« verstanden*, zumeist als Quellen, aus denen das Bild einer vergangenen Zeit oder eines Zeitverlaufs zu rekonstruieren ist. Als Zeugnisse einer geschichtlichen Epoche oder als Glieder oder Etappen eines geschichtlichen Prozesses wurden sie interpretiert, wobei es grundsätzlich nichts ausmacht, in welcher Weise dabei der geschichtliche Prozeß verstanden wurde, als politische oder als Sozialgeschichte, als Geistesgeschichte oder als Kulturgeschichte im weitesten Sinne.

Nicht als ob Texte und Denkmäler nicht auch *als »Quellen«* verstanden werden könnten, ja, auch müßten! Einmal gibt es in der Tat Texte, die es ihrem Gehalt nach nur verdienen, daß ihnen der Rang von Quellen zugesprochen wird. Von ihnen sind die »klassischen« Texte und Denkmäler zu unterscheiden, auch wenn die Grenzen nicht festliegen können. Sollen solche Dokumente als Quellen interpretiert werden, so müssen sie dafür immer schon im Sinne ihrer eigenen Intention verstanden sein – wenigstens vorläufig; und oft sind sie es in einer unreflektierten, oberflächlichen Weise. Soll z. B. Platon als Quelle für die Kultur Athens im 5. Jahrhundert benutzt werden, so muß der Gehalt seines Werkes ja irgendwie schon verstanden sein, damit er überhaupt als Quelle dienen kann. Indessen fragt die an ihn als an ein Dokument der Kulturgeschichte gerichtete Frage an seinem eigentlichen Anliegen vorbei und wird dieses schwerlich in seiner Ganzheit und Tiefe zu Gesicht bekommen. Die Fragestellung, die den Text als Quelle nimmt, hat nun ihr Recht gerade im Dienste einer echten Interpretation. Denn jede Interpretation bewegt sich notwendig in einem Zirkel: das einzelne Phänomen wird einerseits aus seiner Zeit (und Umgebung) verständlich und macht andererseits sie selbst erst verständlich. Das Verständnis des Platon aus seiner Zeit steht im Dienste einer echten Platon-Interpretation und gehört in den Bereich jener traditionellen hermeneutischen Regeln.

Analog stehen andere in der Zeit des Historismus ausgebildete Frageweisen ihrem legitimen Sinne nach im Dienste des echten Verstehens, wie etwa *Heinr. Wölfflins stilgeschichtliche Interpretation* von Kunstwerken oder die zahlreichen Untersuchungen zur *Typen- und Motivgeschichte* ebenso in der Literatur wie in der bildenden Kunst. Freilich können alle solche Untersuchungen auch die eigentliche Frage der Interpretation verdecken. Das gleiche gilt für *die formale, am Gesichtspunkt des Ästhetischen vollzogene Analyse* von Werken der Literatur und Kunst; mit ihrem Vollzug ist das eigentliche Verstehen noch nicht vollzogen, wohl aber kann es durch sie vorbereitet werden, wie etwa in dem Sophoklesbuch *Karl Reinhardts* und in dem Platonwerk *Paul Friedländers*.[18] Wie verschieden die Interpretation des gleichen Kunstwerkes sein kann, je nachdem, ob sie durch das Interesse an der Form oder durch das am Inhalt des Werkes geleitet ist, wird sichtbar, wenn man die Interpretationen des Jüngsten Gerichtes von Michelangelo durch Jac. Burckhardt und durch den Grafen Yorck von Wartenburg vergleicht, wie sie *Karl Löwith* nebeneinander gestellt hat.[19] Ganz meisterhaft weiß *Erich Auerbach* in seinem Buch »Mimesis« die formale Analyse von Werken der Dichtung für die Interpretation ihres Gehalts fruchtbar zu machen.[20]

Das echte Verstehen von Dichtungen und Kunst wie von Werken der Philosophie und Religion ist nach *Dilthey* – wie wir sahen – an der *Frage nach dem Verständnis singularen geschichtlichen Daseins* orientiert, und dieser Fragestellung können – wie auch schon gezeigt wurde – alle geschichtlichen Dokumente unterworfen werden. Läßt sich diese Interpretationsabsicht noch bestimmter und treffender fassen? Sie wurde schon dahin modifiziert, daß es darauf ankomme, die in der Dichtung und in der Kunst – und für philosophische und religiöse Texte gilt das gleiche – aufgedeckten *Möglichkeiten menschlichen Seins* aufzuzeigen (S. 222). Ich versuche, das noch etwas deutlicher zu machen.

In einem Aufsatz über *J. J. Winckelmanns* Griechenbild[21] hat *Fritz Blättner* sehr instruktiv die »*intentio recta*« und die »*intentio obliqua*« in der Aufnahme von religiösen Kunstwerken einander gegenübergestellt. Jene setzt den Glauben des Betrachters voraus, der im Kunstwerk das geglaubte Göttliche als ein Objektives dargestellt sieht; sie sieht das Kunstwerk gar nicht als Kunstwerk, und für ihre Bedürfnisse würde z. B. ein Öldruck der Madonna den gleichen Dienst tun wie ein Gemälde Raffaels oder wie eine Pietà Michelangelos. Die »intentio obliqua« dagegen fragt nicht nach der gegenständlichen Bedeutung des Kunstwerkes, und ihr gilt es gleich, »ob ein Apoll oder ein heiliger Sebastian vor Augen stand, ob objektiv ein Christus oder ein Moses oder ein Sklave gemeint war«; sie fragt nach der »Menschlichkeit«, nach dem »Geist, aus dem das Kunstwerk hervorgegangen und von dem es ein Zeugnis war«.

Diese Wendung hat sich mit *Winckelmann* vollzogen; er hat »den Blick gewonnen, der hinter dem objektiv Gemeinten und Gesagten den *Geist,* den *Genius* des Schöpfers und seines Volkes erkennt und als das Wesentliche im Werk herausempfindet« *(Blättner).* So fragten auch die großen Philologen *Friedrich Ast* und *August Boeckh* nach dem »Geist« des Altertums als dem Ganzen, aus dem das einzelne Werk verstanden werden müsse.[22] Es ist die Weise des Verstehens, die von *Herder* entwickelt wurde und die in der *Romantik* zur Herrschaft gelangte. Natürlich kann sich diese Betrachtungsweise auch mit dem Historismus verbinden, wie denn *Winckelmann* die Epochen der griechischen Kunstgeschichte entdeckte; indem er deren Abfolge für eine gesetzmäßige hielt, könnte er sogar als Vorläufer *Oswald Spenglers* angesehen werden. In der Zeit des Nationalsozialismus ist solche Fragestellung – geprägt freilich durch den Biologismus – ins Absurde getrieben worden, aber in ihrem Grundgedanken ist sie auch in den kunstgeschichtlichen Essays *Hermann Grimms* lebendig, dessen Ziel es war, eine Geschichte der nationalen bildenden Phantasie zu schreiben.[23]

Natürlich hat diese Betrachtungsweise ihr bedingtes Recht, und der ihr eigene Relativismus (der seinen Hintergrund in einem pantheistischen Glauben an das Göttliche in allem Menschlichen haben kann) braucht nicht zur Herrschaft (oder zum Bewußtsein) zu kommen. Wie denn für *Winckelmann* der Geist, den er in der griechischen Kunst Gestalt gewinnen sah, die exemplarische Repräsentation des menschlichen Geistes überhaupt war, an der sich der Mensch jederzeit zu bilden habe.

Offenbar ist es *Diltheys* Bestreben, über die letztlich ästhetizistische Betrachtungsweise der Romantik hinauszukommen. Er bleibt freilich in ihr befangen, wenn er das Interesse an dem »Nachfühlen fremder Seelenzustände« in dem daraus entspringenden Glück begründet sieht und von dem »Zauber« redet, der derjenige »genießt«, der über alle Schranken der eigenen Zeit hinaus in die vergangenen Kulturen blickt. Indessen genießt ein solcher nicht nur den Zauber, sondern er »nimmt auch die Kraft der Vergangenheit in sich auf«. Indem der Verstehende »in aller Geschichte Geschichte der Seele findet«, »ergänzt« er durch das verstehende Anschauen die eigene Individualität und lernt »verstehend zu sich selber zu kommen«.[24] In solchen Sätzen zeigt sich doch, daß das echte Verstehen nicht auf die beglückende Anschauung einer fremden Individualität als solcher geht, sondern im Grunde auf die in ihr sich zeigenden Möglichkeiten des menschlichen Seins, die auch die des Verstehenden sind, der sie sich eben im Verstehen zum Bewußtsein bringt. Echtes Verstehen wäre also *das Hören auf die im zu interpretierenden Werk gestellte Frage, auf den im Werk begegnenden Anspruch,* und die »Ergänzung« der eigenen Individualität bestünde in der reicheren und tieferen Erschließung der eigenen Möglichkeiten, im Fortgerufen-Werden von sich selbst (d. h. von seinem unfertigen, trägen, stets der Gefahr des Beharrens verfallenden Selbst) durch das Werk.[25]

Graf Yorck dürfte klarer noch als *Dilthey* gesehen haben, wenn er in der Abgrenzung gegen Rankes Geschichtsschreibung sagt: »Wenn aber irgendwo, so sind in der Geschichte Himmel und Erde eins«. Denn dahinter liegt die Anschauung, daß das Verstehen der Geschichte nicht im ästhetischen Anschauen besteht, sondern ein religiöser Vorgang ist, weil die Wirklichkeit der Geschichte gar nicht für den persönlich unbeteiligten Zuschauer sichtbar wird. »Ranke ist ein großes Okular, dem nicht, was entschwand, zu *Wirklichkeiten* werden kann«.[26] Wie geschichtliches Verstehen das Vernehmen des Anspruchs der Geschichte und kritische Selbstbesinnung ist, zeigen *Yorcks* Worte: »Die Renaissance der Moral predigte in gewaltigster Einseitigkeit Michelangelo in der sixtinischen Kapelle. Die stummen einfachen Kreuze, von Christen in die Steine des carcer Mamertinus geritzt, sie kamen durch Luther zu Worte. Wenn etwas gewaltiger ist als M. Angelos jüngstes Gericht, so sind es jene Kreuze, die Lichtpunkte an einem unterirdischen Himmel, die Zeichen der Transzendenz des Bewußtseins«.[27]

Zu entscheidender Klarheit ist das Problem des Verstehens durch *Heideggers* Aufweis des Verstehens als eines Existentials gebracht worden und durch seine Analyse der Auslegung als der Ausbildung des Verstehens, vor allem aber durch seine Analyse des Problems der Geschichte und seine Interpretation der Geschichtlichkeit des Daseins.[28] In der Verfolgung der Gedanken *Heideggers* hat *Fritz Kaufmann* eine kritische Übersicht über die Geschichtsphilosophie der Gegenwart gegeben, aus der der Sinn verstehender Interpretation historischer Dokumente deutlich herausspringt.[29]

VI

Fassen wir zusammen!

Voraussetzung jeder verstehenden Interpretation ist *das vorgängige Lebensverhältnis zu der Sache,* die im Text direkt oder indirekt zu Worte kommt und die das Woraufhin der Befragung leitet. Ohne ein solches Lebensverhältnis, in dem Text und Interpret verbunden sind, ist ein Befragen und Verstehen nicht möglich, ein Befragen auch gar nicht motiviert. Damit ist auch gesagt, daß jede Interpretation notwendig von einem gewissen *Vorverständnis* der in Rede oder in Frage stehenden Sache getragen ist.

Aus dem Sachinteresse erwächst *die Art der Fragestellung, das Woraufhin der Befragung,* und damit das jeweilige hermeneutische Prinzip. Das Woraufhin der Befragung kann identisch sein mit der Intention des Textes, und dieser vermittelt dann die erfragte Sache direkt. Es kann aber auch aus dem Interesse an Sachverhalten erwachsen, die an allen möglichen Lebensphänomenen und demzufolge in allen möglichen Texten zur Erscheinung kommen können. Das Woraufhin der Befragung fällt dann nicht mit der Intention des Textes zusammen, und dieser vermittelt die erfragte Sache indirekt.

Das Woraufhin der Interpretation kann also z. B. gegeben sein durch das Interesse an der *Rekonstruktion des Zusammenhangs vergangener Geschichte* – an der politischen Geschichte, an der Geschichte der Probleme und Formen des sozialen Lebens, an der Geistesgeschichte, an der Kulturgeschichte in weitestem Umfang, und dabei wird die Interpretation stets bestimmt sein von der Auffassung, die der Interpret von Geschichte überhaupt hat.

Das Woraufhin der Interpretation kann gegeben sein durch das *psychologische Interesse,* das die Texte etwa der individualpsychologischen, der völkerpsychologischen oder der religionspsychologischen Fragestellung unterwirft, der Frage nach der Psychologie der Dichtung, der Technik usw. In all diesen Fällen ist die Interpretation von einem vorausgesetzten Vorverständnis psychischer Phänomene geleitet.

Das Woraufhin kann gegeben sein durch *das ästhetische Interesse,* das die Texte einer formalen Analyse unterwirft und ein Werk als Kunstwerk in bezug auf seine Struktur, seine »äußere« und »innere« Form befragt. Das ästhetische Interesse vermag sich mit einem romantisch-religiösen Interesse zu verbinden, es vermag aber auch in der Sphäre einer stilistischen Betrachtung zu bleiben.

Das Woraufhin der Interpretation kann endlich gegeben sein durch *das Interesse an der Geschichte als der Lebenssphäre, in der menschliches Dasein sich bewegt,* in der es seine Möglichkeiten gewinnt und ausbildet, und in Besinnung, auf welche es das Verständnis seiner selbst, der eigenen Möglichkeiten, gewinnt. Mit anderen Worten: das Woraufhin kann gegeben sein durch *die Frage nach dem Menschlichen als dem eigenen Sein.* Die nächstliegenden Texte für solche Befragung sind die Texte der Philosophie und Religion und der Dichtung; grundsätzlich aber können ihr alle Texte (wie die Geschichte überhaupt) unterworfen werden. Solche Befragung ist immer von einem vorläufigen Verständnis menschlichen Seins, von einem bestimmten Existenzverständnis, geleitet, das sehr naiv sein kann, aus dem aber überhaupt erst die Kategorien erwachsen, die eine Befragung möglich machen – z. B. die Frage nach dem »Heil«, nach dem »Sinn« des persönlichen Lebens oder nach dem »Sinn« der Geschichte, nach den ethischen Normen des Handelns, der Ordnung der menschlichen Gemeinschaft und dgl. Ohne solches *Vorverständnis* und die durch es geleiteten Fragen sind die Texte stumm. Es gilt nicht, das Vorverständnis zu eliminieren, sondern es ins Bewußtsein zu erheben, es im Verstehen des Textes kritisch zu prüfen, es aufs Spiel zu setzen, kurz es gilt: in der Befragung des Textes sich selbst durch den Text befragen zu lassen, seinen Anspruch zu hören.

Mit solcher Einsicht ist auch die Antwort auf die zweifelnde Frage gefunden, *ob Objektivität der Erkenntnis geschichtlicher Phänomene, Objektivität der Interpretation, zu erreichen sei.* Wird der Begriff der objektiven Erkenntnis von der Naturwissenschaft her genommen (in der er übrigens im traditionellen Sinne heute auch problematisch geworden sein dürfte), so ist er für das Verstehen geschichtlicher Phänomene nicht gültig; denn diese sind anderer Art als die Phänomene der Natur. Sie bestehen als geschichtliche Phänomene überhaupt nicht ohne das sie auffassende geschichtliche Subjekt. Denn zu geschichtlichen Phänomenen werden Tatsachen der Vergangenheit erst, wenn sie für ein selbst in der Geschichte stehendes und an ihr beteiligtes Subjekt sinnvoll werden, wenn sie reden, und das tun sie nur für das Subjekt, das sie auffaßt. Nicht so freilich, als hefte ihnen dieses nach subjektivem Belieben einen Sinn an, sondern so, daß sie für den, der im geschichtlichen Leben mit ihnen verbunden ist, eine Bedeutung gewinnen. In gewissem Sinne gehört also zum geschichtlichen Phänomen seine eigene Zukunft, in der es sich erst zeigt in dem, was es ist.

Es wäre mißverständlich zu sagen, daß jedes geschichtliche Phänomen vieldeutig ist. Denn mag es freilich schutzlos der Willkür beliebiger Deutung ausgesetzt sein, so ist es doch für das wissenschaftliche Verstehen grundsätzlich eindeutig. Wohl aber ist *jedes geschichtliche Phänomen vielseitig, komplex;* es unterliegt verschiedener Fragestellung, sei es der geistesgeschichtlichen, sei es der psychologischen, der soziologischen, oder welcher auch immer, sofern sie nur aus der geschichtlichen Verbundenheit des Interpreten mit dem Phänomen erwächst. Jede solche Fragestellung führt, wenn die Interpretation methodisch durchgeführt wird, zu eindeutigem, objektivem Verständnis. Und natürlich ist es kein Einwand, daß sich das echte Verstehen in der Diskussion, im Streit der Meinungen, herausbildet. Denn die simple Tatsache, daß jeder Interpret in seinem subjektiven Vermögen beschränkt ist, hat keine grundsätzliche Relevanz.

Die methodisch gewonnene Erkenntnis ist eine »objektive«, und das kann nur heißen: eine dem Gegenstand, wenn er in eine bestimmte Fragestellung gerückt ist, angemessene. Die Fragestellung selbst »subjektiv« zu nennen, ist sinnlos. Sie mag so heißen, wenn man darauf blickt, daß sie natürlich jeweils von einem Subjekt gewählt werden muß. Aber was heißt hier »wählen«?[30] Als solche erwächst die Fragestellung ja nicht aus individuellem Belieben, sondern aus der Geschichte selbst, in der jedes Phänomen, seiner komplexen Natur entsprechend, verschiedene Aspekte darbietet, d. h. nach verschiedenen Richtungen Bedeutung gewinnt oder besser: beansprucht – und in der jeder Interpret, entsprechend der in der Mannigfaltigkeit des geschichtlichen Lebens wirkenden Motive, die Fragestellung gewinnt, in der gerade für ihn das Phänomen redend wird.

Die Forderung, daß der Interpret seine Subjektivität zum Schweigen bringen, seine Individualität auslöschen müsse, um zu einer objektiven Erkenntnis zu gelangen, ist also die denkbar widersinnigste. Sie hat Sinn und Recht nur, sofern damit gemeint ist, daß der Interpret seine persönlichen Wünsche hinsichtlich des Ergebnisses der Interpretation zum Schweigen bringen muß – etwa den Wunsch, daß der Text eine bestimmte (dogmatische) Meinung bestätigen oder für die Praxis brauchbare Anweisungen hergeben soll – was natürlich oft genug in der Geschichte der Exegese der

Fall war und ist. Gewiß! *Voraussetzungslosigkeit* hinsichtlich der Ergebnisse ist wie für alle wissenschaftliche Forschung, so auch für die Interpretation selbstverständlich und unabdinglich gefordert. Sonst aber verkennt jene Forderung das Wesen echten Verstehens schlechterdings. Denn diese setzt gerade *die äußerste Lebendigkeit des verstehenden Subjekts, die möglichst reiche Entfaltung seiner Individualität* voraus. Wie die Interpretation eines Werkes der Dichtung und der Kunst nur dem gelingen kann, der sich ergreifen läßt, so das Verstehen eines politischen oder soziologischen Textes nur dem, der von den Problemen des politischen und sozialen Lebens bewegt ist. Das gleiche gilt endlich auch von jenem Verstehen, an dem *Schleiermacher* und *Dilthey* ihre hermeneutische Theorie orientieren und das als das Verstehen geschichtlicher Phänomene im letzten und höchsten Sinne bezeichnet werden darf, von der Interpretation, die die Texte auf die Möglichkeiten des menschlichen als des eigenen Seins hin befragt. Die »subjektivste« Interpretation ist hier die »objektivste«, d. h. allein der durch die Frage der eigenen Existenz Bewegte vermag den Anspruch des Textes zu hören. Die Denkmäler der Geschichte »sprechen zu uns aus der Wirklichkeitstiefe, die sie gezeugt hat, nur dann, wenn wir selbst aus eigener Erfahrungsbereitschaft von der Problematik, von der zuletzt unüberwindlichen Bedürftigkeit und Bedrohtheit wissen, die Grund und Abgrund unseres In-der-Welt-Seins ausmachen«.[31]

VII.

Die Interpretation der biblischen Schriften unterliegt nicht anderen Bedingungen des Verstehens als jede andere Literatur. Zunächst gelten für sie unbezweifelt die alten hermeneutischen Regeln der grammatischen Interpretation, der formalen Analyse, der Erklärung aus den zeitgeschichtlichen Bedingungen. Sodann ist klar, daß auch hier die Voraussetzung des Verstehens die Verbundenheit von Text und Interpret ist, die durch das Lebensverhältnis des Interpreten, durch seinen vorgängigen Bezug zur Sache, die durch den Text vermittelt wird, gestiftet wird. Voraussetzung des Verstehens ist auch hier ein Vorverständnis der Sache.

Diese Behauptung begegnet heute dem *Widerspruch:* die Sache, von der die Hl. Schrift, zumal das Neue Testament, redet, ist das Handeln Gottes, von dem es schlechterdings kein Vorverständnis geben kann, da ja der natürliche Mensch nicht einen vorgängigen

Bezug zu Gott hat, sondern von Gott nur durch die Offenbarung Gottes, d. h. eben durch sein Handeln, von ihm wissen kann.

Dieser Widerspruch hat nur scheinbar recht. Denn freilich kann der Mensch von einem im Ereignis Wirklichkeit werdenden Handeln Gottes sowenig ein Vorverständnis haben wie von anderen Ereignissen als Ereignissen. Ehe ich aus der Überlieferung vom Tode des Sokrates gehört habe, kann ich nichts von ihm wissen, so wenig wie von der Ermordung Cäsars oder vom Thesenanschlag Luthers. Aber um diese Ereignisse als geschichtliche Ereignisse zu verstehen und nicht als bloße beliebige Begebenheiten, muß ich allerdings ein Vorverständnis von den geschichtlichen Möglichkeiten haben, innerhalb derer diese Ereignisse ihre Bedeutsamkeit und damit ihren Charakter als geschichtliche Ereignisse gewinnen. Ich muß wissen, was ein Leben im philosophischen Fragen ist, was Begebenheiten zu politischen Ereignissen macht, was katholisches und protestantisches Selbstverständnis als Möglichkeiten sind, in denen menschliches Sein als ein sich für sich selbst entscheidendes Sein steht. (Es wird kaum nötig sein, zu bemerken, daß dieses Wissen natürlich nicht ein explizites zu sein braucht).

Ebenso setzt *das Verstehen von Berichten über Ereignisse als Handeln Gottes* ein Vorverständnis dessen voraus, was überhaupt Handeln Gottes heißen kann – im Unterschied etwa vom Handeln des Menschen oder von Naturereignissen. Und wenn entgegnet wird, der Mensch könne vor der Offenbarung Gottes auch nicht wissen, wer Gott sei, und folglich auch nicht, was Handeln Gottes heißen könne, so ist zu antworten, daß *der Mensch sehr wohl wissen kann, wer Gott ist, nämlich in der Frage nach ihm*. Wäre seine Existenz nicht (bewußt oder unbe*wußt*) von der Gottesfrage bewegt im Sinne des Augustinischen »Tu nos fecisti ad Te, et cor nostrum inquietum est, donec requiscat in Te«, so würde er auch in keiner Offenbarung Gottes Gott als Gott erkennen. Im menschlichen Dasein ist ein existentielles Wissen um Gott lebendig als die Frage nach »Glück«, nach »Heil«, nach dem Sinn von Welt und Geschichte, als die Frage nach der Eigentlichkeit des je eigenen Seins. Mag das Recht, solches Fragen als die Gottesfrage zu bezeichnen, erst vom Glauben an die Offenbarung Gottes aus gewonnen sein – das Phänomen als solches ist der Sachbezug auf die Offenbarung.

Das existentielle Wissen um Gott ist, wo es ins Bewußtsein tritt, *in irgendeiner* Ausgelegtheit da. Kommt es z. B. zum Bewußtsein als die Frage: »Was soll ich tun, daß ich selig werde?« (Act. 16, 30), so ist in ihr irgendeine Vorstellung von »Seligkeit« (oder wenn wir uns am griechischen Text orientieren, von »Rettung«) vorausgesetzt. Die an das Neue Testament gerichtete Frage muß im Hören auf das Wort des Neuen Testaments zur Korrektur der mitgebrachten Vorstellung bereit sein, kann aber solche Korrektur nur erhalten, wenn die Grundintention der Frage, die in den Begriff der »Seligkeit« (oder »Rettung«) gefaßt ist, mit der Intention der im Neuen Testament gegebenen Antwort zusammentrifft.

Es kommt nun – zum mindesten für die wissenschaftliche Exegese – entscheidend auf die sachgemäße Ausgelegtheit der Frage, und das bedeutet zugleich: auf *die sachgemäße Ausgelegtheit der menschlichen Existenz*, an. Diese zu erarbeiten, ist Sache der menschlichen Besinnung, konkret die Aufgabe der philosophischen, der existentialen Analyse des menschlichen Seins. Selbstverständlich ist solche Arbeit nicht die Voraussetzung für das schlichte Hören auf das Wort des Neuen Testaments, das sich direkt an das existentielle Selbstverständnis richtet und nicht an ein existentiales Wissen. Anders aber, wenn es sich um die wissenschaftliche Interpretation der Schrift handelt. Sie findet ihr Woraufhin in der Frage nach dem in der Schrift zum Ausdruck kommenden Verständnis der menschlichen Existenz. Daher hat sie sich um die sachgemäßen Begriffe, in denen von menschlicher Existenz geredet werden kann, zu bemühen.

Diese gründen im Lebensbezug des Exegeten zu der Sache, die in der Schrift zu Worte kommt, und schließen ein Vorverständnis der Sache ein. Es ist ein Wahn, ohne ein solches und die aus ihm fließenden Begriffe ein Wort des Neuen Testaments verstehen zu können, wenn es als Gottes Wort verstanden werden soll. Der Interpret bedarf der kritischen Besinnung auf die sachgemäßen Begriffe, gerade wenn er die biblischen Schriften nicht als ein Kompendium dogmatischer Sätze lesen will oder als »Quellen«, um ein Stück vergangener Geschichte zu rekonstruieren oder um ein religiöses Phänomen oder das Wesen von Religion überhaupt zu studieren oder um den psychischen Verlauf und die theoretische Objektivierung religiöser Erlebnisse zu erkennen, sondern wenn er die Schrift selbst zum Reden bringen will als eine in die Gegenwart, in die gegenwärtige Existenz, redende Macht. Wird das Woraufhin der Interpretation als die Frage nach Gott, nach Gottes Offenbarung, bezeichnet, so bedeutet das ja, daß es die Frage nach der

Wahrheit der menschlichen Existenz ist. Dann aber hat sich die Interpretation um die Begrifflichkeit existentialen Verstehens der Existenz zu bemühen.

VIII.

Karl Barth verwirft die Meinung, daß ein theologischer Satz nur dann gültig sein könne, wenn er sich als echter Bestandteil des christlichen Verständnisses der *menschlichen* Existenz ausweisen kann.[32] Hier ist darüber nur insoweit zu reden, als theologische Sätze Interpretationen von Aussagen der Schrift sind, insoweit also, als *Barth* meine Forderung einer existentialen Interpretation der Schrift bestreitet. Er tut es mit folgenden (im Zusammenhang auf die Hauptsätze des christlichen Bekenntnisses bezogenen Worten): »Sie (diese Sätze) beziehen sich wohl alle auf die menschliche Existenz. Sie ermöglichen und begründen deren christliches Verständnis, und so werden sie denn – abgewandelt – auch zu Bestimmungen der menschlichen Existenz. Sie sind es aber nicht von Haus aus. Sie bestimmen von Haus aus das Sein und Handeln des vom Menschen *verschiedenen,* des dem Menschen *begegnenden* Gottes: des Vaters, des Sohnes, des Heiligen Geistes. Sie sind schon darum nicht auf Sätze über das innere Leben des Menschen zu reduzieren.«

Der letzte Satz verrät das völlige Mißverständnis dessen, was existentiale Interpretation und was der in ihr gemeinte Sinn von Existenz ist. Diese ist ja gar nicht das »innere Leben des Menschen«, das unter Absehung von dem von ihm Verschiedenen und ihm Begegnenden (sei es Umwelt, Mitmensch oder Gott) in den Blick gefaßt werden mag – von einer religionspsychologischen Betrachtung etwa, aber jedenfalls nicht von der existentialen. Denn diese will ja die wirkliche (geschichtliche) Existenz des Menschen, der nur im Lebenszusammenhang mit dem von ihm »Verschiedenen«, nur in den Begegnungen existiert, in den Blick fassen und verstehen! Um die sachgemäße Begrifflichkeit, in der das geschehen könnte, bemüht sich ja die existentiale Analyse. *Barth* orientiert seine Vorstellung von ihr offenbar an einem von *Feuerbach* entnommenen Begriff der Anthropologie und schiebt diesen schon *Wilhelm Herrmann* unter, statt zu sehen, daß *Herrmann* gerade darum ringt (wenngleich in unzureichender Begrifflichkeit), menschliches Sein als geschichtliches zu begreifen.

An *Barth* ist die Forderung zu stellen, daß er über seine Begrifflichkeit Rechenschaft ablegt. Er gibt mir z. B. zu, daß die Auferstehung Jesu kein historisches Faktum sei, das mit den Mitteln der historischen Wissenschaft festgestellt werden könne. Daraus aber – meint er – folge nicht, daß sie nicht *geschehen* sei: »Kann nicht auch *solche* Geschichte wirklich ereignet haben, und kann es nicht eine legitime Anerkennung auch *solcher* Geschichte geben, die historisches Faktum« zu nennen, man schon aus Gründen des guten Geschmacks unterlassen wird, die der »Historiker« im modernen Sinne gut und gerne »Sage« oder »Legende« nennen mag, weil sie sich den Mitteln und Methoden samt den stillschweigenden Voraussetzungen dieses Historikers in der Tat entzieht?«[33]

Ich frage: Was versteht *Barth* hier unter »geschehen« und »Geschichte«? Was für Ereignisse sind das, von denen gesagt werden kann, daß sie »viel sicherer wirklich in der Zeit geschehen sind als alles, was die ›Historiker‹ als solche feststellen können«?[34] Es ist völlig deutlich, daß *Barth* mittels einer mitgebrachten Begrifflichkeit die Sätze der Schrift interpretiert. Welches ist der Ursprung und der Sinn dieser Begrifflichkeit?

Weiter! Was ist das für eine Weise des »Glauben schenkens«, wenn der Glaube gegenüber der Behauptung von Ereignissen aufgebracht werden soll, die in Zeit und Geschichte geschehen sein sollen, jedoch nicht mit den Mitteln und Methoden der historischen Wissenschaft festgestellt werden können? Wie kommen diese Ereignisse in das Blickfeld des Glaubenden? Und wie unterscheidet sich solcher Glaube von einem blinden Akzeptieren mittels eines Sacrificium Intellectus? In welchem Sinne appelliert *Barth* an ein Gebot der Wahrhaftigkeit, das höherer oder anderer Art ist als das Gebot der Wahrhaftigkeit, welches gebietet, nichts für wahr zu halten, was im Widerspruch steht zu Wahrheiten, die die faktische Voraussetzung meines all mein Tun leitenden Weltverständnisses sind?[35] Welche Elemente enthielt denn das mythische Weltbild, auf das wir uns als auf ein ganzes zwar nicht festzulegen brauchen, von dem wir uns aber in eklektischem Verfahren einiges aneignen können?[36] Nach einem gültigen Sinn des mythischen Weltbildes zu fragen, ist ja gerade die Absicht meiner existentialen Interpretation des Mythos, und darin versuche ich methodisch zu verfahren, während ich bei *Barth* nur willkürliche Behauptungen wahrnehmen kann. Welches ist denn sein Prinzip der Auswahl?

Offenbar im Sinne *Karl Barths* hält mir *Walter Klaas*[37] den Satz entgegen: »Wer die Schrift allein Maßstab und Richtscheit der Verkündigung sein läßt (wo bestreite ich das?), wer sich das Wort der Propheten und Apostel vorgeordnet weiß und nachspricht, wie er es verantwortlich vernommen hat, der treibt Schriftauslegung.« Solche Worte zeigen nur, daß der, der sie spricht, das Problem der Schriftauslegung noch gar nicht in den Blick bekommen hat. Der Exeget soll die Schrift »auslegen«, nachdem er ihr Wort verantwortlich »vernommen« hat? Wie soll er denn vernehmen, ohne zu *verstehen?* Und das Problem der Interpretation ist doch gerade das des Verstehens!

Anmerkungen

1 *Wilh. Dilthey,* Die Entstehung der Hermeneutik (1900), veröffentlicht mit den Zusätzen aus den Handschr. im 5. Band der Ges. Schriften 1924, S. 317–383. – Die oben gegebenen Zitate aus den Seiten 332 f., 317.

2 A.a.O. 317, 334.

3 A.a.O. 319.

4 Die Darstellung der Hermeneutik, die in dem inhaltreichen Artikel *G. Heinricis* im 7. Band der Realenc. f. prot. Theol. u. Kirche (1899), S. 718-750 zu Worte kommt, beschränkt sich auf die Entwicklung der traditionellen hermeneutischen Regeln. Das gleiche gilt von *Fr. Torms* Hermeneutik des NT (1930), während *Er. Fascher* (Vom Verstehen des Neuen Testaments 1930) darüber hinauskommen möchte, ohne freilich m. E. eine klare Richtung des Weges zu finden. – *Joachim Wach* hat in seinem großen Werk »Das Verstehen« die »Grundzüge einer Geschichte der hermeneutischen Theorie im 19. Jahrhundert« gezeichnet (3 Bände 1926/29/33); eine außerordentlich sorgfältige Bestandsaufnahme, in einer m. E. allzugroßen Zurückhaltung eigener Stellungnahme, die die Geschichte kritisch durchleuchten könnte. Die hermeneutischen Prinzipien, die er im Journal of Bibl. Lit. 55, 1 (1936), S. 59-63 skizziert, sind auch nur die alten hermeneutischen Regeln, vermehrt nur um die »necessity of psychological understanding«, durch die offenbar *Schleiermachers* Forderung zur Geltung gebracht werden soll, jedoch ohne daß diese Forderung in der Konsequenz der *Dilthey*-schen Anregungen weiter entfaltet würde. Auch sein Artikel »Verstehen« in Rel. in Gesch. u. Gegenw. V (1931), 1570–1573 bleibt begreiflicherweise zu skizzenhaft. – Eine kritische Auseinandersetzung mit der

Diskussion des hermeneutischen Problems in der protestantischen Theologie der Gegenwart gibt *Fritz Buri* in Schweizerische Theologische Umschau, Festgabe für *Martin Werner* zum 60. Geburtstag 1947. Ich weiß mich mit ihm einig ebenso in seinem Kampf für das historisch-kritische Schriftverständnis wie in seiner Ablehnung eines »pneumatisch-übergeschichtlichen Schriftverständnisses« und einer sog. theologischen Hermeneutik, vermöge deren eine »christologische Exegese« des AT getrieben wird. Daß er meine Versuche nicht richtig verstanden hat, liegt sicher z.T. daran, daß ich bisher nicht deutlich das wissenschaftliche Verstehen der Schrift von dem Gehorsam gegenüber dem Kerygma unterschieden habe. Es liegt aber vor allem daran, daß er den Unterschied von existentiell und existential nicht erfaßt hat, wie er denn von meinem Versuch einer »existentiellen Exegese« redet, wogegen ich nur protestieren kann. Er zitiert meinen Satz (aus »Offenbarung und Heilsgeschehen« S. 41), daß die Mythologie des NT »existential« zu interpretieren sei, indem er schreibt »existentiell«!

5 S. *Dilthey* a.a.O. 321, und für das folgende 321 ff.

6 *Harald Patzer*, Der Humanismus als Methodenproblem der klassischen Philologie, Studium Generale I (1948), S. 84–92.

7 Außer *Dilthey* vgl. bes. *Wach* a.a.O. I S. 83 ff., 102 ff., 143, 148 f.

8 Die Formulierungen im Anschluß an *Diltheys* Charakteristik a.a.O. 327 f., vgl. ebda. 328, 335.

9 *Dilthey* a.a.O. 329. Vgl. *Wach* a.a.O. I S. 141: *Schleiermacher* begründet das divinatorische Verfahren damit, daß jeder Mensch außerdem, daß er selbst ein eigentümlicher ist, eine »Empfänglichkeit« für alle anderen hat.

10 *Dilthey* a.a.O. 329 f., 332, 334.

11 *Dilthey* a.a.O. 326 f.

12 *Georg Misch*, Geschichte der Autobiographie I 1907.

13 Die Formel, daß das Verständnis des Schriftstellers und seines Werks das eigentliche Ziel der Exegese sei (*Herm. Gunkel*, Monatsschr. f. d. kirchl. Praxis 1904, S. 522) ist richtig, sofern sie ablehnt, daß die Exegese durch dogmatische oder praktische Interessen geleitet sein solle (oder dürfe). Im übrigen besagt sie zum hermeneutischen Problem gar nichts. Denn jetzt fängt das Problem erst an! Denn welches Verständnis des Schriftstellers ist gemeint: ein psychologisches? ein biographisches? usw.! Und wie soll das Werk verstanden werden: problemgeschichtlich? ästhetisch? usw.!

14 Intendiert ist diese Einsicht offenbar in der »idealistischen Metaphysik des Verstehens, derzufolge geschichtliches Verstehen nur möglich ist auf Grund einer Identität des menschlichen Geistes in seinen verschiedenen Objektivationen und dieser mit dem absoluten Geist« (*Buri* a.a.O. 25). – Aber auch *J. Chr. K. von Hofmann* hat das Entscheidende in seiner Weise gesehen, wenn er sagt, daß sich die biblische

Hermeneutik nicht für eine selbständige und in sich geschlossene Wissenschaft geben wolle, sondern die allgemeine Hermeneutik voraussetze, daß sie aber nicht einfach in der Anwendung dieser auf die Bibel bestehe, sondern ein Verhältnis zum Inhalt der Bibel voraussetze (Biblische Hermeneutik 1880, S. 1 ff.). Über *Hofmann* s. auch *Wach* a.a.O. II 365, 369 f.

15 In diesem Sinne ist auch die von dem Historiker geforderte »Kongenialität« bei Wilh. v. Humboldt, bei Boeckh und bes. bei Droysen verstanden. Darüber *Hildegard Astholz, Das Problem »Geschichte«* untersucht bei Joh. Gust. Droysen 1933; sie zitiert u. a. den charakteristischen Satz Droysens: »Zwar ist jeder Mensch ein Historiker. Wer aber das ἱστορεῖν zu seinem Berufe macht, der hat etwas in besonderem Maße Menschliches zu tun« (S. 97 f.).

16 *Nathan Söderblom,* Das Werden des Gottesglaubens 1916, S. 41 ff.

17 *Platzer* a.a.O. 90.

18 *Karl Reinhardt,* Sophokles, 2. Aufl. 1943. – *Paul Friedländer,* Platon II die platonischen Schriften 1930. – Ich weise auch auf *Reinhardts* Vorträge und Aufsätze hin, die 1948 unter dem Titel »Von Werken und Formen« erschienen sind.

19 Theol. Rundschau, N. F. II (1930), 44–46.

20 *Erich Auerbach,* Mimesis. Dargestellte Wirklichkeit in der abendländischen Literatur 1946. – In seinen »Bildnisstudien« (1947) versucht *Ernst Buschor* die stilistische Analyse einer, man darf wohl sagen: existentialen Interpretation dienstbar zu machen, wenngleich schwerlich in hinreichend klaren Kategorien.

21 *Fritz Blättner,* Das Griechenbild J. J. Winckelmanns. Jahrbuch »Antike und Abendland« I (1944), S. 121–132.

22 Vgl. *Wach* a.a.O. I S. 106, 185.

23 Vgl. das Vorwort *Reinh. Buchwalds* zu den unter dem Titel »Deutsche Künstler« erschienenen Essays *Hermann Grimms.*

24 Die Formulierungen nach *Dilthey* a.a.O. 317, 328 und nach dem Referat von *Fritz Kaufmann,* Geschichtsphilosophie der Gegenwart (Philosoph. Forschungsberichte 10) 1931, S. 109–117.

25 Vgl. *Kaufmann* a.a.O. 54 f. in der Auseinandersetzung mit *Simmel* über das persönliche Verhältnis zum Geschehen der Geschichte. – Über das Vernehmen des Anspruchs der Geschichte bei *Droysen* s. *Astholz* a.a.O. 106; ebenda 120 f. über das Verstehen als ein Anliegen des Lebens, als Tat.

26 Briefwechsel zwischen *Wilhelm Dilthey* und dem Grafen *Paul York von Wartenburg* 1877–1897 (1923), S. 60.

27 Ebenda S. 120.

28 *Martin Heidegger,* Sein und Zeit I 1927, speziell § 1 31, 32. Über Heidegger *Fritz Kaufmann* a.a.O. 118 ff.

29 Vgl. *Kaufmann* a.a.O. 41: das Verständnis eines geschichtlichen Le-

benszusammenhangs ist das Verständnis dafür, »wie Dasein einst seine eigene Problematik verstand oder mißverstand, aushielt oder floh«. Vgl. auch *Droysen* bei *Astholz* a.a.O. 121.

30 Sofern es sich nicht um die Verlegenheits- und Zufallswahl eines Themas für eine Dissertation handelt.

31 *Kaufmann* a.a.O. 41.

32 *Karl Barth,* Die kirchliche Dogmatik III, 2 (1948), S. 534.

33 Ebenda 535.

34 Ebenda 535 f.

35 Ebenda 536.

36 Ebenda 536 f.

37 *Walter Klaas,* Der moderne Mensch in der Theologie *Rud. Bultmanns* 1947, S. 29. Die Schrift ist ein sachlicher und sympathischer Beitrag zur Diskussion. Nur ist es zu bedauern, daß der Verf. den Sinn der »Entmythologisierung« als eines hermeneutischen Prinzips offenbar nicht verstanden hat und zwischen existentialem und existentiellem Verstehen nicht zu unterscheiden weiß.

IV. Philosophische Hermeneutik

16. Martin Heidegger
Sein und Zeit[*]

§ 31. Das Da-sein als Verstehen

Die Befindlichkeit ist *eine* der existenzialen Strukturen, in denen sich das Sein des »Da« hält. Gleichursprünglich mit ihr konstituiert dieses Sein das *Verstehen*. Befindlichkeit hat je ihr Verständnis, wenn auch nur so, daß sie es niederhält. Verstehen ist immer gestimmtes. Wenn wir dieses als fundamentales Existenzial interpretieren, dann zeigt sich damit an, daß dieses Phänomen als Grundmodus des *Seins* des Daseins begriffen wird. »Verstehen« dagegen im Sinne *einer* möglichen Erkenntnisart unter anderen, etwa unterschieden von »Erklärungen«, muß mit diesem als existenziales Derivat des primären, das Sein des Da überhaupt mitkonstituierenden Verstehens interpretiert werden.

Die bisherige Untersuchung ist denn auch schon auf dieses ursprüngliche Verstehen gestoßen, ohne daß sie es ausdrücklich in das Thema einrücken ließ. Das Dasein ist existierend sein Da, besagt einmal: Welt ist »da«; deren *Da-sein* ist das In-sein. Und dieses ist imgleichen »da«, und zwar als das, worumwillen das Dasein ist. Im Worumwillen ist das existierende In-der-Welt-Sein als solches erschlossen, welche Erschlossenheit Verstehen genannt wurde.[1] Im Verstehen des Worumwillen ist die darin gründende Bedeutsamkeit miterschlossen. Die Erschlossenheit des Verstehens betrifft als die von Worumwillen und Bedeutsamkeit gleichursprünglich das volle In-der-Welt-Sein. Bedeutsamkeit ist das, woraufhin Welt als solche erschlossen ist. Worumwillen *und* Bedeutsamkeit sind im Dasein erschlossen, besagt: Dasein ist Seiendes, dem es als In-der-Welt-Sein um es selbst geht.

Wir gebrauchen zuweilen in ontischer Rede den Ausdruck »etwas verstehen« in der Bedeutung von »einer Sache vorstehen können«, »ihr gewachsen sein«, »etwas können«. Das im Verstehen als Existenzial Gekonnte ist kein Was, sondern das Sein als Existieren. Im Verstehen liegt existenzial die Seinsart des Daseins als Sein-Können. Dasein ist nicht ein Vorhandenes, das als Zugabe noch besitzt,

[*] Tübingen 1960, S. 142-160.

etwas zu können, sondern es ist primär Möglichsein. Dasein ist je das, was es sein kann und wie es seine Möglichkeit ist. Das wesenhafte Möglichsein des Daseins betrifft die charakterisierten Weisen des Besorgens der »Welt«, der Fürsorge für die anderen und in all dem und immer schon das Seinkönnen zu ihm selbst, umwillen seiner. Das Möglichsein, das je das Dasein existenzial ist, unterscheidet sich ebensosehr von der leeren, logischen Möglichkeit wie von der Kontingenz eines Vorhandenen, sofern mit diesem das und jenes »passieren« kann. Als modale Kategorie der Vorhandenheit bedeutet Möglichkeit das *noch nicht* Wirkliche und das *nicht jemals* Notwendige. Sie charakterisiert das *nur* Mögliche. Sie ist ontologisch niedriger als Wirklichkeit und Notwendigkeit. Die Möglichkeit als Existenzial dagegen ist die ursprünglichste und letzte positive ontologische Bestimmtheit des Daseins; zunächst kann sie wie Existenzialität überhaupt lediglich als Problem vorbereitet werden. Den phänomenalen Boden, sie überhaupt zu sehen, bietet das Verstehen als erschließendes Seinkönnen.

Die Möglichkeit als Existenzial bedeutet nicht das freischwebende Seinkönnen im Sinne der »Gleichgültigkeit der Willkür« (libertas indifferentiae). Das Dasein ist als wesenhaft Befindliches je schon in bestimmte Möglichkeiten hineingeraten, als Seinkönnen, das es *ist,* hat es solche vorbeigehen lassen, es begibt sich ständig der Möglichkeiten seines Seins, ergreift sie und vergreift sich. Das besagt aber: das Dasein ist ihm selbst überantwortetes Möglichsein, durch und durch *geworfene Möglichkeit.* Das Dasein ist die Möglichkeit des Freiseins *für* das eigenste Seinkönnen. Das Möglichsein ist ihm selbst in verschiedenen möglichen Weisen und Graden durchsichtig.

Verstehen ist das Sein solchen Seinkönnens, das nie als Nochnicht-Vorhandenes aussteht, sondern als wesenhaft nie Vorhandenes mit dem Sein des Daseins im Sinne der Existenz *»ist«.* Das Dasein ist in der Weise, daß es je verstanden bzw. nicht verstanden hat, so oder so zu sein. Als solches Verstehen »weiß« es, *woran* es mit ihm selbst, das heißt seinem Seinkönnen ist. Dieses »Wissen« ist nicht erst einer immanenten Selbstwahrnehmung erwachsen, sondern gehört zum Sein des Da, das wesenhaft Verstehen ist. Und nur *weil* Dasein verstehend sein Da ist, *kann* es sich verlaufen und verkennen. Und sofern Verstehen Befindliches ist und als dieses existenzial der Geworfenheit Ausgeliefertes, hat das Dasein sich je schon verlaufen und verkannt. In seinem Seinkönnen ist es daher der Möglichkeit überantwortet, sich in seinen Möglichkeiten erst wieder zu finden.

Verstehen ist das existenziale Sein des eigenen Seinkönnens des Daseins selbst, so zwar, daß dieses Sein an ihm selbst das Woran des mit ihm selbst Seins erschließt. Die Struktur dieses Existenzials gilt es noch schärfer zu fassen.

Das Verstehen betrifft als Erschließen immer die ganze Grundverfassung des In-der-Welt-Seins. Als Seinkönnen ist das In-Sein je Seinkönnen-in-der-Welt. Diese ist nicht nur qua Welt als mögliche Bedeutsamkeit erschlossen, sondern die Freigabe des Innerweltlichen selbst gibt dieses Seiende frei auf *seine* Möglichkeiten. Das Zuhandene ist als solches entdeckt in seiner Dien*lichkeit,* Verwend*barkeit,* Abträg*lichkeit.* Die Bewandtnisganzheit enthüllt sich als das kategoriale Ganze einer *Möglichkeit* des Zusammenhangs von Zuhandenem. Aber auch die »Einheit« des mannigfaltigen Vorhandenen, die Natur, wird nur entdeckbar auf dem Grunde der Erschlossenheit einer *Möglichkeit* ihrer. Ist es Zufall, daß die Frage nach dem *Sein* von Natur auf die »Bedingungen ihrer *Möglichkeit*« zielt? Worin gründet solches Fragen? Ihm selbst gegenüber kann die Frage nicht ausbleiben: *warum* ist nichtdaseinsmäßiges Seiendes in seinem Sein verstanden, wenn es auf die Bedingungen seiner Möglichkeit hin erschlossen wird? *Kant* setzt dergleichen vielleicht mit Recht voraus. Aber diese Voraussetzung selbst kann am allerwenigsten in ihrem Recht unausgewiesen bleiben.

Warum dringt das Verstehen nach allen wesenhaften Dimensionen des in ihm Erschließbaren immer in die Möglichkeiten? Weil das Verstehen an ihm selbst die existenziale Struktur hat, die wir den *Entwurf* nennen. Es entwirft das Sein des Daseins auf sein Worumwillen ebenso ursprünglich wie auf die Bedeutsamkeit als die Weltlichkeit seiner jeweiligen Welt. Der Entwurfcharakter des Verstehens konstituiert das In-der-Welt-Sein hinsichtlich der Erschlossenheit seines Da als Da eines Seinkönnens. Der Entwurf ist die existenziale Seinsverfassung des Spielraums des faktischen Seinkönnens. Und als Geworfenes ist das Dasein in die Seinsart des Entwerfens geworfen. Das Entwerfen hat nichts zu tun mit einem Sichverhalten zu einem ausgedachten Plan, gemäß dem das Dasein sein Sein einrichtet, sondern als Dasein hat es sich je schon entworfen und ist, solange es ist, entwerfend. Dasein versteht sich immer schon und immer noch, solange es ist, aus Möglichkeiten. Der

Entwurfcharakter des Verstehens besagt ferner, daß dieses das, woraufhin es entwirft, die Möglichkeiten, selbst nicht thematisch erfaßt. Solches Erfassen benimmt dem Entworfenen gerade seinen Möglichkeitscharakter, zieht es herab zu einem gegebenen, gemeinten Bestand, während der Entwurf im Werfen die Möglichkeit als Möglichkeit sich vorwirft und als solche *sein* läßt. Das Verstehen ist, als Entwerfen, die Seinsart des Daseins, in der es seine Möglichkeiten als Möglichkeiten *ist*.

Auf dem Grunde der Seinsart, die durch das Existenzial des Entwurfs konstituiert wird, ist das Dasein ständig »mehr«, als es tatsächlich ist, wollte man es und könnte man es als Vorhandenes in seinem Seinsbestand registrieren. Es ist aber nie mehr, als es faktisch ist, weil zu seiner Faktizität das Seinkönnen wesenhaft gehört. Das Dasein ist aber als Möglichsein auch nie weniger, das heißt das, was es in seinem Seinkönnen *noch nicht* ist, *ist* es existenzial. Und nur weil das Sein des Da durch das Verstehen und dessen Entwurfcharakter seine Konstitution erhält, weil es *ist*, was es wird bzw. nicht wird, kann es verstehend ihm selbst sagen: »werde, was du bist!«

Der Entwurf betrifft immer die volle Erschlossenheit des In-der-Welt-Seins; das Verstehen hat als Seinkönnen selbst Möglichkeiten, die durch den Umkreis des in ihm wesenhaft Erschließbaren vorgezeichnet sind. Das Verstehen *kann* sich primär in die Erschlossenheit der Welt legen, das heißt, das Dasein kann sich zunächst und zumeist aus seiner Welt her verstehen. Oder aber das Verstehen wirft sich primär in das Worumwillen, das heißt das Dasein existiert als es selbst. Das Verstehen ist entweder Eigentliches, aus dem eigenen Selbst als solchem Entspringendes, oder Uneigentliches. Das »Un-« besagt nicht, daß sich das Dasein von seinem Selbst abschnürt und »nur« die Welt versteht. Welt gehört zu seinem Selbstsein als In-der-Welt-Sein. Das eigentliche ebensowohl wie das uneigentliche Verstehen *können* wiederum echt oder unecht sein. Das Verstehen ist als Seinkönnen ganz und gar von Möglichkeit durchsetzt. Das Sichverlegen in eine dieser Grundmöglichkeiten des Verstehens legt aber die andere nicht ab. *Weil vielmehr das Verstehen jeweils die volle Erschlossenheit des Daseins als In-der-Welt-Sein betrifft, ist das Sichverlegen des Verstehens eine existenziale Modifikation des Entwurfes als ganzen.* Im Verstehen von Welt ist das In-Sein immer mitverstanden, Verstehen der Existenz als solcher ist immer ein Verstehen von Welt.

Als faktisches Dasein hat es sein Seinkönnen je schon in eine Möglichkeit des Verstehens verlegt.

Das Verstehen macht in seinem Entwurfcharakter existenzial das aus, was wir die *Sicht* des Daseins nennen. Die mit der Erschlossenheit des Da existenzial seiende Sicht *ist* das Dasein gleichursprünglich nach den gekennzeichneten Grundweisen seines Seins als Umsicht des Besorgens, Rücksicht der Fürsorge, als Sicht auf das Sein als solches, umwillen dessen das Dasein je ist, wie es ist. Die Sicht, die sich primär und im ganzen auf die Existenz bezieht, nennen wir die *Durchsichtigkeit*. Wir wählen diesen Terminus zur Bezeichnung der wohlverstandenen »Selbsterkenntnis«, um anzuzeigen, daß es sich bei ihr nicht um das wahrnehmende Aufspüren und Beschauen eines Selbstpunktes handelt, sondern um ein verstehendes Ergreifen der vollen Erschlossenheit des In-der-Welt-Seins *durch* seine wesenhaften Verfassungsmomente *hindurch*. Existierend Seiendes sichtet »sich« nur, sofern es sich gleichursprünglich in seinem Sein bei der Welt, im Mitsein mit anderen als der konstitutiven Momente seiner Existenz durchsichtig geworden ist.

Umgekehrt wurzelt die Undurchsichtigkeit des Daseins nicht einzig und primär in »egozentrischen« Selbsttäuschungen, sondern ebensosehr in der Unkenntnis der Welt.

Der Ausdruck »Sicht« muß freilich vor einem Mißverständnis bewahrt bleiben. Er entspricht der Gelichtetheit, als welche wir die Erschlossenheit des Da charakterisierten. Das »Sehen« meint nicht nur nicht das Wahrnehmen mit den leiblichen Augen, sondern auch nicht das pure unsinnliche Vernehmen eines Vorhandenen in seiner Vorhandenheit. Für die existenziale Bedeutung von Sicht ist nur *die* Eigentümlichkeit des Sehens in Anspruch genommen, daß es das ihm zugänglich Seiende an ihm selbst unverdeckt begegnen läßt. Das leistet freilich jeder »Sinn« innerhalb seines genuinen Entdeckungsbezirkes. Die Tradition der Philosophie ist aber von Anfang an primär am »Sehen« als Zugangsart zu Seiendem *und zu Sein* orientiert. Um den Zusammenhang mit ihr zu wahren, kann man Sicht und Sehen so weit formalisieren, daß damit ein universaler Terminus gewonnen wird, der jeden Zugang zu Seiendem und zu Sein als Zugang überhaupt charakterisiert.

Dadurch, daß gezeigt wird, wie alle Sicht primär im Verstehen gründet – die Umsicht des Besorgens ist das Verstehen als *Verständigkeit* –, ist dem puren Anschauen sein Vorrang genommen, der noëtisch dem traditionellen ontologischen Vorrang des Vorhandenen entspricht. »Anschauung« und »Denken« sind beide schon entfernte Derivate des Verstehens. Auch die phänomenologische »Wesensschau« gründet im existenzialen Verstehen. Über diese Art des Sehens darf erst entschieden werden, wenn die expliziten Begriffe von Sein und Seinsstruktur gewonnen sind, als welche einzig Phänomene im phänomenologischen Sinne werden können.

Die Erschlossenheit des Da im Verstehen ist selbst eine Weise des Seinkönnens des Daseins. In der Entworfenheit seines Seins auf das Worumwillen in eins mit der auf die Bedeutsamkeit (Welt) liegt Erschlossenheit von Sein überhaupt. Im Entwerfen auf Möglichkeiten ist schon Seinsverständnis vorweggenommen. Sein ist im Entwurf verstanden, nicht ontologisch begriffen. Seiendes von der Seinsart des wesenhaften Entwurfs des In-der-Welt-Seins hat als Konstitutivum seines Seins das Seinsverständnis. Was früher[2] dogmatisch angesetzt wurde, erhält jetzt seine Aufweisung aus der Konstitution des Seins, in dem das Dasein als Verstehen sein Da ist. Eine den Grenzen dieser ganzen Untersuchung entsprechend befriedigende Aufklärung des existenzialen Sinnes dieses Seinsverständnisses wird erst auf Grund der temporalen Seinsinterpretation erreicht werden können.

Befindlichkeit und Verstehen charakterisieren als Existenzialien die ursprüngliche Erschlossenheit des In-der-Welt-Seins. In der Weise der Gestimmtheit »sieht« das Dasein Möglichkeiten, aus denen her es ist. Im entwerfenden Erschließen solcher Möglichkeiten ist es je schon gestimmt. Der Entwurf des eigensten Seinkönnens ist dem Faktum der Geworfenheit in das Da überantwortet. Wird mit der Explikation der existenzialen Verfassung des Seins des Da im Sinne des geworfenen Entwurfs das Sein des Daseins nicht rätselhafter? In der Tat. Wir müssen erst die volle Rätselhaftigkeit dieses Seins heraustreten lassen, wenn auch nur, um an seiner »Lösung« in echter Weise scheitern zu können und die Frage nach dem Sein des geworfen-entwerfenden In-der-Welt-Seins erneut zu stellen.

Um zunächst auch nur die alltägliche Seinsart des befindlichen Verstehens, der vollen Erschlossenheit des Da phänomenal hinreichend in den Blick zu bringen, bedarf es einer konkreten Ausarbeitung dieser Existenzialien.

Das Dasein entwirft als Verstehen sein Sein auf Möglichkeiten. Dieses verstehende *Sein zu Möglichkeiten* ist selbst durch den Rückschlag dieser als erschlossener in das Dasein ein Seinkönnen. Das Entwerfen des Verstehens hat die eigene Möglichkeit, sich auszubilden. Die Ausbildung des Verstehens nennen wir Auslegung. In ihr eignet sich das Verstehen sein Verstandenes verstehend zu. In der Auslegung wird das Verstehen nicht etwas anderes, sondern es selbst. Auslegung gründet existenzial im Verstehen, und nicht entsteht dieses durch jene. Die Auslegung ist nicht die Kenntnisnahme des Verstandenen, sondern die Ausarbeitung der im Verstehen entworfenen Möglichkeiten. Gemäß dem Zuge dieser vorbereitenden Analysen des alltäglichen Daseins verfolgen wir das Phänomen der Auslegung am Verstehen der Welt, das heißt dem uneigentlichen Verstehen, und zwar im Modus seiner Echtheit.

Aus der im Weltverstehen erschlossenen Bedeutsamkeit her gibt sich das besorgende Sein beim Zuhandenen zu verstehen, welche Bewandtnis es je mit dem Begegnenden haben kann. Die Umsicht entdeckt, das bedeutet, die schon verstandene »Welt« wird ausgelegt. Das Zuhandene kommt *ausdrücklich* in die verstehende Sicht. Alles Zubereiten, Zurechtlegen, Instandsetzen, Verbessern, Ergänzen vollzieht sich in der Weise, daß umsichtig Zuhandenes in seinem Um-zu auseinandergelegt und gemäß der sichtig gewordenen Auseinandergelegtheit besorgt wird. Das umsichtig auf sein Um-zu Auseinandergelegte als solches, das *ausdrücklich* Verstandene, hat die Struktur des *Etwas* als *Etwas.* Auf die umsichtige Frage, was dieses bestimmte Zuhandene sei, lautet die umsichtig auslegende Antwort: es ist zum . . . Die Angabe des Wozu ist nicht einfach die Nennung von etwas, sondern das Genannte ist verstanden *als* das, *als* welches das in Frage Stehende zu nehmen ist. Das im Verstehen Erschlossene, das Verstandene ist immer schon so zugänglich, daß an ihm sein »als was« ausdrücklich abgehoben werden kann. Das »Als« macht die Struktur der Ausdrücklichkeit eines Verstandenen aus; es konstituiert die Auslegung. Der umsichtig-auslegende Umgang mit dem umweltlich Zuhandenen, der dieses *als* Tisch, Tür, Wagen, Brücke »sieht«, braucht das umsichtig Ausgelegte nicht notwendig auch schon in einer bestimmenden *Aussage* auseinander zu legen. Alles vorprädikative schlichte Sehen des Zuhandenen ist an ihm selbst schon verstehend-auslegend. Aber macht nicht das Fehlen dieses »Als« die Schlichtheit eines puren Wahrnehmens von etwas aus? Das Sehen dieser Sicht ist je schon verstehend-auslegend. Es birgt in sich die Ausdrücklichkeit der Verweisungsbezüge (des Um-zu), die zur Bewandtnisganzheit gehören, aus der her das schlicht Begegnende verstanden ist. Die Artikulation des Verstandenen in der auslegenden Näherung des Seienden am Leitfaden des »Etwas als etwas« liegt *vor* der thematischen Aussage darüber. In dieser taucht das »Als« nicht zuerst auf, sondern wird nur erst ausgesprochen, was allein so möglich ist, daß es als Aussprechbares vorliegt. Daß im schlichten Hinsehen die Ausdrücklichkeit eines Aussagens fehlen kann, berechtigt nicht dazu, diesem schlichten Sehen jede artikulierende Auslegung, mithin die Als-Struktur abzusprechen. Das schlichte Sehen der nächsten Dinge im Zutunhaben mit . . . trägt die Auslegungsstruktur so ursprünglich in sich, daß gerade ein gleichsam *als-freies* Erfassen von etwas einer gewissen Umstellung bedarf. Das Nur-noch-vor-sich-Haben von etwas liegt vor im reinen Anstarren *als Nicht-mehr-Verstehen*. Dieses als-freie Erfassen ist eine Privation des *schlicht* verstehenden Sehens, nicht ursprünglicher als dieses, sondern abgeleitet aus ihm. Die ontische Unausgesprochenheit des »als« darf nicht dazu verführen, es als apriorische existenziale Verfassung des Verstehens zu übersehen.

Wenn aber schon jedes Wahrnehmen von zuhandenem Zeug verstehend-auslegend ist, umsichtig etwas als etwas begegnen läßt, sagt das dann eben nicht: zunächst ist ein pures Vorhandenes erfahren, das dann *als* Tür, *als* Haus aufgefaßt wird? Das wäre ein Mißverständnis der spezifischen Erschließungsfunktion der Auslegung. Sie wirft nicht gleichsam über das nackte Vorhandene eine »Bedeutung« und beklebt es nicht mit einem Wert, sondern mit dem innerweltlichen Begegnenden als solchem hat es je schon eine im Weltverstehen erschlossene Bewandtnis, die durch die Auslegung herausgelegt wird.

Zuhandenes wird immer schon aus der Bewandtnisganzheit her verstanden. Diese braucht nicht durch eine thematische Auslegung explizit erfaßt zu sein. Selbst wenn sie durch eine solche Auslegung hindurchgegangen ist, tritt sie wieder in das unabgehobene Verständnis zurück. Und gerade in diesem Modus ist sie wesenhaftes Fundament der alltäglichen, umsichtigen Auslegung. Diese gründet jeweils in einer *Vorhabe*. Sie bewegt sich als Verständniszueig-

nung im verstehenden Sein zu einer schon verstandenen Bewandtnisganzheit. Die Zueignung des Verstandenen, aber noch Eingehüllten vollzieht die Enthüllung immer unter der Führung einer
Hinsicht, die das fixiert, im Hinblick worauf das Verstandene ausgelegt werden soll. Die Auslegung gründet jeweils in einer *Vorsicht*, die das in Vorhabe Genommene auf eine bestimmte Ausleg-
barkeit hin »anschneidet«. Das in der Vorhabe gehaltene und
»vorsichtig« anvisierte Verstandene wird durch die Auslegung begreiflich. Die Auslegung kann die dem auszulegenden Seienden
zugehörige Begrifflichkeit aus diesem selbst schöpfen oder aber in
Begriffe zwängen, denen sich das Seiende gemäß seiner Seinsart
widersetzt. Wie immer – die Auslegung hat sich je schon endgültig
oder vorbehaltlich für eine bestimmte Begrifflichkeit entschieden;
sie gründet in einem *Vorgriff*.

Die Auslegung von Etwas als Etwas wird wesenhaft durch Vorhabe, Vorsicht und Vorgriff fundiert. Auslegung ist nie ein voraus-
setzungsloses Erfassen eines Vorgegebenen. Wenn sich die besondere Konkretion der Auslegung im Sinne der exakten Textinter-
pretation gern auf das beruft, was »dasteht«, so ist das, was zunächst »dasteht«, nichts anderes als die selbstverständliche, undis-
kutierte Vormeinung des Auslegers, die notwendig in jedem Aus-
legungsansatz liegt als das, was mit Auslegung überhaupt schon
»gesetzt«, das heißt in Vorhabe, Vorsicht, Vorgriff vorgegeben ist.

Wie ist der Charakter dieses »Vor-« zu begreifen? Ist es damit getan, wenn man formal »a priori« sagt? Warum eignet diese Struktur
dem Verstehen, das wir als fundamentales Existenzial des Daseins
kenntlich gemacht haben? Wie verhält sich zu ihr die dem Ausgelegten als solchen eignende Struktur des »Als«? Dieses Phänomen
ist offenbar nicht »in Stücke« aufzulösen. Schließt das aber eine ursprüngliche Analytik aus? Sollen wir dergleichen Phänomene als
»Letztheiten« hinnehmen? Dann bliebe noch die Frage, warum?
Oder zeigen die Vor-Struktur des Verstehens und die Als-Struktur
der Auslegung einen existenzial-ontologischen Zusammenhang
mit dem Phänomen des Entwurfs? Und weist dieses in eine ursprüngliche Seinsverfassung des Daseins zurück?

Vor der Beantwortung dieser Fragen, dafür die bisherige Zurü-
stung längst nicht ausreicht, muß untersucht werden, ob das als
Vor-Struktur des Verstehens und qua Als-Struktur der Auslegung
Sichtbare nicht schon selbst ein einheitliches Phänomen darstellt,
davon zwar in der philosophischen Problematik ausgiebig Ge-

brauch gemacht wird, ohne daß dem so universal Gebrauchten die Ursprünglichkeit der ontologischen Explikation entsprechen will.

Im Entwerfen des Verstehens ist Seiendes in seiner Möglichkeit erschlossen. Der Möglichkeitscharakter entspricht jeweils der Seinsart des verstandenen Seienden. Das innerweltlich Seiende überhaupt ist auf Welt hin entworfen, das heißt auf ein Ganzes von Bedeutsamkeit, in deren Verweisungsbezügen das Besorgen als In-der-Welt-Sein sich im vorhinein festgemacht hat. Wenn innerweltliches Seiendes mit dem Sein des Daseins entdeckt, das heißt zu Verständnis gekommen ist, sagen wir, es hat *Sinn*. Verstanden aber ist, streng genommen, nicht der Sinn, sondern das Seiende bzw. das Sein. Sinn ist das, worin sich Verständlichkeit von etwas hält. Was im verstehenden Erschließen artikulierbar ist, nennen wir Sinn. Der *Begriff des Sinnes* umfaßt das formale Gerüst dessen, was notwendig zu dem gehört, was verstehende Auslegung artikuliert. *Sinn ist das durch Vorhabe, Vorsicht und Vorgriff strukturierte Woraufhin des Entwurfs, aus dem her etwas als etwas verständlich wird*. Sofern Verstehen und Auslegung die existenziale Verfassung des Seins des Da ausmachen, muß Sinn als das formalexistenziale Gerüst der dem Verstehen zugehörigen Erschlossenheit begriffen werden. Sinn ist ein Existenzial des Daseins, nicht eine Eigenschaft, die am Seienden haftet, »hinter« ihm liegt oder als »Zwischenreich« irgendwo schwebt. Sinn »hat« nur das Dasein, sofern die Erschlossenheit des In-der-Welt-Seins durch das in ihr entdeckbare Seiende »erfüllbar« ist. *Nur Dasein kann daher sinnvoll oder sinnlos sein*. Das besagt: sein eigenes Sein und das mit diesem erschlossene Seiende kann im Verständnis zugeeignet sein oder dem Unverständnis versagt bleiben.

Hält man diese grundsätzlich ontologisch-existenziale Interpretation des Begriffes von »Sinn« fest, dann muß alles Seiende von nicht-daseinsmäßiger Seinsart als *Unsinniges*, des Sinnes überhaupt wesenhaft Bares begriffen werden. »Unsinnig« bedeutet hier keine Wertung, sondern gibt einer ontologischen Bestimmung Ausdruck. *Und nur das Unsinnige kann widersinnig sein*. Vorhandenes kann als im Dasein Begegnendes gegen dessen Sein gleichsam anlaufen, zum Beispiel hereinbrechende und zerstörende Naturereignisse.

Und wenn wir nach dem Sinn von Sein fragen, dann wird die Untersuchung nicht tiefsinnig und ergrübelt nichts, was hinter dem Sein steht, sondern fragt nach ihm selbst, sofern es in die Verständlichkeit des Daseins hereinsteht. Der Sinn von Sein kann nie in Gegensatz gebracht werden zum Seienden oder zum Sein als tragenden »Grund« des Seienden, weil »Grund« nur als Sinn zugänglich wird, und sei er selbst der Abgrund der Sinnlosigkeit.

Das Verstehen betrifft als die Erschlossenheit des Da immer das Ganze des In-der-Welt-Seins. In jedem Verstehen von Welt ist Existenz mitverstanden und umgekehrt. Alle Auslegung bewegt sich ferner in der gekennzeichneten Vor-Struktur. Alle Auslegung, die Verständnis beistellen soll, muß schon das Auszulegende verstanden haben. Man hat diese Tatsache immer schon bemerkt, wenn auch nur im Gebiet der abgeleiteten Weisen von Verstehen und Auslegung, in der philologischen Interpretation. Diese gehört in den Umkreis wissenschaftlichen Erkennens. Dergleichen Erkenntnis verlangt die Strenge der begründenden Ausweisung. Wissenschaftlicher Beweis darf nicht schon voraussetzen, was zu begründen seine Aufgabe ist. Wenn aber Auslegung sich je schon im Verstandenen bewegen und aus ihm her sich nähren muß, wie soll sie dann wissenschaftliche Resultate zeitigen, ohne sich in einem Zirkel zu bewegen, zumal wenn das vorausgesetzte Verständnis überdies noch in der gemeinen Menschen- und Weltkenntnis sich bewegt? Der *Zirkel* aber ist nach den elementarsten Regeln der Logik circulus vitiosus. Damit aber bleibt das Geschäft der historischen Auslegung a priori aus dem Bezirk strenger Erkenntnis verbannt. Sofern man dieses Faktum des Zirkels im Verstehen nicht wegbringt, muß sich die Historie mit weniger strengen Erkenntnismöglichkeiten abfinden. Man erlaubt ihr, diesen Mangel durch die »geistige Bedeutung« ihrer »Gegenstände« einigermaßen zu ersetzen. Idealer wäre es freilich auch nach der Meinung der Historiker selbst, wenn der Zirkel vermieden werden könnte und Hoffnung bestünde, einmal eine Historie zu schaffen, die vom Standort des Betrachters so unabhängig wäre wie vermeintlich die Naturerkenntnis.

Aber in diesem Zirkel ein vitiosum sehen und nach Wegen Ausschau halten, ihn zu vermeiden, ja ihn auch nur als unvermeidliche Unvollkommenheit »empfinden«, heißt das Verstehen von Grund aus mißverstehen. Nicht darum geht es, Verstehen und Auslegung einem bestimmten Erkenntnisideal anzugleichen, das selbst nur eine Abart von Verstehen ist, die sich in die rechtmäßige Aufgabe einer Erfassung des Vorhandenen in seiner wesenhaften Unverständlichkeit verlaufen hat. Die Erfüllung der Grundbedingungen möglichen Auslegens liegt vielmehr darin, dieses nicht zuvor hinsichtlich seiner wesenhaften Vollzugsbedingungen zu verkennen. Das Entscheidende ist nicht, aus dem Zirkel heraus-, sondern in ihn nach der rechten Weise hineinzukommen. Dieser Zirkel des Verstehens ist nicht ein Kreis, in dem sich eine beliebige Erkenntnisart bewegt, sondern er ist der Ausdruck der existenzialen *Vorstruktur* des Daseins selbst. Der Zirkel darf nicht zu einem vitiosum, und sei es auch zu einem geduldeten, herabgezogen werden. In ihm verbirgt sich eine positive Möglichkeit ursprünglichsten Erkennens, die freilich in echter Weise nur dann ergriffen ist, wenn die Auslegung verstanden hat, daß ihre erste, ständige und letzte Aufgabe bleibt, sich jeweils Vorhabe, Vorsicht und Vorgriff nicht durch Einfälle und Volksbegriffe vorgeben zu lassen, sondern in deren Ausarbeitung aus den Sachen selbst her das wissenschaftliche Thema zu sichern. Weil Verstehen seinem existenzialen Sinn nach das Seinkönnen des Daseins selbst ist, übersteigen die ontologischen Voraussetzungen historischer Erkenntnis grundsätzlich die Idee der Strenge der exaktesten Wissenschaften. Mathematik ist nicht strenger als Historie, sondern nur enger hinsichtlich des Umkreises der für sie relevanten existenzialen Fundamente.

Der »Zirkel« im Verstehen gehört zur Struktur des Sinnes, welches Phänomen in der existenzialen Verfassung des Daseins, im auslegenden Verstehen verwurzelt ist. Seiendes, dem es als In-der-Welt-Sein um sein Sein selbst geht, hat eine ontologische Zirkelstruktur. Man wird jedoch unter Beachtung, daß »Zirkel« ontologisch einer Seinsart von Vorhandenheit (Bestand) zugehört, überhaupt vermeiden müssen, mit diesem Phänomen ontologisch so etwas wie Dasein zu charakterisieren.

§ 33. Die Aussage als abkünftiger Modus der Auslegung

Alle Auslegung gründet im Verstehen. Das in der Auslegung Gegliederte als solches und im Verstehen überhaupt als Gliederbares Vorgezeichnete ist der Sinn. Sofern die Aussage (das »Urteil«) im Verstehen gründet und eine abgeleitete Vollzugsform der Auslegung darstellt, »hat« *auch* sie einen Sinn. Nicht jedoch kann dieser als das definiert werden, was »an« einem Urteil neben der Urteilsfällung vorkommt. Die ausdrückliche Analyse der Aussage im vorliegenden Zusammenhang hat eine mehrfache Abzweckung.

Einmal kann an der Aussage demonstriert werden, in welcher Weise die für Verstehen und Auslegung konstitutive Struktur des »Als« modifikabel ist. Verstehen und Auslegung kommen damit in ein noch schärferes Licht. Sodann hat die Analyse der Aussage innerhalb der fundamentalontologischen Problematik eine ausgezeichnete Stelle, weil in den entscheidenden Anfängen der antiken Ontologie der λόγος als einziger Leitfaden für den Zugang zum eigentlich Seienden und für die Bestimmung des Seins dieses Seienden fungierte. Schließlich gilt die Aussage von alters her als der primäre und eigentliche »Ort« der *Wahrheit*. Dieses Phänomen ist mit dem Seinsproblem so eng verkoppelt, daß die vorliegende Untersuchung in ihrem weiteren Gang notwendig auf das Wahrheitsproblem stößt, sie steht sogar schon, obzwar unausdrücklich, in seiner Dimension. Die Analyse der Aussage soll diese Problematik mit vorbereiten.

Im folgenden weisen wir dem Titel *Aussage* drei Bedeutungen zu, die aus dem damit bezeichneten Phänomen geschöpft sind, unter sich zusammenhängen und in ihrer Einheit die volle Struktur der Aussage umgrenzen.

1. Aussage bedeutet primär *Aufzeigung*. Wir halten damit den ursprünglichen Sinn von λόγος als ἀπόφανσις fest: Seiendes von ihm selbst her sehen lassen. In der Aussage: »Der Hammer ist zu schwer« ist das für die Sicht Entdeckte kein »Sinn«, sondern ein Seiendes in der Weise seiner Zuhandenheit. Auch wenn dieses Seiende nicht in greifbarer und »sichtbarer« Nähe ist, meint die Aufzeigung das Seiende selbst und nicht etwa eine bloße Vorstellung seiner, weder ein »bloß Vorgestelltes« noch gar einen psychischen Zustand des Aussagenden, sein Vorstellen dieses Seienden.

2. Aussage besagt soviel wie *Prädikation*. Von einem »Subjekt« wird ein »Prädikat« »ausgesagt«, jenes wird durch dieses *bestimmt*. Das Ausgesagte in dieser Bedeutung von Aussage ist nicht etwa das Prädikat, sondern »der Hammer selbst«. Das Aussagende, das heißt Bestimmende, dagegen liegt in dem »zu schwer«. Das Ausgesagte in der zweiten Bedeutung von Aussage, das Bestimmte als solches, hat gegenüber dem Ausgesagten in der ersten Bedeutung dieses Titels gehaltlich eine Verengung erfahren. Jede Prädikation ist, was sie ist, nur als Aufzeigung. Die zweite Bedeutung von Aussage hat ihr Fundament in der ersten. Die Glieder der prädizierenden Artikulation, Subjekt – Prädikat, erwachsen innerhalb der Aufzeigung. Das Bestimmen entdeckt nicht erst, sondern

schränkt als Modus der Aufzeigung das Sehen zunächst gerade *ein* auf das Sichzeigende – Hammer – als solches, um durch die ausdrückliche *Einschränkung* des Blickes das Offenbare in seiner Bestimmtheit *ausdrücklich* offenbar zu machen. Das Bestimmen geht angesichts des schon Offenbaren – des zu schweren Hammers – zunächst einen Schritt zurück; die »Subjektsetzung« blendet das Seiende ab auf »der Hammer da«, um durch den Vollzug der Entblendung das Offenbare *in* seiner bestimmbaren Bestimmtheit sehen zu lassen. Subjektsetzung, Prädikatsetzung sind in eins mit der Hinzusetzung durch und durch »apophantisch« im strengen Wortsinne.

3. Aussage bedeutet *Mitteilung,* Heraussage. Als diese hat sie direkten Bezug zur Aussage in der ersten und zweiten Bedeutung. Sie ist Mitsehenlassen des in der Weise des Bestimmens Aufgezeigten. Das Mitsehenlassen teilt das in seiner Bestimmtheit aufgezeigte Seiende mit dem anderen. »Geteilt« wird das gemeinsame sehende *Sein zum* Aufgezeigten, welches Sein zu ihm festgehalten werden muß als In-der-Welt-Sein, in *der* Welt nämlich, aus der her das Aufgezeigte begegnet. Zur Aussage als der so existenzial verstandenen Mit-teilung gehört die Ausgesprochenheit. Das Ausgesagte als Mitgeteiltes kann von den anderen mit dem Aussagenden »geteilt« werden, ohne daß sie selbst das aufgezeigte und bestimmte Seiende in greif- und sichtbarer Nähe haben. Das Ausgesagte kann »weiter-gesagt« werden. Der Umkreis des sehenden Miteinanderteilens erweitert sich. Zugleich aber kann sich dabei im Weitersagen das Aufgezeigte gerade wieder verhüllen, obzwar auch das in solchem Hörensagen erwachsende Wissen und Kennen immer noch das Seiende selbst meint und nicht etwa einen herumgereichten »geltenden Sinn« »bejaht«. Auch das Hörensagen ist ein In-der-Welt-Sein und Sein zum Gehörten.

Die heute vorherrschend am Phänomen der »Geltung« orientierte Theorie des »Urteils« soll hier nicht weitläufig besprochen werden. Es genüge der Hinweis auf die vielfache Fragwürdigkeit dieses Phänomens der »Geltung«, das seit *Lotze* gern als nicht weiter zurückführbares »Urphänomen« ausgegeben wird. Diese Rolle verdankt es nur seiner ontologischen Ungeklärtheit. Die »Problematik«, die sich um diesen Wortgötzen angesiedelt hat, ist nicht minder undurchsichtig. Geltung meint einmal die *»Form« der Wirklichkeit,* die dem Urteilsgehalt zukommt, sofern er unveränderlich besteht gegenüber dem veränderlichen »psychischen« Urteilsvor-

gang. Bei dem in der Einleitung zu dieser Abhandlung charakterisierten Stand der Seinsfrage überhaupt wird kaum erwartet werden
dürfen, daß »Geltung« als das »ideale Sein« sich durch besondere
ontologische Klarheit auszeichnet. Geltung besagt dann zugleich
Geltung des geltenden Urteilssinnes von dem darin gemeinten
»Objekt« und rückt so in die Bedeutung von *objektiver Gültigkeit* und Objektivität überhaupt. Der so *vom* Seienden »geltende«
und an ihm selbst »zeitlos« geltende Sinn »gilt« dann noch einmal
im Sinne des Geltens *für* jeden vernünftig Urteilenden. Geltung
besagt jetzt *Verbindlichkeit*, »Allgemeingültigkeit«. Vertritt man
gar noch eine »kritische« Erkenntnistheorie, wonach das Subjekt
»eigentlich« zum Objekt nicht »hinauskommt«, dann wird die
Gültigkeit als Geltung vom Objekt, Objektivität, auf den geltenden Bestand des wahren (!) Sinnes gegründet. Die drei herausge-
stellten Bedeutungen von »Gelten«, als Weise des Seins von Ide-
alem, als Objektivität und als Verbindlichkeit, sind nicht nur an
sich undurchsichtig, sondern sie verwirren sich ständig unter ihnen
selbst. Methodische Vorsicht verlangt, dergleichen schillernde Begriffe nicht zum Leitfaden der Interpretation zu wählen. Den Begriff des Sinnes restringieren wir nicht zuvor auf die Bedeutung
von »Urteilsgehalt«, sondern verstehen ihn als das gekennzeichne-
te, existenziale Phänomen, darin das formale Gerüst des im Verstehen Erschließbaren und in der Auslegung Artikulierbaren überhaupt sichtbar wird.

Wenn wir die drei analysierten Bedeutungen von »Aussage« im
einheitlichen Blick auf das volle Phänomen zusammennehmen,
lautet die Definition: *Aussage ist mitteilend bestimmende Aufzeigung.* Zu fragen bleibt: Mit welchem Recht fassen wir überhaupt
die Aussage als Modus von Auslegung? Ist sie so etwas, dann müssen in ihr die wesenhaften Strukturen der Auslegung wiederkehren. Das Aufzeigen der Aussage vollzieht sich auf dem Grunde des
im Verstehen schon Erschlossenen bzw. umsichtig Entdeckten.
Aussage ist kein freischwebendes Verhalten, das von sich aus primär Seiendes überhaupt erschließen könnte, sondern hält sich
schon immer auf der Basis des In-der-Welt-Seins. Was früher[3] bezüglich des Welterkennens gezeigt wurde, gilt nicht weniger von
der Aussage. Sie bedarf einer Vorhabe von überhaupt Erschlosse-
nem, das sie in der Weise des Bestimmens aufzeigt. Im bestimmenden Ansetzen liegt ferner schon eine ausgerichtete Hinblicknahme
auf das Auszusagende. Woraufhin das vorgegebene Seiende anvi-

siert wird, das übernimmt im Bestimmungsvollzug die Funktion des Bestimmenden. Die Aussage bedarf einer Vorsicht, in der gleichsam das abzuhebende und zuzuweisende Prädikat in seiner unausdrücklichen Beschlossenheit im Seienden selbst aufgelockert wird. Zur Aussage als bestimmender Mitteilung gehört jeweils eine bedeutungsmäßige Artikulation des Aufgezeigten, sie bewegt sich in einer bestimmten Begrifflichkeit: Der Hammer ist schwer, die Schwere kommt dem Hammer zu, der Hammer hat die Eigenschaft der Schwere. Der im Aussagen immer auch mitliegende Vorgriff bleibt meist unauffällig, weil die Sprache je schon eine ausgebildete Begrifflichkeit in sich birgt. Die Aussage hat notwendig wie Auslegung überhaupt die existenzialen Fundamente in Vorhabe, Vorsicht und Vorgriff.

Inwiefern wird sie aber zu einem *abkünftigen* Modus der Auslegung? Was hat sich an ihr modifiziert? Wir können die Modifikation aufzeigen, wenn wir uns an Grenzfälle von Aussagen halten, die in der Logik als Normalfälle und als Exempel der »einfachsten« Aussagephänomene fungieren. Was die Logik mit dem kategorischen Aussagesatz zum Thema macht, zum Beispiel »der Hammer ist schwer«, das hat sie vor aller Analyse auch immer schon »logisch« verstanden. Unbesehen ist als »Sinn« des Satzes schon vorausgesetzt: das Hammerding hat die Eigenschaft der Schwere. In der besorgenden Umsicht gibt es dergleichen Aussagen »zunächst« nicht. Wohl aber hat sie ihre spezifischen Weisen der Auslegung, die mit Bezug auf das genannte »theoretische Urteil« lauten können: »Der Hammer ist zu schwer« oder eher noch: » zu schwer«, »den anderen Hammer!«. Der ursprüngliche Vollzug der Auslegung liegt nicht in einem theoretischen Aussagesatz, sondern im umsichtig-besorgenden Weglegen bzw. Wechseln des ungeeigneten Werkzeuges, »ohne dabei ein Wort zu verlieren«. Aus dem Fehlen der Worte darf nicht auf das Fehlen der Auslegung geschlossen werden. Andererseits ist die umsichtig *ausgesprochene* Auslegung nicht notwendig schon eine Aussage im definierten Sinne. *Durch welche existenzial-ontologischen Modifikationen entspringt die Aussage aus der umsichtigen Auslegung?*

Das in der Vorhabe gehaltene Seiende, der Hammer zum Beispiel, ist zunächst zuhanden als Zeug. Wird dieses Seiende »Gegenstand« einer Aussage, dann vollzieht sich mit dem Aussageansatz im vorhinein ein Umschlag in der Vorhabe. Das *zuhandene Womit* des Zutunhabens, der Verrichtung, wird zum *»Worüber«* der aufzeigenden Aussage. Die Vorsicht zielt auf ein Vorhandenes am Zuhandenen. *Durch* die Hin-sicht und *für* sie wird das Zuhandene als Zuhandenes verhüllt. Innerhalb dieses die Zuhandenheit verdeckenden Entdeckens der Vorhandenheit wird das begegnende Vorhandene in seinem So-und-so-Vorhandensein bestimmt. Jetzt erst öffnet sich der Zugang zu so etwas wie *Eigenschaften*. Das Was, *als* welches die Aussage das Vorhandene bestimmt, wird *aus* dem Vorhandenen als solchem geschöpft. Die Als-Struktur der Auslegung hat eine Modifikation erfahren. Das »Als« greift in seiner Funktion der Zueignung des Verstandenen nicht mehr aus in eine Bewandtnisganzheit. Es ist bezüglich seiner Möglichkeiten der Artikulation von Verweisungsbezügen von der Bedeutsamkeit, als welche die Umweltlichkeit konstituiert, abgeschnitten. Das »Als« wird in die gleichmäßige Ebene des nur Vorhandenen zurückgedrängt. Es sinkt herab zur Struktur des bestimmenden Nur-sehen-Lassens von Vorhandenem. Diese Nivellierung des ursprünglichen »Als« der umsichtigen Auslegung zum Als der Vorhandenheitsbestimmung ist der Vorzug der Aussage. Nur so gewinnt sie die Möglichkeit puren hinsehenden Aufweisens.

So kann die Aussage ihre ontologische Herkunft aus der verstehenden Auslegung nicht verleugnen. Das ursprüngliche »Als« der umsichtig verstehenden Auslegung (ἑρμηνεία) nennen wir das existenzial*hermeneutische* »Als« im Unterschied vom *apophantischen* »Als« der Aussage.

Zwischen der im besorgenden Verstehen noch ganz eingehüllten Auslegung und dem extremen Gegenfall einer theoretischen Aussage über Vorhandenes gibt es mannigfache Zwischenstufen. Aussagen über Geschehnisse in der Umwelt, Schilderungen des Zuhandenen, »Situationsberichte«, Aufnahme und Fixierung eines »Tatbestandes«, Beschreibung einer Sachlage, Erzählung des Vorgefallenen. Diese »Sätze« lassen sich nicht, ohne wesentliche Verkehrung ihres Sinnes, auf theoretische Aussagesätze zurückführen. Sie haben, wie diese selbst, ihren »Ursprung« in der umsichtigen Auslegung.

Bei der fortschreitenden Erkenntnis der Struktur des λόγος konnte es nicht ausbleiben, daß dieses Phänomen des apophantischen »Als« in irgendeiner Gestalt in den Blick kam. Die Art, wie es zunächst gesehen wurde, ist nicht zufällig und hat auch ihre Auswirkung auf die nachkommende Geschichte der Logik nicht verfehlt.

Für die philosophische Betrachtung ist der λόγος selbst ein Seiendes und gemäß der Orientierung der antiken Ontologie ein Vorhandenes. Zunächst vorhanden, das heißt vorfindlich wie Dinge sind die Wörter und ist die Wörterfolge, als in welcher er sich ausspricht. Dies erste Suchen nach der Struktur des so vorhandenen λόγος findet ein *Zusammenvorhandensein* mehrerer Wörter. Was stiftet die Einheit dieses Zusammen? Sie liegt, was *Plato* erkannte, darin, daß der λόγος immer λόγος τινός ist. Im Hinblick auf das im λόγος offenbare Seiende werden die Wörter zu *einem* Wortganzen zusammengesetzt. *Aristoteles* sah radikaler; jeder λόγος ist σύνθεσις und διαίρεσις zugleich, nicht entweder das eine – etwa als »positives Urteil« – oder das andere – als »negatives Urteil«. Jede Aussage ist vielmehr, ob bejahend oder verneinend, ob wahr oder falsch, gleichursprünglich σύνθεσις *und* διαίρεσις. Die Aufweisung ist Zusammen- und Auseinandernehmen. Allerdings hat *Aristoteles* die analytische Frage nicht weiter vorgetrieben zum Problem: welches Phänomen innerhalb der Struktur des λόγος ist es denn, was erlaubt und verlangt, jede Aussage als Synthesis und Diairesis zu charakterisieren?

Was mit den formalen Strukturen von »Verbinden« und »Trennen«, genauer mit der Einheit derselben phänomenal getroffen werden sollte, ist das Phänomen des »etwas als etwas«. Gemäß dieser Struktur wird etwas auf etwas hin verstanden – in der Zusammennahme mit ihm, so zwar, daß dieses *verstehende* Konfrontieren *auslegend* artikulierend das Zusammengenommene zugleich auseinandernimmt. Bleibt das Phänomen des »Als« verdeckt und vor allem in seinem existenzialen Ursprung aus dem hermeneutischen »Als« verhüllt, dann zerfällt der phänomenologische Ansatz des *Aristoteles* zur Analyse des λόγος in eine äußerliche »Urteilstheorie«, wonach Urteilen ein Verbinden bzw. Trennen von Vorstellungen und Begriffen ist.

Verbinden und Trennen lassen sich dann weiter formalisieren zu einem »Beziehen«. Logistisch wird das Urteil in ein System von »Zuordnungen« aufgelöst, es wird zum Gegenstand eines »Rechnens«, aber nicht zum Thema ontologischer Interpretation. Möglichkeit und Unmöglichkeit des analytischen Verständnisses von σύνθεσις und διαίρεσις, von »Beziehung« im Urteil überhaupt ist eng mit dem jeweiligen Stande der grundsätzlichen ontologischen Problematik verknüpft.

Wie weit diese in der Interpretation des λόγος und umgekehrt der

Begriff des »Urteils« mit einem merkwürdigen Rückschlag in die ontologische Problematik hineinwirkt, zeigt das Phänomen der *Copula*. An diesem »Band« kommt zutage, daß zunächst die Synthesisstruktur als selbstverständlich angesetzt wird und daß sie die maßgebende interpretatorische Funktion auch behalten hat. Wenn aber die formalen Charaktere von »Beziehung« und »Verbindung« phänomenal nichts zur sachhaltigen Strukturanalyse des λόγος beisteuern können, dann hat am Ende das mit dem Titel Copula gemeinte Phänomen nichts mit Band und Verbindung zu tun. Das »ist« und seine Interpretation, mag es sprachlich eigens ausgedrückt oder in der Verbalendung angezeigt sein, rückt aber dann, wenn Aussagen und Seinsverständnis existenziale Seinsmöglichkeiten des Daseins selbst sind, in den Problemzusammenhang der existenzialen Analytik. Die Ausarbeitung der Seinsfrage (vergleiche I. Teil, 3. Abschnitt) wird denn auch diesem eigentümlichen Seinsphänomen innerhalb des λόγος wieder begegnen.

Vorläufig galt es nur, mit dem Nachweis der Abkünftigkeit der Aussage von Auslegung und Verstehen deutlich zu machen, daß die »Logik« des λόγος in der existenzialen Analytik des Daseins verwurzelt ist. Die Erkenntnis der ontologisch unzureichenden Interpretation des λόγος verschärft zugleich die Einsicht in die Nichtursprünglichkeit der methodischen Basis, auf der die antike Ontologie erwachsen ist. Der λόγος wird als Vorhandenes erfahren, als solches interpretiert, imgleichen hat das Seiende, das er aufzeigt, den Sinn von Vorhandenheit. Dieser Sinn von Sein bleibt selbst indifferent unabgehoben gegen andere Seinsmöglichkeiten, so daß sich mit ihm zugleich das Sein im Sinne des formalen Etwas-Seins verschmilzt, ohne daß auch nur eine reine regionale Scheidung beider gewonnen werden konnte.

Anmerkungen

1 Vgl. § 18, S. 85 ff.
2 Vgl. § 4, S. 11 ff.
3 Vgl. § 13, S. 59 ff.

17. Hans Lipps
Formale und hermeneutische Logik*

§ 1. *ΛΟΓΟΣ ΣΗΜΑΝΤΙΚΟΣ*

1.

Ἔστι δὲ λόγος ἅπας μὲν σημαντικός.[1] Trendelenburg übersetzt: Jede Rede dient zur Bezeichnung. Die eigentliche Bedeutung von σημαίνειν kommt hierbei nicht recht zur Geltung. Denn es bedeutet: jemandem etwas bezeichnen – in dem Sinn, daß es geradezu ein Ihm-Befehlen meinen kann. Zeichen sind – allgemein – dazu da, jemandem etwas zu erkennen zu geben. Signalisiert – durch eine Tafel – wird einem z. B. dies, daß man sich eines ungeschützten Bahnübergangs zu versehen hat. Die »Bedeutung« der Tafel liegt hier in der Weisung, die sie gibt. Sich danach richten heißt: sich darauf einstellen und vorsichtig fahren. Anders liegt es aber bei dem Zeichen, das auf der Karte einen solchen Bahnübergang »gibt«, nämlich dafür steht. Nur für diesen zweiten Fall, der gerade *keine* Weisung ist, träfe aber die Wendung *zur Bezeichnung von etwas dienen* zu. Als etwas, was im Griff irgendwelcher Operationen ist, bzw. von der Absicht einer Darstellung mitumschlossen wird, wird hier etwas bezeichnet, nämlich als Sache erkennbar gemacht. Das Zeichen verweist auf etwas, es ist sachlich umzusetzen.

Jeglicher λόγος ist nun offenbar insofern σημαντικός, als in jedem gesprochenen Wort etwas gemeint ist. Was ist aber dies Gemeinte, wenn einer dem anderen etwas sagt? Heißt dies, daß das Wort etwas *bedeutet,* daß darin auf etwas verwiesen wird, dessen unmittelbarer Aufweis vielleicht ebenso möglich wäre? Als ob etwa das Wort der Ausdruck eines »innerlichen Denkens« wäre, das »beim Aussprechen der Worte mitvollzogen wird«?[2] Indessen – wenn es die Meinung irgendwelcher Worte festzustellen gilt, so fragt man nicht nach einem »objektiven« Bedeutungs»gehalt«. Vielmehr: daraufhin, daß es den anderen in dem, was er einem zu erkennen geben, bzw. was er geradezu von einem will, zu verste-

---

* Aus: *Untersuchungen zu einer hermeneutischen Logik,* Frankfurt 1959, § 1-4, S. 7-37.

hen gilt, sprechen wir von der *Bedeutung* der Worte bzw. davon, daß Worte dies und jenes meinen. Was jemand meint, kann z. B. sein: . . . *wo wohl der Zirkel liegt* . . . . . Oder es wird jemand im Befehl zu erkennen gegeben, was er zu tun hat. Und was *du hättest besser . . . meint,* ist nicht das Mißfallen, das sich darin *ausdrückt.* Was Worte zu erkennen geben, d. i. das im spezifischen Sinn Gesagte, kann überhaupt nicht sachlich fixiert bzw. als Gedanke aufgewiesen, sondern nur als Hinweis vernommen und insofern aufgenommen werden, als man den Worten entspricht: sie bedenkt oder ihrer Warnung folgt oder sich dadurch unterrichten läßt oder darauf antwortet usw.

Nur wenn man sich in σημαντικός *dies zu erkennen geben* bedeuten läßt, stellt sich der Fortgang ἀποφαντικὸς δὲ οὐ πᾶς, ἀλλ' ἐν ᾧ τὸ ἀληθεύειν ἢ ψεύδεσθαι ὑπάρχει als eine echte einschränkende Bestimmung des λόγος hinsichtlich dessen, daß er allgemein σημαντικός ist, dar. Sofern er nämlich dann ein ἀποφαντικός ist, wenn er etwas in der Weise zu erkennen gibt, daß es hierbei von sich aus sich zeigt. Wenn er also insofern wahr ist, als er die Sache sehen läßt. Und auch die Bedeutung von κατηγορεῖν als *an-den-Tag-legen* liegt in derselben schon in σημαίνειν angeschlagenen Richtung. Bemerkt man aber nicht den Horizont, in den von Aristoteles der Logos durch das σημαντικός gerückt wird, so gerät das Wahrsein des Wortes in das Belieben theoretischer Ausdeutungen. Die Wahrheit der *Rede* verliert dann ihr Spezifikum. Man entstellt sie z. B. zur Eigenschaft von Aussagen, d. i. der hierin bezeichneten Darstellung sachlicher Verhältnisse.

2.

Das *Wort bringt* mich *auf* eine Sache. Es *gibt* sie mir aber nicht. Das Wort ist Fassung und Aus-Zeichnung eines Gedankens, der – und dies heißt: *das Wort verstehen* – von dem andern insofern aufgenommen wird, als er seinerseits darauf zukommt. Das, wovon man als einem Gedanken bewegt wird, spitzt sich zu z. B. in einer Bemerkung, und in der Frage ist eine Antwort angelegt.

Der Eindruck, den man von etwas hat, kann sich zu einem Gedanken verdichten. Gedanken kommen einem wie Einfälle. Als Einstellung, Bewegtheit werden Gedanken rege. Gedanken sind immer zunächst jemandes Gedanken, man kann sie teilen, sich zu eigen machen. Und so sehr ist man geneigt, sich mit dem, was man denkt, zu identifizieren, daß man sich gegen bestimmte als gegen einem fremde Gedanken zu wehren sucht. Es gibt Einfälle, die sich selbst ausdenken – gegenüber dem, daß nachdenkend etwas von mir verfolgt wird. Denn denkend beschäftigt man sich mit etwas. Die Gedanken, mit denen ich bei etwas bin, können etwa in der Richtung von Sorge und Furcht liegen.[3] Man begründet sich in seinen Gedanken. Überdenken schafft den Abstand, den sachliche Rechenschaft verlangt.

Durch Hin- und Herwenden der Dinge sucht man zu einem Schluß zu kommen. Schließen heißt: sich die Situation, d. i. sich in der überkommenen Situation erschließen. Es bedeutet ein Weiterkommen. Schlüsse sind bündig, sofern sie einer Situation durch Straffung die Spitze geben. Auch die Verknotung einer Situation zum Beschluß bedeutet gerade die Einleitung eines Wollens. Und sofern im Denken die Dinge aufgenommen und umrissen werden, kann, was vorerst nur Gedanke ist, dann auch zur Ausführung gebracht werden. Schlüsse können nur durch Beispiele veranschaulicht, aber nicht an Figuren wie an Modellen vorgeführt werden. Dieses Erkennen geschieht als Verantwortung seiner, als Schritt zu sich selbst. Nicht, daß man hier nur eben es richtig machte, d. i. den Dingen bzw. einem bestimmten Vorhaben entspräche. Vielmehr: Jeder Schluß ist ein Sich-ent-Schließen, Sich-auf-seine-Möglichkeiten-hin-entwerfen. Ein Schluß kann deshalb z. B. auch kühn sein und charakterisiert den Menschen. Witz kann sich darin zeigen, wie Geschmack und Scharfsinn im Urteil. Richtigkeit liegt nicht in sachlicher Deckung; sie bemißt sich an Umständen und eignem Können.

Überlegend *sagt man sich* aber, *daß* . . .[4] Gerade der erste Schritt rechenschaftgebender Dar- und Auseinanderlegung wird darin bezeichnet. Nämlich dessen, wovon man bewegt, was als Gedanke in einem rege wird. Λόγον διδόναι heißt *redestehen*. Und darin ist der Sinnkreis von Verantwortung und Auf-etwas-hin-Angesprochensein bezeichnet. Der Mensch »weiß, daß sein Gedanke nicht der seinige wäre, wenn er nicht auch, wenigstens der Möglichkeit nach, der Gedanke anderer wäre.« Nur insofern kann »der Mensch sich selbst genügen, weil er sich selbst als Einen weiß, sich von sich unterscheidet, sich selbst der Andere sein kann«.[5] Trotzdem – er weiß es als Beschränkung. »Wir werden nur durch den Anderen – freilich nicht diesen oder jenen zufälligen Anderen – der Wahrheit unserer eignen Sache bewußt und gewiß«. Λόγος ἐστὶ περί τινος heißt: es handelt sich um etwas. Sofern es nämlich zur Sprache gebracht wird, und sofern es dabei als von verschiedenen Seiten beredet sich herausstellt und zeigt in seiner Bedeutsamkeit. Man teilt sich einander mit in seiner Sicht der Dinge. Nur im Durchsprechen, wobei der eine den andern richtigstellt, kann sich das Maßgebliche einer Ansicht herausstellen. Man beansprucht hierbei den andern auf seine Erwiderung hin bzw. *begegnet* ihm in seiner Lage. Sorgen können einem vom andern abgenommen, aber auch ausgeredet werden. Ganz allgemein sind Gedanken etwas, was von anderen aufgenommen werden, worin man sich treffen, worin man einander widersprechen kann.

3.

Die antike Bestimmung des Menschen als ζῷον λόγον ἔχον hat darin ihren Einsatz, daß in der Rede ein freies Verhältnis der einen zur anderen Existenz aufgenommen wird. Der Logos ist kein *Vermögen* wie die Ratio. In λόγον ἔχον wird nicht die Natur sondern die Existenz des Menschen bestimmt. Ihre Verfassung ist darin angeschnitten, daß der Mensch – gerade z. B. auch in der Sicht der Dinge – verantwortlich zu sich steht.

Der Logos ist dem Menschen bzw. der Mensch ist sich darin überantwortet. Das λόγον διδόναι ist aber dann, sofern es Existenz bestimmt, von vornherein auch der Philosophie zugewiesen. Im Unterschied zu der ratio, die der leitende Gesichtspunkt einer Disziplin werden konnte:

Denn die Gedanken, von denen man bewegt wird und die einen beschäftigen, die einem als Eingebung kommen, die ebenso aber auch von mir aufgegriffen werden können, in deren schrittweisem Vollzug Existenz sich gründet in ihrem Verhältnis zur Welt und sich darin begegnet mit ihresgleichen – diese Gedanken sind etwas anderes als das diskursive Denken, dessen Wegen man in Formen der Urteile oder in Figuren des Schließens auf die Spur zu kommen sucht. Subsumtion unter Begriffe und Ermittlung sind Verfahren, die schulgerecht zu üben und auf die Dinge anzuwenden sind. Das Ziel einer solchen formalen Logik war hierbei wie unter der Hand angesetzt: Wie stellt man es an, um so etwas wie Erkenntnisse als Bestand ausmünzen und verrechnen und in all dem sich einen Besitz bestätigen zu können? Ein bestimmtes Feld der Untersuchung schneidet sich im Verfolg solcher Absichten aus. Um es kennenzulernen, gilt es, das interne Verhältnis des Fachmanns dazu zu gewinnen. Das Wort konnte hierbei nur insofern am Anfang solcher Untersuchungen stehen, als es – als Aussage genommen – die Materie beibringt, um deren Aufklärung diese Logik bemüht war.[6] Die Eigenständigkeit dieser Operationen läßt Logik als Mathema erscheinen. Das Gegebene aufzunehmen bedeutet hier: es unter die Perspektive eines Falles zu rücken, der in den Formen darzustellen ist, die kritische Analyse gefunden hat. Noch diesseits aber solcher Sichtung auf in einem bestimmten theoretischen Betracht Wesentliches – in den Gedanken, die sich zum Schluß verdichten, die im Gespräch vom andern aufgenommen werden, in dem Urteil, das einer sich bildet – überall ist hier nach dem *Menschen* gefragt. Nur in der Ausrichtung auf die Verfassung von dessen Existenz kann man sich des tragenden Grundes der Frage, z. B. was ein Schluß »ist«, versichert halten. Nur aus der Zeitlichkeit des Daseins ist die innere Möglichkeit des Schließens zu begreifen. Die Grenze des Menschen zeigt sich darin. Objektivität – wie sie im Urteil gesucht wird – bedeutet etwas nur für ein Wesen, das in die Dinge verstrickt, dazu Distanz zu bekommen sucht, das in dem Standpunkt, den es dabei vertritt, sich sein Freiwerdenkönnen von sich selbst erweist. Es bedeutet keine Relativierung, wenn dem λόγος seine Stelle gegeben wird. Es gilt eine Morphologie des Urteils aufzulösen, die im Urteil etwas »als seiend gesetzt« sein ließ. Sie ist durch eine Typik der Schritte zu ersetzen, in denen Existenz sich vollzieht, d. i. bestimmend und urteilend, schließend und beweisend sich aufnimmt in der Artikulation ihrer Lage, sich auseinandersetzt mit ihresgleichen. Statt Spuren solcher Auslegung auf Schemata zu idealisieren, gilt es, ihre Bündigkeit zu begreifen. Schlüsse, Bestimmungen usw. können aber dann nicht mehr beanspruchen, als ein Einsatzfeld zu sein. Im Begreifen ihrer inneren Möglichkeit, in der Bloßlegung ihres Ursprungs verschiebt sich sofort die Betrachtung in die Richtung dessen, was Heideggers Existenzial-Analytik umrissen hat. Sie haben keine eigene Systematik. Und dies gerade hinsichtlich dessen, daß in ihnen als Modalitäten der Erkenntnis Transzendenz im Ganzen im Blick steht.

Die folgenden Untersuchungen setzen bei der Aristotelischen Bestimmung des λόγος als eines σημαντικός, bzw. bei dem darin angelegten Begriff der Wahrheit ein.

Zu erkennen geben mag zunächst auf bestimmte Praktiken der Unterweisung bezogen sein. Wie bei der Instruktion etwa ein Gewehr in Konstruktion und Gebrauch vorgeführt wird. Am Modell soll der andere etwas lernen. Das Wort greift hier zumeist nur eben ein. Es nimmt im Gang der Beschreibung etwas auf, um dann wieder z. B. eine Abbildung sprechen zu lassen. Und die Wendung *sprachlicher Ausdruck* meint hier die Art, wie nach Maßgabe des Ziels dem anderen etwas gesagt wird. Denn man rechnet mit seiner Auffassungsgabe usw. Unterricht leitet hier an. In Eingriffen usw. sich vollziehende Praxis führt hier zum Ziel. Die Dinge werden hierbei vorgenommen. Und daraufhin kann solche Erklärung nur richtig, d. i. geschickt sein oder nicht. Dieses *zu-erkennen-geben* ist ein Vorhaben – nicht anders als Bestimmungen oder Feststellungen. Desnäheren läßt man hier aber den anderen an der Vorführung von etwas lernen, nämlich merken. Der andere erkennt hierbei etwas nicht anders, als er dasselbe und ebenso auch von sich *aus* merken könnte. Ich verhelfe ihm nur dazu, das in diesem Begreifen bezeichnete innerweltliche Verhältnis zu der Sache zu gewinnen, verfahre dementsprechend. Erkenntnis, d. i. Orientierung wird hier dem anderen vermittelt. Wobei das Wort nur verdeutlichend einspringt, Fingerzeige ersetzt usw. Also insofern auch am Platze ist. Auch eine hingeworfene Bemerkung stimmt, ist treffend oder nicht. Und das ist hier mehrdeutig. Eine alberne Bemerkung ist eine solche, die nicht hingehört. Aber sie ist nicht einfach eine falsche Bemerkung. Sicherlich – eine richtige Bemerkung ist die, die in einem besonderen Grad und im besonderen Sinn demjenigen entspricht, wozu sie gemacht wird. Aber es wäre verkehrt, daraufhin an dieser andere Bemerkungen messen zu wollen. Wie auch eine flüchtige und oberflächliche Beschreibung gerade die genügende, je nach den Umständen sogar die einzig richtige sein kann. Denn auch jede Beschreibung wird *verhältnismäßig* vorgenommen: sie rechnet mit den Mitteln und dem Zweck der Beschreibung, für die die Bedürftigkeit des anderen maßgeblich ist.

Eine in Worten gegebene Darstellung wird zunächst – sofern sie auf ein Ziel ausgerichtet ist – auf diese ihre Richtigkeit hin geprüft. »*Das ist (doch) Eisen!*« wird als Hinweis verstanden, ein zur Prüfung vorgelegtes Stück Metall doch einmal daraufhin zu betrachten. Und es ist hier berechtigt oder nicht, die Untersuchung des

anderen in diese Richtung zu lenken. Als »richtig« i. e. S. gilt ziel-
gemäßes Verhalten. Was man vornimmt, ist richtig. Daß eine Beschreibung »stimmt«, meint aber mehr als nur zweckentsprechend
zu sein. Es bezieht sich auf sachliche Richtigkeit, darauf, daß die
Beschreibung dem Beschriebenen entspricht. Daß ein Schluß
»stimmt«, ist nicht die »Richtig«keit i. e. S., die ihm daraufhin zugesprochen wird, daß er den Weg zu einer Lösung der Situation
bahnt. Das Wort – und hierbei faßt man es gerade in seiner unver-
schnittenen Wirklichkeit – ist aber hier überall *als Wort* am Platze:
als eingestellt in Begegnungen mit dem anderen stehen die Dinge
im Blick. Feststellungen werden als Anliegen der Wissenschaft bekannt gemacht. Das Wort ist keine bloße Wiedergabe von etwas,
die es ja doch beließe bei dem, was als bloß eben »ausgedrückt«
nicht geändert würde. Das Wort verändert aber gerade die Situation, sofern es sie klärt. Man kann der Berufene sein, zu etwas »sein
Wort« abzugeben.

Worte sollen etwas dem anderen nahebringen, ihn in Kenntnis
setzen, ihm etwas beibringen, erklären, eine Weisung geben. Ein
Bericht z. B. hat zum Ziel die Unterrichtung des anderen. Worüber berichtet wird, ist als den andern angehend in einem unausdrücklichen Vorverständnis ausgrenzend bestimmt. Indessen –
»was« wird eigentlich berichtet? *Er* wird berichtet. Der Bericht
*ver*mittelt mehr, als daß er eine »Über«mittlung von etwas bedeutet. Der Bericht versetzt den andern in eine Kenntnis. In der Umstellung auf die (veränderten) Verhältnisse nimmt er den Bericht
auf. Einen Ruf nimmt man sich zur Warnung. Und im gespannten
Zuhören, reservierten Sich-Anhören usw. drückt sich der verschiedene Anspruch aus, der dem an einen gerichteten Wort zuge-
billigt wird.

Rat, Bitte, Frage hatte Aristoteles von der Logik daraufhin ausge-
schlossen, daß sie nicht »wahr« sein könnten. Indessen – schon
eine Frage z. B. kann die »gegebene« und die »richtige«, weil wei-
terführende Frage sein. Und ein Rat kann »stimmen« z. B. Man rät
das hier Gebotene. Aus größerer Einsicht wird hier autoritäre Geltung dessen beansprucht, was dem andern geraten wird. Was hier
als das Richtige erkannt wird, liegt sicherlich erst in der Fortset-
zung der vorliegenden Situation. Indessen – die Umstände gebieten. Von den Dingen her zeigt sich ein Rat als richtig oder nicht,
obgleich nach einer »Übereinstimmung« hier nicht gefahndet werden kann. Der Rat entspricht aber der Lage des anderen, der sich

hier etwas sagen, d. i. sich frei zu etwas bestimmen läßt. Im Unterschied zu dem Befehl, dem man durch die Ausführung, aber nicht in der Aneignung von etwas als des Richtigen »frei« entspricht.

In dem Ausdruck *stimmen, richtigsein* ist keine Übereinstimmung, sondern nur eine Akkordanz bezeichnet. Der Ruf *Feuer!* stimmt, sofern er Ausdruck einer wirklichen Gefahr ist. Es ist nur eine bestimmte Modalität dieser Richtigkeit, wenn im Bestimmen z. B. etwas *sachlich* stimmt, wenn nämlich in der hier aufgenommenen Richtung den Tatsachen entsprochen wird. Womit sollte z. B. die Bestimmung einer Pflanze als »Aberration von . . .« übereinstimmen? Diese Bestimmung »stimmt« lediglich, sofern sie dem Stand der Wissenschaft, vorliegenden Einteilungen, Vererbungsversuchen usw. entspricht. In den πράγματα ist der Horizont der »bekannten Tatsachen« angeschlagen. Angesichts des derzeitigen Standes der Dinge begründet man sich in seiner Bestimmung, die hierbei als vorläufig in den Kontext fortschreitender Erfahrung eingestellt wird. Das Weitblickende gehört mit zu der Richtigkeit einer Bestimmung. Und was z. B. bei einer Instruktion »überein«-stimmen könnte, wäre – in Umkehrung der angeblichen Richtung – doch nur die Handhabung des Gewehrs in bezug auf die vorliegende Instruktion. Sicherlich – bei einer Beschreibung gibt es auch so etwas wie Übereinstimmung. Darauf bezieht es sich gerade, daß sie richtig, nämlich genau gemacht ist. Diese hier als sachliche Genauigkeit verlangte »Übereinstimmung« gehört aber ja doch zu dem spezifischen Ziel dieses Vorhabens.

Etwas anderes als die Richtigkeit solcher Schritte – und auch eine Bemerkung kann ein solcher Schritt sein – ist die *Wahrheit* des Gesagten. Nur gezwungen wird man aber die Bemerkung, daß *es draußen regnet,* nicht nur richtig, sondern auch »wahr« sein lassen. Dagegen wohl die andere: *ob nicht doch vielleicht . . . .* D. i. wahr ist eine Bemerkung, sofern sie aufschlußreich ist. Daraufhin kann auch an etwas als an ein wahres Wort erinnert werden. Sofern nämlich darin einem etwas zur Erschließung überantwortet ist. Schlechthin als »eine Wahrheit« wird aber wohl auch manchmal ein Gedanke bezeichnet. Ein *richtiger* Gedanke ist ein solcher, der einen Weg eröffnet, in dessen Verfolg man weiterkommt. Etwa bei der theoretischen Behandlung der Dinge. Einem Ziel kommt man hier näher. *Wahr* nennen wir aber einen Gedanken, wenn im Verfolg seiner Aufnahme und Aneignung in der Rückstrahlung dieses Gedankens, in seinem Widerschein, sich etwas ent-deckt. Wie hier *etwas gesagt* ist, wird wichtig: wie der Gedanke zur Erschließung überantwortet, wie seine Fülle gerafft und sein Raum umrissen wird. Denn die Wahrheit solcher Worte ist nichts, was einfach sachlich zu bestätigen wäre. Sie will gesucht werden. Zu erkennen geben ist nicht einfach aufzeigen. Die Wahrheit eines Wortes erweist sich nur an Fällen. Ent-deckt wird aber an ihm selbst Verborgenes – im Unterschied zu dem, was durch die Umstände nur versteckt wird, was daraufhin gesucht und *gefunden* wird. Wenn sich von sich aus etwas zeigt als das, was es auch ist, spricht man von Wahrheit. »Wahres« Gold steht insofern dem Scheingold gegenüber; es gibt aber keine »wahren«, sondern nur »richtige«[7] Taler, d. i. solche, die als im Kurs befindlich zur Zahlung verwendet werden können. Und *wahr* ist ein analogischer Begriff: sofern einer die Wahrheit sagt, d. i. sich offen darin mitteilt, wie er etwas sieht, ist er selbst wahr.

Gesagtes ist wahr oder nicht, sofern es als über bzw. als von etwas gesagt verstanden wird. Daß das Wort zu erkennen gibt, zeigt sich hier als erschließende Potenz des Wortes; in der *Aussage* wird etwas *ent-deckend* beigestellt in bezug auf ihren Gegenstand. Kenntnisvermittlung war etwas anderes; es bedeutete: ein Denandern-ins-Bild-setzen, ihm Kenntnis beibringen. Und dieser praktischen Absicht entsprach die Darstellung. *Aussage* heißt aber Gesagtes daraufhin, daß darin etwas bezeugt wird.

Es ist aber hier die Wendung zu bemerken, die gerade der Begriff der Aussage, bzw. der Bezeugung durch Aussagen in der überkommenen Logik erfahren hat. Worte werden hier als *Aussage* genommen, sofern sie zu der Sache, über die man etwas erfahren will, nur eben in Bezug gebracht werden. Wie sich denn auch sonst schon ein bestimmtes Interesse vordringlich macht und als maßgeblich durchsetzt, wenn irgendwelche Berichte, Beobachtungen usw. geradezu jemandes *Aussage* genannt werden. Der Zeuge vor Gericht z. B. wird über den strittigen Fall vernommen. Gegenüber der Flüchtigkeit des in der Rede aufgenommenen Verhältnisses des einen zum andern, wo jedes Wort sich entlastet im Entsprechen des andern, wo Am-Wort-Hängenbleiben Nichtverständnis bedeutet, kann das, was wahr ist oder nicht, als enuntiatum festgehalten und protokolliert werden. Wobei mit der Verhältnismäßigkeit der Worte des Zeugen nur eben gerechnet wird: Aussagen werden redigiert. Nur als Aussage betrachtet haben Worte einen sachlichen »Gehalt«, auf den hin sie verglichen, einander konfrontiert, aneinander gemessen werden können. Sichtung auf das irgendwobei Wesentliche ergibt den positiven Gehalt irgendwelcher Worte. Es gilt, die »nackte Wahrheit« über etwas, als in den verschiedenen Aussagen durch Zutaten verstellt oder verdreht oder schief enthalten, herauszubekommen.[8] Als wahr ent-deckt sich hier nichts – es ist vielmehr eine Wahrheit, die *gefunden* wird. Sie steht nicht einem Noch-nicht-Entborgensein, sondern einem Nicht-mehr-Unverborgensein gegenüber. Als einer Darstellung von . . . , als einer zur Verwahrung gekommenen Erkenntnis wird hier der Wahrheit im Urteil allererst ihr Ort verschafft. Nur als so fest-gestellt gilt sie als Wahrheit, ist sie Maß, dessen Objektivität hier gesteigerte Brauchbarkeit bedeutet, sofern dadurch der Geltungsbereich dieses an die Hand gegebenen Erkenntnisbestandes erweitert wird. Bei diesen *Wahrheiten über . . .* gibt es auch eine Übereinstimmung als adaequatio rei ac intellectus. Sofern nämlich hier die eine Darstellung treffender ist als die andere, sich besser in Übereinstimmung bringen läßt mit . . . Aussagen kommen dieser Wahrheit nahe oder nicht. Als Zeugnisse gelten sie, sofern sie den Anspruch erfüllen, die Aussage eines Beteiligten zu sein. Die Wahrheit über etwas ist das, was abschließend zu etwas gesagt werden kann: als das wird sie verfügbar gehalten und zugänglich gemacht.

Wahr ist Gesagtes daraufhin, daß es zu erkennen gibt. Darin liegt: die Wahrheit haftet nicht an der Aussage – wie z. B. eine Darstellung gerade an ihr selber richtig ist oder nicht, oder wie z. B. der Satz des Pythagoras selbst eine Erkenntnis ist, als Gleichung geschrieben und in dieser Darstellung bewiesen werden kann. Dahin ist aber gerade die Aussage von der traditionellen Logik verstanden worden: als ob in ihrem Diktum ein Erkenntnisbestand vorläge, als ob die Dinge hierin gleichsam ausgemünzt und verrechenbar geworden wären. Als ob man den Beziehungen der Dinge im heraushebenden Nachziehen – daraufhin: adaequatio rei ac intellectus – auf die Spur gekommen wäre.

Freilich – *Aussage* hat in der formalen Logik nur noch die Bedeutung eines Terminus. Und sofern der Aussagegehalt sich nur unter einer Perspektive herausgrenzt, unter der das gesprochene Wort weniger vernommen als betrachtet wird, war auch der Weg frei geworden für Ausdeutungen.[9] Es kam der Logik darauf an, aus den Worten *Urteile* als das eigentliche Thema herauszulösen; *Prädikation* und *Behauptung* sind weitere Bezeichnungen dafür. In der Wahl dieser Wörter als Termini verrät sich – trotz der Verschiedenheit ihrer Bedeutung – das Gleichsinnige dieser Ausdeutung: das Urteil gibt eine Darstellung von etwas, und Prädikation entwickelt einen Gegenstand, der – daraufhin *Behauptung* – mit seinen Prädikaten »gesetzt« wird. Es sind verschiedene Bahnen, in die man hier die als Diktion geschehene Auseinandersetzung der Dinge zu zwingen sucht – nur getrieben von der Suche nach operativen Schemata – gleichgültig dagegen, ob das, was Urteil usw. eigentlich ist, hierbei auch wirklich erfüllt wird. Zunächst abgesehen von den Schwierigkeiten der im Sinn solcher Umdeutung gestellten Aufgaben, wie sie z. B. die Bemühungen um das Existenzialurteil veranschaulichen könnten – unter dem hier maßgebenden Gesichtspunkt kann das Wort – wie oben bemerkt – nur als fixierender Ausdruck gelten. Es ist seinem Ursprung in der Rede des Menschen entrückt worden. Gerade deren Flüchtigkeit wird hier die entscheidende Hinsicht, wenn das Wort auf seine innere Möglichkeit befragt werden soll.

Die Auseinandersetzung der Rede geschieht als Fortgang. Das Verhältnis zum andern wird »aufgenommen«. Ein Wort gibt das andere im Gespräch. Und Wörter wie *aber, obgleich* usw. – wofür sollten sie wohl stehen? Aber zu erkennen geben sie freilich etwas. Und zwar etwas, durch dessen Vollzug seitens des anderen das Wort geradezu von sich selbst entlastet wird.

§ 3. *Die Transzendenz der Rede*

1.

Die formale Logik kommt zu ihren »Beispielen«, sofern sie an Bekanntes anknüpft und prädizieren läßt, was man davon weiß: *Die Rose ist rot.* Tatsächlich stockt hier aber ernstes Verständnis. In der Banalität dieser Schulbeispiele zeigt sich das widerwillig-Ausgedachte nachträglicher Ausfüllung konstruierter Schemata. Denn wirklich gesprochene Worte könnten hier nur die Bedeutung von Fällen zur Illustration der Einkleidung und Verkleidung haben, die diese Schemata gelegentlich erfahren können. Sie wären Beispiele in keinem anderen Sinn, als man wohl auch zu algebraischen Gleichungen praktische Beispiele sucht, die danach auszurechnen sind. Sie werden hier aber nicht als Beispiel im eigentlichen Sinn, nämlich zur Veranschaulichung von etwas aufgegriffen, als etwas, dessen Nennung genügt, um ohne weiteres in den Vollzug eines Selbst-Verständnisses zu versetzen. Nämlich zufolge des eindeutig Zwingenden ihrer Konkretion – hierin gerade im Gegensatz zu der Funktion der Schulbeispiele, wo in der Konkretion gerade die Verrätselung und insofern die Aufgabe liegt, an deren Lösung Theorie erprobt werden soll. Hermeneutische Logik setzt aber gerade an der Situation, so wie sie zu Wort kommt, ein. Gegenüber der Schullogik, der Erkenntnis der Situation lediglich den gelegentlichen Ausfall dessen erklären soll, was sie als »Urteil« herauszulösen und auf seine Form als auf das Wesentliche ihrer Systematik und Einteilung zu verkürzen sucht. Das wirklich gesprochene Wort gilt es, in dem Selbstverständnis seines Vollzugs sich ausdrücklich anzueignen. Beispiel wird es, sofern es, nur als Beispiel genommen, einen sich betreffen läßt bei dem, was als unter der Hand verstanden natürlich und gewöhnlich durch flüchtige Praxis überholt und verdeckt wird. Nur durch deren Unterbindung, im Gefolge einer ἐποχή entsteht Veranschaulichung durch ein Beispiel. Ein echtes Beispiel »gibt« mir nicht einfach das, was ich daran sehe. Es erweckt es in mir, und wie in einem Spiegel finde ich es an dem Beispiel.[10]

Der Aussagelogik konnte die Situationsbezüglichkeit des gesprochenen Wortes nur als Okkasionalität mancher »Bedeutungen« erscheinen, die hier aber recht besehen eine Okkasionalität der Bezeichnung war. *Es regnet* z. B. meine ja doch einen Sachverhalt, dessen hic et nunc auch objektiv bestimmt werden könnte.

Indessen – *es regnet* ist eine Bemerkung. Sie wird gemacht im Hinblick auf den Regen draußen. Er wird als Umstand bemerkt, und man macht auf ihn aufmerksam, weil seine Hinderlichkeit bei dem, was man vorhat, interessiert. Das Stillschweigend-mit-gemeint-Sein von *hier und jetzt* einmal zugegeben – was *hier und jetzt* zu erkennen geben, könnte nicht durch objektive Daten fixiert werden. Bzw. nur weil die Situation darin aufgenommen wird, können sie auch unter Umständen zur kurzen gelegentlichen Bezeichnung von Stellen einer raumzeitlich sich erstreckenden objektiven Wirklichkeit verwendet werden. Unter Umständen – wenn nämlich das hier bezeichnete Feld das Thema irgendwelcher Betrachtung ist. *Es regnet* nimmt aber nicht hierauf, sondern auf das, was man vorhat, auf meine Besorgungen Bezug. Das Wetter wird darin gekennzeichnet. Eine Feststellung wie: *es ist noch weit* hat nur als auf dem Wege nach . . . . gemacht einen Sinn. Und dieses »es . . . « ist nicht etwa auf die Wegstrecke hierbei zu verkürzen. Was in *es regnet* usw. zu Wort kommt, ist eine Erkenntnis, die sich nur in der Situation halten kann. Abgesehen von der Richtigkeit ihrer Bemerkung – auch wahr sind die Worte nur, sofern sie auf die Wirklichkeit in ihrer Aktualität hin verstanden werden. Was *es regnet* meint, ist nicht als Bestand auszuweisen.

Das, wovon die Rede ist im Sinn dessen, daß sie sich darauf bezieht, ist je die gegebene Situation z. B. Es kann aber auch – etwa in der Erinnerung an etwas anknüpfend – die Rede auf etwas gebracht, etwas als Thema vorgenommen werden. Dieser nie geradezu nennbare Gegenstand der Rede, dessen Gegenwärtigsein die Bedingung ihres Verstandenwerdens ist, ist aber nicht das, worin die Rede ihren ausdrücklichen Ansatz – z. B. das Subjekt ihrer Prädikation findet. Was im Blick der Rede steht, bleibt auch nur im Blick. Denn aufgenommen werden die Fragen, die hierbei akut werden. Sie können in den verschiedensten Richtungen liegen. Gerade die nicht auf irgendwelche Intentionalität zu verkürzende Transzendenz der Rede kommt darin zum Vorschein, wie die Dinge in den Blick gerückt und herangezogen, bzw. in der Rede durchgenommen werden. Wie dem Anliegen des anderen dabei begegnet, er darin mitbetroffen oder geradezu beansprucht wird usw.

Die formale Logik, die jegliches dictum auf seinen sachlichen Gehalt sichtet, kann von vornherein demjenigen nicht gerecht werden, was sie als Existenzialurteil deklarieren möchte. Indessen – daß *der Schlüssel zu diesem Schloß existiert* oder daß er *da ist*, ebenso aber auch, daß *es Fälle gibt, die . . .,* oder daß es *zu Gleichungen dieser Art eine Lösung gibt* – all das *gibt es,* sofern es – als vorhanden oder auch »vorkommend« – mit in Rechnung zu stellen ist. In dem Vorhandensein *des* oder *eines* Schlüssels . . . (das kommt hier auf dasselbe hinaus!) wird der andere mit dem Gegebenen – z. B. der gegebenen Situation – bekanntgemacht. Und zwar über die Grenzen hinaus, in denen es ihm zunächst präsent ist. In den Worten *der Fall existiert . . .* bietet sich der eine dem anderen – um aufkommenden Zweifeln zu begegnen – zum Zeugen an für die Wirklichkeit solcher Fälle. Oder er gibt dem anderen ausdrücklich die auch von diesem nicht bezweifelte Wirklichkeit von etwas daraufhin zu bedenken, daß er sie nicht im Blick auf utopische Ziele vergißt. Beidemal bringt er also den anderen zurück in ein Verhältnis zur Wirklichkeit. Das bedeutet hier *ihm et-*

was zu erkennen geben. Eine solche Versicherung des anderen ist aber überhaupt nicht als einer bestimmten Lage entbundenes »Urteil« zu arrangieren.

2.

Situation ist immer: je eines Situation. Situation ist keine sachliche Konstellation; sie kann nicht in Formen des Allgemeinen entwickelt werden. Sicherlich: es gibt typische Situationen. Als typisch sind sie aber ausdrücklich bezogen auf typische Lebensverhältnisse, Schicksale usw. Eine Situation ist es z. B., *auf der Straße zu sein. Auf der Straße* ist nicht einfach lokal gemeint. Als Situation bestimmt es sich gerade darin, daß das Leben in der Modalität des Verkehrs sich abspielt auf der Straße, daß meine Wege an die Straße gebunden sind, daß ich hier selbst für andere sichtbar bin, ebenso ungezwungen aber auch Bekannte treffen kann usw. Situation reduziert sich auch nicht auf die *Lage,* die als taktische Lage oder als die Lage eines Unternehmens sachlich geschildert und als gut oder schlecht im Stand der Dinge bewertet werden kann. In die und die Lage kann jeder kommen. Jemandes Lage bemißt sich an Umständen, die dabei auf sachlich weitgehend festgelegte Praxis bezogen sind. Meine Lage ist z. B. die als Kompagnieführer. In den Wendungen *in die Lage kommen, Gelegenheit finden* usw. wird auf innerweltliche Möglichkeiten als auf die sachlichen Erfüllungen der Bedingungen meines Vorhabens Bezug genommen. Lagen sind klar, bzw. können einem klar gemacht, in ihren Momenten geklärt und begründet werden. Situation hat aber keinen solchen »Stand«, auf den hin sie betrachtet und beurteilt werden könnte. Und obgleich Einzelheiten daran aus Umständen, Zufällen usw. zu erklären sein mögen, die Situation als ganze bleibt – als im Kern nichts Sachliches – wesenhaft unergründlich. Als handgreifliche Erfahrung begegnet darin, daß jeder Schritt von Existenz als ein Sich-Übernehmen geschieht. Die Grenze des Menschen ist darin umrissen, daß er nicht über seinen Anfang verfügt und nur ungesucht sich finden und betreffen kann bei . . .

Die mir gegebene Situation wird von mir aufgenommen. Schon darin, daß ich daran ändere, anderes lasse, verhalte ich mich zu ihr als *Subjekt* dieser Situation. Noch mehr – und das ist entscheidend: *nur* als je meine oder je eines ist die Situation *diese* Situation. In dem Gegebenen der Situation ist nicht das unverrückbare Maß einer Darstellung bezeichnet – wiewohl daraufhin gerade Erkenntnis das Gegebene einem Nicht-Gegebenen als dem zunächst Vorenthaltenen gegenüberstellt.

Die in dem »Gegebenen« der Situation bezeichnete Verbindlichkeit bezieht sich vielmehr darauf, daß man sich dadurch gestellt findet. Durch »Aufnahme« entspricht man hier dem Gegebenen. Schon seine Feststellung geschieht aber unter einer Richtung, d. i. in Anmessung an ein Vorhaben. Die Erkenntnis der Situation bezieht sich auf die darin beschlossenen Möglichkeiten. In der offenen Unbestimmtheit der Situation ist nicht auf die Lückenhaftigkeit einer mir zum Teil vorenthaltenen Kenntnis verwiesen. Denn Situation reduziert sich nicht auf die Umstände des Daseins. Mit Umständen als mit einzelnen Umständen rechnet man lediglich. Und nur sofern ich die Situation ins Auge fasse, sind Umstände als günstig oder hinderlich zu erkennen. Nur im Licht meiner Entscheidung zeigt sich die Situation. Ich erschließe sie mir, sofern ich auf mich selbst dabei zukomme. Nur von daher bekommt sie Gesicht und die Spitze ihrer Bedeutung. Die Situation »wahrzunehmen« bedeutet praktische Erledigung. Und eine Potenz solcher Wahrnehmung liegt darin, wie hier im Vorblick erspäht wird, was dem Zaghaften schon als Möglichkeit verschlossen bleibt. Gegenüber dem Verzagten, der sich zum bloßen Objekt seiner Lage entgleitet, setzt man sich in der Erkenntnis der Situation als deren Subjekt durch. Nur wagender Zugriff schafft diese Überlegenheit. Man »steht« in Situationen; schon in diesem »Stehen« drückt sich Überwindung offenen Schwankens aus. Nur die Aktivität eines Stehens verbürgt Übersicht und freie Distanz.

Man macht etwas aus der Situation. Man gestaltet sie, die vorher gleichsam noch nichts war. Kaleidoskopartig ändert sie ihr Gesicht je nach dem Kraftfeld der Entscheidungen, in das sie gerät. Gerade als aus-ständig und durch Aus-zeichnung allererst zu Gestaltendes zeigt sich die Situation im Widerschein menschlicher Existenz.

Das zunächst Ungehobene der Situation drückt sich in deren Aufnahme aus. Diese geschieht als Sicht. Gerade das Bestimmte der gegebenen Situation kommt in der Akutheit der Frage[11] zum Vorschein. Die Artikulation einer solchen Frage ist der erste Schritt einer Klärung. Tatsachenkomplexe werden als Fragen angeschnitten. Die Wendungen *es ist die Frage . . ., die Frage liegt nahe . . ., es ist die gegebene bzw. richtige Frage hierbei* weisen darauf, wie die Frage aus der Dringlichkeit der Situation[12] geboren wird. Des näheren ist aber immer die Frage: *ob* oder *ob nicht* oder *ob vielleicht* oder *ob gar* usw. Das stockend-Kritische, prüfend-Nachsehende, vorsichtig-Gespannte, die Richtung und Lagerung eines Beginnens zeigen sich darin an. Wobei das Flüchtige solchen durch Vorgriffe geleiteten Zu- und Nachsehens der Aufmerksamkeit gegenübersteht, die als eine Haltung dauernd gewärtig ist dessen, was von sich aus sich zeigen mag, die die Dinge an sich herankommen läßt.

Die Aufnahme bedeutet eine Wendung der Situation. Denn sichten bedeutet: im Aufgreifen des einen anderes sich abkehrend liegen lassen. Jeder Begriff indiziert aber solche Vorentscheidungen.

Das Erschließen der Situation vollzieht sich im Erkennen und Bestimmen von etwas als etwas. Man orientiert sich über die Dinge. Wobei sich also die Bedeutung von Orientierung als Aufenthaltsbestimmung durchsetzt. Es sind nicht Gegenstände, Objekte, was erkannt wird, sondern das Vorhandensein eines Stuhles, das Vorliegen von Eisen. Auf ein Zur-Prüfung-Vorgelegtsein wird zugekommen in der Bestimmung, deren Gegenstand ja doch allererst hierin fixiert wird. Nicht mehr als ein erster vorstoßender Schritt ist es, etwas als *dies da* ins Auge zu fassen. Orientierung bedeutet Raffung und Gliederung. Die Situation bekommt reliefhaftes Gezüge dabei.

Situation ist immer eine solche, in die meinesgleichen immer kommen kann. Situation darf ebensowenig als Lage versachlicht wie zu dem Schicksal überdeutet werden, in dem man sich als in seinem Schicksal übernimmt. Daß man sich in Situationen befindet, dahinein gerät, drückt das Zu-fällige daran aus. Zufall und ebenso Geschick bedeutet im allgemeinen Mißgeschick. Von einem Geschick wird man betroffen; Situationen kann man zuvorkommen. Die Fähigkeiten eines Menschen bemessen sich daran, wie er Situationen gewachsen ist. Klugheit, Vorsicht, ebenso aber auch Dummheit und Leichtsinn erweisen sich darin, wie Gefahren überstanden, wie Situationen in die Hand bekommen werden. Aus Mißgeschicken lernt man. Geschicke gewärtigt, mit Zufällen rechnet man – entsprechend wie auf der Gegenseite mit dem Gelegenkommen von etwas. Gerade hinsichtlich seiner Zeitlichkeit, hinsichtlich dessen, daß es aus der Welt her einem *zu-fallend* ist, ist aber das Geschick vom Schicksal unterschieden. Denn schicksalhaft ist etwas, was als *überkommen* zu *tragen* ist. An Geschicken läßt man – und dies gerade in der Schärfe ihrer Bedeutung – anderes schuld sein. Die Situation entsteht in der Auswirkung von Zufällen. Worin die Streuung der Situation zum Vorschein kommt – gegenüber dem, daß man in seinem Schicksal sich selbst überkommen ist, daß im Begriff des Schicksals sich gerade eine Verdichtung artikuliert: dies, daß man verantwortlich zuzukommen hat auf das, was, wozu man geworden ist. Jemandes Schicksal – das ist *er*, seine Geschichte. Geschicke und Zufälle zeigen sich aber in ihren Folgen. Sie sind etwas Innerweltliches im Gegensatz zu dem Schicksal, das als je eines Schicksal nicht als etwas Allgemeines begriffen werden kann. Jemandes Geschick ist ein Geschick, das zufällig ihn gerade trifft, während jemandes Schicksal gerade nur aus ihm selbst her verstanden werden kann. Sicherlich – es gibt typische Schicksale. Darin drückt sich aber nicht mehr als das Spezifische menschlichen Lebens aus. Andererseits: es gibt sehr wohl und gerade so etwas wie Schicksals*gemeinschaft* im Gegensatz zu dem anderen, daß man Geschicke wohl teilen, d. i. in dem unverbindlichen Sinn von *dasselbe Geschick* erfahren kann, daß aber hierin keine existentielle Gemeinschaft sich konstituiert. Geschicke können sich wiederholen, und so wie jeder Zufall ebensogut auch den anderen treffen kann, gibt es auch Mißgeschicke, die für jemand so kennzeichnend sind, daß, wie man sagt, nur X dies passieren konnte: immer zu spät zu kommen, immer auf die falsche Karte zu setzen usw. Ein als natürliche Veranlagung, in Mängeln bezeichneter innerweltlicher Faktor ist es hier, was schuld wird an der Wiederholung solchen Geschicks. Schicksale sind aber nicht so – sachlich – zu begründen und zu erklären. Denn daß ein Geschick zum Schicksal werden kann, daß die Erfahrungen, die einer macht, den Menschen verändern können, hat seinen Grund im Charakter, im unveräußerlichen Selbst des Betreffenden. Während es dem Geschick gegenüber gilt, sich durchzusetzen, freizukommen aus der Situation dadurch, daß es gelingt, den Dingen taktisch beizukommen, ist das Schicksal etwas, von dem man sich nicht lösen, das man vielmehr nur tragen kann. Wobei sich in diesem Tragen des Schicksals die Aktivität des Damit-Fertigwerdens betont – im Gegensatz zu resigniertem Sich-Abfinden, das, was ich selbst nicht bin, sich in mir nur eben vorenthaltene Chancen umdeuten möchte, das im Sichhinwegtäuschen über eigenste Möglichkeiten als unabänderlich hinnimmt, was es gerade aufzunehmen, dem es die Spitze allererst zu geben gilt. Man verhält sich zu sich selbst in seinem Schicksal – während man sich in Situationen nur insofern eingesetzt findet, als sie z. B. gefährlich sind. Situationen wird aber eine Wendung gegeben, sofern sie nämlich überhaupt immer wechseln. Eine Situation ist immer die je gegenwärtige Situation. Daß aber nun jeden ein bestimmter Zufall treffen kann, besagt etwas anderes, als daß jeder in eine Lage kommen kann. Denn in *jeder, der in die und die Lage kommt,* ist ein bestimmter Bereich von Fällen bezeichnet. Man behauptet, daß etwas allgemein oder eingeschränkt zutrifft für diesen Bereich, der nach dem oben über die Differenz von Situation und Lage Bemerkten ein sachlicher Bereich ist. In der Bemerkung hingegen, daß von einem bestimmten Zufall jeder betroffen werden, daß in meine Situation jeder geraten kann, wird auf den typischen Zuschnitt des Lebens verwiesen.

3.

Die Situation ist das, worin einer dem anderen begegnen, worin er ihn als in seiner Situation ansprechen, ihn in seinem Sein treffen kann. Gerade dies wird in dem *Du bist . . .* ausdrücklich. Der Unterschied den Dingen gegenüber kommt zu Wort darin.[13]

Denn die Dinge, deren Seins-Sinn unerkannt bestimmend war für die Logik, *sind* nicht ebenso und eigentlich das, als was sie doch lediglich eben bestimmt und festgestellt werden – etwa 1,82 groß, wie dies z. B. *mein* Maß ist. Vielmehr: *es* mißt eine Stange 1,82. Die *gegebenen Verhältnisse* werden hier bestimmt und hierbei das eine als das dem anderen Subsistierende angesetzt. Nur Übersicht läßt die Dinge getroffen werden und dies insofern, als man sie dabei an ihrer maßgeblichen Seite packt. Daß man die Dinge anspricht als . . ., bedeutet eine Auseinandersetzung, die sich schrittweise immer mehr zu begründen sucht. Wobei man aber selbst auf die Fragen zukommen muß, mit denen man sich auf die Dinge lediglich eben bezieht. Denn bei mir steht, was ich sie sein lassen kann.

Das Besondere der *bin-* und *bist*-Sätze bringt zum Vorschein, wie die »Sachlichkeit« der Rede nicht einfach in einer »intentionalen« Beziehung auf Sachverhalte besteht, sondern ein bestimmtes Verhältnis bedeutet und in die Transzendenz der Rede mit einzustellen ist:

Ich sagend nenne oder melde ich mich.[14] Oder ich stelle mich darin, komme zu auf mich selbst. In den Worten *ich nicht* wehrt man sich gegen eine Zumutung usw. Entsprechend wie in *Du* der auf Erwiderung hin Angesprochene getroffen, in der Richtung eines

Miteinander beansprucht, gestellt oder auch bezichtigt wird. Was *Du sagt,* ist nicht der, dem es insofern *gilt.* Der Titel pro-nomen für *ich* und *Du* legt die gerade verkehrte Auffassung nahe, daß darin ein Nomen vertreten wird.[15] *Ich* und *Du* sind aber, was sie sind, nur in ihrer Redeverbundenheit. *Ich* ersteht, verwirklicht sich allererst im Wort. Die existentielle Leistung des Wortes, das Verbindliche der *Du*-Rede z. B. ist nicht zu übersehen. Dies in dem *ich* sich aussprechende Auf-sich-Zurückweisen bzw. Sich-Zuspielen einer Erklärung usw. wird vom Partner eines Gesprächs oder den Teilnehmern einer Unterhaltung unmittelbar folgend verstanden – also anders als von einem andern unbeteiligten Dritten. Dieser identifiziert lediglich den Sprecher. Dieser Standpunkt des unbeteiligten Dritten ist aber gerade auch der einer Logik, die das Wort auf seinen objektiven Aussagegehalt sichtet.

Sicherlich, *ich bin 1,82* ist eine Angabe zur Orientierung des anderen. Man bezieht sich dabei auf einen Sachverhalt. Und daraufhin betrachtet, ist die erste Person auch unwesentlich und nur okkasionell. Das, dessen die Angabe als Angabe enthoben ist, wird in der Rede aber gerade aufgenommen. Denn als von dem, als den *ich mich finde,* sage ich hier von mir etwas.

Ich bin 1,82 ist eine Auskunft, um die ich auf meine *sachlichen Kenntnisse* hin befragt werde. Ich bin hier aber nicht der selbst Befragte wie dann, wenn ich vom andern vorgenommen werde und in der Verantwortung meines Verhaltens seinem Appell entspreche. Man bekennt sich hier zu etwas, was dem andern vielleicht schon bekannt oder sachlich bereits erwiesen ist. Rückhaltlos, offen, und ohne auszuweichen – etwa durch den Versuch, es auf anderes zu schieben, daß . . . Die Wahrheit[16] solchen Sich-zur-Rede-Stellens ist etwas anderes als sachliche Richtigkeit und als in Angaben den Tatsachen zu entsprechen. Verstocktes Leugnen etwas anderes als Lügen. Denn so sicher als eine Lüge noch nicht in dem Nicht-Zutreffen des Gesagten gegeben ist, sofern man selbst sich ja irren konnte – sie ist sachlich. Ihr fehlt das Widerständige. Denn das Redestehen geschieht als Schritt zu sich selbst: im Durchbruch seiner Verstelltheit erkennt man sich als den, der man ist. Und sofern hier etwas zum Ausdruck kommt, *wird* es allererst zu einem Bekenntnis. Bekenntnisse bedeuten, sofern man, zur Rede gestellt, auf sich selbst zurückgebracht wird, eine Krisis. Aber man redet hier nicht etwa *über* sich; die hierin liegende Distanz, unbeteiligte Sachlichkeit, würde gerade das Gegenteil tatsächlichen Bekennens sein. Im

Falle des Bekenntnisses entfällt von vornherein die Möglichkeit, so etwas wie ein »Urteil« finden zu wollen.

§ 4. Die Verhältnismäßigkeit der Rede

Die Verhältnismäßigkeit der Rede zeigt sich zunächst in deren Ziel und in den Praktiken, mit denen dieses Ziel als Information, Instruktion usw. erreicht wird. Was der eine vom anderen will, dem entspricht hier der andere, sofern er diese Worte aufnimmt und sich danach richtet in seiner Praxis. Dem anderen wird – ihn dirigierend – z. B. eine Kenntnis vermittelt. Und der zweite entspricht dem ersten, sofern er ihm folgt, z. B. seine Worte sich zur Lehre nimmt, d. i. sich entsprechend verhält. Was das Wort zu erkennen gibt, wird ausgeführt. Diese Verhältnismäßigkeit ist aber noch nicht die spezifische Verhältnismäßigkeit der Rede. Verhältnismäßig geschieht solche Instruktion, sofern hierbei lediglich z. B. gerechnet wird mit den Verständnismöglichkeiten des anderen. Daraufhin kommt man ihm entgegen usw. Das Wort ist hier Mittel der Darlegung von etwas. Schon hier aber, wo sich der eine vom anderen etwas sagen läßt und insofern seine Widerrede unterbunden bleibt: schon dies, daß er auf das Wort des anderen zurückkommen, es kritisch in Gegenfragen aufnehmen kann, bestimmt auch die Diktion des ersten. Was man sagt, ist aber nicht erwiderungs*bedürftig*. Erst im Gespräch z. B. entspricht – nämlich im eigentlichen Sinn dieses Wortes – der eine dem anderen, sofern es der Gang solchen Gespräches will, daß das Wort des einen vom anderen aufgenommen, weitergeführt, zurückgegeben wird. Hier wird überhaupt nicht auf ein Verlangen des ersten zurückgekommen, wie einer Bitte oder Frage durch Auskunft entsprochen und darin doch lediglich die Intention, das Verlangen des anderen aufgenommen wird.

1.

Denn das, woraufhin im Gespräch der eine durch den anderen angesprochen wird, ist zunächst lediglich seine Erwiderung.[17] Was noch keine Entgegnung ist, sofern in dieser dem Gespräch eine andere Wendung gegeben würde. Die Freiheit der Erwiderung beschränkt sich darauf, in der Aufnahme der Worte des anderen die-

sem insofern zu entsprechen, als dessen Wort Entlastung findet:
Ein Wort gibt hier das andere. Ausbleibende Erwiderung läßt ein
Wort bereits als nichtverstanden nehmen. Wechselseitig wird das
Gespräch von beiden getragen. Ein Gespräch wird angeknüpft.
Die Sache, über die gesprochen wird, kann gleichgültig sein. Denn
im Gespräch will man weniger sich über etwas verständigen, als
daß man überhaupt Verständigung, d. i. die Linie festzulegen
sucht, auf der man sich trifft mit dem anderen. Das Unverbindliche
einer Unterhaltung, die zu Teilen bestritten wird, bei der Rollen
einander zugespielt werden, schafft den neutralen Boden gesell-
schaftlichen Zusammenseins. Man will sich kennenlernen im Gespräch. Man kennt jemanden vorzüglich dann, wenn man mit ihm
zu *sprechen* Gelegenheit hatte. Mit jemandem *reden* wollen hat dagegen meist ein Ziel zum Hintergrund. Nämlich die Meinung des
anderen, seine Stellung zu etwas zu ergründen, bzw. ihn beredend
oder überredend durch Geltendmachen von Gründen zu beein-
flussen dadurch, daß man an seine Vernunft usw. appelliert. Oder
man beredet z. B. ein Beginnen, Vorhaben, sofern man die Rollen
dabei verteilt, disponierend sich klar wird über etwas, in Abma-
chungen sich einigt. Während aber das Reden immer sachlich genommen sein will, diese Neutralität gerade die Deckung gibt, deren Absicht etwa in dem Über-etwas-Hinwegreden erkannt wird
– bekommt man, wenn man jemanden spricht, einen Eindruck
voneinander.[18] Man erfährt die Macht, den Zauber, ebenso aber
auch das Inferiore eines Menschen dabei. Die erste unwillkürliche
Stellungnahme zu dem Gesagten wird dadurch bestimmt. Erst hin-
terher z. B., wenn man nicht mehr im Bann des anderen steht, fällt
einem ein, was sachlich gegen dessen Behauptung spricht. Gedanken, die man bisher für gesichert hielt, können fragwürdig werden,
wenn sie von einem geäußert werden, den man ablehnt. In ein Gespräch wird man anders einbezogen, als wenn man mit jemandem
redet. Im Gespräch bringt man sich in ein Verhältnis zum zweiten,
bzw. diesen zu sich in ein Verhältnis. Menschen lernen einander
gegenseitig kennen. Im Gespräch erschließt man einander. Man
zeigt sich darin als offen, verschlossen, verstockt usw. Wie der andere meine Ansprache aufnimmt, auf welcher Ebene er mir erwidert, welchen Ton er dabei anschlägt usw., gerade dies charakterisiert den Menschen, noch ehe er sich mir in dem zeigt, was er i.e.S.
ist. Denn menschliche Existenz erschließt oder verschließt sich von
sich aus – im Unterschied zu den Dingen, deren Auseinanderset-

zung mich nur auf mich selbst zurückbringt. Die ich lediglich begreifen, d. i. denen ich Seiten abgewinnen kann. Der andere wird aber »gestellt« in meiner Ansprache. Ihn zur Sprache bringen würde zunächst heißen: ihn insofern zu sich selbst bringen, als sein Eingehen auf das Gesagte eine Sichtnahme bedeutet. Die Erwiderung kann aber auch eine Richtung nehmen, durch die von einem selbst geradezu abgelenkt wird. Eine im Gespräch selbst angelegte Tendenz setzt sich hierin durch:

Sofern die Erwiderung dasjenige ist, woraufhin der andere angesprochen wird, kann dem Gespräch eine bestimmte Richtung nur dadurch gesichert werden, daß man der Erwiderung des andern schon vorentspricht. Z. B. *obgleich* . . . Einem Einspruch des andern und damit einer Wendung des Gesprächs selber wird darin zuvorgekommen. Einen sachlichen Gehalt, auf den die Aussagelogik jedes Wort verkürzen möchte, haben solche Wörter nicht. Das Verhältnismäßige des Gesprächs liegt darin, wie das Prinzip jeden Wortes bei dem *Worte* des andern liegt. Sofern aber jedes Wort eines Gesprächs die Mehrdeutigkeit hat, überhaupt auf Erwiderung hin ebenso gesprochen zu sein wie in bezug auf die Sache, sofern hierbei das Gespräch immer mehr sich in sich selbst verfängt, kommt es hier weniger zu einem Austausch von Gedanken und Meinungen als zur Konkretisierung einer Sicht, die eigentlich keinem von beiden gehört. Denn keiner kommt und bringt hierbei den anderen in seiner Selbständigkeit zur Sprache: ». . . ich habe einen Aberglauben an den Zwischenmenschen. Ich bin es nicht, auch Du nicht, aber zwischen uns entsteht einer, der mir Du heißt, dem andern Ich bin. So hat jeder mit jedem einen anderen Zwischenmenschen mit einem gegenseitigen Doppelnamen, und von all den hundert Zwischenmenschen, an denen jeder von uns mit fünfzig Prozent beteiligt ist, gleicht keiner dem anderen. Der aber denkt, fühlt und spricht, das ist der Zwischenmensch, und ihm gehören die Gedanken . . .«[19] Im Aufnehmen der Worte des ersten wird das Gespräch weitergesponnen, und die Verantwortlichkeit dessen, der hört, und dessen, der spricht, bezieht sich gerade auf den Fortgang des Gesprächs, auf die Entlastung, die hier jeder dem anderen schuldig ist.[20]

2.

Im Gespräch wird dies und jenes gestreift, ohne daß man an all dem, worauf man hier zu sprechen kommt, mehr als eine Anknüpfung fände. In der Erwiderung wird hier nicht ausdrücklich zurückgekommen auf das Wort des anderen. Wie dann, wenn das, was der eine zu etwas gesagt hat, vom andern insofern aufgenommen wird, als er es richtigstellt, widerspricht usw. Wobei im Widerspruch das Wort des anderen aufgenommen, auf seinen Anspruch auf Verbindlichkeit zugekommen wird. Entgegnung erschüttert aber lediglich einen Standpunkt, dessen Prätention auf Durchsetzung etwas anderes ist als Verbindlichkeit.

In jedem Wort, das man zu etwas sagt, tritt man in ein Verhältnis zu dem, was von anderer Seite dazu gesagt wird. In jedem Satz der Wissenschaft wird deren Stand, d. i. den anonymen Sätzen dieser Wissenschaft vorentsprochen. Nämlich dem, was von dort aus gesagt werden *könnte*, was von dem Standpunkt aus zu sagen wäre, den die Wissenschaft heute vertritt. Daß man mit der Wissenschaft in Widerspruch kommen kann, bringt zum Vorschein, wie in jedem Wort ungerufen andere aufgenommen werden. Untersuchend-prüfende Betrachtung sammelt, was für und gegen das spricht, was als zu der Sache zu sagen diese offenbar machen soll. Umstände, Tatsachen begründen bzw. stützen eine Auffassung. Denn diese bildet man sich angesichts von . . ., und man wird schwankend-unsicher angesichts dessen, was insofern dagegen spricht, als meine Auffassung sich darauf mit zu erstrecken hätte. Indessen – zunächst bleibe ich befangen in *meiner* Sicht. Es entsteht die Frage, ob die Seite, unter der ich mir hier die Sache erschließe, auch deren maßgebliche Seite ist. Objektivität verlangt, der Sache gerecht zu werden. *Objektivität* – darin liegt keine Vormeinung über ein An-sich der Sache, geschweige denn über die Möglichkeit, die Sache in ihrem An-sich zu erkennen. Gerade umgekehrt: man läßt es bewenden bei einer Objektivität im Sinne einer Richtigkeit, die ihr Maß in einer Auslegung der Wirklichkeit als einer mit andern geteilten Welt findet. Gerade dieses Vorverständnis von Objektivität wird leitend, wenn man, um eine Sache sachentsprechend zu erkennen, über sie z. B. mit einem andern zu sprechen sucht.[21] Denn vorzüglich der andere kann es verbürgen, etwas richtig, und das meint hier: nicht einseitig, schief, verzerrt erkannt zu haben. Nur gemeinsames Besprechen einer Sache schafft die Umsicht, die heraustreten läßt, was von verschiedenen Seiten dafür und dagegen spricht. ». . . der Mensch versteht sich selbst nur, indem er die Verstehbarkeit seiner Worte an andern versuchend geprüft hat . . . Klar und unmittelbar nur seine veränderliche Beschränktheit fühlend, muß der Mensch die Wahrheit als etwas außer ihm Liegendes ansehn; und eines der mächtigsten Mittel, ihr nahezukommen, seinen Abstand von ihr zu messen, ist die gesellige Mitteilung mit andren. Alles Sprechen, von dem einfachsten an, ist ein Anknüpfen des einzeln Empfundenen an die gemeinsame Natur der Menschheit«.[22] Allein, ungestört, steht mein Erkennen immer in der Gefahr, sich in sich selbst zu verfangen. Der einsinnigen Folgerichtigkeit dieses irgendwo nur eben einsetzenden geschlossenen Denkens steht aber die Aufgeschlossenheit des διαλέγεσθαι gegenüber. Nur in dem freien Verhältnis des einen zum andern, d. i. in der Begegnung mit dem andern finde ich die Widerstände, an denen sich die maßgebliche Richtigkeit meiner Sicht erproben kann. Das Unvorhergesehene seines Einspruchs weist mich auf die Schranken meiner Auffassung. Sofern hier entgegnend einer den andern unterbricht und die Richtung seiner Betrachtung in Frage stellt, ersteigert sich in der Überprüfung das Begründete einer Ansicht. Die Sache wird richtiggestellt durch die Perspektiven, in denen sie angeschnitten wird. Die Objektivität des Gesagten nimmt zu. Und sie bezeugt sich darin, daß sich die Erkenntnis des einen mit der des anderen trifft.

Der andere wird aber hierbei nur in seiner Freiheit zur Sache, nicht auf das hin beansprucht, was als seine Meinung auch nur von ihm selbst her zu begründen wäre. Ich kann deshalb auch mit mir selbst sprechen. Ich kann freikommen von einem schon geschehenen κατηγορούμενον und in neuer Befragung mich um die Sache bemühen, prüfend zurückkommen auf schon geschehene Ansprache. Denn Existenz hat die Freiheit zu sich, sich selbst der andere sein zu können. Indessen – jede Sicht ist in Einstellungen gebunden. Und weil ich mit meiner natürlichen Voreingenommenheit rechnen muß, wird hier der andere als Bürge und Richter in Anspruch genommen. Kritisch ist dieses διαλέγεσθαι, sofern es den andern als Träger möglichen sachlichen Widerspruchs vorausnimmt und ihm Rechnung trägt.

3.

Solchem Gespräch miteinander, dem gemeinsamen Besprechen einer Sache, steht die *Diskussion* gegenüber. Hier ist es der Ausbau einer *Position*, worin die Verhältnismäßigkeit der Rede akut wird. Die Diskussion leitet sich ein durch die Behauptung, mit der einer herausfordernd in die Öffentlichkeit tritt. Man vertritt darin eine These, das Recht eines Standpunktes. Man macht sich zum Sachwalter dessen, für dessen Richtigkeit man einsteht. Eine bestimmte Auffassung wird hier zu der Sache gemacht, die man vertritt und zu verteidigen gewillt ist. *Behauptung* bedeutet nicht einfach das Setzen eines Sachverhaltes, wohin Theorie die Aussage deuten möchte. In der Wahl von *Behauptung* als eines mit *Aussage* gleichbedeutenden Terminus kommt vielmehr unwillkürlich der Gesichtspunkt zum Ausdruck, unter dem in der Logik das gesprochene Wort betrachtet wird: Die Behauptung ist ein Beginnen, das zur Durchführung eines Gegners bedarf. Es hat sich erst zu zeigen, ob das, womit man behauptend auftritt, auch tatsächlich »behauptet«, nämlich durchgefochten und gehalten werden kann. Wie es einen Anspruch auf Erwiderung gibt, gibt es bei der Behauptung den Anspruch, ernstgenommen, nämlich als Gegner erkannt zu werden. In jeder Behauptung werden Ansprüche angemeldet in bezug auf eine Sache, denen andere Ansprüche entgegenstehen. Der Gegner entsteht hier aus der Sache, sofern er seinerseits dazu etwas zu behaupten hat. Jede Behauptung sucht sich als die maßgebliche Auffassung durchzusetzen. Schon zu dem Begriff meines als eines bestimmten Standpunktes gehören andere als ihm entgegenstehende Standpunkte. Die Sache, über die diskutiert wird, verbindet und trennt. Diskussion kann Streit, kann aber auch Kampf bedeuten. Wobei sie im ersten Fall sachlich, nämlich durch einen Dritten dahin entschieden werden kann, wer recht hat. Bei Kampf gibt es aber keine solche gemeinsame Basis: die Sache ist hier nur Anlaß, tiefere, nämlich existentielle Gegensätze auszutragen. Diskussion ist agonaler Logos: schlagende Gründe, Beweis antreten usw. Die Verhältnismäßigkeit dieses Logos bezieht sich hier nicht auf ein Einander-Näherkommen und -Kennenlernen, sondern darauf, daß sich hier einer am anderen mißt. Nämlich wieweit seine Auffassung reicht, worin sie beschränkt wird. Sich auseinandersetzen mit dem anderen bedeutet hier sich gegenseitig abzugrenzen. Streitend und kämpfend setzt man sich ab voneinander. Man erprobt *sich*, nämlich die Tragfähigkeit seines Standpunktes durch den Gegner. Diskussion kann geradezu auf Selbstdarstellung angelegt sein.

Das Agonale der Diskussion ist darin angelegt, wie die Herausforderung des Gegners durch die Behauptung für diesen etwas Verlockendes, geradezu Versuchendes hat. Es kommt darauf an,

Tempo, Form, Ebene des Kampfes für den anderen festzulegen, sie ihm aufzuzwingen. Der eine gerät immer in den Bann des Stärkeren, transformiert sich insofern auf dessen ihm fremde Ebene. Gerade die Verhältnismäßigkeit dieses Logos zeigt sich darin, wie hier im Fortschreiten der Diskussion mit Rücksicht auf den Gegner Fronten sich verschieben, Positionen sich umgruppieren, Thesen transformiert werden, der eine sich zurückzieht hinter Zugeständnisse, durch Ausweichen Angriffen zuvorkommt, um dann von anderer Seite gerade an den Gegner heranzukommen. Die Sache, um die es zunächst geht, verschiebt sich so sehr im Laufe der Diskussion, daß sie weniger Thema ist als nur eben· den Punkt bezeichnet, in dem die Logoi sich kreuzen können. Das Produktive der Diskussion liegt in dem Sichtbarwerden des Kraftfeldes eines Standpunktes. Die Prätention meiner Behauptung wird vom Gegner in seiner Entgegnung gerade aufgenommen. Er wird seinerseits zur Rede gestellt durch meine Behauptung. Jeder der beiden stellt sich hierbei dem anderen verantwortlich zur Rede über . . . Während der Partner eines Gesprächs in freier Wahl als Du angesprochen wird, bezieht sich die freie Wahl der Diskussion auf die Sache, aus der dann zwangsläufig der Gegner entsteht. Und man will hier weniger den Gegner kennenlernen als gerade sich seiner selbst, nämlich in der Stärke seiner Sache, versichern.

Anmerkungen

1 Aristoteles 17a 1.
2 Vgl. z. B. Husserl, Formale und transzendentale Logik. 1929. S. 20 ff.
3 Furcht wird meist als bloßes »Gefühl« genommen. Indessen: unsere Furcht ist meist eine sachlich begründete Furcht. Bei und um etwas fürchtet man etwas, was soviel bedeutet wie: mit Möglichkeiten zu rechnen, die unserem Beginnen entgegenstehen. Man besorgt hier, daß (nicht) . . . Sorgfältig denkt man hier an Eventualitäten, sucht ihnen zuvorzukommen. Furcht kommt einem angesichts von . . . . Als unbegründet kann einem Furcht ausgeredet werden. Der andere versteht sie, sofern er sie als in meiner Lage begreiflich findet. Furcht gilt als ein Verhalten, das sachlich vernünftig, am Platze ist, naheliegt. In einer Situation kann geradezu die Furcht bestehen, daß . . . . Andererseits: diese Furcht ist immer jemandes Furcht, wie auch eine Vermutung im-

mer jemandes Vermutung insofern ist, als sie zu rechtfertigen und zu verantworten ist. Die Furcht des einen und die des anderen können wie Meinungen über eine Sache auseinandergehen. Zu dieser sachlichen Furcht gehört die Weite eines Raumes, aus dem her man sich in seinen Möglichkeiten als nahe und fern bestimmend zu Zustoß und Flucht ausdeutet. Als Gefahr wird etwas im Felde der Wirklichkeit an seiner Stelle eingeschätzt und verstanden. Ταραχή bedeutet hier Unschlüssigkeit, Kopf- und Fassungslosigkeit.

Dieser Furcht, die einem angesichts von Umständen usw. als Gedanke kommt, die sich sachlich rechtfertigen läßt, steht aber die andere gegenüber, von der man als einem Affekt überwältigt wird. Schrecken, Grauen packt einen. Und statt daß es »meine« Furcht wäre, auf die ich von mir aus in meiner Lage als auf einen Gedanken komme, sind es hier Furcht und Grauen schlechthin, die mich ergreifen. Es gibt hier nicht das freie Verhältnis, in dem man zu etwas als zu einer bestimmten Gefahr steht. Im Eindruck des Fürchterlichen kündet sich eine Wirklichkeit, die unplacierbar ist. Ein Einbruch in die Welt auseinandersetzbarer Tatsächlichkeit überhaupt ist darin bezeichnet. Existenz wird hier aus ihrer Freiheit, sich Raum zu schaffen und besorgend auszubreiten, zurückgestoßen; der Eindruck vereinzelt mich. Und diese Furcht kann man niemand ausreden, nämlich in ihrer »rechten Bedeutung« zeigen wollen. Sofern sie ja überhaupt nichts bedeutet – worin das Unheimliche dieser Furcht liegt. (Vgl. später S. 100 f.)

4 Vgl. Plato, Theätet 189e 6.

5 L. Feuerbach, Kritik der Hegel'schen Philosophie (Werke, II. Bd. S. 198).

6 In den Formen, auf die hin hier in nachträglicher Vergegenständlichung abstrahiert wird, werden aber die aktiven Denkverhältnisse mehr verdeckt als herausgestellt. Man brauchte Takt zur Anwendung dieser Logik. Erst die Konstruktion des Logikkalküls aus tatsächlichen Elementen schafft ursächliche Verhältnisse. Der Darstellung kommt hier operative Bedeutung zu; schon aus ihrer Form ergibt sich etwas. Es liegt in dieser Logik – nicht anders als in der Mathematik – ein ständiges Ausweichen vor der Materie ihrer Anwendung. Und eine Entlastung bedeutet es, daß man sich hier zum Sachwalter einer Technik machen kann.

7 Nur unter Nichtachtung dessen, was »Wahrheit« zur Erfüllung ihrer Bedeutung verlangt, konnte man z. B. den Satz des Pythagoras als eine »Wahrheit« bezeichnen. Er gilt lediglich. Nämlich die sachlichen Verhältnisse gelten, die darin herausgestellt und auf eine Formel gebracht worden sind. Sie manifestieren sich in den Folgen, deren man sich bei der Konstruktion zu versehen hat. Was von einem solchen Satz zu verlangen ist, ist lediglich Exaktheit, nämlich Ausgeführtheit dieser als maßgebend erkannten Verhältnisse. Nur auf diese Maßgeblichkeit und

auf nichts anderes bezieht sich aber der Ausdruck *Geltung*. Was von einer bestimmten Pflanze gilt, ist anzuwenden bei deren subsumierender Bestimmung. Nur *diese* Verbindlichkeit meint *Geltung,* so wie auch eine Feststellung irgendwobei gilt, nämlich als wichtig heranzuziehen ist. Gesetze gelten aber immer irgendwo und irgendwann. Es gibt keine ab-solute Geltung. Worin keine Beschränkung bezeichnet werden soll, sondern nur die Notwendigkeit der Ergänzung der Geltung als einer Geltung für . . . Die Natur der Dinge z. B. ist an sich noch nicht maßgeblich i. e. S. Man rechnet mit ihr, entspricht ihr, darf sie nicht außer acht lassen. Maßgeblich aber kann nur sein, was als Formulierung oder gefundene Feststellung als Maß herausgestellt, nämlich präzise ab- und eingeteilt worden ist. »Wahrheit über . . . « wäre z. B. als Maß der Bewertung anderer Aussagen verbindlich. Man sagt: es gilt als Wahrheit, d. i. es wird dafür gehalten – sofern man sich allgemein danach richtet, es sich insofern als maßgeblich durchgesetzt hat. Wobei tatsächliche Richtigkeit gerade noch sehr dahin stehen kann. Geltung darf nicht zu einer Seinsweise der Wahrheit übersteigert und damit jeglicher Bedeutung entleert werden. Wahrheit gilt nicht »an sich«; daß etwas als Wahrheit *gilt,* bezeichnet gerade lediglich die maßgebliche Bedeutung, die ihm zugesprochen wird.

8 Man sagt wohl auch: die schlichten Tatsachen – wie etwa auch in den angeblichen »Tatsachen« des Bewußtseins die Prärogative enthalten ist, daß jede Diskussion hieran als an dem einfach »Gegebenen« ihre Grenzen findet.

9 Es kann nicht darauf ankommen, die formale Logik zu widerlegen, sondern nur sie in dem Sinn zurechtzustellen, daß man ihre beschränkte Richtigkeit aufzeigt. Lediglich die Vorbedingung einer ursprünglichen Aneignung und Interpretation dieser Logik ist darin bezeichnet.

10 Am Beispiel wird einem etwas bewußt, was einem vorher in bestimmtem Sinne unbewußt war. *Unbewußt* drückt hierbei das noch nicht ausdrücklich Angeeignete dessen aus, unter dessen Leitung Dasein gerade hierin sich verstanden hatte. Nur an *Beispielen* sind die eigentlich philosophischen Probleme vorzuführen. Schon bei Plato steht ἀπορία, wo es kein Durchkommen gibt. Z. B.: Ein Ding hat viele Eigenschaften; in jeder »ist« es irgendwie, aber keine ist doch das Ding selber. Oder Descartes' Beispiel von der schmelzenden Wachskerze; man hat das irgendwie verstanden, daß der Wachsklumpen die Kerze von vorhin ist, ohne doch dieses Verstehen explizieren zu können. Si nemo a me quaerat, scio; si quaerenti explicare velim, nescio. (Augustin conf. XI). Das Aporetische liegt gerade darin, wie hier überall nach *mir selbst* gefragt ist. In dem Sinn, daß die Verfassung meiner Existenz sich manifestiert in diesen Auslegungen. Daß man sich hier lediglich betreffen kann bei einer Grundlegung, aus der es als wesensmäßig vorgängiger unmöglich ist, herauszufinden. Daß man immer in sich selbst verstrickt

313

und im Umkreisen seines Grundes verfangen bleibt. Rechtes Verständnis bekundet sich hier gerade darin, daß man sich lediglich hält in diesem Selbstverständnis, um sich in seinen Ursprüngen sich anzueignen. Daß man aber darauf verzichtet, sich in »Problemen« einen Poros bahnen zu wollen. Denn Probleme wären nur sachliche Schwierigkeiten, die man beseitigen kann.

Die Weise, in der der Philosophierende existiert, und kein Gegenstand grenzt Philosophie aus. Man kann hier nur appellieren an den anderen. Die Sokratische Maieutik ist hieran orientiert: der Schüler wird im Gefolge der ἐπακτικοὶ λόγοι eines besseren Wissens entbunden, das ihm im Blick nach außen zunächst verborgen war. Das als unter der Hand verstanden, als an ihm selber vorgängig natürlich und notwendig zunächst übersehen wird. Der andere wird hier freigemacht von der Befangenheit in sich selbst. Daß er betroffen wird bei . . . bedeutet aber eine Unterbrechung = ἐποχή. Und weil Existenz durch andere Existenz dahineinversetzt werden kann, ist Philosophie selbst ihrer Möglichkeit nach Problem geworden, wenn die Verhältnismäßigkeit des διαλέγεσθαι untersucht werden soll. Im freien Verhältnis des einen zum anderen geschieht Philosophieren. Es ist schwierig, in Philosophie einzuleiten. Denn Philosophie ist kein Fach, dem natürliches, sachliches Interesse entgegenkommt. Wie man etwa auch an der formalen Logik ein Interesse erwecken bzw. sich zunutze machen kann, wie allgemein ein Fach nur eben in Gang zu kommen braucht und man den Anfänger sich selbst überlassen kann, nachdem ihm der Weg gezeigt wurde. Philosophie aber steht immer im Anfang. Sie ist keine Beschäftigung, der man nachgehen könnte, wie man in den Betrieb eines Faches sich verliert. Philosophie rechnet nicht mit natürlichen Interessen und Affekten. Während Wissenschaft immer ein Beginnen ist, in dem man sich von sich selbst entspannt, steht Philosophie gerade in Spannung gegen natürliche Praxis.

Plato läßt Philosophie anheben im θαυμάζειν, das Sichwundern als Staunen über noch nicht Gesehenes und Unerhörtes bedeutet. Man wird betroffen durch das, worauf man nicht eingestellt war. Der philosophische Affekt ist darin bezeichnet, wenn man betroffen bei dem, was als vorgängig leitend selbstverständlich ist, sich auf sich selbst gerade zurückgeworfen findet.

11 Vor *Probleme* i. e. S. wird man aber durch den Stand einer Wissenschaft z. B. gestellt. Wie etwa der modernen Physik die Messung, der Mathematik die Entscheidbarkeit einer Frage zum Problem wird. Lediglich Positionen, die man nur eben vertritt, die aber nicht – wie die gegebene Situation – in ihrer Faktizität verbindlich sind, sind es, bei deren Festlegung und Ausgestaltung Probleme auftreten.

12 Schon darin, daß der eine die Frage des anderen, d. i. diesen vortastend anhebenden Versuch der Verdeutlichung einer Lage, seinerseits auf-

nimmt, nämlich prüfend, zusehend usw., entspricht er dem andern. In der Antwort aber kommt man auf das Wort des andern, aber nicht notwendig auf eine Frage oder gar auf ein Verlangen nach Auskunft zurück. Schließlich: in der Frage, die man an jemanden »richtet«, liegt die andere Frage, ob der Betreffende es auch weiß.

13 Heidegger, Sein und Zeit. Seite 54.

14 G. Stern, Über das Haben. 1928. Seite 160 ff.

15 F. Ebner, Das Wort und die geistigen Realitäten. 1921. S. 18.

16 Das Unzweideutige des Bekenntnisses ist nicht Ehrlichkeit. Denn ehrlich ist man zum *anderen*, man »meint« es ehrlich. Ehrlich kann z. B. ein Geständnis als Erklärung sein: sofern nichts von dem unterschlagen wird, was man von sich bzw. über etwas weiß.

17 Vgl. zum Folgenden K. *Löwith*, Das Individuum in der Rolle des Mitmenschen. 1928. Seite 106 ff.

18 *Beredt* bezeichnet die Fähigkeit, etwas in Worten klar zu machen. Redend verbreitet man sich über die Dinge. Man übersetzt aber etwas in die *Sprache* eines anderen, wenn man es in dessen Art, die Dinge zu sehen und aufzufassen, überträgt. Jedes Wort gehört zu einer bestimmten Sprache, sofern das Gepräge seiner Konzeption einen bestimmten Geist verrät.

19 A. v. Villers, Briefe, Leipzig 1920 I, S. 231. – Vgl. a. II. S. 415.

20 K. Löwith a.a.O.

21 Die Beziehung zum rechten Du ist es, die den wortgewordenen Gedanken zu »objektiver« Wahrheit macht (F. Ebner a.a.O. S. 48).

22 Humboldt, Über die Verschiedenheit des menschlichen Sprachbaues. Bln. 1836. S. 53, 54.

18. Hans-Georg Gadamer
Die philosophischen Grundlagen
des 20. Jahrhunderts*

Wie unterscheidet sich die philosophische Situation unseres Jahrhunderts, die derart zuletzt auf die Kritik am Bewußtseinsbegriff
zurückgeht, wie sie durch Nietzsche wirksam geworden ist, von
der Kritik des subjektiven Geistes, wie sie Hegel vollzog? Die
Frage ist nicht leicht zu beantworten. Man könnte hier folgende
Argumentation versuchen: Daß das Bewußtsein und sein Gegenstand nicht zwei getrennte Welten sind, hat niemand besser gewußt
als der deutsche Idealismus. Er hat dafür sogar das Wort gefunden,
indem er den Begriff der ›Identitätsphilosophie‹ geprägt hat. Er hat
gezeigt, daß Bewußtsein und Gegenstand in Wahrheit nur die zwei
Seiten eines Zusammengehörigen sind und daß jede Auseinander-
reißung des reinen Subjektes und der reinen Objektivität ein Dogmatismus des Denkens ist. Hegels ›Phänomenologie‹ beruht in ihrem dramatischen Geschehen geradezu darauf, sich bewußt zu
werden, wie jedes Bewußtsein, das einen Gegenstand denkt, sich
selbst verändert und damit auch seinen Gegenstand wieder notwendigerweise mitverändert, so daß nur in der vollen Aufhebung
der Gegenständlichkeit des Gedachten im ›absoluten‹ Wissen die
Wahrheit gewußt ist. Ist nun die Kritik des Subjektbegriffes, die
unser Jahrhundert versucht hat, etwas anderes als eine Wiederholung dessen, was der deutsche Idealismus geleistet hat – und dann
freilich, wie wir bekennen müssen, mit unvergleichlich geringerem
Abstraktionsvermögen und ohne die Anschauungskraft, die damals den Begriff erfüllte? So ist es nicht. Die Kritik des subjektiven
Geistes in unserem Jahrhundert trägt vielmehr in einigen entscheidenden Punkten andere Züge, weil sie die Frage Nietzsches nicht
mehr verleugnen kann. Es sind vor allem drei Punkte, an denen das
heutige Denken am deutschen Idealismus naive Voraussetzungen
enthüllt hat, die es nicht mehr gelten lassen kann. Erstens: die Naivität des Setzens, zweitens: die Naivität der Reflexion, und drittens: die Naivität des Begriffs.

Zunächst die Naivität des Setzens. Die gesamte Logik ist seit Ari-

* Aus: *Kleine Schriften I*, Tübingen 1967, S. 140-148.

stoteles auf den Begriff des Satzes, der Apophansis, d. h. der Urteilsaussage gestellt. Aristoteles hat an einer klassischen Stelle betont, daß er lediglich den ›apophantischen‹ Logos behandele, d. h. diejenige Weise der Rede, in der es auf nichts anderes ankommt als auf Wahr- oder Falschsein, und Phänomene wie die Bitte, den Befehl oder auch die Frage beiseite lasse, die gewiß auch Weisen der Rede sind, aber in denen es offenbar nicht auf das bloße Offenbarmachen des Seienden, und das heißt: auf das Wahrsein ankommt. Er hat damit den Vorrang des ›Urteils‹ innerhalb der Logik begründet. Der Begriff der Aussage, der damit geprägt worden ist, verknüpft sich in der modernen Philosophie mit dem Begriff des Wahrnehmungsurteils. Der reinen Aussage entspricht die reine Wahrnehmung; beide aber haben sich in unserem von Nietzsche zum Zweifeln angespornten Jahrhundert als unzulässige Abstraktionen erwiesen, die einer phänomenologischen Kritik nicht standhalten; es gibt weder reine Wahrnehmung, noch gibt es die reine Aussage.

Es war das Zusammenwirken vieler Forschungen, das zunächst den Begriff der ›reinen Wahrnehmung‹ zersetzt hat. In Deutschland wurde das vor allem dadurch wirksam, daß Max Scheler die Resultate dieser Forschungen mit seiner phänomenologischen Anschauungskraft verarbeitete. In ›Die Wissensformen und die Gesellschaft‹ hat er gezeigt, daß die Idee einer reizadäquaten Wahrnehmung ein reines Kunstprodukt der Abstraktion ist. Was ich wahrnehme, entspricht keineswegs dem ausgeübten, sinnlichen, physiologischen Reiz. Vielmehr ist die relative Adäquatheit der Wahrnehmung – daß wir sehen, was wirklich da ist, nicht mehr und nicht anderes – das Endprodukt einer gewaltigen Ernüchterung, ein schließlicher Abbau des Phantasieüberschusses, der all unser Sehen steuert. Die reine Wahrnehmung ist eine Abstraktion. Das gleiche gilt, wie insbesondere Hans Lipps gezeigt hat, für die reine Aussage. Ich darf vielleicht die gerichtliche Aussage als ein besonders sprechendes Phänomen anführen. Da zeigt sich, wie schwer es für den Aussagenden ist, in dem Protokoll, das seine Zeugenaussage festhält, auch nur einigermaßen die volle Wahrheit des von ihm Gemeinten zu erkennen. Die aus dem Zusammenhang der Unmittelbarkeit von Frage und Antwort gerissene, durch Weglassungen, Zusammenfassungen usw. umformulierte Aussage gleicht der Antwort, die man auf eine Frage geben muß, von der man nicht weiß, warum sie gestellt wird. Und das nicht zufällig. Es ist ja geradezu das eingestandene Ideal einer Zeugenaussage und sicherlich ein wesentliches Moment aller Beweisaufnahme: auszusagen, ohne zu wissen, was die eigene Aussage ›bedeutet‹. Die Situation ist ähnlich, wie wenn ein Professor im Examen vorher ausgedachte Fragen an den Kandidaten richtet, auf die, wie man zugeben muß, kein vernünftiger Mensch antworten kann – ein Thema, das Heinrich von Kleist, der selbst ein preußisches Referendarexamen hinter sich hatte, in seinem schönen Aufsatz ›Über das allmähliche Verfertigen der Gedanken beim Reden‹ behandelt. Die Kritik an der Abstraktion der Aussage und der Abstraktion der reinen Wahrnehmung ist nun durch Heideggers transzendental-ontologische Fragestellung radikalisiert worden. Ich erinnere zunächst daran, daß der Begriff der Tatsache, der dem Begriff der reinen Wahrnehmung und der reinen Aussage entspricht, von Heidegger als ein ontologisches Vorurteil aufgedeckt worden ist, das auch den Wertbegriff in Mitleidenschaft zog. Heidegger hat damit die Unterscheidung von Tatsachenurteil und Werturteil als problematisch erwiesen – als ob es reine Tatsachenfeststellungen überhaupt geben könnte. Ich möchte die hier erschlossene Dimension als die hermeneutische charakterisieren.

Da ist das bekannte Problem, das Heidegger unter dem Titel des hermeneutischen Zirkels analysiert hat, jene erstaunliche Naivität des subjektiven Bewußtseins, das, wenn es einen Text zu verstehen meint, sagt: aber das steht doch da! Heidegger hat gezeigt, daß dieses ›aber das steht doch da‹ zwar eine ganz natürliche Reaktion ist – oft genug ist diese Reaktion von höchstem selbstkritischem Werte –, daß es aber in Wahrheit nichts gibt, was einfach da steht, sofern alles, was gesagt wird und was da im Text steht, unter Antizipationen steht. Das bedeutet positiv, daß nur, was unter Antizipationen steht, überhaupt verstanden werden kann, und nicht, wenn man es wie etwas Unverständliches einfach anstarrt. Daß aus Antizipationen auch Fehldeutungen entstehen, daß somit die Vorurteile, die Verstehen ermöglichen, auch Möglichkeiten des Mißverstehens einschließen, das dürfte eine der Weisen sein, in denen sich die Endlichkeit des endlichen Wesens Mensch auswirkt. Es ist eine notwendige Zirkelbewegung, daß man das zu lesen sucht oder zu verstehen meint, was da steht, daß es aber doch die eigenen Augen (und die eigenen Gedanken) sind, mit denen man sieht, was da steht.

Indessen scheint mir das noch einer Radikalisierung zu bedürfen, die ich in meinen eigenen Untersuchungen bis zu der folgenden These getrieben habe: es ist zwar richtig, daß wir das von einem Autor Gemeinte ›in seinem Sinne‹ zu verstehen haben. Aber ›in seinem Sinne‹ heißt nicht: wie er es selber gemeint hat. Vielmehr bedeutet es, daß das Verstehen auch noch über das subjektive Meinen des Autors hinausgehen kann und vielleicht sogar notwendig und immer hinausgeht. Ein Bewußtsein dieser Sachlage hat es in den früheren Stufen der Hermeneutik, vor der psychologischen Wendung, die wir Historismus nennen, immer schon gegeben, und wir alle sind uns darüber einig, sowie wir uns das geeignete Modellbeispiel vor Augen stellen, z. B. das Verstehen historischer Taten, d. h. geschichtlicher Ereignisse. Niemand wird da annehmen, daß das subjektive Bewußtsein des Handelnden und des an den Ereignissen Beteiligten die historische Bedeutung seiner Handlungen und Ereignisse trifft. Es ist für uns selbstverständlich, daß die historische Bedeutung einer Handlung verstehen voraussetzt, sich nicht an die subjektiven Pläne, Meinungen, Gesinnungen der Handelnden zu binden. Das ist mindestens seit Hegel klar: Geschichte besteht darin, daß sie in dieser Weise über das Sichwissen der einzelnen hinweg ihre Bahnen zieht. Ebenso gilt das von der Erfahrung der Kunst. Nun glaube ich, daß dies selbst auf die Interpretation von Texten angewendet werden muß, deren Mitteilungssinn keiner unbestimmten Ausdeutung offensteht wie das Kunstwerk. Auch da ist das ›Gemeinte‹ nicht ein Bestandteil der subjektiven Innerlichkeit, wie Husserls Psychologismus-Kritik bewiesen hat.

Den zweiten Punkt, den ich erörtern möchte, nannte ich die Naivität der Reflexion. Damit grenzt sich unser Jahrhundert gegen die Kritik des subjektiven Geistes durch den spekulativen Idealismus bewußt ab, und hierfür hat die phänomenologische Bewegung das entscheidende Verdienst.

Es handelt sich um folgendes: Zunächst scheint es, als wäre der reflektierende Geist der schlechterdings freie Geist. Im Auf-sich-selber-Zurückkommen ist er ganz bei sich. In der Tat hat der deutsche Idealismus etwa in dem Fichteschen Begriff der Tathandlung oder auch in Hegels Begriff des absoluten Wissens diesen Vollzug des Bei-sich-selbst-Seins des Geistes als die höchste Weise von Dasein überhaupt, von Präsenz überhaupt gedacht. Aber wenn der Begriff des Setzens der phänomenologischen Kritik verfallen ist, wie wir sahen, dann ist auch der Zentralstellung der Reflexion die

Grundlage entzogen. Die Erkenntnis, um die es dabei geht, besagt, daß nicht alle Reflexion eine objektivierende Funktion ausübt, d. h., daß nicht alle Reflexion das, worauf sie sich richtet, zum Gegenstand macht. Vielmehr gibt es ein Reflektieren, das sich im Vollzuge einer ›Intention‹ gleichsam zurückbeugt auf ihren Vollzug. Nehmen wir ein allbekanntes Beispiel: wenn ich einen Ton höre, dann ist der primäre Gegenstand des Hörens selbstverständlich der Ton, aber mein Hören des Tones ist mir auch bewußt und keineswegs erst als Gegenstand einer nachträglichen Reflexion. Es ist eine mitgehende Reflexion, die immer das Hören begleitet. Ein Ton ist immer ein gehörter Ton, und mein Hören des Tones ist immer mit darin. So liest man bei Aristoteles, und Aristoteles hat es schon vollkommen richtig beschrieben: jede aisthesis ist aisthesis aistheseos. Jede Wahrnehmung ist Wahrnehmung des Wahrnehmens und des Wahrgenommenen in einem und enthält keineswegs im modernen Sinne Reflexion. Aristoteles gibt das Phänomen, wie es sich ihm als Einheit zeigt. Erst die Kommentatoren haben systematisiert und die Wahrnehmung des Wahrnehmens mit dem Begriff der κοινὴ αἴσθησις zusammengebracht, den Aristoteles in anderem Zusammenhange gebraucht.

Franz Brentano, der Lehrer Husserls, hat seine empirische Psychologie nicht zuletzt auf dieses von Aristoteles beschriebene Phänomen gegründet. Er hat betont, daß wir ein nicht vergegenständlichendes Bewußtsein unserer seelischen Akte besitzen. Ich erinnere mich, welche ungeheure Bedeutung es für meine Generation hatte, als wir bei Heidegger zum ersten Male eine scholastische Unterscheidung – wir jungen Leute im neukantianischen Marburg wußten von der Scholastik schlechterdings nichts – hörten, die in die gleiche Richtung wies, nämlich die Unterscheidung zwischen actus signatus und actus exercitus. Es ist ein Unterschied zu sagen: ›ich sehe etwas‹ oder zu sagen: ›ich sage, daß ich etwas sehe‹. Aber nicht erst die Signierung durch das ›ich sage, daß . . .‹ ist ein Bewußtmachen des Aktes. Der sich vollziehende Akt ist immer schon ein Akt, d. h. aber, er ist immer schon etwas, worin mir mein eigenes Vollziehen lebendig gegenwärtig ist – die Umformung zur ›Signierung‹ stiftet einen neuen intentionalen Gegenstand.

Ich darf vielleicht von diesen frühen und vergessenen Ausgangspunkten der phänomenologischen Forschung aus daran erinnern, welche Rolle dies Problem in der Philosophie unseres Jahrhunderts noch heute spielt. Ich beschränke mich, um das zu zeigen, auf

Jaspers und Heidegger. – Jaspers hat dem Begriff des zwingenden Wissens, der Weltorientierung, wie er es nennt, die Existenzerhellung gegenübergestellt, die an den Grenzsituationen des Wissens, des wissenschaftlichen wie alles menschlichen Wissenkönnens, ins Spiel kommt.

Grenzsituationen sind nach Jaspers diejenigen Situationen des menschlichen Daseins, in denen die Führungsmöglichkeit durch die anonymen Kräfte der Wissenschaft versagt und wo es deshalb auf einen selber ankommt und etwas herauskommt am Menschen, was in der rein funktionalisierten Anwendung der Wissenschaft auf die Weltbeherrschung verdeckt bleibt. Solcher Grenzsituationen gibt es viele. Schon Jaspers hat die Situation des Todes ausgezeichnet, aber auch die Situation der Schuld. Wie sich ein Mensch verhält, wo er schuldig ist und gar, wo er in seiner Schuld gestellt wird, da kommt etwas heraus – existit. Seine Weise, sich zu verhalten, ist so, daß er selbst ganz darin ist. Das ist die Form, in der Jaspers den Kierkegaardschen Begriff der Existenz systematisch aufgenommen hat; Existenz ist Heraustreten dessen, was eigentlich an einem ist, dort, wo die Führungskräfte des anonymen Wissens versagen. Das Entscheidende ist hierbei, daß dieses Herauskommen kein dumpfes emotionales Geschehen ist, sondern ein Hellwerden. Jaspers nennt es Existenzerhellung, d. h. es wird, was verhülltweise in einem war und steckte, in die Helle einer existentiellen Verbindlichkeit gehoben, die das auf sich nimmt, wozu sie sich entscheidet. Das ist keine vergegenständlichende Reflexion. Situationen – auch Grenzsituationen – verlangen eine Art Wissen, das zweifellos kein vergegenständlichendes Wissen ist und deshalb nicht durch die anonymen Wissensmöglichkeiten der Wissenschaft abgenommen werden kann.

Heidegger hat dieses Motiv dann in seine prinzipielle Besinnung auf den Sinn von Sein aufgenommen: die Jemeinigkeit des Daseins, das Schuldigsein, das Vorlaufen zum Tode und dergleichen sind die leitenden Phänomene von ›Sein und Zeit‹. Das Bedauerliche bei der Rezeption Heideggers in den ersten Jahrzehnten seines Wirkens war die Moralisierung dieser Begriffe, wie sie wohl dem Existenzbegriff von Jaspers entsprach, aber damals auf den Begriff der Eigentlichkeit in Heideggers »Sein und Zeit« ausgedehnt wurde. Von der Uneigentlichkeit des nivellierten Gelebtwerdens, von der Öffentlichkeit, vom ›Man‹, vom Gerede, von der Neugier usw., von allen Formen des Verfallenseins an die Gesellschaft und ihre nivellierende Kraft scheidet sich die Eigentlichkeit des Daseins, die in den Grenzsituationen, im Vorlaufen zum Tode, kurz: als menschliche Endlichkeit heraustritt. Man muß zugeben, das alles hatte etwas von dem Pathos einer Kierkegaard-Nachfolge, von dem unsere Generation mit der größten Wucht getroffen wurde. Unzweifelhaft aber war diese Wirkung für die eigentlichen Absichten Heideggers mehr eine Verdeckung als eine wirkliche Aufnahme seiner Denkintentionen.

Das, worauf es Heidegger ankam, war, das Wesen der Endlichkeit nicht mehr als die Grenze zu denken, an der unser Unendlichseinwollen zum Scheitern kommt, sondern die Endlichkeit positiv als die eigentliche Grundverfassung des Daseins zu erkennen. Endlichkeit heißt Zeitlichkeit, und so ist das ›Wesen‹ des Daseins seine Geschichtlichkeit: das sind die bekannten Thesen Heideggers, die seinem Stellen der Seinsfrage dienen sollten. Das ›Verstehen‹, das Heidegger als die Grundbewegtheit des Daseins beschrieben hat, ist kein ›Akt‹ der Subjektivität, sondern eine Weise des Seins. Von einem Spezialfall, dem des Verstehens von Überlieferung ausgehend, habe ich selbst aufgewiesen, daß Verstehen immer Geschehen ist. Es handelt sich also nicht nur darum, daß es mit einem Verstehens-Vollzuge stets ein mitgehendes Bewußtsein gibt, das nicht vergegenständlichend ist, sondern darum, daß Verstehen überhaupt nicht als Bewußtsein von etwas angemessen begriffen ist, da das Ganze des Verstehensvollzuges selber in das Geschehen eingeht, von ihm gezeitigt wird und von ihm durchwirkt ist. Die Freiheit der Reflexion, dieses vermeintliche Bei-sich-selbst-Sein, hat im Verstehen gar nicht statt, so sehr ist es jeweils durch die Geschichtlichkeit unserer Existenz bestimmt.

Endlich das dritte Moment, das unsere philosophische Gegenwart vielleicht am tiefsten bestimmt: die Einsicht in die Naivität des *Begriffes*.

Auch da scheint mir einerseits durch die phänomenologische Entwicklung in Deutschland, aber interessanterweise nicht nur dort, sondern auch durch eine angelsächsische, allerdings von Deutschland mit ausgehende Entwicklung die heutige Problemlage bestimmt. Der Laie hat, wenn er sich fragt, was eigentlich das Philosophieren kennzeichnet, die Vorstellung, daß Philosophieren Definieren heißt und dem Bedürfnis nach Definition der Begriffe Rechnung trage, in denen alle Menschen denken. Da man das in der Regel nicht geschehen sieht, hat man sich durch eine Lehre von der impliziten Definition geholfen. Eigentlich ist eine solche ›Lehre‹ aber nur ein Verbalismus. Denn eine Definition implizit nennen will offenbar sagen, daß man aus dem Zusammenhang von Sätzen schließlich doch merkt, daß der, der die Sätze gesagt hat, sich bei einem bestimmten Begriff, den er gebraucht, etwas Eindeutiges gedacht hat. In diesem Sinne sind Philosophen nicht sehr verschieden von anderen Menschen; auch diese pflegen sich bei allem etwas Bestimmtes zu denken und Widersprüche zu vermeiden. Die angerufene Laienmeinung ist in Wahrheit beherrscht durch die nominalistische Tradition der neueren Jahrhunderte; sie sieht in der sprachlichen Wiedergabe eine Art von Zeichenverwendung. Daß künstliche Zeichen einer jede Zweideutigkeit ausschließenden Einführung und Einrichtung bedürfen, ist klar. Von da erwächst die Forderung, die insbesondere von der Wiener Schule her in den angelsächsischen Ländern eine weitverbreitete Forschungsrichtung ausgelöst hat, durch die Errichtung eindeutiger Kunstsprachen die Scheinprobleme der ›Metaphysik‹ zu entlarven. Eine der radikalsten und erfolgreichsten Formulierungen dieser Richtung findet sich in Wittgensteins ›Tractatus logico-philosophicus‹. Nun hat aber inzwischen Wittgenstein in seinem Spätwerk gezeigt, daß das Ideal einer Kunstsprache in sich selber widerspruchsvoll ist, und zwar nicht nur aus dem so häufig zitierten Grunde, daß jede Kunstsprache zu ihrer Einführung einer schon im Gebrauch befindlichen anderen Sprache und am Ende wieder einer natürlichen Sprache bedarf. Für Wittgensteins spätere Einsichten ist vielmehr die Erkenntnis entscheidend, daß Sprache immer in Ordnung ist, d. h. daß Sprache ihre eigentliche Funktion im Vollzuge der Verständigung hat, und daß es in Wahrheit nicht Mängel der Sprache, sondern falsche metaphysische Dogmatisierungen des Denkens, Hypostasierungen von operativen Worten sind, aus denen Scheinprobleme der Philosophie erwachsen. Die Sprache ist wie ein Spiel. Wittgenstein redet von Sprachspielen, um den reinen Funktionssinn der Worte festzuhalten. Die Sprache ist Sprache dann, wenn sie reiner actus exercitus ist, d. h. wenn sie im Sichtbarmachen des Gesagten aufgeht und selber gleichsam verschwunden ist.

Daß Sprache eine Weise der Weltauslegung ist, die allem Reflexionsverhalten vorausliegt, ist aber auch der Punkt, an dem die Entwicklung des phänomenologischen Denkens bei Heidegger und den von Heidegger Angeregten auf neue Einsichten geführt hat, die insbesondere aus dem Historismus philosophische Konsequenzen ziehen. Alles Denken ist in die Bahnen der Sprache gebannt, als Begrenzung wie als Möglichkeit. Das ist ja auch die Erfahrung aller Interpretation, die selber sprachlichen Charakter hat. Die Vieldeutigkeit etwa, mit der dort, wo wir einen Text nicht verstehen, ein einzelnes Wort uns anstarrt und seine Möglichkeiten der Deutung anbietet, bedeutet ohne Zweifel eine Störung im sprachlichen Vollzug der Verständigung. Und wir haben das sichere Bewußtsein, verstanden zu haben, wenn sich die anfänglich erscheinende Vieldeutigkeit am Ende gar nicht mehr als einlösbar erweist, weil inzwischen eindeutig klar ist, wie der Text zu lesen ist. Alle echte Interpretation von sprachlichen Texten, nicht nur die grammatische, scheint mir in dieser Weise zum Verschwinden bestimmt. Sie muß spielen, d. h. sie muß ins Spiel kommen, um sich selber in ihrem Vollzug aufzuheben. So unvollkommen diese Charakteristiken sein mögen, soviel dürfte klar geworden sein, daß es so etwas wie eine Konvergenz zwischen der Kritik an der angelsächsischen Semantik durch Wittgenstein und der Kritik an der ahistorischen Deskriptionskunst der Phänomenologie durch Selbstkritik der Sprache, d. h. aber durch hermeneutische Bewußtheit gibt. Die Art, wie wir heute den Gebrauch von Begriffen in ihre Wortgeschichte zurücknehmen, um auf diese Weise ihren eigentlichen, lebendigen, evozierenden Sprachsinn zu wecken, scheint mir mit dem Wittgensteinschen Studium der lebendigen Sprachspiele und gewiß mit all denen, die in der gleichen Richtung tätig sind, zu konvergieren.

Auch darin liegt eine Kritik des subjektiven Bewußtseins in unserem Jahrhundert. Sprache und Begriff sind offenbar so eng ineinander gebunden, daß die Meinung, man könnte Begriffe ›verwenden‹, etwa sagen: ›ich nenne das so und so‹, immer schon der Verbindlichkeit des Philosophierens Abbruch tut. Das einzelne Bewußtsein hat keine solche Freiheit, wenn es philosophierend erkennen will. Es ist gebunden an die Sprache, die nicht nur eine Sprache der Sprechenden ist, sondern auch die des Gesprächs, das die Dinge mit uns führen: Im ptilosophischen Thema der Sprache begegnen sich heute Wissenschaft und Welterfahrung des menschlichen Lebens.

Aus diesen Überlegungen scheint mir zu folgen, daß in der heutigen Philosophie drei große Partner des Gesprächs über die Jahrhunderte hinweg in unserem Bewußtsein im Vordergrund stehen: das ist einmal die Gegenwart der Griechen im gegenwärtigen Denken. Sie beruht vor allem darauf, daß dort Wort und Begriff noch in unmittelbar fließender Kommunikation stehen. Die Flucht in die logoi, mit der Platon im Phaidon die eigentliche abendländische Wendung der Metaphysik eröffnet hat, ist zugleich auch das Nahehalten des Denkens an der sprachlichen Welterfahrung im ganzen. Die Griechen sind dadurch für uns so vorbildlich, daß sie dem Dogmatismus des Begriffs und dem ›Systemzwang‹ widerstanden haben. Dem ist es zu verdanken, daß sie die Phänomene, die unsere Auseinandersetzung mit der eigenen Tradition beherrschen, wie die des Selbst und des Selbstbewußtseins und damit auch den ganzen großen Bereich des ethisch-politischen Seins zu denken vermocht haben, ohne dabei in die Aporien des modernen Subjektivismus zu verfallen. Der zweite Partner dieses Gesprächs über die Jahrhunderte scheint mir nach wie vor Kant zu sein, und zwar deshalb, weil er den Unterschied zwischen Sich-Denken und Erkennen ein für allemal und, wie mir scheint, verbindlich eingeprägt hat. Mag auch Erkennen anderes noch umfassen als jene Erkenntnisweise der mathematischen Naturwissenschaft und ihre Verarbeitung der Erfahrung, die Kant dabei im Auge hatte: jedenfalls ist Erkenntnis etwas anderes als alles Sich-Denken, für das keine Erfahrung mehr den Boden der Ausweisung darstellt. Das scheint mir Kant gezeigt zu haben.

Und der dritte ist in meinen Augen Hegel. Trotz jener spekulativ-dialektischen Überhöhung der kantischen Endlichkeit und ihrer Einschärfung unserer Angewiesenheit auf Erfahrung. Denn der Begriff des Geistes, wie ihn Hegel aus der christlichen Tradition des Spiritualismus übernommen und zu neuem Leben erweckt hat, liegt aller Kritik des subjektiven Geistes, wie sie uns durch die Erfahrung der nachhegelischen Epoche als Aufgabe gestellt ist, noch immer zugrunde. Dieser Begriff des Geistes, der die Subjektivität des Ego transzendiert, hat im Phänomen der Sprache, wie es heute mehr und mehr ins Zentrum der zeitgenössischen Philosophie gerückt ist, seine wahre Entsprechung, und zwar so, daß das Phänomen der Sprache gegenüber jenem Begriff des Geistes, den Hegel aus der christlichen Tradition schöpfte, den unserer Endlichkeit angemessenen Vorzug besitzt, unendlich wie der Geist und dennoch endlich wie jedes Geschehen zu sein.

Es wäre ein Irrtum zu meinen, daß wir im Zeitalter des modernen Szientifismus dieser Lehrer nicht mehr bedürfen. Die Grenze, die sie gegenüber der totalen Verwissenschaftlichung unserer Welt bezeichnen, ist nichts, was wir erst aufzurichten hätten – sie ist da als etwas, das der Wissenschaft immer schon zuvorgekommen ist. Es ist die Skepsis gegen allen Dogmatismus, auch den der Wissenschaft, was mir die verborgenste, aber zugleich mächtigste Grundlage unseres Jahrhunderts scheint.

19. Hans-Georg Gadamer
Das hermeneutische Problem der Anwendung*

In der älteren Tradition der Hermeneutik, die dem geschichtlichen Selbstbewußtsein der nachromantischen Wissenschaftslehre ganz entschwunden war, hatte dieses Problem noch seinen systematischen Ort. Das hermeneutische Problem gliederte sich dort folgendermaßen: Man unterschied eine subtilitas intelligendi, das Verstehen, von einer subtilitas explicandi, dem Auslegen, und im Pietismus fügte man dem als drittes Glied die subtilitas applicandi, das Anwenden, hinzu (z. B. bei J. J. Rambach[1]). Diese drei Momente sollen die Vollzugsweise des Verstehens ausmachen. Alle drei heißen bezeichnenderweise ›subtilitas‹, d. h. sie sind nicht so sehr als Methoden verstanden, über die man verfügt, wie als ein Können, das besondere Feinheit des Geistes verlangt.[2]

Nun hat das hermeneutische Problem, wie wir sahen, seine systematische Bedeutung dadurch erhalten, daß durch die Romantik die innere Einheit von intelligere und explicare erkannt wurde. Auslegung ist nicht ein zum Verstehen nachträglich und gelegentlich hinzukommender Akt, sondern Verstehen ist immer Auslegung, und Auslegung ist daher die explizite Form des Verstehens. Mit dieser Einsicht hängt zusammen, daß die auslegende Sprache und Begrifflichkeit ebenfalls als ein inneres Strukturmoment des Verstehens erkannt wird und damit überhaupt das Problem der Sprache aus seiner okkasionellen Randposition ins Zentrum der Philosophie rückt. Darauf wird noch zurückzukommen sein.

Die innere Verschmelzung von Verstehen und Auslegen führte aber dazu, daß das dritte Moment am hermeneutischen Problem, die *Applikation,* ganz aus dem Zusammenhang der Hermeneutik herausgedrängt wurde. Die erbauliche Anwendung, die etwa der Heiligen Schrift in der christlichen Verkündigung und Predigt zuteil wird, schien etwas ganz anderes als das historische und theologische Verständnis derselben. Nun haben uns unsere Überlegungen zu der Einsicht geführt, daß im Verstehen immer so etwas wie eine Anwendung des zu verstehenden Textes auf die gegenwärtige Situation des Interpreten stattfindet. Wir werden also gleichsam

* Aus: *Wahrheit und Methode*, Tübingen 1975, S. 290-295.

einen Schritt über die romantische Hermeneutik hinaus genötigt, indem wir nicht nur Verstehen und Auslegen, sondern dazu auch Anwenden als in einem einheitlichen Vorgang begriffen denken. Wir kehren damit nicht etwa zu der traditionellen Unterscheidung der drei gesonderten Subtilitäten zurück, von denen der Pietismus sprach. Denn wir meinen im Gegenteil, daß Anwendung ein ebenso integrierender Bestandteil des hermeneutischen Vorgangs ist wie Verstehen und Auslegen.

Der bisherige Stand der hermeneutischen Diskussion gibt uns Anlaß, diesen Gesichtspunkt in seiner prinzipiellen Bedeutung hervorzukehren. Wir können uns dabei zunächst auf die vergessene Geschichte der Hermeneutik berufen. Ehedem galt es als ganz selbstverständlich, daß die Hermeneutik die Aufgabe hat, den Sinn eines Textes der konkreten Situation anzupassen, in die hinein er spricht. Der Dolmetsch des göttlichen Willens, der die Sprache des Orakels auszulegen weiß, ist dafür das ursprüngliche Modell. Aber noch jeder Dolmetsch hat bis zum heutigen Tage nicht die Aufgabe einer bloßen Wiedergabe dessen, was der Verhandlungspartner, den er verdolmetscht, wirklich gesagt hat, sondern er muß dessen Meinung so zur Geltung bringen, wie es ihm aus der echten Gesprächssituation nötig scheint, in der er sich als der Kenner beider Verhandlungssprachen allein befindet.

Ebenso lehrt uns die Geschichte der Hermeneutik, daß es neben der philologischen eine theologische und eine juristische Hermeneutik gab, die gemeinsam mit der philologischen Hermeneutik erst den vollen Begriff der Hermeneutik ausfüllten. Es ist erst eine Folge der Entfaltung des historischen Bewußtseins im 18. und 19. Jahrhundert, daß sich die philologische Hermeneutik und Historik aus dem Verbande der übrigen hermeneutischen Disziplinen löste und als Methodenlehre der geisteswissenschaftlichen Forschung ganz für sich stellte.

Die enge Zusammengehörigkeit, die ursprünglich die *philologische* Hermeneutik mit der *juristischen* und *theologischen* verband, beruhte aber auf der Anerkennung der Applikation als eines integrierenden Momentes alles Verstehens. Sowohl für die juristische Hermeneutik wie für die theologische Hermeneutik ist ja die Spannung konstitutiv, die zwischen dem gesetzten Text – des Gesetzes oder der Verkündigung – auf der einen Seite und auf der anderen Seite dem Sinn besteht, den seine Anwendung im konkreten Augenblick der Auslegung erlangt, sei es im Urteil, sei es in der

Predigt. Ein Gesetz will nicht historisch verstanden werden, sondern soll sich in seiner Rechtsgeltung durch die Auslegung konkretisieren. Ebenso will ein religiöser Verkündigungstext nicht als ein bloßes historisches Dokument aufgefaßt werden, sondern er soll so verstanden werden, daß er seine Heilswirkung ausübt. Das schließt in beiden Fällen ein, daß der Text, ob Gesetz oder Heilsbotschaft, wenn er angemessen verstanden werden soll, d. h. dem Anspruch, den der Text erhebt, entsprechend, in jedem Augenblick, d. h. in jeder konkreten Situation, neu und anders verstanden werden muß. Verstehen ist hier immer schon Anwenden.

Nun gingen wir von der Erkenntnis aus, daß auch das in den Geisteswissenschaften geübte Verstehen ein wesenhaft geschichtliches ist, d. h. daß auch dort ein Text nur verstanden wird, wenn er jeweils anders verstanden wird. Das kennzeichnete gerade die Aufgabe einer historischen Hermeneutik, daß sie das Spannungsverhältnis durchreflektiert, das zwischen der Selbigkeit der gemeinsamen Sache und der wechselnden Situation besteht, in der dieselbe verstanden werden soll. Wir waren davon ausgegangen, daß die von der romantischen Hermeneutik an den Rand geschobene geschichtliche Bewegtheit des Verstehens das wahre Zentrum der hermeneutischen Fragestellung darstellt, die dem geschichtlichen Bewußtsein angemessen ist. Unsere Betrachtungen über die Bedeutung der Tradition im geschichtlichen Bewußtsein knüpften an die von Heidegger gegebene Analyse der Hermeneutik der Faktizität an und suchten sie für eine geisteswissenschaftliche Hermeneutik fruchtbar zu machen. Wir hatten gezeigt, daß das Verstehen nicht so sehr eine Methode ist, durch die sich das erkennende Bewußtsein einem von ihm gewählten Gegenstande zuwendet und ihn zu objektiver Erkenntnis bringt, als vielmehr das Darinstehen in einem Überlieferungsgeschehen zur Voraussetzung hat. *Verstehen erwies sich selber als ein Geschehen,* und die Aufgabe der Hermeneutik besteht, philosophisch gesehen, darin zu fragen, was das für ein Verstehen was für einer Wissenschaft ist, das in sich selbst vom geschichtlichen Wandel fortbewegt wird.

Es ist uns ständig bewußt, daß damit dem Selbstverständnis der modernen Wissenschaft etwas Ungewohntes zugemutet wird. Unsere Überlegungen waren im ganzen bestrebt, diese Zumutung dadurch zu erleichtern, daß sie sich als das Ergebnis der Konvergenz einer großen Zahl von Problemen erwies. In der Tat fällt die bisherige Theorie der Hermeneutik in Unterscheidungen auseinander, die sie selber nicht aufrechterhalten kann. Das wird gerade dort sichtbar, wo eine allgemeine Theorie der Interpretation angestrebt wird. Wenn man etwa kognitive, normative und reproduktive Auslegung unterscheidet, wie das E. Betti in seiner auf bewundernswerter Kenntnis und Überschau aufgebauten ›Allgemeinen Theorie der Interpretation‹ getan hat,[3] so gerät man bei der Zuordnung der Phänomene zu dieser Einteilung in Schwierigkeiten. Das gilt zunächst für die in den Wissenschaften geübte Auslegung. Wenn man die theologische Auslegung mit der juristischen zusammenstellt und entsprechend der normativen Funktion zuordnet, so ist demgegenüber an Schleiermacher zu erinnern, der umgekehrt die theologische Auslegung aufs engste an die allgemeine, d. h. für ihn die philologisch-historische Auslegung, anschließt. In der Tat geht der Riß zwischen kognitiver und normativer Funktion mitten durch die theologische Hermeneutik und läßt sich schwerlich dadurch schließen, daß man die wissenschaftliche Erkenntnis von nachfolgender erbaulicher Anwendung unterscheidet. Der gleiche Riß geht offenkundig auch mitten durch die rechtliche Auslegung, sofern Erkenntnis des Sinnes eines Rechtstextes und Anwendung desselben auf den konkreten Rechtsfall nicht zwei getrennte Akte sind, sondern ein einheitlicher Vorgang.

Aber selbst diejenige Auslegung, die von den bisher behandelten Arten der Auslegung am weitesten entfernt scheint, ich meine die reproduktive Auslegung, in der Dichtung und Musik zur Aufführung kommen – und erst im Gespieltwerden haben sie ihre eigentliche Existenz –,[4] ist schwerlich eine selbständige Weise der Auslegung. Auch durch sie geht der Riß zwischen kognitiver und normativer Funktion. Niemand wird ein Drama inszenieren, eine Dichtung vorlesen oder eine Komposition zur Aufführung bringen können, ohne den ursprünglichen Sinn des Textes zu verstehen und in seiner Reproduktion und Auslegung zu meinen. Aber ebenso wird niemand diese reproduktive Auslegung leisten können, ohne in der Umsetzung des Textes in die sinnliche Erscheinung jenes andere normative Moment zu beachten, das die Forderung einer stilgerechten Wiedergabe durch den Stilwillen der eigenen Gegenwart begrenzt. Wenn wir vollends daran denken, wie die Übersetzung fremdsprachlicher Texte oder gar ihre dichterische Nachbildung, aber auch das richtige Vorlesen von Texten mitunter die gleiche Erklärungsleistung von sich aus übernehmen wie die philologische Auslegung, so daß beides ineinander übergeht, dann läßt sich dem Schluß nicht ausweichen, daß die sich aufdrängende Unterscheidung kognitiver, normativer und reproduktiver Auslegung keine grundsätzliche Geltung hat, sondern ein einheitliches Phänomen umschreibt.

Wenn das richtig ist, so stellt sich die Aufgabe, *die geisteswissenschaftliche Hermeneutik von der juristischen und theologischen her neu zu bestimmen.* Dazu bedarf es freilich der durch unsere Untersuchung erworbenen Erkenntnis, daß die romantische Hermeneutik und ihre Krönung in der psychologischen Auslegung, d. h. dem Enträtseln und Ergründen der anderen Individualität, das Problem des Verstehens viel zu einseitig faßt. Unsere Überlegungen verwehren uns, die hermeneutische Problemstellung auf die Subjektivität des Interpreten und die Objektivität des zu verstehenden Sinnes aufzuteilen. Ein solches Verfahren ginge von einem falschen Gegenüber aus, das auch nicht durch die Anerkennung der Dialektik des Subjektiven und Objektiven überbrückt werden kann. Die Unterscheidung einer normativen Funktion von einer kognitiven Funktion reißt vollends auseinander, was offenkundig zusammengehört. Der Sinn des Gesetzes, der sich in seiner normativen Anwendung beweist, ist nichts prinzipiell anderes als der Sinn der Sache, die sich im Verstehen eines Textes zur Geltung bringt. Es ist ganz abwegig, die Möglichkeit des Verstehens von Texten auf die Voraussetzung der ›Kongenialität‹ zu gründen, die Schöpfer und Interpret eines Werkes vereinigen soll. Wäre das wirklich so, dann stünde es schlecht um die Geisteswissenschaften. Das Wunder des Verstehens besteht vielmehr darin, daß es keiner Kongenialität bedarf, um das wahrhaft Bedeutsame und das ursprünglich Sinnhafte in der Überlieferung zu erkennen. Wir vermögen uns vielmehr dem überlegenen Anspruch des Textes zu öffnen und der Bedeutung verstehend zu entsprechen, in der er zu uns spricht. Die Hermeneutik im Bereich der Philologie und der historischen Geisteswissenschaften ist überhaupt nicht ›Herrschaftswissen‹,[5] d. h. Aneignung als Besitzergreifung, sondern ordnet sich selbst dem beherrschenden Anspruch des Textes unter. Dafür aber ist die juristische und die theologische Hermeneutik das wahre Vorbild. Auslegung des gesetzlichen Willens, Auslegung der göttlichen Verheißung zu sein, das sind offenkundig nicht Herrschafts-, sondern Dienstformen. Im Dienste dessen, was gelten soll, sind sie Auslegungen, die Applikation einschließen. Die These ist nun, daß auch die historische Hermeneutik eine Leistung der Applikation zu vollbringen hat, weil auch sie der Geltung von Sinn dient, indem sie ausdrücklich und bewußt den Zeitenabstand überbrückt, der den Interpreten vom Texte trennt und die Sinnentfremdung überwindet, die dem Texte widerfahren ist.

Anmerkungen

1 Rambachs Institutiones hermeneuticae sacrae (1723) stehen stark unter Oetingers Einfluß. Vgl. die Heidelberger Dissertation von P. Herbers (1952).
2 Solemus autem intelligendi explicandique subtilitatem (soliditatem vulgo vocant) tribuere ei, qui cum causis et accurate (genau und gründlich) intelligit atque explicat (Morus 8): hier wird die humanistische subtilitas vom Methodenideal der Aufklärung her mißverstanden.
3 Vgl. die oben S. 246 zitierte Abhandlung Bettis und sein monumentales Hauptwerk: Teoria generale dell' interpretazione, 2 Bände 1956.
4 Vgl. im ersten Teil unserer Untersuchung die Analyse der Ontologie des Kunstwerks (S. 97 ff.).

Bibliographie

I. Bibliographien zur Hermeneutik

Ebeling, G., Artikel ›Hermeneutik‹ in:
Die Religion in Geschichte und Gegenwart,
Tübingen ³1959

Gadamer, H.-G., Bibliographie in:
Kleine Schriften, Band III,
Tübingen 1972, S. 261-271

Henrichs, N., *Bibliographie der Hermeneutik und ihrer Anwendungsbereiche seit Schleiermacher,*
Düsseldorf 1968

Herrmann, U., *Bibliographie Wilhelm Dilthey,*
Weinheim/Berlin/Basel 1969

Saß, H.-M., *Heidegger-Bibliographie,*
Meisenheim am Glan 1968

Saß, H.-M., *Materialien zur Heidegger-Bibliographie 1917-1972,*
Meisenheim am Glan 1975

II. Allgemeine Darstellungen

Apel, K. O., *Die Idee der Sprache in der Tradition des Humanismus von Dante bis Vico,*
Bonn 1963

Ast, G. A. F., *Grundriß der Philologie,*
Landshut 1808

Bea, A., Artikel ›Biblische Hermeneutik‹ in:
Lexikon für Theologie und Kirche, Hrsg. von J. Höfer und K. Rahner,
Freiburg 1958

Bialoblocki, S., Artikel ›Hermeneutik‹ in:
Encyclopedia Judaica. Das Judentum in Geschichte und Gegenwart,
Berlin 1931

Dilthey, W., *Gesammelte Schriften* Band V: *Die Entstehung der Hermeneutik,* S. 317-338,
Göttingen/Stuttgart ⁴1957

Dilthey, W., *Gesammelte Schriften,* Band XIV,2:
Leben Schleiermachers, hrsg. von M. Redeker, Das hermeneutische System Schleiermachers in der Auseinandersetzung mit der älteren protestantischen Hermeneutik, S. 595-787,
Göttingen 1966

Ebeling, G., Artikel ›Hermeneutik‹ in:

Die Religion in Geschichte und Gegenwart,
Tübingen ³1959

Gadamer, H.-G., *Wahrheit und Methode,* S. 162-250
Tübingen 1960

Gadamer, H.-G., Artikel ›Hermeneutik‹ in:
Historisches Wörterbuch der Philosophie,
Hrsg. von J. Ritter, Basel/Stuttgart 1974

Gadamer, H.-G., *Hermeneutik* in:
Contemporary Philosophy. A Survey, hrsg. von R. Klibansky,
S. 360-372,
Firenze 1969

Heinrici, G., Artikel ›Hermeneutik‹ in:
Real-Encyclopädie für protestantische Theologie und Kirche, hrsg. von
A. Hauck,
Leipzig ³1899

Jaeger, H.-E. H., *Studien zur Frühgeschichte der Hermeneutik,* in: *Archiv für Begriffsgeschichte,* Band XVIII, S. 35-84, 1974

Landerer, Artikel ›Hermeneutik‹ in:
Real-Encyclopädie für protestantische Theologie und Kirche, hrsg. von
Herzog,
Stuttgart/Hamburg 1856

Pöggeler, O., *Einführung,* in:
Hermeneutische Philosophie, S. 7-71
München 1972

Sulzer, J. G., Artikel ›Theologische Hermeneutik‹ in:
Kurzer Begriff aller Wissenschaften und anderer Theile der Gelehrsamkeit worinnen jeder nach seinem Inhalt, Nutzen und Vollkommenheit kürzlich beschrieben wird, S. 214-223, 2. verm. Aufl., Frankfurt/Leipzig 1759

Wach, J., *Das Verstehen. Grundzüge einer Geschichte der hermeneutischen Theorie im 19. Jahrhundert,*
3 Bde. Tübingen 1926, Reprint Hildesheim 1966

Wolf, Fr. A., *Vorlesungen über die Enzyklopädie der Altertumswissenschaften,* hrsg. von J. D. Gürtler, 1831

III. Historische und systematische Beiträge zur Hermeneutik

Apel, K. O., *Einführung zu den Schriften von Charles S. Peirce,* 2 Bde.
Frankfurt/M 1967 und 1970

Apel, K. O. u. a., *Hermeneutik und Ideologiekritik,*
Frankfurt/M 1971

Apel, K. O., *Transformation der Philosophie* (Gesammelte Aufsätze),
2 Bde., Frankfurt/M 1973

Berger, J., *Historische Logik und Hermeneutik* in:
 Philosophisches Jahrbuch 75, S. 127-151, Jg. 1967/68
Betti, E., *Die Hermeneutik als allgemeine Methode der Geisteswissen-
 schaften,*
 Tübingen 1962
Betti, E., *Allgemeine Auslegungslehre als Methodik der Geisteswissen-
 schaften,*
 Tübingen 1967 (dt. Übers. von *Teoria generale della interpetazione,*
 Milano 1955)
Birt, Th., *Kritik und Hermeneutik* in:
 Handbuch der klassischen Altertumswissenschaften I, 3. Abt., München
 1913
Biser, E., *Theologische Sprachtheorie und Hermeneutik,*
 München 1970
Bollnow, O. F., *Das Verstehen. Drei Aufsätze zur Theorie der Geistes-
 wissenschaften,*
 Mainz 1949
Bollnow, O. F., *Zum Begriff der hermeneutischen Logik* in:
 Argumentationen. Festschrift für J. König, S. 20-42,
 Göttingen 1964
von Bormann, C., *Der praktische Ursprung der Kritik,*
 Stuttgart 1974
von Bormann, C., *Die Zweideutigkeit der hermeneutischen Erfahrung,* in:
 Apel, K. O., u. a., *Hermeneutik und Ideologiekritik* (s. o.)
Bubner, R./Cramer, K./Wiehl, R. (Hrsg.),
 Hermeneutik und Dialektik. H.-G. Gadamer zum 70. Geburtstag,
 mit Beiträgen zur Hermeneutik von L. Krüger, R. Wiehl, M. Riedel,
 W. Schulz, H. Kuhn, H. Fahrenbach, H. Braun, L. Pareyson u.a.,
 Tübingen 1970
Bubner, R., *Transzendentale Hermeneutik?* in:
 Simon-Schäfer/Zimmerli (Hrsg.), *Wissenschaftstheorie der Geisteswis-
 senschaften,* S. 56-70, Hamburg 1975
Bubner, R., *Über die wissenschaftstheoretische Rolle der Hermeneutik,* in:
 Dialektik und Wissenschaft, S. 89-111, Frankfurt 1973
Blass, Fr., *Hermeneutik und Kritik,* in:
 Handbuch der classischen Altertumswissenschaften, hrsg. von Müller,
 Bd. I, S. 127 ff, 1866
Boeckh, A., *Enzyklopädie und Methodologie der philologischen Wissen-
 schaften*
 Leipzig 1877, ²1886, Reprint Darmstadt 1966
Buck, G., *Lernen und Erfahrung. Zum Begriff der didaktischen Induk-
 tion,*
 Stuttgart 1967
Coing, H., *Die juristischen Auslegungsmethoden und die Lehren der all-*

    gemeinen Hermeneutik,
    Köln/Opladen 1959

Coreth, E., *Grundfragen der Hermeneutik. Ein philosophischer Beitrag,*
    Freiburg/Basel/Wien 1969

Dilthey, W., *Gesammelte Schriften,*
    Leipzig/Berlin 1914 ff,
    später Göttingen/Zürich/Stuttgart
    besonders: Bd. V, VII, VII
    Das Leben Schleiermachers (s. o.)

Dilthey, W./Graf York von Wartenburg, *Briefwechsel*
    1877-1897 hrsg. von J. von der Schulenburg, Halle 1923

Ehrenforth, K. H., *Verstehen und Auslegen. Die hermeneutischen Grund-
    lagen einer Lehre von der didaktischen Interpretation der Musik,*
    Frankfurt/M/Berlin/München 1971

Ebeling, G., *Die Anfänge von Luthers Hermeneutik,* in:
    Zeitschrift für Theologie und Kirche, S. 176 ff, Tübingen 1951

Ebeling, G., *Wort und Glaube,*
    2 Bde., Tübingen 1960 und 1969

Ebeling, G., *Einführung in die theologische Sprachlehre,* Tübingen 1971

Fichte, J. G., *Über Geist und Buchstab in der Philosophie. In einer Reihe
    von Briefen,* in:
    Sämtliche Werke 3. Abt. 3. Bd., hrsg. von J. H. Fichte, S. 270-300,
    Berlin 1846

Fuchs, E., *Zum hermeneutischen Problem in der Theologie*
    (*Gesammelte Aufsätze* Bd. I), Tübingen 1959, [2]1965

Fuchs, E., *Hermeneutik,*
    Bad Cannstatt 1954, [3]1963

Fuchs, E., *Marburger Hermeneutik,*
    Tübingen 1968

Gadamer, H.-G., *Wahrheit und Methode*
    Tübingen 1960

Gadamer, H.-G., *Kleine Schriften,*
    3 Bde., Tübingen 1967 und 1972

Gadamer, H.-G., *Hegels Dialektik. Fünf hermeneutische Studien,* Tübin-
    gen 1971

Gründer, K., *Hermeneutik und Wissenschaftstheorie,* in:
    Philosophisches Jahrbuch 75, S. 152-165, 1967/68

Geldsetzer, L., Einleitungen zu den Ausgaben von:
    Chladenius, J. M., *Einleitung zur richtigen Auslegung vernünftiger
    Reden und Schriften,* Leipzig 1742
    Neudruck Düsseldorf 1969
    Flacius Illyricus, M., *De vera ratione cognoscendi sacras literas* (1567),
    Lat.-deut., Düsseldorf 1967
    Thibaut, H. F. J., *Theorie der logischen Auslegung des römischen Rechts,*

Altona 1806, Neudruck
Düsseldorf 1966

Habermas, J., *Der Universalitätsanspruch der Hermeneutik*, in: Bubner/Cramer/Wiehl, *Hermeneutik und Dialektik*, s.o. und Apel, K. O.
u.a., *Hermeneutik und Ideologiekritik*, s.o.

Habermas, J., *Zur Logik der Sozialwissenschaften*
Tübingen 1967, erw. Aufl., Frankfurt/M 1970

Habermas, J., *Erkenntnis und Interesse*,
Frankfurt/M 1968

Heidegger, M., *Unterwegs zur Sprache*,
Pfullingen 1959

Heidegger, M., *Phänomenologie und Theologie*,
Frankfurt/M 1970

Hirsch, E. D. jr., *Validity in Interpretation*,
New Haven/London 1967
(deutsch: *Prinzipien der Interpretation*, München)

Ihde, D., *Hermeneutic Phenomenology. The Philosophy of Paul Ricoeur*,
Evanston 1971

Jonas, H., *Gnosis und spätantiker Geist*,
Bd. I und Bd. II, 1, Göttingen 1934 und 1954

Kimmerle, H., *Die Hermeneutik Schleiermachers im Zusammenhang seines spekulativen Denkens*,
Heidelberg 1957

Lipps, H., *Die Verbindlichkeit der Sprache*,
Frankfurt/M ²1958

Lipps, H., *Die Wirklichkeit des Menschen*,
Frankfurt/M 1954

Lorenzmeier, B., *Exegese und Hermeneutik. Eine vergleichende Darstellung der Theologie R. Bultmanns, H. Brauns und G. Ebelings*,
Hamburg 1968

Loretz, O./Strolz, W. (Hrsg.), *Die hermeneutische Frage in der Theologie*,
Freiburg 1968

Marlé, R., *Das theologische Problem der Hermeneutik*, Mainz 1965

Marrou, H.-I., *De la connaissance historique*,
Paris 1956

Misch, G., *Lebensphilosophie und Phänomenologie*,
Leipzig/Berlin ²1931, Reprint Darmstadt 1967

Palmer, R. E., *Hermeneutics. Interpretation Theory in Schleiermacher, Dilthey, Heidegger and Gadamer*, Evanston 1969

Pannenberg, W., *Hermeneutik und Universalgeschichte*, in:
Grundfragen systematischer Theologie, S. 91-122, Göttingen 1967

Pareyson, L., *Verità e interpretatione*,
Milano 1971

Patsch, H., *Friedrich Schlegels »Philosophie der Philologie« und Schleier-*

machers frühe Entwürfe zur Hermeneutik. Zur Frühgeschichte der romantischen Hermeneutik, in: *Zeitschrift für Theologie und Kirche,* 63. Jg. S. 434-472, 1966

Perelmann, Ch., *Le champ de l'argumentation,*
Bruxelles 1970

Pöggeler, O., *Der Denkweg Martin Heideggers,*
Pfullingen 1963

Ricklefs, U., Artikel ›Hermeneutik‹, in: *Fischer-Lexikon Literatur* 2/1,
Frankfurt 1965

Ricœur, P., *Die Interpretation. Ein Versuch über Freud,* Frankfurt/M
1969

Ricœur, P., *Qu'est-ce qu'un texte?* in: Bubner/Cramer/Wiehl, Hermeneutik und Dialektik, Bd. 2, S. 198 ff (s. o.)

Ricœur, P., *Hermeneutik und Strukturalismus. Der Konflikt der Interpretationen I,*
München 1973

Ricœur, P., *Hermeneutik und Psychoanalyse. Der Konflikt der Interpretationen II,*
München 1974

Robinson, J. M./Cobb, J. B. jr. (Hrsg.),
Die neue Hermeneutik (mit weiteren Beiträgen von Ebeling, Fuchs, Funk u. a.),
Zürich 1965

Rodi, F., *Morphologie und Hermeneutik. Zur Methode von Diltheys Ästhetik,*
Stuttgart 1969

Rothacker, E., *Logik und Systematik der Geisteswissenschaften,*
München/Berlin 1927

Sandkühler, H. J., *Praxis und Geschichtsbewußtsein. Studien zur materialistischen Dialektik, Erkenntnistheorie und Hermeneutik,*
Frankfurt/M 1974

Seebohm, Th. M., *Zur Kritik der hermeneutischen Vernunft,*
Bonn 1971

Schlier, H., *Was heißt Auslegung der Heiligen Schrift?* in:
Besinnung auf das Neue Testament, Exegetische Aufsätze und Vorträge,
Bd. II, S. 35-62,
Freiburg/Basel/Wien 1964

Spranger, E., *Zur Theorie des Verstehens und zur geisteswissenschaftlichen Psychologie,* in:
Festschrift J. Volkelt zum 70. Geburtstag, S. 357-403, München 1918

Spranger, E., *Der Sinn der Voraussetzungslosigkeit in den Geisteswissenschaften,* in: *Sitzungsberichte der Preußischen Akademie der Wissenschaften, philosophisch-historische Klasse,* S. 2-30, 1929, I

Stachel, G., *Die neue Hermeneutik. Ein Überblick,*

München 1968

Wellmer, A., *Kritische Gesellschaftstheorie und Positivismus*, Frankfurt/M 1969

Westermann, C. (Hrsg.), *Probleme alttestamentlicher Hermeneutik*, München 1960

Hans Blumenberg
Die Genesis der kopernikanischen Welt

804 Seiten

Ein Jahrzehnt Astronautik hat eine ›vorkopernikanische‹ Überraschung gebracht: die Erde ist eine kosmische Ausnahme. Das Universum scheint voller Wüsten zu sein. Die photographische Fernaufklärung im Planetensystem hat nichts als narbige Kraterwelten, stickige Gluthöllen, alle Arten von ausgeklügelten Lebenswidrigkeiten enthüllt. Inmitten dieser enttäuschenden Himmelswelt ist die Erde nicht nur ›auch ein Stern‹, sondern der einzige, der diesen Namen zu verdienen scheint.

Es ist die irritierende Umkehrung von Erwartungen der Aufklärung. Sie glaubte sich in einem Universum bewohnbarer Welten und vernünftiger Wesen. Es entsprach der kopernikanischen Konsequenz, daß die irdischen Bedingungen der Vernunft keine bevorzugten, eher provinzielle sein konnten. Der Rückstand gegenüber dem kosmischen Standard sollte durch Fortschritt aufgehoben, die Mitgliedschaft in der sternenweiten Kommunität durch Würdigkeit erworben werden. Die Vernunft durfte nicht einsam, nicht den faktischen Bedingungen ihrer irdischen Geschichte ausgeliefert sein.

Es schien, als könne niemals eine Erfahrung diesen Mythos der kosmischen Intersubjektivität zerstören. Aber es ist ein adäquater Schritt des Kopernikanismus als des großen Überwinders menschheitlicher Selbsttäuschungen, seine eigenen frühen Illusionen mit den Mitteln zu überwinden, die er in eine Welt gebracht hat, deren Homogenität und Durchquerbarkeit in seiner Konsequenz lag. Auch nüchterne Köpfe, die von der Rückseite des Mondes nicht viel Neues erwartet hatten, empfanden noch die Enttäuschung alter Erwartungen, als die automatischen Kundschafter aus dem Weltall nicht einmal ein wenig Grün, keine Anzeichen von niedrigstem Leben auf den bewunderten Sternen der Kindheit zu vermuten übrigließen.

Immer wieder in den Jahrhunderten nach Kopernikus entdeckte man, nach der Formel des Astronomen Lambert, daß man ›noch lange nicht genug kopernikanisch‹ geworden sei. Die kopernikanische Welt ist eine unvollendete: immer wieder sieht es so aus, als könne die Stellung des Menschen im Universum nun nicht exzentrischer mehr gedacht werden. Immer wieder ist es ihre Illusion, bei der Zerstörung der letzten ihrer Illusionen angekommen zu sein. Immer noch wissen wir nicht bis zur Neige, was das Wort Goethes in seinem letzten Lebensjahr zum Kanzler Müller bedeutete, dieses sei »die größte, erhabenste, folgenreichste Entdeckung, die je der Mensch gemacht hat; in meinen Augen wichtiger als die ganze Bibel«.

Eine »Genesis der kopernikanischen Welt« kann kein isoliertes Stück Wissenschaftsgeschichte sein. Sie nimmt ein wissenschaftliches als ein anthropologisches Ereignis. Sie muß davon sprechen, wie ein peripheres Bewußtsein sich selbst auf die Spur dessen kommt, dies zu sein. Das ist die Zweideutigkeit des Himmels: er vernichtet unsere Wichtigkeit durch seine Größe, aber er zwingt uns auch durch seine Leere, nicht anderes wichtiger zu nehmen als uns selbst. Die Paradoxie einerseits jener Vernichtung, von der Kant gesprochen hat, und andererseits dieses Selbstbewußtseins, von dem er gleichfalls gesprochen hat, spannt die kopernikanische Welt zum Zerreißen an. Kann im Konvergenzpunkt ihrer Prozesse eine neue Eindeutigkeit stehen? Der bestürzende Verdacht, daß alles nur Wüste sei mit der einzigen Ausnahme dieser tellurischen Oase, könnte alle Intentionen auf die Erde verweisen als auf das Zentrum aller möglichen Vernunftinteressen, das selbst die Fluchtlinien der Astronautik zu sich zurückzwingt und sie zur Episode der Menschheitsgeschichte macht.

Der Betrachter des Himmels ist gepackt von der Unwahrscheinlichkeit seiner eigenen Daseinsbedingungen, ausgenommen zu sein von den Schrecknissen der kosmischen Strahlungen und Teilchenschauer.

In der Genesis der kopernikanischen Welt ist dem Menschen keine neue ›Stellung im Kosmos‹ definiert worden; aber sie macht es ihm dringend, eine solche zu definieren.

Die »Frankfurter Rundschau« schrieb zu diesem Werk u. a.: »Das Buch von der Genesis der kopernikanischen Welt zeigt auch ihr Ende an. Blumenbergs Kadenz der Frage nach dem Verhältnis von Mensch und Kosmos scheint voltairisch: ›Il faut cultiver notre jardin.‹ Aber in einer solch brillanten Weise auf die Sonderstellung des Menschen in der Welt, die unter Verzicht auf seine alte, kosmologisch definierte Würde neu begründet werden muß, hingewiesen zu haben, ist ein wissenschaftsgeschichtliches Ereignis.«

Hans Blumenberg
Die Legitimität der Neuzeit

Erweiterte Neuausgabe. Drei Bände in Kassette.
Band 1: Säkularisierung und Selbstbehauptung,
stw 79.
Band 2: Der Prozeß der theoretischen Neugierde,
stw 24.
Band 3: Aspekte der Epochenschwelle, stw 174

Die Bände dieser Kassette versammeln Blumenbergs Arbeiten zur Herkunft und Konstitution des Zeitalters, das
sich zur ›Neuzeit‹ erklärte. Die in den Jahren 1973–76
zunächst getrennt wieder vorgelegten Teile der 1966 erschienenen »Legitimität der Neuzeit« sind in dieser durch-
gehend erneuerten und erweiterten Ausgabe zusammengefaßt. Sie dokumentiert damit zugleich den Stand des in
einem Jahrzehnt unter Widerspruch und Zustimmung weiter vorangetriebenen Versuchs zu einer phänomenologischen
Historik, die erfassen will, in welchen Prozeßformen und
-intensitäten, in welchen Grundmustern von Rationalität
Geschichte sich formiert.
Unter der übergreifenden Fragestellung nach der ›Legitimität‹ analysieren die einzelnen Teile in sich geschlossene
Themenkomplexe zur Konstitution der Neuzeit anhand
einer Kritik des Grundbegriffs der ›Säkularisierung‹, mit
dem sich das Selbstverständnis der Moderne sowohl frei-
setzen als auch seiner rückwärtigen Bindungen versichern
wollte, wird nach den Bedingungen für die Herauslösung
einer Epoche aus ihren Vorgegebenheiten gefragt. Es ist,
für das Verhältnis von Mittelalter und Neuzeit, der Prozeß der humanen Selbstbehauptung gegen einen theologischen Absolutismus (»*Säkularisierung und Selbstbehaup-*
tung«). In diesen Vorgang gibt einen detaillierten Einblick
die Darstellung des Wertungswandels der theoretisch-wis-
senschaftlichen Neugierde. Der Rahmen ist dabei weit ge-
spannt, von der Antike bis zur Psychoanalyse, von Sokrates
bis zu Feuerbach und Freud (»*Der Prozeß der theoreti-*
schen Neugierde«). Der letzte Teil verschärft noch einmal
den Zugriff auf die Logik des Epochenwandels durch die
Wahl des Doppelaspekts der Systeme von Welt- und Men-
schenansicht des Nikolaus von Cues und des Giordano
Bruno: die Sorge um das Vergehende und der Triumph
über das Anbrechende entfalten ihre elementare Differenz

auf dem Boden der noch gemeinsamen metaphysischen Großfragen *(»Aspekte der Epochenschwelle«)*. Das Ganze des Werks sucht die sich formierende Neuzeit aus den Antrieben zu erfassen, die aus dem Zusammenbruch des Mittelalters herkamen und zu einem seinen Erwartungen strikt entgegengesetzten Konzept führten. Das obligate Thema des Gesamtwerks ist das Verhältnis von Vernunft und Geschichte. Nachdem die europäische Aufklärung wiederholt überrascht und betroffen vor dem Scheitern ihrer vermeintlich letzten Anstrengungen gestanden hat, muß sie sich statt der Zuflucht in sanfte und unsanfte Romantizismen die Analyse ihrer offenen und heimlichen Voraussetzungen, also Aufklärung über die Aufklärung, verschaffen. Seit Kant wissen wir – um es immer wieder zu vergessen –, daß die Kritik der Vernunft nicht nur eine *durch* Vernunft, sondern auch eine *an* der Vernunft ist und bleiben wird.

Hans Blumenberg
Arbeit am Mythos

700 Seiten. DM 68,–

Es ist etwas Unerledigtes unter dem Titel des Mythos: das
geläufige Geschichtsbild eines einmaligen Weges vom Mythos
zum Logos war leichtfertig. Eben dies zeigt die *Arbeit am
Mythos* in der funktionalen Analyse mythischer Formen und
ihrer Rezeption, in der Aufarbeitung und geschichtlichen
Zuordnung der Vorstellungen, die man sich über seinen
Ursprung und seine Ursprünglichkeit jeweils gemacht hat.
Arbeit am Mythos ist ein wissenschaftliches Werk von inge-
niöser Breite und Tiefe *und* ein begeisterndes Kunstwerk.
Und: ein Buch, in dem der Mythos nicht zuletzt als ein
erster Versuch zum Humor in der menschlichen Geschichte
erscheint.

Inhalt:

Erster Teil: Archaische Gewaltenteilung. *Nach dem Absolutismus
der Wirklichkeit • Einbrechen des Namens in das Chaos des Un-
bekannten • ›Bedeutsamkeit‹ • Verfahrensordnungen.* Zweiter Teil:
Geschichtswerdung der Geschichten. *Die Verzerrung der Zeitper-
spektive • Grundmythos und Kunstmythos • Mythen und Dogmen •
Den Mythos zu Ende bringen.* Dritter Teil: Die Entfrevelung des
Feuerraubs. *Die Rezeption der Quellen schafft die Quellen der
Rezeption • Sophisten und Kyniker: Antithetische Aspekte der
Promethie • Rückkehr aus der Seinsgrundlosigkeit • Ästhetische
Aufheiterung.* Vierter Teil: Gegen einen Gott nur ein Gott.
*›Zündkraut einer Explosion‹ • Ein Götterkonflikt • Prometheus
wird Napoleon, Napoleon Prometheus • Lesarten des ›ungeheuren
Spruchs‹.* Fünfter Teil: Der Titan in seinem Jahrhundert. *Durch-
gang durch die Geschichtsphilosophie • Wieder am Felsen der stum-
men Einsamkeit • Wenn nicht den Mythos, dann wenigstens einen
zu Ende bringen.*

Hans Blumenberg
Schiffbruch mit Zuschauer

Paradigma einer Daseinsmetapher
stw 289. 104 Seiten

Was sich der Anstrengung des Begriffs entzieht, ist in jeder
Kultur der langwierigen Arbeit an den Bildern überliefert:
der Blick auf das Ganze von Wirklichkeit, Welt, Leben und
Geschichte. In den großen Metaphern und Gleichnissen
schlägt sich nieder, wird abgewandelt und ausgebaut, was
an imaginativer Orientierung gewonnen wurde. Eine der
immer präsenten Prägungen ist die vom Leben als Seefahrt.
Sie umspannt Ausfahrt und Heimkehr, Hafen und fremde
Küste, Ankergrund und Navigation, Sturm und Windstille,
Seenot und Schiffbruch, nacktes Überleben und bloßes Zu-
schauen. Die Metapher gibt sowohl den Umriß eines Ganzen von vielen Bedingungen und Möglichkeiten als auch
die Grenzwerte des nahezu Unmöglichen, das allen anderen
im besten Falle als Seemannsgarn angeboten wird. Die See
zu befahren ist Metapher für den Lebensgang geworden,
obwohl es nie das Normale und ›Landläufige‹ gewesen war,
vielmehr immer Überschreiten einer Grenze zum nicht Ge-
heueren und Unheimlichen hin. Fragen heften sich an das
Bild des Überlebenden: Was bleibt jenseits des Schiffbruchs?
Was lohnt es, durch ihn hindurch gerettet zu werden? Was
läßt die Geschichte in ihren Untergängen Bestand behalten?
Und dann die immer naheliegende, verführerische Wendung: Kann man nicht daheim im Hafen und Zuschauer
bleiben? Gibt es die festen Standpunkte für den, der sich
heraushalten will, den Kommentator, der die Chance hat,
recht zu behalten? Gibt es geschichtliche Bedingungen für
die Schwierigkeiten, die es dem Genossen seiner Zeit verwehren, ihr Zuschauer zu bleiben?
Das Buch nimmt das 1960 in den »Paradigmen zu einer
Metaphorologie« vorgelegte und seither weiter entwickelte
Programm erneut auf. Die Beschreibung und Analyse der
nautischen Daseinsmetapher wird in den Rahmen einer
›Theorie der Unbegrifflichkeit‹ gestellt. Sie widersetzt sich
der unablässigen Steigerung der Abstraktionen, die alle Gebiete der Humantheorie beherrschen und von ihren lebens-
weltlichen Ausgangslinien und Obligationen wegzureißen
drohen, wenn nicht schon weggerissen haben.